ラオス史

マーチン・スチュアート−フォックス

菊池陽子＝訳

めこん

1974年4月4日、第3次連合政府樹立の前日、ルアンパバーン空港に降り立ったスパーヌウォンを出迎えるスワンナプーマー（左）。（撮影・竹内正右）

1975年12月1日、ビエンチャンに集まったラオス人民革命党の主要メンバーとスワンナプーマー。左からプーン・シーパスート（前列）、ヌーハック・プームサワン（後列）、カイソーン・プムウィハーン（前列）、ファイダーン・ロープリヤオ（後列、顔だけ）、

『ラオス史』正誤表

（口絵）

カイソーン・プムウィハーン
　　↓
カイソーン・ポムウィハーン

（目次）

地図4　第2次世界大戦時のラオス
　　↓
地図4　第2次インドシナ戦争時のラオス

スパーヌウォン（前列）、スワンナプーマー（前列）、シートン・コムマダム（後列）、カムタイ・シーパンドーン（後列）。
（撮影・竹内正右）

1976年3月サムヌアに招かれたサワンワッタナー前国王夫妻。先頭から国王、王妃、2人おいてスパーヌウォン、右に(後列)プーン・シーパスート、カイソーン・プムウィハーン、

1人おいてプーミー・ウォンウィチット（後列、無帽）、1人おいてファイダーン・ロブリヤオ（後列）。（撮影・竹内正右）

1975年6月ビエンチャン近郊タードゥア付近をパトロールするパテート・ラオ軍兵士。
(撮影・竹内正右)

1977年7月15日、初めてラオスを訪れたベトナム共産党代表団。左からファム・バン・ドン、レ・ズアン、カイソーン・プムウィハーン、スパーヌウォン。ビエンチャンのワッタイ空港。(撮影・竹内正右)

ラオス史

A HISTORY OF LAOS

MARTIN STUART-FOX

PUBLISHED BY THE PRESS SYNDICATE OF
THE UNIVERSITY OF CAMBRIDGE
The Pitt Building, Trumpington Street, Cambridge CB2 1RP, United Kingdom

©Martin Stuart-Fox 1997

First published 1997

Japanese translation right arranged with
The Press Syndicate of The University of Cambridge, United Kingdom

本書を私の義理の両親であり、ビエンチャンのホテル・コンステレイション の前所有者であったモーリス・キャヴァレリー、ローズ・キャヴァレリー夫妻 に捧げる。

謝辞

　何年もの間、私はラオスで暮らし、ラオスを訪れ、ラオスについて書いてきたが、その間、多くの人々から友情と支援とを得た。ラオスの役人の多くが私に正式なインタヴューを許可し、さらに多くの人々が私にラオスについて語ってくれた。現在でも、まだ名前を伏せておいたほうが良い人々もいるが、彼らの中で、特に以下の人々に感謝の意を表したい。マユリー・ガオシーワット、プイパン・ガオシーワット、スネート・ポーティサーン、ウィリアム・パラサイニャウォン、ガー・イア（ゲイリー）・リー、ソンプー・ウドムウィライ、スリサーン・ウドムウィライ、ヌアンシー・ケオハウォン、カムシン・カムマニウォン、カムプアン・ブアホム、ケートサモー・ブアホム、そして、家族や友人に惜しまれながら愛する国で不慮の死を遂げた故クロード・バンサン。シーサナ・シーサーンと故プーミー・ウォンウィチットは私の仕事に関心を示し、時間を割いてくれた。私の良き友人、ロッド・バックネルは表記法について助言してくれた。

　ある国の通史を書こうと試みる者は誰でも先学たちの研究から多くの恩恵を受けている。ラオスの歴史学はラオスと同様発展途上であるが、多くの重要な研究はフランス、オーストラリア、アメリカ、そして少なからずラオスでもなされている。ラオス研究に関して私が知識を得たすべての人々に謝意を表することは不可能であるが、上記のラオスの友人を除いて特に以下の人々に感謝したい。マッカリスター・ブラウン、デイヴィッド・チャンドラー、ジャン・ドゥーブ、アーサー・ドメン、アムパイ・ドーレ、グラント・エヴァンズ、バーナード・ガイ、ジェフ・ガン、ピエール・ベルナード・ラフォン、グ・シュイ・メン、クリスチャン・テラー、ビル・ビスタリーニ、ジョー・ザスロフ。

　もちろん、私の原稿が出版の運びとなったのはケンブリッジ大学出版局の編集者、フィリパ・マックギネスと私の担当となったジャネット・マッケンジーが関心を示し、支援してくれたおかげである。アドナン・ムーサリーは地図を作成してくれ、セレナ・バグレイは最終稿を仕上げてくれた。最後に、私の心からの感謝を妻、エリザベスに捧げる。彼女は、この企画が実現するのかどうか時折心配していたが、いつも私に愛と励ましとを与えてくれた。

目次

謝辞　　1
年表　　4

序章 ──────────────────────────── 11

第1章　ラーンサーン王国 ──────────── 17

第2章　フランス領ラオス　1893年～1945年 ── 37
　　　　フランスの介入 ───────────── 38
　　　　イギリス、フランス、フランス領ラオスの境界 ── 43
　　　　フランスの統治 ───────────── 50
　　　　ラオス側の反応 ───────────── 56
　　　　ラオスのフランス人 ──────────── 67
　　　　開発のジレンマ ───────────── 74
　　　　ナショナリズムの胎動 ─────────── 83

第3章　独立と統一　1945年～1957年 ───── 95
　　　　ラオ・イサラ ────────────── 96
　　　　ラオス王国 ───────────── 105
　　　　亡命と抵抗 ───────────── 111
　　　　独立へ向けて ────────────── 118
　　　　パテート・ラオとベトミン ──────── 122
　　　　「侵略」と「独立」 ──────────── 128
　　　　ジュネーブ会談とその影響 ──────── 132
　　　　アメリカの介入 ──────────── 138
　　　　第1次連合：統一の回復 ───────── 144

第4章　中立の崩壊　1958年～1964年 ──── 153
　　　　第1次連合政府の崩壊 ────────── 153
　　　　右傾化 ──────────────── 162

1960年8月のクーデターとその結果 ──────────── 173
　　　1962年のジュネーブ条約：第2次連合政府の成立 ──── 181
　　　政治的分裂：中立の崩壊 ────────────────── 193

第5章　戦争と革命　1964年〜1975年 ──────────── 207
　　　ラオスにおける戦争 ─────────────────── 209
　　　ラオスの苦境 ───────────────────── 222
　　　和平への道のり ─────────────────── 230
　　　第3次連合とパテート・ラオによる権力奪取 ─────── 239

第6章　ラオス人民民主共和国 ──────────────── 255
　　　体制の変化とその正当性 ─────────────── 256
　　　国家防衛と社会主義建設 ─────────────── 267
　　　再考 ────────────────────────── 275
　　　党改革 ──────────────────────── 280
　　　検討 ────────────────────────── 287
　　　社会主義の放棄 ─────────────────── 294
　　　党のがんばり ──────────────────── 303
　　　地域統合へ向かって ───────────────── 306

終章 ─────────────────────────────── 315

　　　　　　　　　　　　　　訳者あとがき　329
　　　　　　　　　　　　　　　参考文献　331
　　　　　　　　　　　　　　　　索引　345

　　　地図1　ラオス人民民主共和国 ──────────────── 8
　　　地図2　東南アジア大陸部　16世紀中頃〜19世紀初め ──── 9
　　　地図3　フランス領ラオス　道路網と鉄道網 ─────── 77
　　　地図4　第2次世界大戦時のラオス ──────────── 210

年表

1353	ファーグム王がラオ人の王国、ラーンサーン王国を樹立
1479	ベトナムがラーンサーン王国を侵攻
1548	セーターティラート王がラーンサーン王国とラーンナー王国を短期間統一
1560	ルアンパバーンからビエンチャンへ遷都
1563～75	ビルマによる一連のラーンサーン王国侵攻
1638～95	スリニャウォンサー王の治世
1641～42	最初のヨーロッパ人がビエンチャンを訪問し記録を残す
1707, 1713	ラーンサーン王国がルアンパバーン、ビエンチャン、チャムパーサックの3王国に分裂
1779	ラオ人の3王国がいずれもシャムの属国になる
1826～28	アヌ王の独立戦争の結果、シャムによりビエンチャンが破壊される
1820～40	モン族（Hmong）のラオスへの移住が始まる
1861	フランス人探検家、アンリ・ムオがルアンパバーンに到着
1867	フランスのメコン川探検隊がラオ地域の河図を作成
1887	オーギュスト・パヴィ、初代フランス副領事がルアンパバーンに到着(2月)
1893	フランスがシャムからメコン川東岸のラオ地域を割譲し占領(10月3日、条約締結)
1899	理事長官の下、ラオスの行政機構を再編成
1901～07	南ラオスで「聖なる人の反乱」
1907	フランス・シャム条約により現在のラオス国境が確定
1908～10	北ラオスでルー族の反乱
1914～16	ルアンナムターでルー族の反乱、東北部でホー族、タイ(Tai)族の反乱
1919～22	北ラオスでモン族の反乱
1923	原地人民諮問議会の開設(8月30日)
1934～36	ボーラウェーン地区でコムマダムの反乱
1941	フランス－タイ国境紛争により、メコン川西岸のラオス領を失う
1945	日本軍による仏印武装解除(3月9日)
	日本軍が国王にラオス独立を宣言するよう強要(4月8日)
	日本降伏(8月15日)
	ペッサラート殿下がラオスの統一と独立を宣言(9月15日)
	ラオ・イサラ暫定政府成立(10月12日)
1946	フランスによるラオス再占領(3月～4月)
	タイがメコン川西岸のラオス領を返還(11月)
1947	ラオス憲法発布(5月11日)
	初の国民議会選挙(8月)

1949	スパーヌウォンがラオ・イサラと決別 (5月)
	フランス連合内でのラオス「独立」(7月19日)
	ラオ・イサラ亡命政府解散 (10月)
1950	アメリカがラオスを独立国として承認 (2月7日)
	パテート・ラオ抵抗政府樹立 (8月)
1951	第1次スワンナプーマー内閣成立 (11月)
1953	ベトミンがラオス侵攻 (4月、12月)
1954	フランス軍がディエンビエンフーで降伏 (5月7日)
	ジュネーブ条約調印 (7月20日)
1955	ラオス人民党成立 (3月22日)
1956	ラオス愛国戦線設立 (1月)
	第2次スワンナプーマー内閣成立 (3月)
	連合政府設立のため、パテート・ラオと交渉
1957	第1次連合政府成立 (11月19日)
1958	補欠選挙 (5月4日) の結果、左派の勝利
	アメリカの支援により右派の国益擁護委員会設立 (6月10日)
	アメリカの援助停止により、スワンナプーマー辞職 (7月22日)
	右派政権成立 (8月18日)
1959	パテート・ラオ軍の統合に失敗
	ビエンチャンでパテート・ラオの指導者たちを逮捕 (7月27日)
	サワンワッタナー国王、王位を継承 (10月29日)
	軍事クーデターによりプイ・サナニコーン内閣辞職 (12月31日)
1960	国政選挙で不正が行なわれ、右派勝利 (4月24日)
	コンレー大尉による中立派のクーデター (8月8〜9日)
	第3次スワンナプーマー内閣成立 (8月16日)
	ビエンチャンの戦い (12月13〜16日)
1961	中立派とパテート・ラオの合同軍、ジャール平原を占領 (1月)
	ケネディー政権がアメリカはラオスの中立化を支持すると発表 (3月23日)
	ラオスに関するジュネーブ会談開催 (5月16日)
1962	ナムターの戦いで右派壊滅的敗北 (5月)
	第2次連合政府成立 (6月23日)
	ラオスに関するジュネーブ会談閉幕 (7月23日)
1963	キニム・ポンセーナー暗殺により、事実上第2次連合崩壊 (4月1日)
1964	ラオス愛国戦線第2回大会 (4月6日)
	右派による軍事クーデター (4月19日)
	パテート・ラオが中立派をジャール平原から駆逐 (5月)
	アメリカがラオスの共産主義者支配地区に爆撃を開始 (5月)
1965	右派による武装蜂起頓挫 (1月31日)
	パテート・ラオ軍がラオス人民解放軍と命名される (10月5日)
1966	政治危機の結果、選挙実施 (9月)

1968	北ベトナム軍とラオス人民解放軍の合同軍がナムバーク、プー・パー・ティーを奪取（1月）
	ラオス愛国戦線第3回大会（10月25日）
1969	モン族の「秘密部隊」がジャール平原を奪取（9月）
1970	北ベトナム軍とラオス人民解放軍の合同軍がジャール平原を奪回（2月）
1971	南ベトナム軍がホーチミンルート切断のためラムソン719作戦を行ない、致命的敗北（2月）
1972	国民議会選挙（1月2日）
	ビエンサイでラオス人民革命党第2回党大会を秘密裏に開催（2月）
1972〜73	停戦と連合政府樹立に関する交渉（10月–2月）
1973	停戦の実効（2月21日）
	第3次連合設立に関する協定（9月14日）
1974	第3次連合政府成立（4月5日）
	国家政治諮問評議会が18項目の政治綱領採択（5月24日）
1975	国王令により国民議会を解散（4月13日）
	デモにより右派指導者たちが逃亡（5月9日）
	ビエンチャンの「解放」（8月23日）
	パテート・ラオが各地域や県で選挙を実施（11月）
	サワンワッタナー国王が退位（12月1日）
	ラオス人民民主共和国樹立（12月2日）
1976	ラオス人民革命党が革命の社会主義局面の実施に着手
1977	モン族の反乱、前国王をビエンサイに幽閉（3月）
	ベトナムと25年間の友好協力条約締結（7月18日）
1978〜80	暫定3ヵ年計画
1978	農業集団化計画開始（5月）
	カンボジア問題をめぐって、ラオスはベトナムを支持し中国と対立（7月）
1979	ラオス建国戦線の結成（2月20日）
	農業集団化計画の中止（7月）
	党中央委員会第7決議において新経済政策を承認（12月）
1981〜85	第1次5ヵ年計画
1982	ラオス人民革命党第3回党大会（4月27〜30日）
1984	スワンナプーマーがビエンチャンで死去、享年82歳（1月10日）
	3ヵ村をめぐってタイとの間に国境紛争（6月）
1985	第1次ラオス・アメリカ戦時行方不明兵士調査団（2月）
	第1回全国国勢調査（3月1〜7日）
	ラオス人民民主共和国建国10周年記念（12月2日）
1986〜90	第2次5ヵ年計画
1986	ラオス人民革命党第4回党大会で市場経済化の原則に基づく新経済メカニズムを承認（11月13〜15日）
1987〜88	タイとの新たな国境紛争（11月〜1月）

1988	外務省がラオスから全ベトナム軍撤退と発表 (11月23日)
1989	最高人民議会第1回選挙 (3月26日)
1990	中国の李鵬首相の訪問により、中国と関係改善 (12月15 – 17日)
1991 〜 95	中期政策構造を第3次5ヵ年計画に変更
1991	ラオス人民革命党第5回党大会にてカイソーン・ポムウィハーンが党書記長 兼国家主席に (3月27 〜 29日)
	最高人民議会が憲法を承認 (8月13日)
1992	カイソーン・ポムウィハーンの死去 (11月21日) により、ヌーハック・プームサワンが国家主席、カムタイ・シーパンドーンが首相兼党書記長に
	最高人民議会から改称した国民議会の選挙 (12月20日)
1993	経済改革と環境保全に関する法律の可決
1994	メコン川にかかる最初の橋が開通 (4月8日)
1996	ラオス人民革命党第6回党大会 (3月18 〜 20日)
1997	ラオスがASEANに加盟 (7月23日)
	国民議会選挙 (12月21日)
1998	カムタイ・シーパンドーンがヌーハック・プームサワンに代わってラオス国家主席に
	ラオスがアジア経済危機の影響を受ける
1999	学生による民主化要求デモが粉砕される (10月26日)
2000	一連の小規模爆発事件により負傷者が出る
	反政府の一団が国境の駐屯地を攻撃 (7月3日)
2001	ラオス人民革命党第7回党大会 (3月12 〜 14日)
	ブンニャン・ウォーラチットがシーサワート・ケーオブンパンに代わって首相に
2002	国民議会選挙 (2月24日)
2003	憲法改正 (5月28日)
	一連のバス襲撃と小型爆弾によって30人死亡、負傷者多数
2004	ラオスが第10回ASEANサミットの開催国に (11月29 〜 30日)
	アメリカとラオスの間に正規の貿易関係樹立
2005	第3回国勢調査 (3月)
2006	ラオス人民革命党第8回党大会 (3月18〜22日) において、チュームマリー・サイニャソーンがカムタイ・シーパンドーンに代わって党書記長に、さらに6月には国家主席に
	国民議会選挙 (4月30日)
2007	中国がラオスへの最大の投資国はタイであると見なす
2008	国道3号線の建設によりシンガポールから北京までをつなぐ道路が完成
	友好橋を越えてラオスとタイを結ぶ鉄道が開通

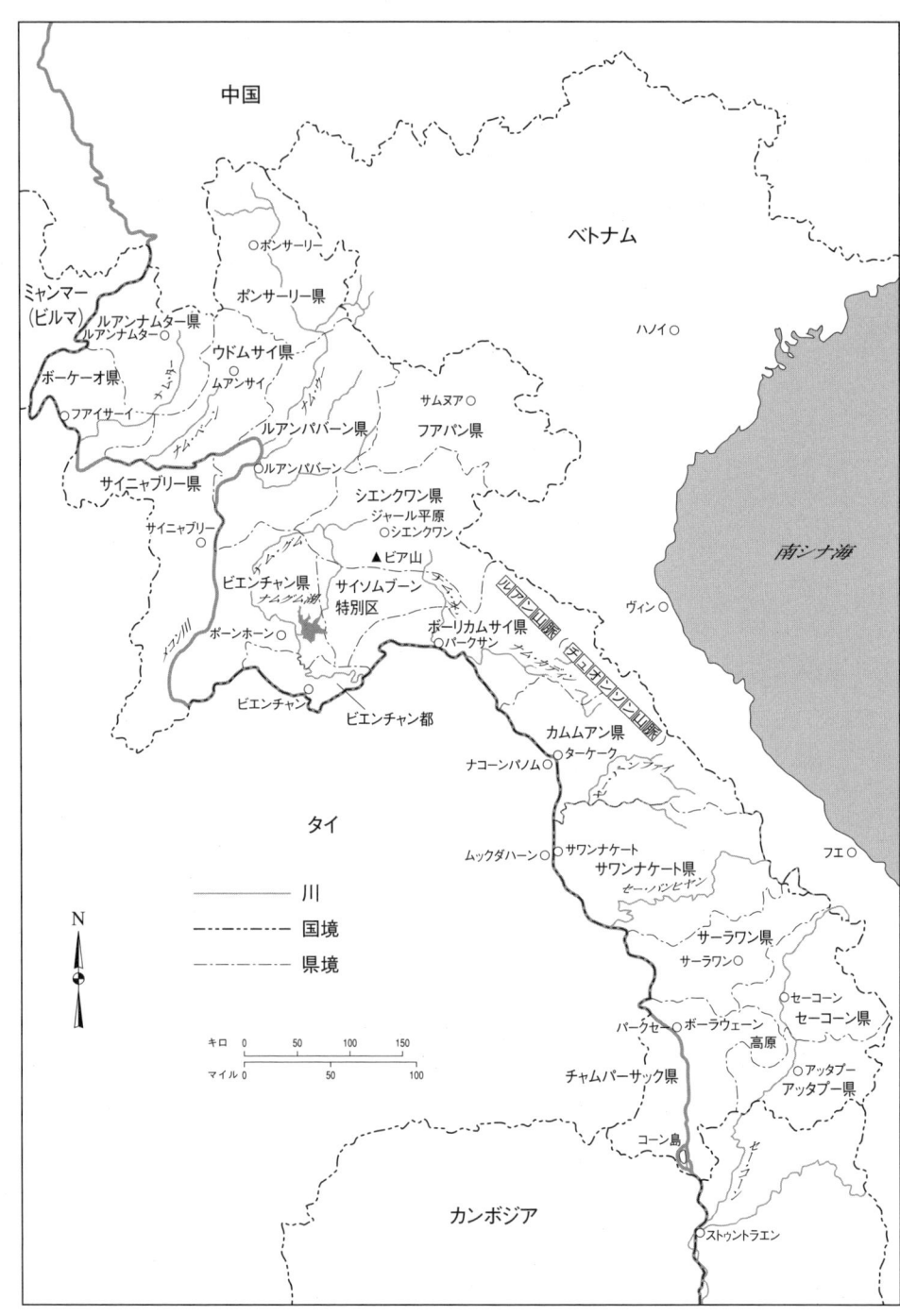

地図1　ラオス人民民主共和国

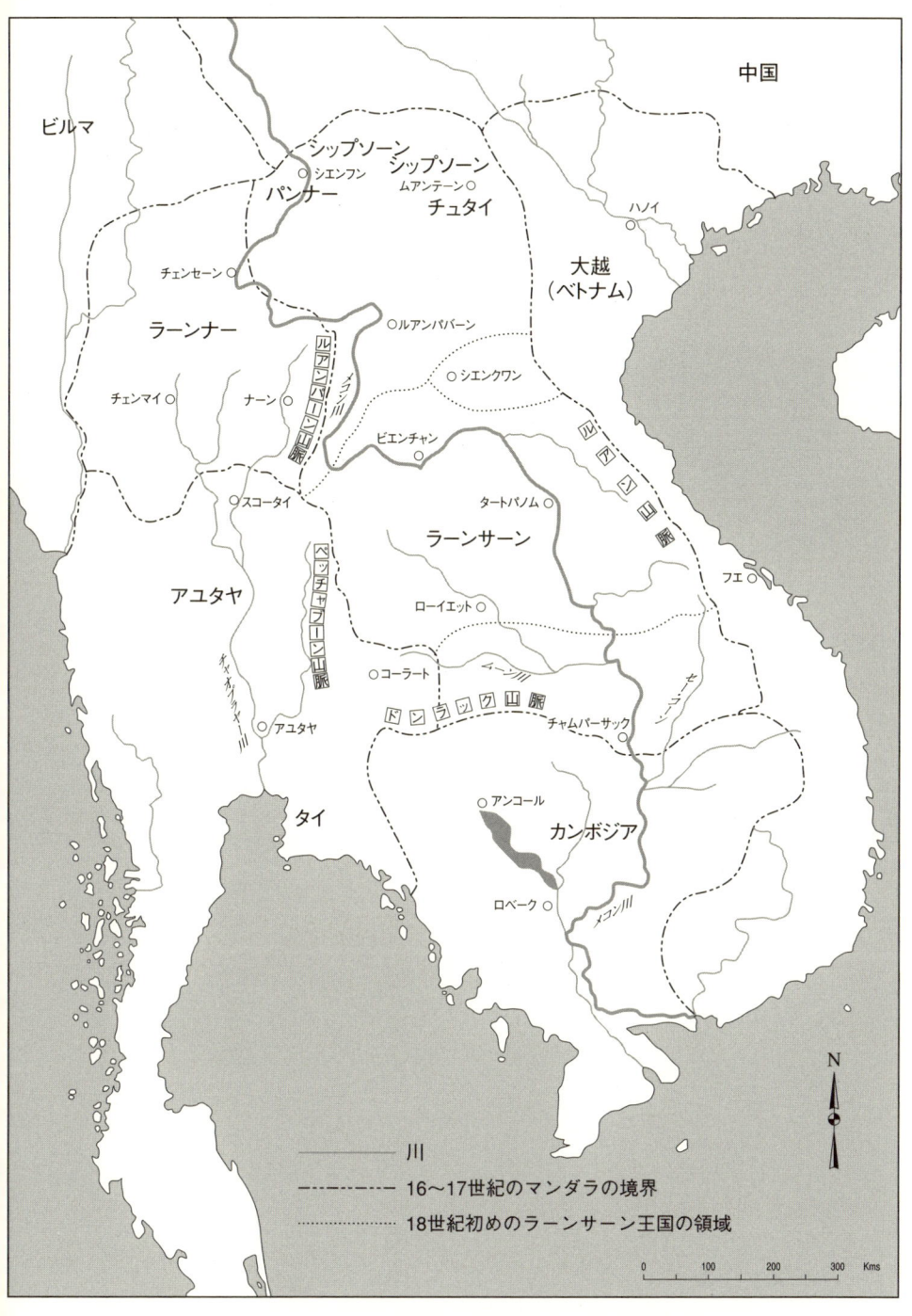

地図2　東南アジア大陸部　16世紀中頃〜19世紀初め

序章

　このポストモダンの時代、一点の曇りもない国民国家の歴史はない。国民国家の歴史は「語り」の構造と一元的なレトリックを持っており、必然的に政治的エリートの活動に焦点を当てている。こうして国民国家の歴史は、ジェンダーやエスニシティー、宗教、政治信条などにおいて抑圧された少数者を犠牲にして、エリートの権威を正当化する――そのような少数者は別の歴史でなら正当性を与えられていたかもしれない。
　自分自身の国ではない国民国家の歴史を書く外国人は、批判に曝されるというさらなる重荷に苦しむ。というのも、外国人の方法論的な前提には、しばしば無意識のうちに自らのよって立つ文化的要素が加わっており、その文化的要素は簡単に「オリエンタリスト」の傲慢さに変質してしまうからである。外国人による歴史が主として対象とした国家の読者に向けて書かれたものではないということは、そうした前提を検証しないことへの言い訳にはならない。なぜなら、そうした歴史によってイメージが創りあげられ、読者はイメージによってその世界を「理解する」からである。さらに、当該地域の歴史学への影響も無視することはできない。
　20世紀も終わりを迎えた現在、歴史家が国家の通史を書く場合、少なくとも自らの立脚点と自らの歴史がどんな成果をあげるかという予想とに十分自覚的でなければならない。そして、読者にもそれらを明らかにするべきである。もちろん、いったん記述されてしまえば、そうした歴史は他の見解からの批判に曝される。つまり、その歴史は当該国家の内部で、また当該国家を超えて、歴史学の言説の中に入るのである。であるから、私はここで、私がラオスの近代について記述したある種の歴史、「語り」の構造や政治的出来事の強調という2つの点からはいくぶん古いタイプに見える歴史、を書いたことを説明しておきたい。
　まず、ラオスの歴史は連続した4つの段階で語られるのが自然であるが、そ

のどの段階についても書かれたものは少ない。第1段階は、ラオ人の初期王国の年代記が語る時代である。ラオ人の統一ラーンサーン王国とそれが分裂した後の後継王国（ルアンパバーン、ビエンチャン、チャムパーサック、シエンクワン）についての年代記の記述は、各王の王朝（とそれに続く諸王朝）に正統性を付与している。年代記は次の2点によって、王に正統性を与えた。1つは王がすべてのタイ系民族の伝説上の始祖であるクンブロムの子孫であることであり、もう1つは王が前世や現世で積んだ徳によって統治権を与えられるという因果応報論に基づく仏教的君主であることであった。この歴史叙述はイデオロギー的目的を果たしたが、その正統性の論理ゆえに、同じ祖先を持つと主張し、おそらくより大きな徳を示した強大な王（シャム）が、ラオ人の王国を朝貢国の地位に貶めるのを認めてしまった。

　フランス帝国主義は以前のラーンサーン王国の一部分をシャム（タイ）からフランスに移したにすぎない。フランスの支配はラオス史の第2段階を作り出した。この時期の歴史叙述が、初期ラオ人王国の偉大さを認めながらも、一方でラオ人を、脅威に晒され生き延びるためだけにフランスの継続的な保護を必要とした人々として描いたことは驚くにあたらない。それはフランス支配を正当化する歴史叙述であり、ラオスを独立国家にしようとしたナショナリズム運動にはほとんど意味を見出さなかった。さらに、そうした歴史叙述ではシャムは仇敵として描かれ、同時にラオスの領域をフランス領インドシナの単なる後背地としての地位——このフランスの意図の最も主要な受益者はベトナム人である——に貶めようとしたフランスの意図は覆い隠された。

　そうではあっても、第3段階、つまりナショナリストによるラオスの歴史叙述の基礎は築かれつつあった。ラオス人学者（ペッサラート殿下やシラー・ウィーラウォン）によるラーンサーン年代記研究は、年代記に範を仰いで、「語り」としての歴史の基礎を作り、初期ラオ人王国の栄光を称え、フランスの前提に対抗する剣の役割を果たした。しかし、第2段階にも第3段階にも等しく偏りがあった。たとえば、フランスはラオ人国家の分裂とシャムによる支配の時代を強調し、ラオスのナショナリストエリートはこの不幸な2世紀を無視したも同然であった。彼らは、1953年ついにフランスからの独立を達成した近代ラオス王国を、直接ラーンサーン王国に繋げたのである。

さらにこのラオスのナショナリストエリートによる歴史叙述は、別の意味で不十分なところがあった。それは、その頃までに総人口の約半数を構成するようになっていた山地少数民族を排除して、ラオ人の政治的支配のみを扱っていたことである。言い換えれば、それは近代ラオスの国境内にいる様々なエスニシティーの人々を含めて描いていないために、ナショナリストの歴史叙述としては不適切であった。ラオスの歴史叙述の第4段階は、30年に及ぶラオス王国政府への革命闘争を遂行したパテート・ラオ運動から現れた。パテート・ラオは、貴族に対する農民、タイ人に対するラオ人、あるいはフランス支配の重圧に対する少数民族など、すべてを包括する支配に対する抵抗という伝統に基いて、これまでのものとは別の歴史叙述を作り上げた。

1975年、革命運動が権力を掌握しラオス人民民主共和国が成立すると、この革命闘争の歴史叙述は以下のような課題に直面した。それは、ラオ人が成し遂げたことを称えつつ他のエスニックグループもその中に包み込んだように、以前はほとんど無視していたラーンサーン王国を取り込むにはどうすればいいかということであった。しかし、この課題に答える前に、再び市場経済が優勢になり、ラオスは外国資本による投資を受け入れるようになったために、ラオスのマルクス主義（または公式イデオロギーとして通用していたもの）自体が危機に瀕した。1990年代になると、ラオスのマルクス主義は一党独裁主義に道を譲り、新しいラオスの歴史叙述の必要性が明らかになった。

年代記の段階とは異なり、ラオスの歴史叙述の第2段階から第4段階の特徴は、どの段階も十分発展しないうちに新しい状況に対応して次の段階に取って代わられたことである。その結果、ラオスは東南アジア諸国の中でも包括的ナショナルアイデンティティーの構築をイデオロギー的に支えるナショナリストによる歴史叙述が最も発達していない国となった。このことは、ラオスの歴史家にかなり重い課題を課している。近代ラオスの構造はもろく、ナショナルアイデンティティーのための確固とした支えを、おそらく包括的で一元的な歴史叙述に求めているからである。そのような歴史は、たとえばタイの歴史叙述で明らかになりはじめたように、それが解体される前に書かれなければならない。

したがって、私はラオスの歴史叙述には、現在国際的に国民国家であると認められている国家の存在を支える「語り」が、今この時点で求められていると

考える。この点において、私の考えていることはラオス国内だけでなく国外の難民社会におけるラオス人の願望、信念、確信をも反映していると信じている。もちろん、私が書いた歴史はラオスの人々に向けたものではない。そういう歴史はラオス人歴史家だけが書くことができる。この歴史は、国外に離散したラオス人の西洋化した子供たちを含め、外からラオスを眺める人々のために書かれたものである。

　この歴史は多くの物語を語ろうと努めている。ラーンサーン王国からラオス人民民主共和国にいたるラオスの歴史は連続しているとのラオス人の主張を支持している。この点において、この歴史は、国民国家ラオスが直面している現実の政治的ジレンマを全く考慮することなしに、新オリエンタリストの傲慢さでラオス史の連続性を否定しようとする人々（では、ラオス人とは誰なのか？）に反対している。分裂に向かう内外の勢力に対して独立と統一のための闘争を行なった軌跡を描いている。そして、ラオスの人々が現在保持している国民国家にふさわしい新しいナショナリズムを構築するという課題に取り組んできた、その試みのいくつかを詳しく語っている。こうした中で私は、自分たちを従属させ、分裂させ、無力化しようとした人々に対抗したラオス人に共感したことを、素直に認める。

　私はまずラーンサーン王国の勃興と衰退を大まかに概観し、人口や貿易の変化、内部分裂によってどのように弱体化していったかを示し、なおかつラオス史の連続性を主張する。第2章での私の論点は、自治や独立が可能になるような統一ラオスをフランスが作れなかったのは、ラオスの領土をどう扱うかに関してフランスの政策が根本的に曖昧であったから、ということである。というのも、ラオスは1つの単位として統治されていたけれども、将来的にはベトナム人の拡大と開発のための後背地になると見なされていたからである。こうして、統一された独立ラオス国家を復興に導いたのはラオス人自身、特にペッサラート殿下であったことを論じる。

　第3章のテーマは独立と統一であり、後に続く章を考慮に入れ、時代区分を決定した。独立後のラオス史において、時代を画す重要な局面は、ジュネーブにおける2つの国際会議（1954年と1962年）という外部の出来事でも、国内のクーデターでもなく、短期間であったにせよ再び成し遂げられた統一（1957年）と

その完全な破綻（1964年）であった。そして、この章にはもう1つの主題がある。それは、支配的なエリートがいったん成立したラオスの統一と独立を強化するにふさわしい包括的なナショナリズムの構築に失敗したということである。いく人かの著名な政治家（たとえばスワンナプーマー）を除いて、ラオス王国期の政治エリートの多くは、国家のことよりも自分の都合や私利私欲を優先させていた。

　第4章は、独立した統一国民国家創設に向けてのラオスの努力から、それを阻む諸勢力に焦点を移している。アメリカによる介入の悲惨な結果とその意味が明らかになった時、失われた統一を復活させるための最後の試みがなされた。だが、残念ながらそれは遅すぎた。ラオスは既にベトナムでの戦争の嵐——ラオス、カンボジア両国に拡大したので一般的には第2次インドシナ戦争（フランスに抵抗した第1次インドシナ戦争の次の戦争）と言われている——に巻き込まれていた。ここでのもう1つの主題は、ラオスのエリートが右派はアメリカによって、左派は（北）ベトナムによって、ますます無力化したことである。

　戦争の影響は第5章で考察される。激しく爆撃された地域の物質的損害の点からだけではなく、人口の4分の1が国内難民となったことから生じた社会的混乱の点からも影響は甚大であった。この時期、ラオスのエリートが無力化したことで政治には挫折感が漂い、汚職が増大する一方で、他方ではいかなる条件であれ争いは終わらせたいという厭戦観が生じた。こうして、パテート・ラオの権力奪取への道が用意された。

　ラオス人民民主共和国の成立宣言によって国家統一を回復したが、それはベトナムへの追随という犠牲を伴っていた。そのため、独立はある意味ではいまだ部分的であった。そのラオスの体制に最も多くの財政的援助を提供していたソ連の崩壊により、やっと東南アジア大陸部の力関係が変化し、ラオス人民民主共和国は東南アジア諸国連合（ASEAN）や西側諸国との関係を築くことが可能になった。そして、1990年代になると、やっとラオスは統一し独立していると見なされるようになったが、ナショナルアイデンティティーはいまだ弱い。独立同様、統一もいまだ部分的である。なぜなら、パテート・ラオの勝利は戦争やイデオロギーによる社会の分裂を癒したというよりも、むしろ新たな人々の出国という結果を招いたからである。

　東南アジアには特筆すべき経済的社会的変化が既に広がっている。何世紀も

前と同様に、ラオスは再び重要な交易路の交差点となった。しかし、外国投資や近代的テクノロジーに対して国を開くにつれ、ナショナルアイデンティティーとまではいかなくても、まさに文化的なアイデンティティーは脅威に曝されている。21世紀のグローバル化に国家が翻弄される時、多民族からなるラオスの人々が直面する課題の最たるものは、包括的なラオスアイデンティティーを再強化するのに役立つ歴史叙述の構築であるだろう。もし、本書がどんな点においてでもその歴史叙述の構築に貢献できるのなら、少なくとも本書の目的の一部は達成されたことになる。

第1章
ラーンサーン王国

　近代的国民国家としてのラオスは1945年にようやく形成された。それ以前、ラオスはフランス領インドシナの一地域として統治されており、主権を持った政治的実体というよりは膨張するベトナム人とフランスによる開発の後背地と見なされていた。しかし、1945年以降形成された独立国家としてのラオスは、1893年から1907年にかけてフランスとシャム(タイ)の間で結ばれた条約によって作られた領域からなっていた。そのため、ラオス近代史はどれも50年に及ぶフランス植民地支配から語り始めなければならないのである。しかし、ラオス人にとっては自らの歴史はもっと古く、14世紀中頃にラーンサーン王国が成立する以前に遡る。今日のラオス人はそのような古代の歴史に強く依拠して民族自決権や独立を考えているので、この時代はラオス史においてかなり大きな存在である。現在、第3巻しか出版されてはいないが、ラオス人民革命党の指導により編纂された公式の『ラオス史』は、時代をラーンサーン王国成立以前、ラーンサーン王国の勃興と衰退、1893年以降と分けている。このように共産党政権は、以前のラオス王国政府と同様に、長期にわたるラオスの輝かしい過去の存在と、過去と現在のラオス国家の継続性を確立しようと努力している。

　東北タイに分布する先史時代の遺跡の考古学的発掘を除けば、メコン川中流域の歴史に関する最も古い史料は中国王朝による記録である。その記録の中に中国南西部に居住している哀牢(アイラオ)という人々のことについて記してい

1　(訳註) 1893年から1907年にかけてのフランスとシャムの駆け引きについては第2章に詳しいが、この間に結ばれた条約によって、シャムからフランスに割譲された領域(メコン川の東岸とサイニャブリー、チャムパーサック)が、そのまま現在のラオスの領域となった。
2　(訳註) 原書のThe Laoについては、1つの民族集団であるタイ系ラオ人のことを指していることが明らかな時には「ラオ人」、それ以外の場合、たとえば少数民族も含めた現在のラオスの国民という意味で用いている時は「ラオス人」と訳出することにする。
3　Thongsā Xainyavongkhamdī et al., Pavatsāt Lao (ラオスの歴史), vol. III (Viang Chan, 1989).
4　(訳註) 現在のラオスやタイの東北部、北部にあたる地域。
5　(訳註)『後漢書』の「顕宗孝明帝紀第二」をはじめとして、西南夷の1つに哀牢という記述がある。

るものがある。ベトナム人はその後、ラオ人のことを言う時この言葉を使った。しかし、ラオ人についてはもちろんのこと、その後東南アジア大陸部の大部分に拡散したタイ系[6]の人々の祖先であるのかどうかはかなり疑わしい。中国の文献はメコン川中流域に位置していたであろう小王国の名も数多く挙げているが、それが正確にどこであるのかについては議論の余地がある。中国の文献、それにもまして後のラオ語文献の内容には疑わしいものが多いが、考古学によって、西暦の最初の千年紀(ミレニアム)後半に東北タイのコーラート高原やメコン川中流域に小さな政治的実体が形成されはじめたということが明らかになっている。「武勇の人々」[7]が政治的、経済的、軍事的権力集団を形成し、彼らはインドの宗教(ヒンドゥー教、仏教)から正当性の概念を借りた。[8]宗教的儀礼を行なう信仰の中心は世俗の支配と密接に関わっており、支配者が権力を行使することに対してイデオロギー的正当性を与えた。権力は貿易、朝貢、あるいは兵の徴募などにおいて支配者が備えている力量によって変化した。

このような展開を「国家形成」と呼ぶことは、限定された領域を統治するというヨーロッパの概念の輸入で、こうした「権力の複数の円」を表すには不適切である。より適切な概念は「マンダラ」[9]で、この概念の方が分節化した構造(中心に位置するより大きな権力が同じような構造のより小さな権力から朝貢を受ける)と可変的な権力関係という両方の特徴をより的確に表している。[10]メコン川中流域ではこのようなマンダラはチャムパーサック(ワット・プーがその宗教的中心)とターケーク(宗教的中心はタート・パノム[11]、チー川上流域(ムアン・ファー・デート)[12]、ビ

6 一般的な使用法では、Taiは言語的文化的な意味でタイ・カダイ諸語を話す民族グループのすべてを示す言葉として使用される。一方Thaiは現在のタイ国の国民と言語に使用される。(訳註:日本語表記ではTaiとThaiを区別できないためTaiの場合はタイ系、あるいはタイ民族などと表記し、Thaiはタイと表記することにする)
7 (訳註) 石井米雄が「タイの中世国家像」(池端雪浦編『変わる東南アジア史像』山川出版社、1994年、140頁)の中でman of prowessを「武勇の人」と訳出しているので、ここではそれに従った。支配者として個人的資質を持った人々のこと。
8 O. W. Wolters, *History, Culture, and Region in Southeast Asian Perspectives* (Singapore, 1982), pp. 6-8.
9 (訳註) 東南アジアの王権の特徴を表す概念として、1982年、米コーネル大学のウォルタースが『東南アジアから見た歴史・文化・地域』で提唱した。詳細はO. W. Wolters, *History, Culture and Region in Southeast Asian Perspectives* (Singapore, 1982)を参照のこと。
10 C. Higham, *The Archaeology of Mainland Southeast Asia* (Cambridge, 1989), pp. 239-40. で用いられた。
11 (訳註) メコン川を挟んでターケークの対岸にある東北タイのナコーンパノム市街から、メコン川に沿って南に約54kmのところにある仏塔。9世紀から10世紀頃の建造と推定されている。
12 (訳註) タイのカーラシン県カムラーサイ郡にある7世紀から11世紀にかけてのセーマー(結界)石

エンチャン平野に形成された。チャムパーサックでは文化と言語の両面においてクメールとヒンドゥーの要素が明らかであるのに対して、他の3地域はモン[13]と仏教であった。12世紀の末には全地域が勢力を拡大したクメール帝国に吸収された。

　北ラオスのジャール平原とルアンパバーン地方における初期マンダラの形成については神秘と神話に包まれている。千年紀(ミレニアム)の初期、ジャール平原では石柱と巨大な石壺に特徴づけられる鉄器時代の巨石文化が花開いた[14]。しかし、その石壺を作成したのは誰なのか、なぜその文化が衰退したのかについては謎のままである。その上、ルアンパバーン地方に最初のマンダラが形成されたのはいつなのかも不明である。伝説では、守護神（守護ピー[15]）とされる蛇王が守っていた領土を兄弟の隠者2人が統合した話や、ビエンチャンからやってきた白檀商人に王位を渡した話、ルアンパバーンの支配者がクン（王）スワ（当時のルアンパバーンの呼称）から最初のラオ人支配者、クンローの支配に変わった話について語っている。ラオ人の来る前にその地方にいたのは誰なのか、クンスワとは誰なのかについては推測するしかない。これら初期の住人は、民族的にも言語的にも、現在もこの地方にいる北タイのラワ族[16]や北ラオスのクム族[17]などオーストロアジア系の言語を話す人々であろうとされている。そしておそらく彼らが壺を作った人々の子孫でもあると考えられている。

　ニターン・クンブロム（クンブロム物語）として知られているラオ語年代記のある版には、タイ系の人々の起源についての神話が書かれている。そこではクンブロムはすべてのタイ系民族にとっての祖先であり、クンローは彼の長男で

群遺跡の一大中心地。星野龍夫『濁流と満月――タイ民族史への招待』弘文堂、1990年、28、70、84頁。
13　(訳註)モン(Mon)は、ビルマ系やタイ系の民族が東南アジア大陸部に移動、定住する以前からこの地にいた先住民族。オーストロアジア系のモン語を母語とし、東南アジア大陸部で最も早く上座仏教を受け入れた民族であるとされている。日本語ではMonとHmongを区別できないためMonはモン、Hmongはモン族と表記することにする。
14　M. Colani, *Mégalithes du Haut-Laos*, vols. I and II (Paris, 1935).
15　(訳註)精霊、カミなどの超自然的な存在をラオスではピーと呼ぶ。
16　(訳註)北部タイ、特にチェンマイ、チェンライ、メーホンソンの3県に居住するオーストロアジア諸語モン・クメール語派に属する民族。7世紀には既にこの地に居住していたと考えられ、タイ系民族の台頭により、山間部への移住を余儀なくされたと言われている。綾部恒雄監修『世界民族事典』弘文堂、2000年、740頁。
17　(訳註)ラオス北部を中心に居住するオーストロアジア諸語モン・クメール語派に属する民族。この地の先住民と考えられている。綾部恒雄監修『世界民族事典』弘文堂、2000年、170頁。

あった。他の版では、クンブロムはこの世を統治するためにテーンの王(天の神)によって遣わされた人物であるとなっていた。さらに、この世の生命が巨大な蔓の成長によって脅かされた話も含まれている。ある老夫婦がそれを切り倒しに行ったが、蔓が倒れる時に下敷きになり死んでしまった。蔓には2つあるいは3つのひょうたんの実がなっており、中から叫び声が聞こえた。最初は赤く熱した火かき棒を使って、それからナイフを使ってそのひょうたんに穴を開けると、黒くこげた穴からはカー(字義通りには「奴隷」。オーストロアジア系の言語を話す少数民族に対する侮蔑的な言葉で、現在はひとまとめにしてラオ・トゥンあるいは「山腹ラオ」と呼ばれている人々のこと)が、ナイフで切った穴からはタイ系の人々が次々と出てきた。[18]

クンブロムはこれらの人々を支配した。その時、彼は7つの新たな王国を見出すために7人の息子をビルマ(シャン州)からベトナム(タイ系の人々の住む高地)、そして南中国からルアンパバーンとシエンクワンを含むラオスに送りだした。予想に違わず、ここには12世紀まで非タイ系の人々に支配されていたメコン川中流域についての言及はまったくない。これらの神話を歴史史料としての価値がないと片づけてしまうのは簡単である。しかし、神話はアイデンティティーの所在を教えてくれるだけではなく、移住者や移動に関する人々の古い記憶を保存している。クンブロムと最初のラオ人王朝であるルアンパバーンの創始者クンローの神話は、どのようにラオ・ルム(タイ系の言語を話す人々。「低地ラオ」)がラオ・トゥンを支配するようになったのかを示唆するだけではなく、毎年、劇と朗唱の形で繰り返され、ラオとなったものはまさに何であったのかについての拠りどころを与えてくれる。このアイデンティティーはラオス正月関連の毎年の儀礼によって定期的に強められている。ラオ・ルムとラオ・トゥンの関係を再現する王家の儀式は、王制が廃止された1975年までは行なわれていたし、ひょうたんのなる蔓を切り倒した老夫婦を表現した人物は、現在に至るまで毎年ルアンパバーンの通りを練り歩いている。[19]

タイ系の人々の起源については現在まで論争が続いているが、歴史学、言語

---

18 C. Archaimbault, *Structures Religieuses Lao* (*Rites et Mythes*) (Vientiane, 1973), p. 100.
19 (訳註)この老夫婦はプーニュー(ニューおじいさん)、ニャーニュー(ニューおばあさん)と呼ばれ、ラオスの創世神話に登場する人物である。そのため、ラオス正月(4月中旬)のパレードには、赤い顔の仮面を付けプーニュー、ニャーニューに扮した人物が登場し、ルアンパバーンの通りを練り歩く。

学、比較人類学的な証拠からは、もともとは南中国の雲南の南東部と広西省の西側の地域にいた人々であると考えられている。彼らがそこから各地に分散し、移動したのは、おそらく漢族が紀元前最後の世紀と西暦1世紀に北ベトナムよりさらに南に支配を拡大したことと関係があるだろう。人口の増え方がゆっくりしているから、その動きは緩やかであったのだろうが、8世紀あるいは9世紀の初めには既に小さなタイ系のくに（ムアン）が、おそらくタイ最北部のチエンセーンあたりに存在していた。タイ系の人々はベトナム西北部の山地にも移動し、この頃、ムアンテーン（ディエンビエンフー）はさらなる移住の拠点となっていた可能性がある。最初の千年紀（ミレニアム）の終わり頃、タイ系の人々がシャン高原から北タイを横切りメコン川上流域にまで拡大していたのは明らかであり、この地域は南中国（南詔）[20]と東南アジア大陸部（モンとクメール）の間でマンダラが競合しあう地域となっていた。

　ニターン・クンブロムによって明らかになるタイ系の人々の拡大のパターンは、その地域の支配者（チャオ・ムアン）の息子が従者を引き連れて山間部の盆地から他の盆地へ移っていくというものである。そうして形成されたつながりのある移住地は（「親族を基礎とした」ムアンとして）共通の血統による結束を維持した。しかし、河川に沿った平野に拡大していくと、より規模の大きい「くにのような」ムアンに発展した。[21]タイ系ラオ人の移住者は、その豊かな降雨と急流がメコン川中流域の広大な平野を潤す、北ラオスの鬱蒼とした森林に覆われた山地や狭くて険しい峡谷をあとにして、南に拡大した。そして、彼らはラオスとベトナムを分かつルアン山脈（チュオンソン山脈）の雨の多い西斜面と、砂質土壌で疎林が広がり降雨量の少ないコーラート高原に行き着いた。

　メコン川はかつてラオ人世界の中心線であった。しかし、現在は、大部分がラオスの西側の国境、つまりタイとの境界線となっている。ルアンパバーン・ビエンチャン間とサワンナケート近郊にある2ヵ所の急流、そしてラオスとカンボジア国境の幅13kmに及ぶコーンの瀑布によって、メコン川は北部、中部、南部の地理的に異なる3つの流域に分けられる。3つの流域は人口や政治組織

20　（訳註）8世紀半ばから13世紀半ばにかけて中国雲南地方に成立した政権。
21　こうした言葉の使い方は、Souneth Phothisane, 'The Nidān Khun Bôrom: Annotated Translation and Analysis', PhD thesis, University of Queensland, 1997. によっている。

が異なり、それぞれ歴史的に規定されたアイデンティティーを持っている。北部、中部、南部には戦略的に重要な高原（それぞれ、一般的にはジャール平原として知られているシエンクワン高原、カムムアン高原、ボーラウェーン高原）があり、そこに人口が集中している。13世紀中頃までにタイ系ラオ人はメコン川流域に広く定住し、政治的発展の次の段階へ移行する機が熟していた。

　13世紀後半は大きな騒乱の時期であった。フビライ汗のモンゴル軍が1253年、雲南における最後の独立王国[22]を侵略し、さらに南進した。ビルマ人のマンダラの中心であったパガンは破壊され、モンゴル軍はカンボジアを侵略するためにメコン川中流域に進攻した。しかし、その時、クメールの勢力は既に弱体化していた。このことがタイ系の支配者に覚醒を促し、チェンマイを中心とした最初の強力なタイ系のマンダラであるラーンナー[23]、そしてさらに南のスコータイが形成された。両マンダラとも中国元朝のモンゴルに朝貢したので、モンゴルの影響力は強かった。実際、モンゴルの干渉がメコン川上流域で最初のラオ人のマンダラが勃興したことの直接の原因ではないかという指摘もある。[24]

　14世紀中頃の3年間で、2つの有力なマンダラが形成された。1つは1351年に形成されたアユタヤである。アユタヤはラーンナーとともにタイ系世界を以後4世紀にわたって二分したタイ系シャム人のマンダラで、その後、強大になり、1438年スコータイを吸収した。そしてもう1つはタイ系ラオ人のマンダラ、ラーンサーンで、その中心地はその後ラオ人にルアンパバーンと呼ばれることになるシエンドーンシエントーンであった。[25]

　ラオ人の戦士がおそらくクム族であろう先住民からシエンドーンシエントーンを奪って以来、この地には小さな規模のラオ人のムアンが存在していた。ラオ語年代記に記された信頼できる最も古い年号は1271年である。この年にある王家が権力を握り、その支配者はパーリ語で「認められた者」の意味である「パニャー」の称号を持っていたとされているが、これは仏教の強い影響を示している。ラーンサーンという強大なマンダラの創始者であるファーグムはパ

22　（訳註）南詔国のこと。1253年、モンゴル軍の攻撃により、国都、大理が陥落した。
23　（訳註）13世紀末、マンラーイ王が樹立したタイ系民族の王国。ラーンナーとは100万の水田の意味。
24　T. Hoshino, *Pour une Histoire Médiévale du Moyen Mékong* (Bangkok, 1986), pp. 62, 81.
25　ラオス古代史についてのさらに詳しい説明は、M. Stuart-Fox, *The Lao Kingdom of Lān Xanā: Rise and Decline* (Bangkok, 1998)を参照。

ニャーの王家の血を引く王子であった。

　数多くの王国の偉大な創始者のように、ファーグムも伝説に包まれた人物である。ラオ語年代記では、その後の2世紀の歴史よりもラーンサーン建国における彼の功績により多くの分量があてられている。簡単にまとめると、次のようになる。彼はシエンドーンシエントーンから父親によって追放された、あるいは自分自身で亡命した。その理由ははっきりしないが、まるで王位を手に入れるための試練であるかのようである。彼は何とかカンボジアへたどりつき、アンコール王宮で最終的にクメールの王妃と軍を手に入れた。そして、シエンドーンシエントーンに戻る途中、その軍と共に戦い、進軍路沿いのムアンに覇権を認めさせた。彼はまた、その後3世紀半にわたってラーンサーンというマンダラをまとめることになる統治構造を作り、周辺の勢力（ベトナム、ラーンナー、アユタヤ）と条約を結んで境界を定めたと言われている。

　ファーグムが創設したマンダラは年代記の中ではムアンラオとして知られており、その言葉はより大きな国家を表すのにも小さな国家を表すのにも使われる。どのくらいまで拡大してよいのかについては議論の余地があるが、おそらく最初はチャムパーサック地方を含んではいなかったであろう。北ラオス山間の狭い盆地のムアンとメコン川中流域に点在していたムアンを統合したもので、本質的には忠誠と保護による封建制であった。しかし、その成立の仕方はヨーロッパ的感覚の封建制ではなかった。領主のためにあくせく働く農奴というよりは、自由農民が、代々の支配者一族の土地で植え付けと収穫の時期に働き、祭りのような特別の機会や戦時に要請されて奉仕するという、ある程度の義務を負うものであった。

　ファーグムはラオスに仏教を導入した人であると信じられているが、これは明らかな間違いである。ファーグムのクメールの妃が現在ラオスで実践されている仏教である上座仏教を新たに導入したと言うのはさしつかえないが、ファーグムの時代以前にルアンパバーンに仏教が広まっていた確かな形跡がある。ファーグムの功績であると述べられている組織と境界に関しては、ファーグムからウィスンまでの1世紀半に及ぶ領土の拡大や制度の整備が反映されたものであろう。ウィスンは、ニターン・クンブロムの最初の校訂を指示し1503年に編纂した王である。しかし、最終的に自身の王国から追放されてし

まったとはいえ、ラオス人歴史家にとって、ファーグムは叙事詩的要素を秘めた英雄的人物である。

　ファーグムがなぜ追放されてしまったのかについては謎めいている。彼は、シエンドーンシエントーンの貴族たちの妻や娘を側室にしたことで彼らの怒りを買ったと言われている。実のところ、ファーグムの追放はおそらく、王と一緒にやってきた異国（クメール）の人が大多数を占める成り上がりの新参者と、古い貴族たちからなる宮廷内勢力との闘争の結果であると言えるであろう。1368年の2つの出来事がおそらくクメールの勢力を弱めることになった。それは、ファーグムのクメールの妃の死去と、明によって中国の元朝が倒されたことである。もしもファーグムの地位がクメール＝ラオのモンゴルに対する朝貢同盟にある程度支えられていたものであったとしたら、この2つの出来事が特にクメールの勢力を弱めることにつながったであろう。いずれにせよ、ファーグムの長男、ウンフアンが王名をサームセーンタイとして王位に就いた。その名は字義とおりには「30万のタイ系の人々の王」であり、その数字は人口調査で明らかになった戦闘時に召集できる王の軍隊の人数であった。

　次の世紀にかけて、ラオ人のマンダラの構造、そして、ラオ人の権力の雛型が確立されていった。各地域（ムアン）とかかわりの深い強力な精霊（ピー）信仰や国礎柱[26]を立てることが禁止されたわけではなかったが、仏教も次第に確立されていった。社会は3つの階級——貴族、自由農民、奴隷——で構成されるようになった。その下にラオ・トゥン、つまりその土地の少数民族が置かれ、彼らは一般的に奴隷（カー）と呼ばれた。自由民は戦争で捕虜となったり、罪を犯して罰せられたり、負債を負うと奴隷になった。しかし、彼らは古い時代の法が示しているようにひどい扱いを受けていたわけではなかった。ラーンサーンは奴隷による生産様式と呼ばれるものに頼っていたのではなかった。

　ラオ人王宮の富は、貢納、税、そして交易から生じていた。マンダラは緩やかな構造を持っていた。王国を構成しているムアンの支配者あるいは領主（チャオ・ムアン）は、規定の貢納を行なって、定期的に王宮に出向き、命じられた時に人と武器を納められる用意をしておけば、事実上自治を認められていた。税を課せられるのは地域の中心地に限られ、普通は物品、つまり食料や村の

26　（訳註）くに（ムアン）を建設する時に中央に建てる柱。ムアンの守護霊がそこに宿るとされている。

職人が作った手工芸品（陶器、銀製品、絹織物、刺繍など）の納入の形をとっていた。交易品はより価値のある品で、その多くは、象牙、犀角、安息香、スティックラック（漆器を作る時に使う樹脂）などの森林産物だったが、絹、鉄、塩もあった。

　おそらく、ウィスンの時代（1501～20年）になって、ラオ人仏教徒の世界観の様々な要素が混じりあい、親族関係やラオ人の社会構造における正統性、考え方の核が確立し、そうしたものによってラオ文化が形成されるようになった。なぜなら、それまで多くが口承で伝わっていたものをニターン・クンブロムとして書き留めるようにし、さらに王国の守護仏とするために聖なる仏像、パバーン仏[27]をシエンドーンシエントーンに持ってくるように命じたのはウィスンであったからである。ニターン・クンブロムの世界観の本質的な要素は次の2つであった。1つは、王家はクンブロムからファーグムを経て直系で継承されるという共通の祖先を持つ血統への信仰である。そしてもう1つは、仏教を最高の真理として受容すること、特に、生まれ変わりを説くカルマの概念と徳を積むことを仏教的道徳の中心として受容することであった。王は血統による権利、そして自身の徳による権利によって統治するが、王として生まれてくるために前世で必要な徳を積んでおり、この世においても仏教僧の組織（サンガ）に惜しみなく寄進することで特別多くの徳を積み続けなければならなかった。こうして、王の正統性は仏教の教えに基づくようになり、王とサンガの互恵的な関係が決定的となった。

　東南アジア大陸部では、近隣のマンダラとの力関係は変化しやすかったので、境界は比較的流動的であった。なぜなら、辺境のムアンは圧力を加えられると忠誠心を変化させるのが常であったからである。さらに、新しい村ができると新しい土地が開墾され、境界もはっきりとはしていなかった。しかし、いずれにしても、商人が1つの商売区域からもう1つの商売区域へと移動する交易上のルートが確立すると、それがマンダラの大まかな範囲と言えた。ラーンサーンについては、コーラート高原における境界ははっきりしないことが多かったが、メコン川を下ってカンボジアに接する部分と、ペッチャブーン山脈を横切

27　（訳註）ラーンサーン王国を樹立したファーグムがカンボジアのアンコール朝から将来したとされている仏像。16世紀、ビエンチャンに遷都して以降、この仏像にちなんで旧王都がルアンパバーンと呼ばれるようになった。

ってアユタヤに接する部分は、はっきり定められていた。しかし、東北と西北、つまりベトナムとの国境とラーンナーの国境は簡単に変化した。ジャール平原にあるシエンクワンのムアンプアン[28]、東北部のシップソーンチュタイ[29]は西北部のシップソーンパンナー[30]と同様に、強大なマンダラが競合する地域であり、自分たちを支配しようとする1つあるいは複数のマンダラに様々な機会に応じて朝貢したからであった。

　戦争は東南アジア大陸部の風土病で、歩兵と象部隊からなる大規模な徴兵部隊による戦いであった。ラーンサーン、100万頭の象という名はまさに軍事力がどれほどのものであるかを表していた。とはいえ、クンブロムの子孫であるという認識が共有されていたタイ系マンダラとは協定を結ぶことが可能であり、共通の祖先を持たないと認識されていたベトナム人やビルマ人のような人々とは、はっきりと区別されていた。ラーンサーンが最もひどい被害を被った戦争が、1479年に都が略奪されたベトナムによる侵攻と、16世紀後半タイ系世界を震え上がらせたビルマによる一連の侵攻であったことは当然であった。

　他の上座仏教圏のマンダラと共通のラーンサーンが持っていた弱さは、王位の継承に関して厳格に長子相続を適用するための規定がなかったことであった。往々にして王には多くの息子がおり、王位の継承はしばしば争いの種になり、その結果、王国は衰退した。ラーンサーンは、数年以上にわたって君臨する強力な王がいた時には強大になった。しかし、残念ながら、そのような2人の王は絶頂期に死去した。ポーティサララートは熱狂的な仏教徒で、すべてのピー信仰を公に根絶しようとした。彼は、息子のセーターティラートをラーンナーの王に任命したすぐ後、象から落ちて押し潰され死んだ。セーターティラートはすぐにラーンサーンへ戻り、ラーンナーの王位を失うことになった。こう

28　（訳註）シエンクワンでは、タイ系民族の1つであるプアン族がムアンを形成しため、ムアンプアンと呼ばれた。

29　（訳註）現在のベトナム西北部からラオス北部にかけての地域で、黒タイ、赤タイなどのタイ系民族が多数居住する地域。王国のような政治的統合体を形成することはなかったが、小さなムアンが周辺の政治権力の間である程度の自律性を保って存続したために、まとめてこのように呼ばれている。M. Stuart-Fox, *Historical Dictionary of Laos*, Third Edition, The Scarecrow Press, Inc., 2008, pp. 302-3. を参照。

30　（訳註）現在の中国雲南省南部で、タイ系民族、特にルー族が多数居住する地域。現在の景洪を中心に小さなムアンがまとまって政治的統合体を形成していた。M. Stuart-Fox, *Historical Dictionary of Laos*, Third Edition, The Scarecrow Press, Inc., 2008, p. 303. を参照。

して、この2つの王国が統合されてもっと大きなラオ人国家となる唯一の機会が失われた。

　セーターティラートの時代に、ビルマ軍はタイ系世界に侵攻した。1558年にチェンマイが陥落し、ラーンナーは2世紀以上にわたってビルマに朝貢し続けることになった。ビルマの脅威に対するラオ人の対応は、防御を固めるというものであった。1560年、セーターティラートはアユタヤと戦略的な同盟を結び、同年、都を南のビエンチャンに移すことにした。おそらく彼の父親が遷都によってこの地域の人口的、経済的、戦略的バランスを変化させようと既に計画していたことから、この決定がなされたのであろう。ラオ人の定住地がメコン川に沿って南のチャムパーサック地方やコーラート高原に向かって拡大していくにつれ、ラオ人の政治権力の重要な中心地も移動したのであった。

　新しい都を建設するのにほぼ4年かかった。防御のための城壁に加え、新しい王宮や仏教寺院を建設しなければならなかった。エメラルド仏を安置するためにパケーオ寺が、さらに、偉大なインドの王、アショーカ王を起源とする伝説を持つ聖地に巨大なタート・ルアン仏塔が建立された。セーターティラートはパバーン仏をシエンドーンシエントーンに残し、町をルアンパバーンと改名することによって、良き宗教者として行動した。彼はまた、ルアンパバーンにワット・シエントーンを建立するように命じた。この寺は現存する最も壮麗な16世紀北ラオスの建築物である。

　しかし、ビルマの脅威は続いた。1569年、アユタヤが陥落し、偉大なビルマの征服者、バインナウンの前にはラーンサーンだけが残された。ビルマはビエンチャンを占領したが、セーターティラートはゲリラ戦を展開し、数ヵ月後、補給物資の欠如によりビルマは撤退を余儀なくされた。セーターティラートは翌年、カンボジアを侵攻した時に権力の絶頂期を迎えた。しかし、彼の軍隊はひどい敗北を喫し、北へ退却する途中で不思議なことに王が姿を消してしまった。ラーンサーンはまたもや王位継承争いが続いて衰退し、ビルマの侵略を受けるままになった。

　1637年、スリニャウォンサーが王位を勝ち取ると、ラオ人のマンダラは平和で繁栄した時代を迎えた。それは王の57年間に及ぶ長い治世の間、続いた。スリニャウォンサーの治世にヨーロッパ人が初めてビエンチャンを訪問し、

記録を残している。最初にやってきたのはオランダ商人、ゲルリット・ファン・ウストフで、彼はオランダ東インド会社社員であった。そのすぐ後にイタリアのジュスイット会宣教師、ジョバンニ・マリア・レリアが続いた。ファン・ウストフが2ヵ月弱しか滞在しなかったのに対し、レリア神父は布教の許可は得られなかったにもかかわらず5年間滞在し、ラオ語を学んだ。

　両者の記述により、我々は、権力の絶頂期のラーンサーンの広大さと栄光について、優れた知見を得ることができる。この頃までに、ラオ人はシャムの王権概念を吸収していた。スリニャウォンサーは、レリアが「町と見間違えるほど大きく、広大な敷地」と述べるほど広大で豪華な王宮にいて、人々とは隔絶されていた。[31] 彼はそこで官吏や廷臣たちにかしずかれ、都で花開いたと言われている音楽、舞踊、演劇を楽しんだ。

　両訪問者とも王国の富について言及しているが、特にファン・ウストフは交易の機会を得ることに関心を持っていた。しかし両者とも、ビエンチャンが仏教研究の一大中心地であるがゆえに、そのような富の大部分がサンガに渡ることを嘆いていた。はるか遠くカンボジアやビルマからやってくる僧は、ファン・ウストフが「ドイツ皇帝の兵士の数よりも多かった」[32] と驚嘆して書き記したほどであった。レリアは、予想されることではあるが、自分の真摯なキリスト教信仰を否定する僧が大嫌いであった。しかし、一般のラオ人については「とても愛想がよく、親切で、道理をわきまえ、非常に慎み深い」と認めていた。[33]

　ヨーロッパ人の両訪問者は、1640年代、スリニャウォンサーの治世の前半にやってきた。それから1694年あるいは1695年の彼の死までの50年間、誰もやってこなかった。そしてその間にラオスはチベットのように遠く、謎めいてしまった。この半世紀の間、ビエンチャンの壮麗さにはかげりが見えていなかったかもしれないが、勢力の均衡は、孤立した内陸のマンダラであるラーンサーンには不利に、先進的な軍事技術を売り物にしていたヨーロッパの勢力と海上交易を行なっていた近隣王国には有利にと、ゆっくり、しかし確実に変化し

31　G. F. de Marini, 'Relation nouvelle et curieuse du Royaume de Lao' (1660); reprinted in *Revue Indochinoise*, 8 (1910), 158.
32　J.-C. Le Josne, *Gerritt van Wuysthoff et Ses Assistants: Le Journal de Voyage au Laos* (1641-42) (Metz, 1986), p. 167.
33　De Marini, 'Relation nouvelle', 162.

ていた。ラオ人にとって、こうした交易は間接的なものであった。たとえ交易を行なったとしても、メコン川に沿ってカンボジアへ出るか、あるいはシャム人が利益の大半を掠め取るアユタヤを経由するしかなかったからである。

スリニャウォンサーは晩年厳格になって、不義の罪によりたった1人の息子を死刑にした。そのため、彼が死去すると、王国は再び長期の後継者争いに苦しむことになった。しかし、今回はこれまでと違って破滅的だった。ベトナムとシャムの双方が介入し、王国は、最初は2つに、その後3つの別々の小王国に分裂する結果となってしまった。そしてそれぞれが、王国であることと、ラーンサーンの後継者であることを主張した。そのため、ラオ人の国家は致命的に弱体化し、ラオ人の力がその後復活することはなかった。1世紀もたたないうちに、3王国すべてが、新興の強力なシャム人のマンダラの支配下に落ちた。

18世紀のラオ人王国の歴史は、スリニャウォンサー治世のラーンサーンについてよりもよくわかっていない。宣教師や商人、あるいは旅行者や外交官による一次史料がなく、この地域の年代記は極度に乏しい。その上、年代記が語るのは、王がサンガに多額の寄進をして徳を積んだことや、王の支配を正当化し王国を守護する霊験あらたかな仏像のことで、政治的な出来事や外国との関係、ましてや社会的変化や経済状況についてではなかった。

1760年代にビルマの新王朝が再びタイ系世界を侵攻した。1763年、チェンマイが陥落し、2年後にはルアンパバーンが、そして1767年4月7日にはアユタヤが陥落した。この時はシャムの都が略奪されたが、中国人を父にシャム人を母に持つタークシンという名の若き軍事指揮官の神がかり的な指導力によって、シャム軍はめざましい復活を遂げた。それから10年のうちに、タークシンはラーンナーからビルマを追い出しただけではなく、ラオ人の3王国すべてをシャムの宗主権下に置いてしまった。

ラオ人は戦わずに優勢なシャムの力の下にひれ伏したわけではなかった。タークシンは、シャムの臣下に入りたいと主張したあるラオ人反乱者が死刑にされたということを口実にして、まずチャムパーサック、それからビエンチャンを侵攻した。ビエンチャンは、ルアンパバーンのラオ軍の支援を受けたシャム軍に4ヵ月包囲された末に、ついに降伏した。シリブンニャサーン王は何とか逃れたが、翌年死去した。都は徹底的に略奪された。王族が人質になっただけ

ではなく、エメラルド仏を含む仏像のほとんどがバンコクへ持ち去られた。ラオ人の数百世帯がシャムの都の北、チャオプラヤー平野に強制移住させられた。ルアンパバーンはビエンチャンを裏切ってシャムを支援したにもかかわらず、シャムの朝貢ムアンになってしまった。

　しかし、シャムは近代国家ではなく、東南アジアのマンダラであった。中央集権的な統治体制ではなかった。ラオ人の3王国やチェンマイのような多くの小王国は完全に自治であった。圧力がかけられ、次第にビエンチャンからバンコクへ忠誠心が傾いていったコーラート高原の小さなムアンでさえも、自ら税を徴収し自らの法を行使することができた。バンコクの承認が必要であったのは、反抗的な臣下を懲罰するために必要な軍隊を出す許可、ムアンを統治する高官の任命、死刑宣告の3つの事柄だけであった。ラオ人の王国に課せられていたのは、王とウパラート（副王）はシャム王宮の承認を受けなければならないことと近隣の王国に戦争をしかけてはいけないということだけであった。しかし、ビエンチャンはシエンクワン[34]に対して自らの宗主権を強化することは許されていた。

　バンコクのチャクリ朝の創始者、ラーマ1世はラオ人世界の出来事に強い関心を持っていた。シリブンニャサーンの長男、ナンターセーンはビエンチャンへ戻ってシャムの朝貢国として統治することを許された。数年後、強制移住させられた数世帯も帰国を許された。ビエンチャンは再建され、人口も増えていった。1804年、アヌウォンが2歳年上の兄の後を継いでビエンチャンの王になった。

　アヌウォンは仏教徒の王として期待された通りのやり方で統治を開始した。新宮殿が建設され、サンガへ気前良く寄進することで自身の徳の高さを示そうとした。現在でも後期ラオ建築の至宝であるとして名高いシーサケート寺を含む新しい寺院が建立された。ベトナムの阮朝（グエン）との間には朝貢関係が復活した。シャムはアヌウォンの忠誠心を非常に信用していたので、彼の息子をチャム

34　（訳註）シエンクワン年代記によると、クンブロムの7番目の息子、チェット・チュアンがシエンクワンにプアン王国（ムアンプアン）を建てたとされている。ラーンサーン王国樹立後はラーンサーンに朝貢するとともに、15世紀以降はベトナムの各王朝にも朝貢した。ラーンサーン王国分裂後はビエンチャン王国の強い影響下に置かれていた。M. Stuart-Fox, *Historical Dictionary of Laos*, Third Edition, The Scarecrow Press, Inc., Plymouth, UK, 2008, pp. 387-8.

パーサックの支配者に任命することに同意した。

　このことが、シャムの覇権から独立してラーンサーンというラオ人のマンダラを再建する可能性をアヌウォンに示唆したのであろうか。あるいはシャムの態度を高圧的と感じて苛立ちを募らせたのであろうか。シャムがラオ人農民に刺青を施し、強制労働に駆り立てるという政策の実施を決定したことで、ラオ人の怒りがかなり高まっていたことも無視できない。アヌウォンもまたバンコクでラーマ2世の葬儀に参列した際に受けた無礼な扱いによって侮辱を受けたと感じていた。いずれにしても、ビエンチャンに戻ると、アヌウォンはシャムの軛から脱することを決心したようである。

　アヌウォンの戦略は単純であった。全コーラート高原を掌握し、すべてのラオ人を本国へ連れ戻して統合する。そして、ルアンパバーンやチェンマイなどシャムへの朝貢国と、域外の同盟国、特にベトナムからの支援を受け、ラオの独立を宣言する、というものであった。[35] 1826年の末、行動を開始する時が来た。ビエンチャンの3部隊とチャムパーサックの1部隊からなる4部隊のラオ軍はコーラート高原を突き進み、コーラートに達しようとしていた。チャオプラヤー流域やコーラート高原南部のラオ人は国へ戻るために北へ向かったが、非常に大人数で移動したために動きは緩慢であった。シャムには対応するだけの時間が与えられた。シャムの3部隊が出動して、コーラート高原が奪取され、ラオ人は退却した。

　後から考えれば、アヌウォンは状況を見誤っていた。彼は、シャムがイギリスのもくろみを憂慮している時期だったので（イギリスはちょうど第1次英緬戦争においてビルマに勝利したところであった）、新王ラーマ3世はラオ人攻撃に力を注ぐ余裕はないと踏んでいた。しかし、シャムの王宮は既にイギリスと条約を締結しており、自由にラオ問題に対処することができた。つまり、シャム軍は大規模でラオ軍よりも装備の行き届いた軍隊であっただけではなく、情報面においても勝っていたのであった。

　結果はわかりきったことであった。ラオ人は1827年5月中旬ビエンチャンの南に最後の砦を築いたが、無駄であった。シャム軍がラオ人の都に入城した

35　Mayoury and Pheuiphanh Ngaosyvathn, *Chau Ānu, 1767–1829: Paxāxon lao lae āxī ākhanē*（Viang Chan, 1988）。この著書の英語版を利用に供してくれた著者に感謝する。

時、アヌウォンはメコン川を下って逃げた。都は破壊され、王宮も民家も略奪され焼かれた。人々は強制的に再移住させられた。翌年、アヌウォンがわずかの軍勢とともに戻ってきた時、ビエンチャンは完全に破壊されていた。王は捕らえられ、バンコクで残酷な監禁状態に置かれて、死去した。ビエンチャン王国が地図上から消されただけでなく、ラーンサーンのマンダラの面影も消えてしまった。

　シャムの覇権から脱しようとしたアヌウォンの試みは、タイ（シャム）の歴史とラオスの歴史では、描かれ方がまったく異なっている。タイからすれば不満を抱いた臣下によるいわれのない反乱であるが、ラオスにとってはまさに独立闘争と見なされるものであった。この異なった認識は単に学問上のことではなく、ラオ人が現在ラオスよりもタイに多く住んでいるという事実によってさらに強化され、いまだにタイ・ラオス関係につきまとっている。[36]

　フエのベトナム王宮によるラオ人朝貢国への支援は緩慢なものであったが、ラオ人の領域におけるシャムの前進政策と、カンボジアにおけるベトナムのそれはすぐにこの2大勢力の衝突をもたらした。1834年から1847年まで続いたシャムとベトナムの敵対関係は、カンボジアにおいて共同で影響力を行使するという政治協定が締結されたことで終結した。共同主権はジャール平原でも行使されることになり、ベトナム人はここをチャンニン、ラオ人はムアンプアンと呼んだ。

　シャムの覇権に対するラオ人の抵抗は完全に鎮圧することができなかった。メコン川の東側では、この地域のラオ人エリートが自治を守るためにベトナムの支援を要請した。シャムはこの地の人口をできるだけ減らし、彼らとベトナムの間を不毛の地とすることでそれに対抗した。コーラート高原へのラオ人の再移住は続いた。しかし、彼らは口承でシャム支配への抵抗の歴史を語り継ぎ、独自のラオ文化は強靭に保持された。こうして、コーラート高原のムアンにラオというアイデンティティーが継承された。

　1830年代の初め、新しい移住者がポニーに乗ってラオスの西北部にやってきた。彼らは、メオ（ミャオ）という蔑称で知られているモン族やミエン（ヤオ）

36　Mayoury and Pheuiphanh Ngaosyvathn, *Kith and Kin Politics: The Relationship Between Laos and Thailand* (Manila, 1994).

族で、ラオス政府によればラオ・スーンあるいは「山頂ラオ」、さらに細かく言えばチベット・ビルマ語族に属する少数民族に分類される人々であった。彼らはクム族よりも標高の高いところに定住し、換金作物としてアヘンを栽培した。彼ら独自の神を信仰し、首長やシャーマンに従い、孤高を守っていた。実際、ラオ人の権力者は、交易のため彼らが山を下ってきてムアンプアンの朝貢構造の中に入るまで、彼らの定住に気がつかないことが多かった。

19世紀中期はラオス史において特徴の乏しい時期である。メコン川中流域とコーラート高原のラオ人のムアンはすべてシャムの属国になっていた。ルアンパバーンだけが、バンコクとフエだけでなく北京にも朝貢することで、独立という体裁を保っていた。朝貢の見返りに、中国は支配者に王であることを示した印璽(いんじ)を与えた。最初のフランス人探検家で1861年にルアンパバーン近郊で死去した博物学者アンリ・ムオやド・ラグレ、ガルニエのメコン川探検隊の一員は、特にメコン川東側の国の悲惨な状態について述べている。[37]

シャムによる搾取と軽視が同居していたにもかかわらず、ラオ人社会は何とか命脈を保っていた。奴隷、金、象牙、角、獣皮、森林産物の交易は継続していた。蜜蠟、カルダモン、象牙、絹が、シャムの権力者から貢納あるいは物納の税として要求された。しかし、要求に従うのが嫌で、物品がラオ人の街を出発するのは数年後ということがしばしばあった。こうしたことが人々の抵抗の形であった。

しかし、政治的にはラオ人のムアンは分裂状態に置かれていた。婚姻やその他の手段によって新たな政治的同盟を結ぼうとの企てもなされなかった。支配者一族はそれぞれ自らの小さな領土を守ろうとしていただけであった。ひとりチャムパーサックだけが、新たに支配下の村を作ることでより大きなムアンを再建しようと試みていた。シャムの「弁務官」(カールアン)がより直接的なシャムによる統治を主張しはじめた時、ラオ人のムアンは抵抗できる状態ではなかった。

シャムのチュラーロンコーン王、ラーマ5世が20年後ではなく1870年代に改革を進めていたとしたら、1893年にフランスが切り離す前に、[38]メコン川西

37　F. Garnier, *Voyage d'Exploration en Indochine* (Paris, 1985), p. 104.
38　（訳註）1893年、フランスはシャム（タイ）にメコン川東岸、ほぼ現在のラオスにあたる地域を割譲

岸のラオ人の領域を実効的に近代シャム国家に組み込むことができたであろう。結局のところ、シャムの支配は、フランス領インドシナの境界を拡大することを決心した攻撃的なフランス帝国主義につけこまれるほど不確かであったのである。

フランスが創出したのは、後でも述べるように、その後人々がラオスと呼ぶようになる地域だった。これによって、ラオ人の大多数がシャムの支配下に残された。それゆえ、こうして創られたラオスは、それよりはるかに広大であったラーンサーンというラオ人の王国との継続性を主張できるのか、それもいかなる根拠で、という問いが生じることになった。とはいえ、ラオスにいるラオ人にとってこのことは問題にならない。彼らはほとんど意識せずに歴史的伝統をファーグムの時代の前までさかのぼり、継続性にいくらか問題があることなど理解の外にあるからである。

ラオ人以外の歴史家、特にアイデンティティーや伝統の形成、史料批判についてポスト・モダン的思考の影響を受けた人にとって、ラオス史の継続性は明白なものとは言えない。ラーンサーンの解体とフランス領ラオスの成立との間には約2世紀の隔たりがある。さらに、ラーンサーンの後継王国[39]はラーンサーンを継承していると声高に主張したが、1828年からの65年間、そうした主張をするのに最も適した国はもはや存在していなかった。1893年、ラオスと呼ばれる政治的実体が再び形成された時、領土はかつてのラーンサーン王国の半分以下となり、人口もその一部が含まれているだけであった。実際、フランスがインドシナ連邦の1区域として創出し、ラオ人が1945年に独立国家に昇格させたものは、ラオ人による初期マンダラの直系の後継者であると全面的に主張できるはずもない新しい実体であった。

この議論に関して、私自身はラオ人に共感する。コーラート高原のラオ人がラーンサーンは自身の歴史的遺産であると強く主張することも認められるべきことだが、そうするとタイの歴史にとっては問題となる。ラオスのラオ人の主張を弱めることができなくなってしまうからである。将来、ラオス史に挑戦し

させ、フランス領ラオスとした。そのためメコン川をはさんでラオ人の世界がシャム領とフランス領とに二分断された。
39　（訳註）ラーンサーン王国分裂後のルアンパバーン王国、ビエンチャン王国、チャムパーサック王国のこと。

てもらいたいこと、つまり要望であるが、それは、別のラオス史の伝統をうまく取り入れてほしいということである。なぜなら、低地ラオ人エリートの視点からの記述であるラオ語年代記は、ラオ・トゥンやラオ・スーンだけではなく、ラオ・ルムの中の少数派（低地のルー族やニュアン族、高地の黒タイ族や赤タイ族）をも脇へ追いやっているからである。いずれ、主に口承である少数民族の歴史に基づいた別の歴史が書かれ、より多様性に富み微妙な相違を取り込んだラオス史に統合することが必要となるであろう。しかし、それは将来のことである。

　まずはラオス史の継続性を確立することが要求されている。そして、継続性は社会的、文化的基盤にのみ求めることができる。既に他の文章で論じたように、ラオス史の継続性はラオ人のムアンの継続性に求められるということは明らかだ。社会的政治的実体としてのムアンは他のタイ系の人々にも共通するものだが、そのことは問題ではない。重要なのはラオ人のムアンの継続性である。これが、状況が許せば政治的に再興するための根拠として作用する社会文化的な基盤である。

　すべてのタイ系マンダラ（ラーンサーン、ラーンナー、アユタヤ）に特有の構造は弱さと強さの両方を持つことであった。王国は、力の及ぶ限り、そのマンダラの政治構造を反映する政治構造を持つ、分節的な朝貢ムアンを単純に付け加えていくことによって、拡大することができた。ムアンは共通の文化を共有している必要性はなかった。マンダラ内での関係はそれぞれのムアンが行使できる社会的な力の源泉——政治的、軍事的、経済的、そしてイデオロギー的な力によっていた。各ムアンの大きさは、そのムアンが自由に使える力に応じて決まった。力が増せばムアンは自分より小さな近隣のムアンを吸収し拡大した。こうして、各ムアンは政治的拡大のための潜在的な核としての機能を果たした。

　しかし、上座仏教にとっては、ムアンが拡大するか否かは支配者の業（カルマ）次第であった。偉大な徳のあるチャオ・ムアンはチャッカワット、つまり全能の支配者となる可能性を秘めていた。彼のムアンは帝国的マンダラになる潜在的能力を持っていた。しかし、ラオ人のマンダラの核になるムアンは、ラ

40　M. Stuart-Fox, 'On the Writing of Lao History: Continuities and Discontinuities', *Journal of Southeast Asian Studies* 24(1993), 106-21.
41　（訳註）訳出にあたっては、マイケル・マン『ソーシャルパワー：社会的な〈力〉の世界歴史Ⅰ　先史からヨーロッパ文明の形成へ』森本醇・君塚直隆訳、NTT出版、2002年を参考にした。

オ人のムアンでなければならなかった。つまりそれは、考え方（世界観、仏教と原始信仰の融合）、振る舞い（たとえばバシー・スークワン[42]のような宗教的儀礼における行動）、そして生活のしかた（農耕中心でモチ米を消費する）によって規定される文化的なラオ性を持たなければならないということであった。ラオ人のムアンにどんなことが起ころうともこの文化的基盤は残り、その文化は社会的、政治的な側面——それは社会的には世襲的なエリートによって支配されることが期待されていた社会構造であり、政治的には分節化した単位を内包することが許される政治構造であった——にとって、重要であると広く理解された。

　それゆえ、ラオス史の継続性はラオ人のムアンに求められる。ヨーロッパ勢力、特にフランスによる侵略によって東南アジア大陸部に新たな権力関係が生じ、そのことによってラオ人のムアンはシャムの覇権下から抜け出すことができた。こうして、将来ラオ人が政治的権力を再確立するための条件が生じた。もちろん、フランスがラオ人の領土を奪った時フランスにそのような意図があったわけではない。とはいえ、こうして、ラオスと呼ばれるようになった新しい領域的実体がいかに形成され、フランスの行政官にいかに認識されたのかが、ラオス近代史の第1章を構成することになったのである。

42　ラオ人が結婚、出産などの人生の節目に行なう魂の強化の儀式。

第2章
フランス領ラオス　1893年〜1945年

　半世紀にわたってラオスはフランスの植民地であった。しかし、征服の時からラオスにおけるフランスの存在には本質的に曖昧さがつきまとっていた。なぜなら、フランスはラオスという国家の領土的再建に責任を負っていたが、ラオスを、それ自体が権利を持つべきで、かつ発展の見込まれる政治的実体とは見なしていなかったからである。フランスのラオスへの関心は常に他の場所と関係してのことであった。ドゥダール・ド・ラグレとフランシス・ガルニエの探検は中国への「川の道」を発見するために行なわれた。19世紀後半のオーギュスト・パヴィ、その他のフランス人帝国主義者の目的は、シャムよりもできるだけ多くフランスの権力を拡大することであった。彼らの本当の関心はメコン川西岸の豊かで人口の多い土地にあった。ベトナム領だという名目で要求することが可能であった東岸のラオスの領土は、更なる飛躍への踏み台として、そしてメコン川の支配権を獲得するために付け加えられたにすぎなかった。フランス領インドシナの植民地総督にとって、当初ラオスはベトナム人の定住とフランスによる開発のための資源豊かな後背地として価値を持っていた。しかし、移住は期待したほどではなく、投資もなされなかったため、行政的な費用をまかなうための収益も生み出さなかった。伝統的な生活様式を破壊したことが主たる原因の少数民族による反乱が起こったが、それがいったん鎮圧されると、フランスのラオスへの関心は非常に小さくなった。錫鉱業に対する一時的な投資熱はあったものの、大タイ主義[1]の影響で最初はタイの一部にさせられそ

1　（訳註）1930年代後半から1940年代にかけてピブーン首相の下にタイで実施された膨張主義的民族主義政策の根拠となった考え方。1939年に国名をシャムからタイに変更したことに如実に現れているように、タイ系民族の1つであるシャムは広くタイ系民族を表すタイと同意であると主張した。そのため、かつてシャムが支配していたと観念されている地域やタイ系民族の支配が及んでいたと観念されている地域を西欧諸国から取り戻すという失地回復運動に結びついた。大タイ主義や失地回復運動とインドシナに関しては、村嶋英治「1940年代におけるタイの植民地体制脱却化とインドシナの独立運動」磯部啓三編『ベトナムとタイ――経済開発と地域協力――』（成蹊大学アジア太平洋研究センター叢書）大明堂、1998年、110-219頁に詳しい。

うになり、それから独立の要求が出て、ラオスを失う恐れが生じて初めて、フランスはラオスを主権を持つ政治的実体とみなし、その発展を促していく政策をとった。その間にフランスは、ラオス人エリートの中に協力者を見つけていった。彼らは政治参加や改革についてはなんら要求をしなかった。その結果、ラオスナショナリズム発展の足取りは遅く、困難に満ち、方向性や目的の共通性を欠くものとなった。

フランスの介入

　1870年の屈辱的な普仏戦争の後、フランスの帝国主義者は植民地獲得による帝国の拡大によって国家の威信を再建しようと努めた。1873年12月、ベトナム北部（トンキン）でフランシス・ガルニエが死んだことを利用して、フランスは、フエのベトナム宮廷にフランス人理事官を派遣し、ハイフォンとハノイへフランス軍の駐留を認めさせ、その影響を拡大する機会を得た。北ベトナムで中国人匪賊が不穏な活動をして一般市民の間に不安が高まったので、フランスは1882年ハノイの駐屯軍を増強した。黒旗軍として知られるホー一族（中国人）[2]がフランス人司令官を死にいたらしめ、彼の首を掲げて紅河デルタの村々を暴れまわったことで、フランスは怒り狂い、軍隊を派遣した。フエ宮廷は平和を懇願し、1883年8月、条約が調印されて、中部・北部ベトナムがフランスの保護領となった。それに引き続いて翌年調印された条約では、フランスが全ベトナム領を保護することが確認された。これら2つの条約は、一時的にベトナムの属国であったラオス地域をフランスが強く要求する根拠となった。

　バンコクでは、チュラーロンコーン王と彼の臣下がことの成り行きを関心を持って見つめていた。フランスの保護領がベトナム全土に拡大したその年、フランスの探検家はラオス地域を体系的に調査し始めた。インドシナにおける帝国拡大を促す報告書、書物、地図、パンフレットなどが大量に出版され、ベトナム領という名目でできるだけ広大な領土を要求しようとしたフランスの意図が明らかになった。シャムは、周縁地域を曖昧な形で支配することでフランス

2　（訳註）19世紀後半、清軍に追われてベトナム北部に活動拠点を移した中国系匪賊。フランス軍に抵抗した。

の意図を挫こうとしたが、フランス外務省はそれに対して陰険に抗議した。

その後の数年間、はっきりと区切られた国境を持つ中央集権的領域国家というヨーロッパの概念と、朝貢関係を基礎にした、いくつもの付属的な中心を持つ東南アジアのマンダラモデルが衝突を起こした。その過程の中で、フランスはシャムとベトナムとの間で朝貢関係に伴う概念が以前から異なっていたことを利用した。ラオスの現地首長（チャオ・ムアン）にとって朝貢関係に入るということは、現地の自律性を最大限維持するために敵対する勢力とバランスをとるための実用的な手段であった。これはシャムにはよく理解されていた。一方、ベトナム人にとって朝貢関係に入るということは、帝国の秩序と慈悲の恩恵にあずかることを望んでいると解釈された。ベトナムの存在どころか影響が最小の時でさえ、ラオスの朝貢国（ムアン）は行政区分の中に組み入れられていたことが宮廷の記録に残っているが、フエの宮廷は現実をよく理解していた。しかし、記録の存在は、狭く限定されていたインドシナの領域をできるだけ西に拡大しようとしていたフランスにとっては、天からの賜物であった。

ラオスにおけるフランスの支配権拡大についての重要人物は、フランス帝国主義の大義のための、飽くなき立案者、オーギュスト・パヴィである。一見パヴィは、フランスの利権を拡大していく戦いにふさわしいヒーローには見えなかった。彼は平均より小柄で、同時代の人は「痩せていて弱そうに見えた」と書いている。しかし彼は、知性、活力、勇気、そして「誰にも負けない意志の力」を授けられた男であった。ルアンパバーンのフランス副領事という微妙な地位に就いた時、パヴィは既に17年間をコーチシナ、カンボジアで軍人として過ごしていた。その間、彼はあちらこちらを旅してまわり、熱心にその記録をとり、一緒に生活し働いてきた人たちとどのように付き合っていくべき学んでいた。パヴィは語学の才に恵まれ、出会った人にフランス臣民となる見込みがあると見さえすれば、深い関心を寄せた。シャムの官吏に対しては、激し

---

3 M. Stuart-Fox, *Buddhist Kingdom, Marxist State. The Making of Modern Laos*（Bangkok, 1996），第1章を参照。
4 'Exposé des Droits historiques de l'Annam sur le Laos central', 15 June 1893, Archives d'Outre-Mer（AOM），Aix-en-Provence, Fonds des Amiraux, 14488.
5 P. de Sémeril, *En colunne au Laos, 1887-1888*（Paris, 1900），p. 52; G. Taboulet, *La Ges te Française en indochine*, vol. Ⅱ（Paris, 1956），p. 889から引用。

い嫌悪感を剥き出しにし、彼らに打ち勝とうと固く決意していた。

　そもそもパヴィがルアンパバーンに赴任できたのはバンコクの宮廷のおかげであったが、フランスはバンコクの宮廷を保護することに関心があったわけではなく、間接的にイギリスをけしかけることに多大な関心を払っていた。イギリスがチェンマイに領事を任命する許可を得た時、フランスはイギリスと同等の権利をフランスに保証するという協定を利用して、パヴィをルアンパバーンの領事に任命しようとした。ルアンパバーン・トンキン間の国境確定のためのフランス・シャム共同国境委員会設立の話し合いはまとまっておらず、1886年5月の暫定協定では、ルアンパバーンに副領事を派遣することと、そこでフランスが貿易を行なうことのみが認められた。フランスはこの協定が暗黙のうちにルアンパバーンにおけるシャムの宗主権を認めていることに気づいており、それゆえ批准するのは気が進まなかった。

　1887年2月、パヴィがやっとルアンパバーンに到着した。そこで彼は、ルアンパバーン王国の出来事を監視するために任命されていた2人のシャム人弁務官（カールアン）から丁重な歓迎を受けた。1ヵ月後、シャムの指令官、ワイウォラナートがシップソーンチュタイ平定の遠征から人質を連れて戻ってきた。そして、シップソーンチュタイはシャムの土地であると主張した。北ラオスに住み着いている全住民、タイ族も中国人（ホー族）もすべてが現在その地におけるシャムの宗主権を認めているというワイウォラナートの自信に満ちた主張に対して、パヴィはシャム側の既成事実を黙認するしかなかった。しかし、運命はパヴィに味方していた。

　ウー川を探検している間、パヴィは白タイ族の首長、カムフム（ベトナムではデオ・ヴァン・チとして知られている）がまもなく攻撃をしかけてくるという話を聞いた。急いでルアンパバーンに戻ると、危機が差し迫っているとの警告がなされたにもかかわらず、ワイウォラナートは人質とともにバンコクに出発してしまっており、町は事実上無防備であることにパヴィは気づいた。戦いを恐れ、少数のシャム守備軍とラオ人の援軍は逃げ出した。そして、ルアンパバーンはカムフムと600人ほどのホー族、山地タイ族の兵士からなる混成軍の手に落ちた。町が略奪されている間、パヴィは燃えている王宮から年老いた王を救い出し、負傷者とともに川を下ってパークライへ脱出し、病気の王の世話をした。

第2章 フランス領ラオス 1893年〜1945年

これらのことは王室文書に記録され、ラーンサーン王国の一番新しい歴史に付け加えられた。さらにウンカム王は、シャムの代わりにフランスの保護を受けるという感謝の声明を出した。現在ラオスを構成しているこの地域をタイの支配から解放したことによって、この一連の出来事はパヴィがたったひとりでなしとげた「心の征服」という伝説となった。しかし、パヴィがウンカム王にルアンパバーン保護というフランスの大義を押し付けることに成功したとはいえ、それが正式になり、その他の地域へ拡大していくにはあと数年を要した。そしてそれは心の征服というよりは、砲艦外交の結果であった。

　探検と1888年の交渉を通して、パヴィはトンキン領内にシップソーンチュタイを含めることに成功した。しかしながら、ルアンパバーンには2人のシャム人弁務官が戻ってきており、シャムはルアンパバーンの忠誠心をまだ維持できると踏んでいた。一方、パヴィは他のラオス領、カムムアン地方に狙いを定めた。それはメコン川から東のルアン山脈（チュオンソン山脈）の分水嶺に至る地域で、フランスとシャムの対決の新たな舞台となった。彼はそこが明らかにシャムに所有されているのを理解した。フランスの駐屯軍小隊が分水嶺のラオス側、ナーペーに駐屯していたにもかかわらず、パヴィはシャムの存在を認めざるをえなかった。しかし、領土を所有しているということはフランス領インドシナとシャム間の国境を決定するいかなる根拠にもならない、というのが彼の見解であった。

　「ラオスをフランス領にする」というパヴィの決意は、フランス議会において強い力を持っていた植民地党に支持された。植民地党は、インドシナの国境がメコン川に、そしてさらにそれを超えて拡大していくように望んでいた。最終的にはシャムの併合を思い描いていたのであったが、その第1段階はメコン川東岸の支配権を握ることであった。これについては、パヴィは東岸のラオスのムアンに対するシャムの宗主権を認めることを拒否し、その上で「適切な時期に」「事実上の理事官を奴隷制廃止のための弁務官」として派遣するという提案を外務省へ行ない、実現させた。同じような手段はルアンパバーンを確実にフ

6　パヴィ自身がしばしば引用している表現を使用。A. Pavie, *A La conquête des Cœurs: Le pays des Millions d'Eléphants et du Parasol Blanc* (Paris, 1942).
7　P. le Boulanger, *Histoire du Laos Français* (Paris, 1931), p. 277, note1.
8　M. François Deloncleからフランス外務省へなされた1889年7月17日の報告。Quoted in C. H. M.

ランスの保護国とするためにも使われた。いずれの地域でもシャムの駐屯軍は撤退させられた。

　フランスの政策がより攻撃的になる時が来た。現地の詳細な知識がなければ国境協定の交渉はできないということを口実に、パヴィはラオスにフランスの影響力を拡大させるため、第2次探検に乗り出した。測量技師や科学者など3つに分けられたチームは、南部・中部ラオスの地図作成や探検を開始した。一方、パヴィ自身は北部からシップソーンパンナーまでを旅した。この探検終了後、フランスの存在感を増すため、現在は北部カンボジアであるストゥントラエンとルアンパバーン間に、メコン川に沿って「貿易取扱所」を4ヵ所設置した。緊張が高まっているので、話し合いの機会を持ちたいとのシャム側からの申し出は、より断固とした行動をとるようフランスに迫っていたパヴィに拒否された。

　フランスの断固とした行動はすぐ現実となった。新しいインドシナ総督、ジャン・ド・ラヌサンは「膨張政策」の積極的な支持者であった。1892年2月、パヴィはバンコクのフランス総領事に任命された。それは大臣級の地位で、ラオスの外でシャムと交渉することがその任務であった。フランス議会、外務省ともに、メコン川の領有（既に植民地ロビーは「我々の川」と言っていた）はフランス領インドシナの未来にとって経済開発のための生命線であるという確信を日増しに強くしていた。航行不能な急流があるにもかかわらず、メコン川は中国南部へ通じており、貿易の可能性のある川だと信じられていた。すべての議論はフランスの主張——その最も重要なものは、以前ベトナムに朝貢していた領土を引き継ぐのはフランスの権利であるということ——を補強するために利用された。自然の境界線をどう考えるか、民族の同質性をどう考えるか、という2つの議論は、パヴィが「境界線と民族」と呼んだものだが、両刃の剣で、フランスに不利となってはねかえってくることもありえた。パヴィは外務省に、タイの名の下に全タイ系民族居住地の境界まで支配しようとするシャムの要求を拒否することは無論のこと、メコン川を国境として受け入れるようにとの誘いも拒否するように働きかけた。[9] しかし、パヴィの助言は受け入れられなかった。

Toye, Laos: *Buffer State or Battleground?* (London, 1968), Appendix 1.
9　Le Boulanger, *Histoire du Laos Français*, pp. 290-2.

第2章 フランス領ラオス 1893年〜1945年

フランスはとりあえずメコン川をフランス領インドシナの境界として確保しようとした。フランスは、頑なシャムの抵抗とイギリスの圧力という現実に直面し、パヴィが望んだようにかつてのラーンサーン王国のすべて、つまりはシャム自体をも要求するのはやりすぎであると考えた。その結果、将来のラオス国家は小さくなってしまった。

イギリス、フランス、フランス領ラオスの境界

フランスのインドシナ進出は単にタイに勝利するためだけではなかった。パリの政府は常にイギリスの関心を考慮に入れる必要性があることを認識していた。1892年になると、メコン川にフランスの影響力が拡大していくことに対するイギリスの反応が、フランスの耳に入ってくるようになった。メコン川中流域に関して言えば、まだ外国の駐在事務所はほとんどなかった。イギリスは、シャムがフランス領インドシナとイギリス領ビルマの間で独立した緩衝地として存続し、イギリスの商業的政治的利権が支配的なまま維持されることを望んでいた。イギリス政府はメコン川中流よりも上流地域により関心を持っていたのである。

ところが、現地ではヨーロッパでの交渉よりも急激にことが展開した。外国人顧問の甘言と、いかにフランスと敵対しようともイギリスはシャムを支援してくれるだろうという誤った認識によって、バンコクの政府は当初メコン川東岸地域の譲渡を拒絶した。シャムは統治を強化し、駐屯軍を増強した。その間にシャムの官吏とフランスの「貿易取扱所」との間で小競合いが増え始め、高慢なフランス人の忍耐が限界に達してきた。シャム人に「めんどうなことになった」ということがだんだんはっきりしてきた。2つの別々の事件によって、危機はいよいよ大詰めになった。フランス人商人3人がカムムアンとノーンカーイのシャム人知事の命令によりメコン川中流域から追放されたことと、病気で落ち込んでいたルアンパバーンのフランス副領事がサイゴンへ戻る途中で自殺をしたことである。フランス人が不当な扱いを受け、パヴィは賠償を要求する機会を得た。シャムがぐずぐずしているうちに、パヴィはカムムアン南部のメコン川東岸の全軍事拠点からの即時撤退を含む要求をシャムに突きつけた。

パヴィが正式にフランス領であると主張したこの地域は、かつてベトナムが「所有」していた問題の土地にあった。シャムの宮廷がこれらの要求を拒絶した時、ド・ラヌサンはフランスの行政的支配を主張するために、問題の土地にフランスの3個縦隊を派遣した。パヴィにとって、メコン川東岸だけでなく「シャム支配下のラオス」全域をフランスの保護領とするという望みの第1歩が踏み出されたことになる。

　しかしながら、シャムを完全に服従させるにはさらに多くの力が必要であった。フランスの進出に対してシャムが抵抗したことで、さらにフランスの要求を満たすための口実ができた。中部の縦隊はメコン川西岸へシャムの8個小隊を平和的に撤退させたが、南部と北部の縦隊は抵抗に会った。南部では、シャム軍がコーン島のフランス拠点を包囲、攻撃し、フランス人士官が捕らえられた。北部では、シャムの奇襲でフランス人司令官率いるベトナム人部隊が3人を除いて皆殺しにされた。2つの出来事はフランスの植民地ロビーの反タイ感情を刺激した。パリの政府は賠償金を要求した。一方、バンコクでは、フランスの行為への怒りから排外行動が激しくなった。イギリス籍の人々の避難の必要性が生じ、イギリスは軍艦3隻をチャオプラヤー川河口に派遣した。フランスはすぐさまそれに倣ったが、河口の砂州の外に停泊するようにとの指示にもかかわらず、強引に2隻の軍艦を上流に向かわせた。1893年7月12日、2隻の軍艦は、河口を防備しているパークナームの砦から砲撃された。1発が命中した。2隻の軍艦は撃ち返して、バンコクまで溯り、そこで王宮へ銃口を向けたまま停泊した。植民地ロビーはシャムの即時併合を要求した。しかし、より穏健な論調が一般的であり、7月20日に出されたフランスの最後通牒は、メコン川東岸全領土と中州全島におけるフランスの権利を認めること、全シャム軍の撤退、軍事衝突の補償とそれに関わったシャム人の処罰、そして200万フランの賠償金の支払いを要求するに留まった。

　イギリスの支援を得られず、シャムの王宮は降伏するよりほかに選択の道はなかった。1893年10月3日、最後通牒の条件にそって条約が調印された。条約にはメコン川西岸に25キロの幅で非武装地帯を設けることが付け加えられた（その地でシャムは文民統治を続ける権利を保持し、フランスは領事館と商業拠点を作る権利を得た）。以前メコン川東岸に住んでいた人は誰でも自由に東岸へ戻ること

ができた。フランス領ラオスの形ができはじめた。

　次の関心は2つの地域、コーラート高原とルアンパバーンの北西地域に絞られた。パリとサイゴンでは、メコン川東岸の領有はフランス領インドシナ拡大の第1段階にすぎないと理解されていた。新たに獲得した東岸の領土に派遣された行政官は、メコン川西岸の豊かで人口の多いラオ人の土地は依然としてシャムの手の内にあり、「人口が少なく荒廃した国」が手元に残されたということがよくわかっていた。それゆえ、フランスはインドシナ帝国をコーラート高原全域からチャオプラヤー川流域まで拡大させようとしたのである。その間、北部では、かつてルアンパバーンに朝貢していたすべての地域だけでなく、シップソーンパンナーを構成している12のムアンのうち8つ（これらのムアンの第一義的忠誠心は中国あるいはビルマにあったにもかかわらず）をフランスは要求した。1895年7月、中国との間に結んだ条約により、フランスはその領域のごく一部、ルアンナムターとポンサーリーの一部を獲得した。

　イギリスがケントゥンのあるシャン州をメコン川東岸の朝貢ムアンであるムアンシンをも含めて要求したことで、事態がさらに複雑になった。ムアンシンは、1893年のシャムとの条約でフランスも要求していた地であったからである。当時のイギリスの政策は、シャムをイギリス領インドとフランス領インドシナの間の緩衝国とし、東南アジアにおけるフランスとの紛争を可能な限り抑えていこうというものだった。それゆえイギリスはメコン川上流の細長い部分を中国またはシャムに譲渡しようとしていた。しかし、フランスはムアンシンを併合し、メコン川を支配しようと決意していた。この地に派遣された共同委員会は境界に関して合意に至らず、イギリスのグルカ兵が一時的にムアンシンを占領すると、東南アジアにおける英仏の対立に火がつく恐れが生じた。しかし、両者とも戦争を避ける道を選んだ。

　その後の交渉は遅々として進まず、フランス政府は、メコン川東岸の領土を緩衝地帯とするために提供したらどうかという提案に断固反対した。最終的に折れたのはイギリスであった。イギリスは、イギリス領シャン州とフランス領上ラオスの間の境界を、メコン川の一番水深の深い所を結んだ線とすることで

10　L. de Reinch, *Le Laos* (Paris, 1911), p. 25.
11　（訳註）1895年、フランスは1893年にシャムから割譲したメコン川東岸の地域を上ラオスと下ラオ

合意し、その代わりにフランスはシャムの中立と独立を認めた。ムアンシンはフランスの支配下に入ったが、1896年1月、ロンドンで調印された英仏協定では、チャオプラヤー川中部流域においてのみシャムの独立を認めるということが、決定された。他の地域への言及はなされなかったので、各列強がシャム中部以外の地域に利権を求めるのは自由であった。イギリスはマレー半島に、フランスは西カンボジアやコーラート高原を含めたメコン川流域に利権を拡大させた。

　その後数年にわたって、フランスは圧力と交渉によってラオスの領土を拡大しようとした。しかし、パリの政府は既に関心を失いかけていた。シャム軍が民衆反乱を鎮圧するためにメコン川に沿った非武装地帯へ入り込んだ1902年の出来事をフランスが開戦の名目として利用しなかったことは、インドシナ在住のフランス人官吏を失望させた。ルシアン・ド・レイナックは「我々が軍事行動をとっていれば、完全に、簡単に、シャムの支配地であった諸州をカンボジアに併合し、メコン川右岸の全地方を我々のラオスに再統合することができたはずである。それにより我々のインドシナでの立場はますます堅固になり、我が植民地は自然の境界に沿って形成されたであろう」と記述している[12]。しかし、1904年2月にフランスは、メコン川西岸の2つの地域（サイニャブリーとチャムパーサックの一部）に領土を拡張したにすぎなかった。ただしフランスはノーンカーイ、ムックダーハーン、ケーマラートとその他4ヵ所に商業のための「拠点」を配置しており、メコン川中流域25キロ地帯の足場は確保してあった。

　2ヵ月後、イギリスとフランスは英仏協商を調印し、チャオプラヤー川流域以外のシャム領についておのおのの影響範囲を認め合う一方で、相互にシャム領併合の目論みを放棄した。しかし、この協定はイギリスとフランスがシャムと新たな条約を結ぶことを阻害するものではなく、フランスは1907年カンボジア西部をシャムから割譲する条約を、イギリスは1909年マレー半島北部の4州をシャムから割譲する条約をそれぞれシャムと結び、その見返りに両国は治外法権を撤廃した。1907年の条約はフランス領ラオスの境界線に僅かな影響

スの2つの行政区に分けた。1899年にその2つは統合され、フランス領ラオスという1つの行政区にされた。
12　De Reinach, *Le Laos*, p. 36.

を与えた。フランス領ラオスはサイニャブリー県の、ダーンサーイに向かって南に張り出した小さな部分を失った。

　フランスはインドシナ内の行政区を定め、それに伴ってフランス領ラオスの北東、南東において境界の変更がなされた。その中で注目すべきは、フアパン（一部は1893年、その他の部分は10年後）とシエンクワン（1895年）のトンキンからラオスへの譲渡であった。そして、ストゥントラエンがラオスからカンボジアへ移譲され（1904年）、分水嶺の西側、中部高原の一部がラオスではなく南ベトナムに含まれた（1904年と1905年）。[13] こうした変化はある程度歴史的な主従関係や縁故関係を考慮していたが、大部分は行政上の便宜のためであった。シップソーンチュタイの山地タイ族や中部高原の少数民族はベトナムの支配下に置かれ、カンボジアの北東でラオ人は少数民族となった。

　しかし、さらに大きな問題となったのは、東側の少数民族の分断ではなく、西側のラオ人の分断であった。メコン川がフランス領ラオスの境界となったために、ラオ人は人口が大きく異なる2つの地域に分けられることになったのである。初期のシャムによる人口減少化政策はメコン川の西側、特にコーラート高原のラオ人やプアン族に集中して行なわれた。メコン川の東側は人口がまばらで、シャムの統治下にいるラオ人の5分の1にすぎなかったからである。そして、ラオ人はフランス領ラオスの全人口のやっと半分を満たすにすぎず、残りは多くの少数民族によって構成されていた。[14] フランスがメコン川中流域すべてを包括したラオス国家の創設に失敗したのは、この地方の歴史や民族性を無視したためではなかった。パヴィの探検隊は歴史や民族性についてよく調査していた。フランスは以前ベトナムに朝貢していた領域としてメコン川東岸を要求した以上、以前ビエンチャン王国の一部であったという同じ議論を持ち出してコーラート高原を要求してもおかしくなかった。当時、何人ものフランス人官吏が「悲惨な結果」を避けるために主張したのは、そのことだった。[15]

13　B. Gay, 'La frontière vietnamo-lao de 1893 à nos jours,' in P.-B. Lafont, ed., *Les frontières du Vietnam* (Paris, 1989), pp. 204-32.
14　トルニエは、フランス領ラオスの人口は多く見積もって80万人であり、そのうちの35万人は少数民族であるとしている。A. Tournier, 'Note sur les progrès accomplis au Laos de 1897 à 1901', in P. Doumer, *Rapport sur la situation de l'Indochine, 1897-1901* (Hanoi, 1902), p. 449.
15　P. Lévy, *Histoire du Laos* (Paris, 1974), p. 68.

過去を振り返る時に、既に起こってしまった出来事にはその他の選択肢はなかったのだと思うことはよくある誤りである。東南アジア大陸部におけるイギリスとフランスとの競合においても、他の選択や決定がなされる可能性はあった。もし違った選択がなされていたら、この地域の地図は今日とかなり異なったものになっていたはずである。たとえば、フランスがシャム全土を支配していたら、ラオスという国家は現存していなかったであろう。あるいは、もしフランスが何かの口実を見つけてコーラート高原を占領していたとしたら、もしそれが成功していたら、フランスが意図していたかどうかは別として事実上ラーンサーン王国の再建となっていたであろう。

　1893年と1904年の条約の間の重要な時期に、さらなる領土獲得にフランスが失敗したのは、当時のフランスの考え方を左右していた2つの問題のためであった。それはハノイとサイゴンで考慮すべきこととパリで考慮すべきことの2つであった。つまり、ハノイとサイゴンにおいては東南アジア大陸部での権力関係を考慮せねばならず、パリではヨーロッパでの権力関係を考慮せねばならなかった。イギリスの存在はそのどちらにおいても際立っていた。フランスは東南アジア大陸部において3つの権力だけを視野に入れていた。ビルマのイギリス、ベトナムのフランス、そしてシャムであった。カンボジア、それ以上にラオスはフランス領ベトナムの単なる付け足しであった。フランスはベトナム人を、非常に活動的で、歴史的に近隣の弱くて「適合」しにくい人々（社会進化論の時代であった）へ支配を拡大させていくことを運命づけられた膨張主義的な人々であるとみなし、今はその運命をフランスが引き継いだのだと考えていた。[16] フランスの目には、ラオ人とカンボジア人はかつて栄えた時代もあった人々と映っていた。ラオスとカンボジアの王国は衰えており、当時、ラオスとカンボジアが近代国家として育っていくための核を作ることが可能だと本気で思っている人はほとんどいなかった。それゆえ、フランス人にとってインドシナは5つの部分から成る1つの存在で、最終的には3つの独立した国家となるべき3つの領域ではなかった。[17] メコン川がインドシナとシャム東北部の境界と

---

[16] タウパンの見解では、「ラオ人は衰退に向かって急速に進んで」おり、この見解はウボン布教担当の神父とも明らかに共有されていた。J. Taupin, 'Rapport à M. le Gouverneur-Général, *BSEI*（*Bulletin de la Societe de Etudes Indochinoises*）', Série 1 (1888), 54.

[17] ベトナムはトンキン、アンナン、コーチシナの別々の「3」国に分けられた。

第2章　フランス領ラオス　1893年～1945年

いうことになってしまうと、メコン川東岸のラオ人の地域は、分断された人々と権力の中心というよりは、フランス領インドシナの拡張部分で、フランスの利益とさらなる栄光のために開発されるべきものだと常に考えられるようになった。

　しかし、フランスが最も心をくだいていたのはヨーロッパでイギリスと権力のバランスを保つことであった。ビルマにおいて攻撃的で支配的な勢力であるイギリスでもなく、シャムに影響力を及ぼしている外国の中で強力なライバルとなっているイギリスでもなく、英仏協商の締結に至ったように、フランスがここ数年来、潜在的敵というよりは味方と見なすようになっていたイギリスとの関係であった。これが2番目、ヨーロッパにおける要因であった。1902年になって、サイゴンやバンコクのフランス人官吏がいかなる見解を示したにせよ、フランス外務省はイギリス外務省に、フランスはシャム併合の意図はないこと、条約によってフランスが自由にその影響力を拡大できる地域においてさえそのような意図はないことを明らかにした。コーラート高原はシャムの支配下に置いたままにするとイギリスに保証したのである。こうして、ラオ人の大多数はバンコクの支配を受け続けることになり、フランスは大ラオス国家再建の望みを捨てた。実際、その時にはフランスは既に大ラオス国家再建への関心を失っていた。

　最終的な境界線が確定し、フランス領ラオスは23万6800平方キロの面積を占めることになった。それはフランス本国の約半分の面積であった。ベトナムとは山脈を境界線とし東側を1957キロ、中国とは北を416キロ接していた。メコン川は230キロにわたってビルマのシャン州とラオスの境界線となったが、ほとんどはシャムとの境界線であった（全長1730キロのうち920キロ）。南では、ラオスはカンボジアと492キロ接していた。[18]住民は民族的に混じり合い、人口は希薄だった。多くは文盲の自給農民で、彼らは交易品として価値のあるものはほとんど生産していなかった。実際、時間の経過とともに、開発しさえすれば資源の豊かな土地であるに違いないとの認識は広まったが、フランスがラオ

18　この数字は、1994年6月21日、ジュネーブで開かれた第5回円卓会議のために用意されたラオス人民民主共和国「社会経済開発戦略」報告の1頁から取った。おそらく最近の国境協定を反映した数字である。

スで行なっていたことをいぶかしく思っていた人もいたに違いない。

　この時期を振り返ってみると、フランス人官吏の中に大ラオス国家再建の望みがあったにもかかわらず、フランス植民地の領土的境界線が決定され、最終的にはラオスという独立国につながったことは、一連の歴史的事件の結果であり、明らかにイギリス、フランス、シャム間で繰り広げられた対立と妥協の産物である。こうしてラオスが形成されていく間も、ラオスがフランスに統治されていた半世紀の間も、将来ラオスが独立した政治的実体となる可能性があるということはフランス当局の計算に入っていなかった。フランス領ラオスは、タイ、ベトナム両国の脅威から脱して独立を志向するラオ人国家の復興であるとは見なされなかった。インドシナの1地区で、ベトナムの単なる後背地、フランス資本を投入しベトナム人の労働力を導入して開発されることを待っている地域と見なされた。

フランスの統治

　1893年のフランス・シャム条約によって、フランス統治下に変化に富む広大な地域が組みこまれた。それはフランスの初代ラオス弁務長官となった不屈のパヴィが迅速に手に入れたものであった。当時、フランス領ラオスは違いのはっきりしたいくつかの地域から構成されていた。北部のルアンパバーン王国はメコン川の両側に広がっていたが、サイニャブリーはまだシャムの支配下にあったため、不完全な王国であった。しかし、この王国はフランスの完全な保護下にあった支配者に統治されている統合的な政治的実体であった。中部ラオスにそのような結合力はなかった。中部ラオスは、直接的にあるいは間接的に以前からバンコクとフエの両宮廷に朝貢していた小さな地域的ムアンから構成されており、バンコクもフエもメコン川東岸地域にはほとんど関心を抱いていなかった。この地域にはベトナム軍を指揮していたフランス人士官によって暫定的に軍政が敷かれた。これはその後のフランスの考えを暗示していた。

　南部はまた違った状況であった。そこではチャムパーサック王国の子孫がシャムの朝貢国としてまだ権力を行使していた。しかし、チャムパーサックはルアンパバーンと異なり、中心がメコン川の西岸にあり、1893年以降もシャ

第2章　フランス領ラオス　1893年～1945年

ムの手中にあった。そのためフランスは、ルアンパバーンと同じような保護国にすることを拒まれ、チャムパーサックの東岸領域のみがフランスの直接支配下に組み入れられた。1904年の条約締結時に初めて、王都を含めて王国の西岸領域の一部分がフランスに引き渡された。王族の多くがバンコクに亡命したが、王子、チャオ・ニュイはチャムパーサックに残ることを選んだ。フランスはチャムパーサック王国を復活させなかったが、チャオ・ニュイの特別な地位を認め、新しい都、パークセー（1908年以降）でチャムパーサック県の知事に任命した。[19]

　保護国であるルアンパバーン王国とその他のラオスの直接支配地域との間に存在していた植民地領有上の違いは、フランス領インドシナ総体としては法的に未解決の問題として残っていた。1917年4月、フランスはルアンパバーンに「特別保護国」の地位を確定したが、1930年の植民地博覧会の前にこの問題が再び浮上してきた。フランスの国民議会は、ルアンパバーンが保護国ではないこと、王との間に結ばれた協定は行政権についてだけであること、したがってラオス全土がフランスの植民地であると決定した。[20] シーサワンウォン王からの反発があったために、1931年12月と1932年2月に王と植民地相との間で文書が交換され、この決定は修正された。その後、ルアンパバーンはフランス保護国の地位を認められたが、ラオスのその他の地域との関係は不明瞭なままであった。フランスは王がラオス全土の統合のシンボルになることさえ認めなかった。ラオス全土の統一は、フランスではなく、第2次世界大戦中に成長した自由ラオス運動、ラオ・イサラによって宣言された。1946年8月、フランス・ラオス暫定協定の協議の際に、初めてフランス当局はルアンパバーン王の支配権を拡大してラオス王とすることを承認した。

　当初、ラオス領はベトナムの管轄下に3つに分けられていた。1895年、ラオスは2つの地域、カムムアンより北の「上ラオス」とカムムアンより南の「下ラオス」に分けられた。各地域は「司令長官」（それぞれルアンパバーンとコーンに駐在

---

[19] チャオ・ニュイはシャムで高位の者に与えられる称号、ラーサターニーを授けられていたが、バンコク宮廷からチャムパーサック王として正式に承認されてはいなかった。フランスの扱いはより曖昧であった。1934年、彼は他の官吏と同じように60歳でいやおうなく引退させられ、知事の地位も失った。P. Lintingre, *Les Rois de Champassak* (Pākxē, 1972), p. 20.
[20] *Journal Officiel de la République Française*, 5 June 1930.

していた）によって統治された。4年後、ラオスは1つの行政区となった。最初はサワンナケート、後にビエンチャンに理事長官が派遣された。この変化はポール・ドゥメ総督によるインドシナの政治・財政機構の再編成によるものであった。事実、この時インドシナ連邦の行政と5つに分けられた各地区[21]の行政との間の責任が分担された。連邦は間接税（消費税、関税、酒・塩・アヘンの専売）を財源に、治安、関税、通信、大規模公共事業を受け持ち、一方、各地区の行政は直接税（主なものは人頭税と行政手数料）を財源として教育、公衆衛生、司法を受け持つことになった。

　この変化はラオスにとって有益であった。少なくとも行政の費用は一般予算から充当されるようになったからである。新しい首都ビエンチャンはルアンパバーンとバンコクの中間に位置し、どちらとの連絡にも都合が良かった。その上、首都の移転は象徴的な重要性を持っていた。シャムによって破壊されたかつてのラオスの都がフランスによって復興されたからである。ラオスは行政上の目的で分けられた11の県[22]とルアンパバーン王国によって構成され、各県がフランスの理事官（ルアンパバーンは弁務官）の管轄下に置かれた。各理事官は財務と行政を担当する文官と原地人保安隊の県分遣隊の軍事指揮官によって補佐された。

　ルアンパバーン以外は直接統治で、ルアンパバーンは1916年にポンサーリーを失ったが（第5軍区に入れられた）、1933年にフアパンの一部を得た。ルアンパバーンでは、1904年に父から位を引き継いだシーサワンウォン王が行政を司っていた。行政の先頭に立つのはウパラート（副王。当時はチャオ・ブンコン。彼は1888年から1920年までその地位にあった）と世襲のタオの称号を持つ2人の王族が務めるラーサウォンとラーサワット、右大臣、左大臣だった。その下にパニャーの位の高官が3人おり、さらに3人を加えてホーサナーム・ルアン、最高評議会を構成していた。すべての高官は貴族出身であった。司法は代々7人の判事によって行なわれていた。近衛兵は宮殿や謁見の際の儀式に気を配り、治

21　（訳注）トンキン、アンナン、コーチシナ、ラオス、カンボジアの5地区。
22　（訳註）ポンサーリー、上メコン（後にルアンナムターと改称）、フアパン、シエンクワン、ビエンチャン、ターケーク、サワンナケート、サーラワン、アッタプー、バサック（チャムパーサックを指す）、コーンの11県。Manich, M. L. *History of Laos*, Bangkok, 1967, p. 313. フランス領ラオス内の行政区画は何度か変更されたため、文献によって、名称、行政県の数に若干の差異がある。

第2章 フランス領ラオス 1893年～1945年

安維持に責任を持つのは別の役人だった。王国は幾つかのクウェーン（当初はムアンとされていた）に分けられ、それぞれ各地の有力な貴族、チャオ・クウェーンによって統治されており、チャオ・クウェーンは3人の世襲的な役人に補佐されていた。

　その他の地域では、フランス人理事官が司法権の行使から税金、公共事業にいたるまで、すべてにおいて責任を持っていた。法や秩序は原地人保安隊の管轄であり、フランス人士官の指揮の下に各県都に1部隊ずつ配置された。原地人保安隊は当初ほぼベトナム人によって構成されていたが、時間が経つにつれラオス人も徴兵されるようになった。[23] 植民地となった当初は最小限の行政官しかいなかったが、県の行政が拡大し人口も増えてくると、理事官の補佐、インドシナ公安庁（植民地秘密警察）の職員、会計官、郵便局長、学校教員、医師なども行政機構に含まれるようになった。必要に応じて、様々な職種の行政官が加わるようになった。上中級官吏はほとんどベトナム人で、ラオス人は通訳、見習い事務官、掃除夫、「クーリー」などの下級官吏として雇われた。どの県も郡（ムアン。山地の少数民族地域ではコーン。任命されたチャオ・ムアンまたはナーイ・コーンによって統治された）に分けられ、どの郡もいくつかの村（バーン）が集まってできた区（ターセーン）に分けられた。それぞれの村にはナーイ・バーンまたはプー・バーン（村長）がいた。

　直接統治の県においてさえフランス人官吏の数は非常に少なく（遠隔地にある小さな県ではたった3、4人であった）、フランスの統治は実質的に間接的であった。これは、ラオ・トゥンやラオ・スーンなどの少数民族管理においてよりはっきりしていた。たとえば、ラメット族の場合がよく知られているが、上メコン内の県に居住するラメット族の小集団に対してフランスはラメット族のムアンを創設し、ラメット族の村長を任命した。そのムアンはラオ人のチャオ・ムアンの管轄下にあったルー族の徴税人によって監督された。そして、そのチャオ・ムアンはほとんどがベトナム人である県の行政職員に報告をした。[24] こうして作り上げられた民族的ヒエラルキーは統治上都合が良かった。汚職、搾取、き

23　1904年、原地人保安隊はラオス人591名に対してベトナム人は723名であり、ラオス人は優秀な兵士とはならないと報告されていた。Conseil Supérieur de l'IndoChine, 'Situation politique et économique du Laos', July 1904, AOM Aix, Fonds de la Résidence Supérieur, D3.
24　K. G. Izikowitz, *Lamet: Hill Peasants in French Indo-China* (New York, 1979), p. 346.

つい強制労働、税に対する不満は、フランスにではなく、1つ上の階層に向けられる傾向にあり、そのヒエラルキーを組み替えることによって簡単に解消されたため、フランス統治にとって都合が良かった。しかし、伝統的関係が覆されたことで、植民地後の時代に噴出する新たな民族対立が醸成された。

　フランスの初期の行政官は軍人であれ文官であれ、ほとんどが無知で未開だと見なしていたラオスの人々に、秩序があり啓蒙的なフランスのルールを広めていこうとした。村落数や人口の調査が行なわれ、首長が任命された。法と秩序に加え、フランスが特に関心を抱いていたのは、奴隷制の廃止と税の2つであった。奴隷制の廃止は「文明の使者」としてのフランスの道徳的な責務からであり、税はその費用をまかなうものであった。シャムの布告にもかかわらず、奴隷狩りは続いており、奴隷売買も広まっていた。1893年以降、奴隷貿易廃止のために迅速な処置がとられた。フランス人官吏は、伝統的にラオ人を主人として仕えてきたラオ・トゥンの一部民族も事実上の奴隷制と見なしてこれを廃止させ、債務奴隷を根絶するための調査を行なった。

　税制は、新植民地の統治費用をその植民地自体で捻出できるかどうかという非常に差し迫った問題であった。1893年以前、ラオス南部のラオ・ルムとラオ・トゥンはチャンパーサックのシャム人弁務官に現金か現物のどちらかで人頭税を支払っていた。これは当該地域のラオ人貴族によって徴集されていたが、ラオ人貴族自身もまた伝統的に、必要に応じて現物か労働力で税を要求していた。当初、フランスの税はそれと同等の税率で徴集され、現物または現金での支払いが可能であり、老人、僧侶、官吏、（以前の）奴隷は慣習的に免除された。公共事業のための賦役はラオ・ルム、ラオ・トゥンともに1年に10日課せられたが、はじめから評判が悪く、現金による追加支払いによって免れることも可能であった。ラオ人の貴族がこれまでと同様、税を徴集している限り、当然、人々の税負担は重くなった。1896年時点で増税され、現金支払いのみとなり、ラオ・ルムとラオ・トゥン、ラオ・スーンとの間で違いが生じるようになった。ラオ・ルムは人頭税が2倍となり、ラオ・トゥンとラオ・スーンにはより多くの賦役が要求されるようになった。ほかにも次々と税が導入され、負担はますます増えた。アルコールの専売がラオスにも適用されるようになり、全世帯がアルコールを消費してもしなくても、アルコール消費税（後に2倍になる）を

支払わなくてはならなくなった。他のもの、特にアヘンと塩の専売もラオスに適用されるようになった。旅券の発行や火器の登録などにも手数料が要求され、シャムへ輸出する商品や家畜へも税が課された。当初、土地に税は課されていなかったが、1935年、ついに導入された。ベトナム人は賦役の義務はなく、2倍の人頭税を支払った。一方、中国人はラオ人の人頭税の5倍で、商店を経営している場合はさらに税が課せられた。税額だけでは重すぎるようには見えないであろうが、累積効果が低所得者層に及び、社会の貧困層にとってはかなり重い、時には過重な負担であった。[25]

増税の必要性、そしてラオ・ルムとラオ・トゥン、ラオ・スーンとの間の差別は、統治費用の捻出と植民地開発への意気込みという点で、フランスが直面した困難な状況を反映していた。1910年、1896年と比べると歳入が3倍に増えたラオスの全予算90万ピアストルのうち3分の1強を直接税でまかなっていた。間接税は16万ピアストル強にすぎなかった。[26] 不足分はインドシナの連邦予算から直接補塡された。しかし、基幹インフラに対する支出を増やす必要があったにもかかわらず、連邦予算からの補塡はどんどん少なくなった。その結果、歳入の増加にもかかわらず、ラオスの予算は1896年と1911年の間でたった12.5％しか増加しなかった。[27] ラオスで採算が取れるようにするには、人口を増加させて税の原資を増やすか、あるいは天然資源を開発するかしかないことは明らかであった。短期的に見ると、歳入が増えたのはラオ・ルムが賦役の代わりに現金で支払うことを奨励されたからであった。それ以外には、インドシナで最も利益の上がる専売であったアヘン販売が奨励されたこともあった。

フランスが課した新しい税制によって行政上、統治が強化、中央集権化され、それまで主流であったバーター経済から交換の手段に貨幣を用いる経済へと徐々に変化した。例外的な事例を除いて税は現金で支払わなくてはならず、人々は税を支払うために販売可能で市場価値のある商品の生産を強いられるようになった。しかし、この傾向は他のフランス領インドシナに比べるとラオスではそれほど顕著ではなかった。なぜなら、ラオ・ルムの農民は比較的平等で、

25　G. C. Gunn, *Rebellion in Laos: Peasants and Politics in a Colonial Backwater* (Boulder, 1990), pp. 49-54. を参照。
26　De Reinach, *Le Laos*, p. 246.
27　De Reinach, *Le Laos*, p. 243-4で示されている数字から算出。

豊かな土地を手に入れることができ、米を余計に育てることは簡単であったし、一方、ラオ・スーンやラオ・トゥンはアヘンや森林産物を売ることができたからである。したがって、ラオスでは、ベトナムのように貧しく土地もない地方出身のプロレタリアートは育たなかった。

人頭税よりも不満が多かったのは、一定期間、18歳から45歳までの全男子に課せられた賦役であった。伝統的な労働は、家の新築、儀式の用意など、特別な目的のためになされるものであり、ラオ人は強制労働、特に横柄な役人の指揮下での道路建設を人間としての価値が貶められることであると感じていた。地域の状況を考慮せず、穀物の植え付け期や収穫期、または森林産物の収穫期に賦役が要求されることもあった。財力を持っている人はこの賦役を逃れることができた。しかし、ラオ・トゥンは人口の少ない山岳地帯での道路建設労働力であることを要求されたためにそうすることもできなかった。荷物運搬や徴用の形で要求は増し、不満がどんどん蓄積された。

世紀の変わり目になると、フランスにはラオスにおける当初の成果に自信を持つだけの根拠ができた。骨格だけであれ、行政機構が設立された。奴隷の捕獲、売買は非合法化され、債務奴隷の廃止に進んでいった。ボーラウェーン高原東側のラオ・トゥンはフランスの統治下に入るものが増えた。税が徴収され、労働力により植民地統治のインフラ——住居、役所、兵舎、牢舎、道路——が整備された。カトリックが小さな足場を獲得し、少数のフランス人入植者が土地を手に入れていた。これから何が待ち受けているのかははっきりしていなかったが、ラオス人はフランス帝国主義を受動的に受け入れているようであった。

ラオス側の反応

当初、ラオス人の中には、フランスをシャムの過酷な税の取り立てから解放してくれた存在として受け入れている人もいたが、懐疑的な人もいた。しかし、他を犠牲にして特定の社会集団を取り立てたり、伝統的な経済関係を破壊したり、ある民族集団を他のグループと対立させたりする新たな統治方法は、すぐにラオス人の伝統的社会構造へ衝撃を与えるようになった。しばしば侵略的で無神経だったフランス軍の存在に対し、その地域の状況で攻撃的なこともあれ

ば消極的なこともあったがとにかく抵抗が広がっていった。税や手数料の新しいシステムはどこでも評判が悪く、それにも増して賦役が嫌われた。しかしシャムのほうもフランスの領土的野心に直面して、増税し、コーラート高原の統治を強化していたので、そのためにメコン川を越えて人々が逃げ出すということはほとんどなかった。メコン川両岸で新しい統治構造が伝統的な朝貢関係や貿易関係を傷つけ、破壊さえして、そこから利益を得ていた人々の地位を脅かした。メコン川両岸で、遠くの中央政府が新しい強制的な支配手段をとりはじめたことによって、自分たちのことは自分たちで決め、気に入った相手と交易し、奴隷を所有するというラオス人の伝統的な自由は失われた。地方の首長らは、世襲的な権利としてその地位を認められるのではなく、次第に現在権力を握っているフランスあるいはシャムから役人に任命されることでその地位を認められるようになっていった。このような統治上の変化や増税は、富のどれかの源泉が失われたり減少したりした時に起こった。北で影響を受けた主な富の源泉はアヘンであり、南では奴隷であった。両地域において、結果的に不満が反乱に変わっていった。

　こうした崩壊をもたらすような変化に対して、最初の抵抗の形は消極的であった。たとえばフランスの法に従わなかったり、フランス人役人への協力を拒否したり、巧妙に人口を少なく申告して（ある統計によると35％ほどの時もあった）税を逃れたり、少なくしたりすることで、まれにだが、他の場所へ移動してしまうこともあった。[28] 1895年に北部のフアパン県で不穏な動きがあったが、最初の大規模な暴動は同年、南部ラオスに起きた。いわゆる「聖なる人の反乱」は、伝統的な千年王国的信仰がフランスとシャム両方の権力に対する憤りに結びついたものである。シャムがメコン川西岸の反乱を手早く鎮圧したのに対し、フランスは手間取った。ボーラウェーン高原一帯にフランスの権威を回復することができたのは1910年であった。しかしながら、反乱集団の一部は東側の山中でその後25年間にわたって反乱を続けた。[29]

28　B. Gay, 'Les mouvements millénaristes du Centre et du Sud Laos et du Nord-Est du Siam, 1895-1910', PhD thesis, University of Paris (1987), p. 1057. Gunn, *Revellion in Laos*, pp. 89-90.
29　この反乱については以下2つの研究が主なものである。最初の研究（1978年）はF. Moppertによってなされた 'Mouvement de résistance au pouvoir colonial français de la minorité proto-indochinoise du plateau des Bolovens dans le sud du Laos: 1901-1936', PhD thesis, University of Paris (1978)であり、F. Moppert, 'La

サーラワンのフランス人弁務官がラオ・トゥンを「納得」させよう——つまり、彼らに税の支払いと賦役の義務を受け入れさせること——とした時、やり方がまずかったため反乱が引き起こされたと言われている。自称「聖なる人」（あるいは「徳を持つ人」を意味する「プー・ミー・ブン」）が非常に大きな影響力を獲得しつつあったことに恐れをなして、弁務官は彼を尊ぶために建てられた寺院を焼いてしまった。これが反乱の火に油を注ぐ結果となった。1901年4月、弁務官と彼の護衛は燧発銃[30]で武装したラオ・トゥン数百人に攻撃され、これをきっかけに反乱はますます拡大した。反乱の指導者はバク・ミー、信者たちからはオン・ケーオとして知られている人物であった。彼はアラック族のラオ・トゥンで、以前から超自然的な力を持っていると公言していた僧であった。数週間のうちに反乱は南ラオスの高原一帯に拡大した。6月には反乱に加わるラオ・ルムの数も増えた。そこにはラオ・ルムの貴族層も含まれ、メコン川西岸の信奉者も加わった。[31] 6ヵ月間でフランス人1人と原地人保安隊員100人以上が殺され、土地や収穫物が甚大な損害を被り、ほぼボーラウェーン地域一帯が暴徒の手に落ちた。

　研究者は、この反乱の性格を救世主待望的で千年王国的であると言っている。オン・ケーオは自らをチャオ・サデット、つまり偉大なる王——これは将来、弥勒を待望するメシヤニズムにおいて全能者を連想させる称号——であると宣言し、ラオスからフランスを追い出そうとした。民衆の仏教信仰において、弥勒は「人類を罪から救うため」定めの時にこの世に降臨する。弥勒の治世は正義と豊かさに満ちた治世となり、すべての意志は仏法に基づいてなされる。たとえプー・ミー・ブン自身が弥勒でなくても、彼は彼の信奉者に神秘的な力を与え、偉大な宗教的、軍事的指導者（チャッカワット）となる徳を持っていた。どちらにしても、プー・ミー・ブンは現在の悲惨な状況に代わるべき黄金時代

---

révolte des Bolovens (1901-1936)' in P. Brocheux, ed., *Histoire de l'Asie du Sud-Est: Révoltes, Réformes, Révolutions* (Lille, 1981), pp. 47-62. に要約が掲載されている。1987年のGayの論文'Les mouvements millénaristes'はフランスの文書館で集めた1000ページに及ぶ史料が付いている。Moppertの研究は、全体的にマルクス主義的で、原因のほとんどを植民地支配の過酷さとしている。一方、Gayはフランスに対してより同情的である。

30　（訳註）火打石式発火装置のついた旧式の銃。
31　椰子の葉に記された秘密のメッセージであるライテンの流布によって動員がなされた。それは、そのメッセージを読んだ人に災いがふりかからないように、他の人へ回さなくてはならないものであった。Thongsā Xainyavongkhamdī et al., *Pavatsāt Lao*, vol. III, p. 64.

への期待を提供した。

　プー・ミー・ブンと宣したオン・ケーオのもとには有能な部下が多数集まった。その中には、メコン川のシャム側で反乱を率いていたオン・マンやニャーフン族のラオ・トゥンであるオン・コムマダムが含まれていた。彼らはそれぞれ自分たちの反乱一派を率いていた。一方、こちらもプー・ミー・ブンと称したポー・カドゥアトも、サワンナケートのラオ・ルムの中に支持者を獲得していった。1902年初めに反乱はピークに達した。3月、オン・マンはメコン川西岸の非武装地帯にあるケーマラートの町を占領し、略奪して、さらにウボンへと進んだ。シャムは即座に軍隊を増強し、オン・マンらと戦った。300人以上の反乱者が殺され、400人以上が捕らえられた[32]。オン・マンは逃れ、オン・ケーオと再合流した。

　ビエンチャンとハノイのフランス当局はこの事件に驚き、25キロの非武装地帯の安全と自らの地位を確保しようとした。しかし、その地のフランス人役人はその事件に関してより差し迫った問題を突きつけられた。1902年4月21日、ほとんどがラオ・ルムであった2000人強の反乱勢力がなにごとかを唱えながらサワンナケートへ通じる2つの守備拠点を攻撃した。その2つの拠点は、原地人保安隊の分隊によって守られていた。オン・ケーオの信奉者は、自分たちは不死身で弾丸は仏陀への奉納花とされているチャンパーに変わると信じており、ただ銃撃されるためだけに3回に及ぶ自殺的攻撃を行なった。約150名が殺され、負傷者はそれ以上であった[33]。

　この虐殺の後、フランスは反乱を即座に鎮圧するようになった。原地人保安隊の4つの分遣隊がサワンナケートの西側に集中的に派遣された。反乱に加わった首長たちは撃たれ、村々は焼かれた。8月になって、抵抗は終息した。ポー・カドゥアトはセーポーンへ退いたが、追跡され、翌年殺された。オン・ケーオとその他の指導者たち、ラオ・トゥンの反乱勢力の一部は、その間にセー

32　この事件に関してはそれぞれ説明が異なる。Gay, 'Les mouvements millénaristes', pp. 1085-9; J. B. Murdoch, 'The 1901-1902 "Holy Man's" rebellion', *Journal of the Siam Society* 62/1 (1974), p.59; C. F. Keyes, 'Millennialism, Theravada Buddhism and Thai Society', *Journal of Asian Studies* 34(1977), 298-9.

33　Le Boulanger, *Histoire du Laos Français*, p. 346. Gay, 'Les mouvements millénaristes', p. 1093. では130名が殺され、200名が負傷したとしている。ラオス人歴史家は200人が死亡し、ポー・カドゥアトが捕らえられ殺された時にはその数は300人に及んでいたと主張している。Thongsā et al., *Pavatsāt Lao*, vol. III, p. 67.

コーン川の南東山地からボーラウェーン高原の東の拠点に撤退した。その後の2年間、フランスは南ラオスを平定していたが、その平和はかりそめであり、反乱勢力はいまだに広範な支持を得ていた。たとえば、ニャーフン族の伝統的な首長の4分の3は反乱勢力と共にあった。[34]

1905年11月オン・コムマダム指揮下の反乱勢力は39人のラウェーン族を虐殺した。サーラワンに赴任したばかりのフランス人弁務官J.-J.ドプライは反乱の鎮圧を決心した。しかし口にするのは簡単であったが、実行は難かった。1907年10月になって、やっとオン・ケーオと彼の信奉者たちは降伏した。コムマダムと彼の一派だけは依然としてアッタプーの山地で抵抗を続けた。そこから、彼は以下のような一連の政治的要求を表明した。ボーラウェーン高原ではチャオ・ムアンをラオ・ルムからラオ・トゥンの首長に代えること。高原をラオ・トゥンだけの居住地とすること。減税すること（完全な税の廃止ではなかった）。[35]

ドプライは、オン・ケーオが降伏すれば信奉者たちも彼を信じなくなるだろうと考えた。しかし、それから3年間、オン・ケーオは威信を失墜するどころか、反対にプー・ミー・ブンとしての名声を保ち続けた。ドプライは「このいまいましいカー・アラック族」[36]にうんざりしていた。まさにその存在こそがフランス当局への侮辱であった。[37]ついに1910年11月11日、オン・ケーオは逮捕された。翌早朝、オン・ケーオは逃げようとしたらしく、守衛に銃剣で刺されて殺された。2日後、ドプライは降伏の条件を話し合うため、コムマダムと会談を持った。お互いに武器の不携帯を確認しあったが、ドプライは彼らが頭に触らないことを知っていたので、帽子の下にピストルを隠し持ち、至近距離からコムマダムを撃った。しかし、負傷したにもかかわらず、コムマダムも彼の兄弟も逃げた。激怒したドプライは抵抗する村々を焼き払い、オン・ケーオの首を人々の前にさらした。オン・ケーオの部下3人は死刑を宣告され、ギロチ

---

34 Gay, 'Les mouvements millénaristes', p. 1106.
35 Moppert, 'La révolte des Bolovens', pp. 173-4.
36 （訳註）カーとは「奴隷」の意味。ラオ人は歴史的にオーストロアジア系の言語を話す人々を総称してカーと呼んでいた。1950年代から、この呼び方は侮蔑的であるとして、徐々にラオ・トゥンと呼ばれるようになった。
37 J.-J. Dauplay, 'Rapport du 24 Octobre 1907', AOM Aix, Fonds de la Résidence Supérieur, F5, p. 11.

ンにかけられた。他の者はベトナムの海岸沖に浮かぶプロコンドル島の刑務所で長期刑を宣告された。

　コムマダムは負傷したが生き延びて、その後も執念深く闘争を続けた。しかし、フランス当局にとっては、オン・ケーオが死んだ以上、プー・ミー・ブンの反乱は終息したも同然であった。コムマダムは依然として大きな勢力であったが、その地域の平定が宣言された。1914年、賦役の負担が増え、増税が実行された時、当局はラオ・トゥンよりもラオ・ルムに負担が多くなるよう気を配った。[38] 1924年になると、コムマダムは地域全域に密使を送って部族内で連絡を取り合い、ひそかにその存在感を増していった。そして1年後、彼はフランス当局に、全ラオ・トゥンのための統一的な行政とラオ・トゥンの慣習的な権利の尊重を要求する手紙を書いた。フランスは返答を拒否した。理事長官のジュール・ボスはサーラワンの理事に対する指示の中で「我々の威信を完全に守ることが最優先課題である」と述べた。[39] 1930年代初めになると、コムマダムの下に再び支持者が集まりはじめ、これまで続けてきたフランス当局への挑戦の最終段階にとりかかった。その頃になると、後でも述べるように、彼の反乱はフランスへの抵抗の新しい形、つまりラオスの革命的な独立運動を刺激するような形をとりはじめていた。

　北部でもフランス支配への怒りが暴動につながった。ボーラウェーン高原と同様、根底にあったのは、伝統的な権力構造や関係の断絶、伝統的な貿易パターンや富を生み出す種々の手段への干渉、税負担の増大、そして面倒で屈辱的な賦役労働であった。これらは社会的、民族的ヒエラルキーの底辺にいる人々にとって、より重く感じられた。ラオ・ルムのエリートにとっては、状況はそれほど悪くはなかった。ムアンのレベルでは以前のベトナムやシャムと同様に、フランスも現地の統治体制をそのまま維持するのがいいと考えた。県レベルにのみ、フランスの統治が課せられた。現地のラオ人貴族にとって、これは単に憎きシャムから新しい覇権に移っただけのことであり、フランスの統治は気まぐれな強制的要求を突きつけられることが少なくなった分、ラオ人貴族を保護することにつながった。税金は払わなければならなかったが、シャムにも貢納

38　L. Mogenet, 'Les impôts coloniaux et les incidents du Sud Laos en 1937', *Péninsule* 1 (1980), 78.
39　Quoted in Gunn, *Revellion in Laos*, p.120.

していたので同じであった。こうして、現地の貴族の威信と地位はそのまま保たれた。フランスが税という手段で何を要求しようとも、彼らはそれを支配下の人々に回すことができた。こうしてお互いの協力関係がラオスにおけるフランス統治の土台となった。

　ラオ・ルムの農民もそれほど苦しくはなかった。税は個々に取りたてられたが、村長がわざと住民の数を少なく報告して低い税率でまとめて支払うのが常であり、なにしろ自然は豊かで人口密度も低かった。さらにラオスの低地は、新しい交易の機会や交通通信の進歩、治安の確保、さらには保健衛生、教育、農業や畜産のプログラムなどの恩恵をより享受しやすかった。こうしたことは、ラオ・トゥンや北部のラオ・スーンに関してはありえなかった。ラオ・トゥンやラオ・スーンは、低地ラオの役人に税や賦役の形で最大限搾り取られた。特に物資運搬のためのさらなる人員要求はしばしば行なわれた。そして、彼らの取り分はラオスの低地の人々よりずっと少なかった。

　北部での最初の大規模な暴動はポンサーリーで起こった。ポンサーリーはムアンシンとともにかつてはシップソーンパンナーの一部であり、ルー族の居住地であった。ラオスと中国との間に人為的な国境が引かれたことで、昔からのルー族の国が分断させられ、ラオスに合併された地域に政治的不安定が生じた。ルー族の首長にとって、これまでのはるか遠い中国との朝貢関係は、フランスによって次第に導入されてきた直接統治ほど重荷ではなかった。そして、実際にフランスの存在はルー族首長の伝統的な権威（自らの封土において、従属下にあるラオスの地方貴族というよりは、むしろ独立した君主と見なされていた）を危うくし、同時に、中国領シップソーンパンナーとの経済的、社会的な関係を弱めることになった。約10年間で、ポンサーリーのルー族の世襲的首長であったワンナプームとフランスとの関係はだんだん悪化し、1908年3月ついにフランス人弁務官は個人的に彼の逮捕を企てるほどになった。ワンナプームは逃れ、ルー族は反乱を起こした。フランスが威信を回復するのには2年かかった。ワンナプームは結局捕らえられ、部下が逃がそうとしたが殺された。[40]

　その4年後がムアンシンのルー族にとって転換期となった。この地にフランスの統治が完全に及ぶようになったのは、1904年になってからである。ムア

40　G. Aymé, *Monographie du 'Ve Territoire Militaire'* (Hanoi, 1930), pp. 113-14.

ンシンはそれまでチャオ・ファーの称号を持つルー族の世襲の君主に統治されていた。年老いたチャオ・ファーはフランスになされるがままで、1907年に没したが、その後を継いだ息子のオン・カムは、フランスの存在と、自身の権力や特権に対する制約にひどく憤っていた。1914年12月、両者の関係は最悪になった。チャオ・ファー・オン・カムは中国のシップソーンパンナーに逃れ、そこで反旗をひるがえした。それから2年間、ルー族のゲリラ隊はフランスに対し機動力を生かしてゲリラ的に戦った。フランスの権威を再び確立するために、遠征隊3隊が必要とされた。ムアンシンは君主が統治する国からフランスの直接統治下のムアンに格下げされた。

　ムアンシンでの戦闘は、さらに東方の反フランス反乱と時を同じくして起きた。おそらく両反乱とも南中国の政治的不安定さ、つまり1911年に清朝を打倒した辛亥革命の不安定な状況に影響されたのであろう。1914年11月、40数人の山地タイ族に支援されたほぼ同数の中国人の一団が、サムヌアのフランス行政の拠点を攻撃、略奪し、フランス人理事を殺害、武器やアヘン、現金を強奪した。フランスは1ヵ月後に町を取り返したが、反乱はあっという間にベトナム北西部やポンサーリーに拡大した。ルー族、山地タイ族、クム族（モン族はいなかった）までもが中国人主導の反乱に加わった。1915年2月には、ラオス北東部のほとんどの地域は反乱勢力の手に落ちた。治安回復のために派遣されたフランス軍の2個中隊は撤退を余儀なくされた。1915年11月、160名のフランス人と2個縦隊に分けられた2500名の植民地軍、物資や弾薬、大砲を運ぶ800頭の輜重牛馬からなるフランスの大遠征軍がトンキンから派遣された。[41] 6週間に及ぶ戦闘の末、2個縦隊は反乱を四散させ中国国境の北に追い払うことに成功した。ポンサーリーは軍の統治下に置かれることになり、翌年3月、第5軍区となった。中国との国境線に沿ってベトナム北部に既に4つ設置されていた軍区がさらに増えたのであった。

　この反乱の反フランス的性格は、中国人指導者が出した宣言の中に非常に明白に示されていた。反乱の原因は権力または特権の喪失にあったのではなく、アヘンが専売制になったので利益の多い非合法のアヘン取引ができなくなったことにあった。北ラオスの中国人（ホー族）は、これまで、ラバのキャラバン

41　'Ve Terriroire Militaire', May 1926, AOM Aix, Fonds de la Résidence Supérieur, Q2.

で南中国からやってくるアヘン商人の仲介者としての役割を果たしていた。各地の生産者、主にモン族の人々は自分たちの分は消費してもいいが、残りはフランス経営の専売会社、アヘン公社に売ることになっていた。しかし、品質が劣ると考えられていたため、ラオスでのアヘン生産はあまり奨励されてはいなかった。中国人業者は公社のための仲介人として働いていると思われていたが、実際はより高い価格で中国人密輸商人に売り続けていた。不法にアヘンを所持している人々に厳しい罰金が課せられるようになると、中国人商人だけでなく、ラオ人の役人も最大の収入源を失った。

　反乱に加わったタイ族の一団にはそれとは異なる理由があった。彼らは、アヘンの生産もしなければ取引もしていなかった。彼らは、シップソーンチュタイの伝統的タイ族首長によって取り立てられていた税にフランスからの税負担が加わったために、フランスを非難したのであった。より公正な行政秩序を作ろうという中国人の主張に反応したのは首長たちではなく、失うものがほとんどない最も貧しい山地のタイ族であった。

　驚くべきことに、モン族の中にはこの1914年から1916年の出来事においてフランス側につく者がいた。しかし、3年もたたないうちに、モン族も反乱を起こした。「パーチャイの反乱」または「狂人の反乱」として知られるようになるこの反乱は、1918年南中国で蜂起したモン族が大弾圧されたことに原因があった。この弾圧の結果、北ベトナムやラオスへモン族が脱出してきた。この地へ逃れたモン族には、中国人支配者に向けられた「反役人」感情と同様の不満が、山地タイ族の首長に対して鬱積していった。北ベトナムでは、つり上がる一方の税をフランスの代わりに名目的にであれ徴集していたタイ族首長に対して、モン族の激しい怒りが高まった。この感情は1918年10月末、頂点に達し、数百人の武装したモン族がディエンビエンフー近くのタイ族の村を襲撃した。

　反乱の指導者はパーチャイという名のモン族のシャーマンで、彼はモン族の独立王国を作るという救世主的な約束を公言していたため、フランスからは魔術師や狂人と呼ばれていた。フランスは反乱が起こるとベトナム北西部にフランスの官憲を再配置したため、パーチャイとその支持者はラオスに撤退した。1919年前半、ラオスで反乱の種がまかれ、10月、ラオス北東部の各地に反乱

が拡大した。標的は、フランス人は別として、タイ族よりはむしろラオ人であった。電線は切られ、村は焼かれ、住民は逃げざるをえなかった。クム族の村人は事実上の奴隷となり、モン族の反乱兵のために物資の運搬や防御施設を作る仕事をさせられた。しかし、すべてのモン族が反乱に加わったのではなかった。伝統的首長の中にはパーチャイにいやいやながら従っていた者もいた。1919年9月から1920年4月にかけて、フランス軍は反乱に対して大規模な行動を起こした。1920年の間中、原地人保安隊がこの地で統制のとれた鎮圧を行なったので、モン族の多くはフランス当局に屈服した。首謀者は即決で処刑され、武器は取り上げられた。与えた損害に対しては賠償金が課せられた。1921年3月までに反乱は終息した。パーチャイと2、3人の忠実な部下は山へ逃げたが、1922年11月、ラオ・トゥンに待ち伏せされ、殺された。[42]

その頃にはフランスの統治は回復していた。任務報告書には、植民地支配の構造によって民族間の緊張が生じたのが主な要因であると述べられている。税は耐え難かった。モン族の村から税を徴収するのはプアン族やタイ族の役人で、徴収された額は公定基準の3倍であった。これは、徴税人がフランスの課した税に加えて、プアン族の首長に納める伝統的な貢納を強要していたためである。1920年4月の、今後モン族は「他の民族に任せるのではなく」、モン族の税徴収に責任を持つモン族首長を選び、自ら管理すべし、という布告の中で、この悪習がはっきり指摘されている。[43]

その時まで、「キアトン」として知られていたモン族の首長は、ラオスの県当局の管轄下にあった。パーチャイの反乱後、キアトンはターセーン（区または郡）の長に任命された。最も重要なターセーンはラオス・ベトナム国境のノーンヘートであった。この戦略的に重要なターセーンの長には、モン族の名家ロー家のキアトン、ローブリヤオが任命された。彼の秘書は、義理の息子であるリー家のリーフォンであった。1938年、フランス当局はノーンヘートの長をローブリヤオの長男からリーフォンに替えた。このことにローブリヤオ家はひどく怒った。彼らは地位を失うことは名誉を傷つけられることに等しいと考

42　Isabelle Alleton, 'Les Hmong aux confins de la Chine et du Vietnam: la révolte du "Fou" (1918-1922)', in P. Brocheux, ed., *Histoire de l'Asie du Sud-Est*, pp. 31-46.
43　F. M. Savina, 'Considérations sur la révolte des Miao(1918-1921)', *L'Eveil Economique de l'Indochine* (3 August 1924), 11.

えていたからである。数年後、リーフォンが亡くなった時、ローブリヤオ家の次男ファイダーンとリーフォンの長男、トビー（彼は高校を卒業した最初のモン族である）の間で選挙が行なわれた。トビーが勝利したが、ロー家の怨念はなかなか消えず、両家に生じた不和は、その後、モン族の共同体を分裂させ、植民地後のラオス史における悲劇へとつながる。[44]

　ラオスにおけるフランス植民地主義のどの側面よりも、これらの反植民地反乱に関心を持つ研究者が多い。一般的に、これらの反乱は、伝統的な利権、親族関係、ライフスタイル、経済を脅かした新しい行政的支配と増税によって引き起こされた変化への抵抗とされている。すべては、フランス帝国主義が最初に押し付けたものによって引き起こされた混乱への反応であった。プー・ミー・ブンやパーチャイの反乱の中には、強い救世主的な要素が存在していた。抵抗は伝統的世界観に則って実現したものである。ボーラウェーンのラオ・トゥンもモン族も共に、フランス人とラオ人から独立すること以上のものを求めて闘った。両者とも、近代世界という新しい力に対して固く閉ざした生き方を保とうとした。言い換えれば、彼らは未来のあるべき姿を求めるために後ろを振り返ったのであった。

　この時フランスは、これらの反乱を未開人の非合理的な迷信によって引き起こされた騒乱であると斬って捨てた。秩序と権威を回復するには、力で押さえつけることが絶対必要だったのである。実際に反乱に巻き込まれたごく少数のラオ人を除けば、フランスの態度はラオ人のエリートからある程度の共感を得ることができた。ラオ人の多くにとって、ラオ・トゥンやモン族の反乱者は「奴隷」や「野蛮人」であった。反乱の理由が植民地主義の歴史の中では取るに足らないこととして省かれ、ラオ人エリートの協力者から無視されたということは驚くに当たらない。彼らはこうして、フランス人入植者に対して低地ラオの人々が相対的にほとんど武器を取らなかったという事実を都合よく見過ごしたのである。[45]

44　G. Y. Lee, 'Minority Policies and the Hmong', in M. Stuart-Fox, ed., *Contemporary Laos: Studies in the Politics and Society of the Lao People's Democratic Republic* (St Lucia, Qld), 1982, p. 200.
45　ラオ・ルムも重税に対しては不満を持っていた。1920年、ビエンチャンでクーカムという名の以前教師であった人物に率いられた反税運動が起こった。しかし、短期間の暴動の後、首謀者が捕らえられ、暴動は鎮圧された。Thongsā et al., *Pavatsāt Lao*, vol. III, pp. 98-101.

しかし、この反乱は他の側面、つまりフランス植民地主義への英雄的抵抗として、また後のラオ・イサラとパテート・ラオという急進的なナショナリズム運動のさきがけとして、光を当てて見ることもできるであろう。西欧流の見方だと、彼らを政治闘争の「原ナショナリスト」と解釈すること、ましてや近代ラオスの革命的ナショナリズムの起源をこの反乱の中に見出そうとするのは、時代錯誤として非難されるだけだろう。1945年以降でさえ、「ネーション」や「ナショナリズム」という感覚は、率先して反乱を起こした少数民族を含めて、ラオスにはほとんど存在していなかった。しかし、1950年代に発展してきたパテート・ラオ側の歴史学においては、重要な政治目標のために先の解釈が役立った。一連の反乱にラオ・トゥンやラオ・スーンの少数民族が中心となって関わったことで、ためらうことなく彼らを革命運動に組み込むことができた。彼らの指導者は反植民地闘争の中で国家的英雄として記憶された。こうしてその後のラオス史では、脇に追いやられた少数民族グループを「多民族」ラオス全人民の統合を可能にする「想像の共同体」に引き入れようとするナショナリストの言説において、これらの反乱が重要な意味を持つことになった。[46]

ラオスのフランス人

ラオスに対するフランスの態度は基本的に曖昧であり、その曖昧さの多くは政策決定の各段間に存在する駆け引きのせいであった。ラオスで働いていたフランス人役人の中には、自らの任務を他の任地へ行く前の経歴上不遇な期間と見なしていた人もいたが、ラオスとラオスの人々に暖かい感情を抱いていた人も多かった。ラオス人妻を娶り結婚式を挙げた人も多かったが、都合のいいことにフランス民法下ではこの婚姻は正式には認められなかった。彼らが自分の任務に向ける感情は、大部分が親切で温情あふれるものであった。しかし、ラオスはフランス領インドシナの一部であり、ラオスの将来に関する政策決定はハノイとパリでなされた。フランスは、ラオスではラオス人の利益となるよ

46　B. Anderson, *Imagined Communities: Reflections on the Origin and Spread of Nationalism* (London, 1983).
C. J. Christie, 'Marxism and the History of the Nationalist Movements in Laos', *Journal of Southeast Asian Studies* 10 (1979), 146-58. を参照。

うに政策を決めていたかもしれないが、ハノイの見解では、政策はインドシナ全体の利益となるものでなければならず、フランスとベトナムの利益がラオスより優先された。

1930年代末に鋭い観察眼でインドシナを見ていたバージニア・トンプソンは、ラオスはフランス人が最も幸せでいられる国であると述べた。

> ラオス人を愚かで怠け者で原始的な人々であると見なしているフランス人は稀であって、ラオス人の穏やかな愛想の良さや美しい風貌に魅せられている人が多い。…フランス人がラオスの人々に及ぼした影響は——おそらく経済開発がラオスでは非常に遅々としているからであるが——ラオスがフランス人に及ぼした影響と比較して今までのところごくわずかである。…西欧流の貪欲さや競争に疲れ果てているヨーロッパ人にとって、ラオスはそのすべての問題に対する答えであるかのようである。…ラオスはその存在自体が、ヨーロッパのがさつな行動と魂の探求などという愚かさに対する静かな叱責である。…ラオス人はヨーロッパが優れていると口では言う。なぜなら、そうすることが礼儀で、礼儀を失するのは面倒のもとだからである。ラオス人はヨーロッパが優れているとは思っていない。また、愛想が良く穏やかなラオス人の中に長期間住むヨーロッパ人もいない。ヨーロッパはラオス人の魂をつかむことができないのである。[47]

ラオスを自分の家庭とし、人生と考えたフランス人は、ラオス人を愛情と憤りのまじった感情でとらえる。フランスのラオスへの態度はパヴィの「心の征服」によって形成された。ラオス人は無邪気で、かわいらしく、怠情で、子供っぽく、自らが楽しんでいればそれ以上何かをしようとする欲求を持たない。彼らはおとなしく、思いやりがあり、従順できちんとしている。そして、「あまり多くを要求しないという良い臣民としての資質」を兼ね備えている、というものであった。[48] フランスでは、ラオスやラオス人のイメージは性的なものと感傷が同程度に入り交じったロマンチックな幻想を通して作られた。若い男女

47　V. Thompson, *French Indochina* (London, 1937), pp. 380-1.
48　Quoted in le Boulanger, *Histoire du Laos Français*, p. 225.

第2章 フランス領ラオス 1893年〜1945年

が性的なものをほのめかした歌を交換しあう求婚の儀式は、フランス人旅行者の興味をそそった。ラオスを舞台にした半ダースほどのフランス小説の主要なテーマは恋愛であった。ラオスは、人生の単純な喜びと「愛らしくしなやかで陽気な」女性のエキゾチックな美しさが、甘美で時を忘れてしまうような魅力を醸し出している土地であった。[49]

ラオスの女性が子供を育て田や家でかなりの肉体労働をこなすことは、フランス人の心の琴線に触れなかった。その上、フランス人がラオス人に対して作り上げた東洋趣味のイメージには、男女ともに、常にネガティブなところがあった。フランス人の目には、ラオス人はだまされやすく、何事も他人任せで、きつい仕事には向かないと映っていた。[50] その結果、フランス人は、国を効果的に統治することにおいても、資源をフランスの利益のために開発することにおいても、ラオス人は頼りにならないと考えた。そこで、フランス人は、統治の最初から中級レベルの役人の多くをベトナム人に求めたのである。

ヨーロッパの人々は常に僅かしかいなかった。1910年まで、ラオス全体を統治していたのはたった200人ほどのフランス人であった。第1次世界大戦後にこの数は徐々に増えていったが、フランス領ラオスには1000人を超えるヨーロッパ人がいたことはなく、半数以上の人々が公用の資格であった。彼らが支配したラオス人は1910年には推定60万人、1921年には81万9000人、1936年には103万8000人に増加した。[51] しかし、ラオス人の人口の増加よりも重要であったのは、フランスの政策により中国人やベトナム人の商人、職人が都市の中心部に定住したことであり、彼らはたちまちラオス人より数が増えた。

フランスの行政支配が開始された後、約20年間不安定な時代が続いたが、1920年になってラオスは平和になった。確かにコムマダムはまだ東南の山岳部で平定されずにいたが、再び彼が姿を現すのは5年後であった。第1次世界大戦が終わり、フランスは戦勝国となった。以前より力は弱まったとはいえ、

49　B. Gay, 'Les relations entre hommes et femmes au Cambodge et au Laos, vues par la littérature coloniale de fiction' (未発表) が J. Ajalbert, *Raffin Su Su* (Paris, 1911). p. 33 を引用している。
50　De Reinach, *Le Laos*, p. 386.
51　1910年の数字は De Reinach, *Le Laos*, pp. 256-65 から計算。その他は J. M. Halpern, 'Population Statistics and Associated Data', *Laos Project Papers*, no. 3, University of California, March 1961, table7 と *Annuaire Statistique du Laos, 1951-1952*, pp. 38-9 から取った。

まだ強大であった。フランス帝国の至宝は北アフリカとインドシナであった。ラオスにおいては、行政、司法制度が期待したように適切に機能しはじめた。保健衛生、教育、農業・畜産指導などの基本的な業務も徐々に拡大し、伝達手段も進歩していった。速度はゆっくりであったが、着実な経済発展が期待された。

　1920年10月、政府は最初の政治改革を行なう機が熟したと判断した。チャオ・ムアンと各地区から任命された2名で構成される県諮問議会が直接統治の県に設立された。構成員は任命で、審議は秘密であり、そこでの決定は拘束力がなかった。3年後、インドシナの5地域の中で最後に、理事長官へ助言を行なうための原地人諮問議会がラオスに設立された。議会の構成員は、県諮問議会の被任命者、そして原地人文民の中で高位の者あるいは十分な教育水準に達している者に限定された有資格者の中から選ばれたので、ラオス人エリートを代表しているにすぎなかった。同時期、フランスがより関心を抱いていた経済と商業の問題について理事長官に助言を行なっていたのは商農会議所で、フランスはここを完全に牛耳っていた。

　1923年8月30日、原地人諮問議会の開会式に際して、理事長官のジュール・ボスが、18世紀初頭のラーンサーン王国分裂以来、ラオス全土の代表が一堂に会し自らの国の将来について話し合うのはこれが最初であることを彼らに想起させた[52]。しかし、ラオス人エリートはフランスへの従属を忘れることは許されず、政治改革は進まなかった。1930年代、ビルマやフィリピンでナショナリズムの覚醒を促した国民議会という形体は、フランス領インドシナには導入されなかった。インドシナにおいてフランス人はナショナリストの感情を封じ込めることにもっぱら関心を注いだ。

　ラオスでは教育を受けたエリートはごく少なく、政治的なことをあれこれ言うよりもフランス指導下で近代化することが第1に必要であるというフランスの主張を鵜呑みにするほど、フランスに頼り切っていた。しかし、近代化の速度は遅かった。司法制度が最終的に確立するまでに30年かかった。1928年7月10日、フランス当局はラオス人官吏を養成するための法律行政学校を作っ

52　Discours prononcé par Monsieur le Résident Supérieur au Laos, 30 August 1923, AOM Aix, Fonds de la Résident Supérieur, F5.

た。それまで県レベルの行政はほとんどベトナム人によってなされており(チャオ・クウェーンのレベルでラオス固有の統治体系が機能していたルアンパバーンを除いて)、郡レベルでラオス人チャオ・ムアンが自らの経験を身近な仕事に生かしていたにすぎなかった。

　フランスがラオス人官吏を十分養成できなかったことは、一般的な教育の不十分さを反映したものであった。1905年になってやっとラオスの予算の中に教育が1つの項目として組み込まれた。初級レベルのラオス語の読み書きを教えることを期待して伝統的な寺院学校を残し、教育への支出を抑えることはできたが、寺院学校は仏教の教義や道徳を丸暗記させる程度の教育であった。フランス語で教える小学校はいくつかの県の中心部に建てられただけであった。フランス・ラオス学校と呼ばれていたところでさえ、たいていは越僑社会によって支えられていた。1907年まで、ラオス全土にはたった4人のフランス人教師しかいなかった[53]。その後の20年間で中心地の都市人口が増加し、学校の数は少しずつ増えていったが、フランス語による6年間の初等教育が行なわれるようになったのは1917年になってからであった。

　1921年になって初めてのそして唯一の中学校、コレージュ・パヴィがビエンチャンに作られたが、ラオス人学生が大学進学のために中等教育を修了するには、ハノイへ行かなくてはならなかった。1923年、煉瓦職人や大工養成のための実務訓練校がビエンチャンに開校し、1928年にはラオスのサンガ内の仏教知識を深めるために、プノンペンの仏教研究所分校としてビエンチャンに初のパーリ語学校が開校した。1930年には学校は全土で82校あり、フランス人21人を含む208人の教師がいて、6500人の学生を教えていた[54]。その後の不況の間、教育予算はひどく削られた。1930年代末、学齢期の子供20人のうち学校に行けたのは1人以下であった。コレージュ・パヴィで全4年間の課程に入学したのはたった120人で、そのうち女性は17人、ラオス人は半数に及んでいなかった[55]。中等教育を修了した者はほとんど次の段階に進まず、1939年に

53　B. Clergerie, 'L'œuvre française d'enseignement au Laos', *France-Asie* 125-7(1956), 368.
54　R. Meyer, *Le Laos* (Hanoi, 1930), p. 52.
55　Lévy, Histoire du Laos, p. 82; Clergerie 'L'œuvre française', 371. 1935年、ラオスでフランス語による初等教育を完全に修了して証明書を授与された人の68％がベトナム人であったとの推定もある。Gunn, *Rebellion in Laos*, p. 38.

ベトナムの高等教育機関へ進学したラオス人学生は7人だけであった。教育が重視されるようになるのは、1940年代に入ってからであった。

　教育に関してのフランスの記録は印象に残るものが少ないが、医療に関しては色々ある。医療サービスは最初、熱帯病にかかりやすいヨーロッパ人の健康管理のためのものであった。1910年にラオス全土でフランス人医師は5人しかいなかった。しかし、医療への支出は少しずつ増大した。1930年までに病院6ヵ所、診療所55ヵ所、らい病施設2ヵ所があり、フランス人医師12名と、4年間の医療教育を修了した12名の補助的な「インドシナ人の医者」がいた。しかし、8年後、1930年代半ばの財政危機の結果もあって、これらの数は減少した。ただビエンチャンだけには各種の病院があった。医療施設は、フランス人社会がありラオス人が少数派である都市に、優先的に作られた。その結果、子供の病気に対するワクチンはあったが、一般の人々の健康については（平均余命の伸長、乳幼児死亡の減少、マラリアや結核のような病気の発症率の低下などの点で）ほとんど改善されなかった。

　治安維持と歳入確保のためにはもっと金が使えた。どちらもフランス統治にとっては非常に重要な問題であった。原地人保安隊はほとんどベトナム人で占められていた。実際、1937年のラオスでは、軍人を含む連邦管轄下の原地人行政職幹部の46％は非ラオス人（ほとんどベトナム人）だった。[56] 警察は憲兵隊の管轄下にあり、都市に集中していた。刑務所は主要都市ばかりでなく、ポンサーリー、シエンクワン、アッタプーなどの県の中心地にもあった。税、手数料、関税は効率よく徴集された。対照的に、1926年になってようやく農業生産拡大のための事業が行なわれた。

　その他に、フランス支配を維持するために歳出が計られた主要分野は公共事業、郵便電報事業であった。そのどちらにしても、メコン川の航路改良、道路建設、電話線敷設のためには賦役労働を必要としていた。フランス人官吏のための快適な住居や役所を作ることにも多くの努力が払われた。ビエンチャンやその他のメコン河岸の都市では、川の近くの一角に、ブーゲンビリアやチャンパーの花で飾られた庭のある、黄色の漆喰塗りのフレンチ・コロニアル風邸宅や役所が集中していた。商業的中心地はたいてい中国人の所有であったが、河

56　G. Gunn, *Political Struggles in Laos, 1930-1954* (Bangkok, 1988), p. 32.

岸のスポーツクラブでは、フランス上流社会のきまりごとが見事に守られていた。市街地にはパヴィ通り、マレシャル・フォッシュ通りなどの名のついた小奇麗な道路が交差していたが、どの方向に向かっても数キロで途絶えていた。このような空間的配置が、社会的な力関係を象徴し、補強していた。フランス人が中心で、その外側に中国人・ベトナム人の地域があり、周辺部にラオス人がいた。ラオス人の村落社会は事実上フランスの存在とは無縁であった。

　しかし、以下の2つの分野においてはフランスの主導によりラオス人ナショナリストの感情がいくらか刺激された。それは昔の遺跡の修復と保存、そしてラオス史や文学の学問的研究であった。ビエンチャンではタート・ルアンとパケーオ寺がフランス極東学院の援助によって修復された。考古学的発掘も、チャムパーサック県にある古代クメールの聖域ワット・プーやビエンチャンの真南にあるクメールの防衛拠点サーイフォンで行なわれた。フランス人の学者たちによって、ラオスの歴史学、芸術、建築が研究された。ラオス語の正書法も標準化された。綴りはおおむね発音通りとされ、パーリ語からの派生語であることを示すためだけに書かれる文字（タイ語ではまだ残されている）の多くは省略された。ラオス仏教も改革され、寺院は修復された。1931年、ラオス仏教協会が設立され、そこではパーリ語を教えた。これが、1937年ビエンチャンのパーリ語大学設立につながった。

　こうした出来事の重要性は、ラオスの古代史や文化への興味をかきたてたことにある。一連のラオスの歴史や文化の復興において、指導的役割を果たしたのは副王ブンコンの2番目の息子、ペッサラート・ラタナウォン殿下であった。彼はパリで精鋭の集う植民地学校を卒業し、1年間オックスフォードでも学んだ。ラオスに帰ってからはビエンチャンの理事長官府で植民地行政に携わった。1923年には政治・行政部の原地人総監の地位に任命され、彼自身の野心や国家の大望をかなえるためのより大きな舞台が与えられることになった。任命された直後のペッサラートに会うという稀有な体験をしたアメリカ人訪問者は、ペッサラートの威厳ある態度──「高く秀でた、ほっそりした薄い額の神経質そうな顔立ちに、入念にまとめられた口髭が卓越した印象的を与えた」[57]と記している──と自国に関する知識、歴史への関心に感銘を受けている。

57　H. Hervey, *Travels in French Indo-China* (London, 1928), p. 214.

ペッサラートの原地人総監としての最優先課題は、ラオス人官吏の訓練や昇進の機会を増やして、ベトナム人ではなく官僚機構の中にラオス人官吏の数を増加させていくことであった。彼は無制限にベトナム人を移住させることに反対し、「インドシナ」の中に独立したラオス・アイデンティティーを打ち立てようとした。彼の政治的見解と同様に重要であったのは、彼の文化研究であった。ペッサラートの励ましによって、彼の個人秘書シラー・ウィーラウォンは自らがパーリ語を教えていたチャン寺にラオ語文献を集めた図書館を作った。彼はラオスとバンコクの国立図書館で文学と歴史の研究を続け、シャムによる初期の侵略で持ち去られたラオスの古典文献を発見した。その多くは後に編集され出版された。

これらの歴史、文学、文化研究とそこでなされた議論は、ラオス人エリートのナショナリズムに最初の刺激を与え、1940年代にはっきりとした形をとるナショナリストの活動の土台となった。こうした文化的ナショナリズムは、カンボジアでのように、仏教協会に協力したフランス人学者の活動から恩恵をこうむることはあったが、どこからも公的な支援はなかった。植民地時代の歴史学がフランス語学校のラオス人エリートに教えたのは、ラーンサーン王国の偉大さではなく、シャムの支配からラオスを解き放ったフランスの保護者としての役割であった。それは、フランスが存在し続けることによってラオス・アイデンティティーの存続は保障されるということを意味していた。このような対仏協力のための強い感情的基盤が与えられていたため、ラオスではエリートによるナショナリズムの開花が遅れ、最初はナショナリズムがフランス人よりもベトナム人の存在への反発として規定されたことは、何ら不思議ではないのである。

開発のジレンマ

ラオスに対するフランスの政策は曖昧であったが、中でも経済開発への取り組みはその最たるものであった。ラオスのフランス人役人が常に頭を悩ませて

---

58 'La questionne laotienne: opinions du Prince Phetsarath', France-Indochine (21 March, 1931).
59 Uthin Bunyavong, *Mahā Sīlā Viravong. Xīvit lae Phonngān*（人生と業績）(Viang Chan, 1990), pp. 250-1.

いた課題は、フランスの新たな所有物をいかに有効に利用すべきかということであった。この地の資源が経済的に有効な方法で開発されさえすれば、ラオスはフランスにとって価値ある地となり、ラオス自体の統治さらには開発の費用を調達できる状況になるに違いなかった。初期の探検家や旅行者は天然資源や経済発展の可能性について、ラオスは間違いなく新しいエルドラドとなるであろう、と熱い調子で記述していた。しかし、現実はすぐに明らかになった。そうした誇張された予測には何の根拠もなく、コーラート高原全域の交易を実質的にフランスが掌握するという望みは明らかに現実的ではなかった。メコン川西岸に沿った大きな街からの交易パターンは、コーラートを経てバンコクへという道筋が確立されていて、メコン川を下ってサイゴンへと変えるのは無理だった。メコン川東岸においてさえ、商業はほとんど中国人商人に掌握されており、彼らはカルダモン、スティックラック、安息香、獣皮、皮革、象牙、鹿の角などをバンコクの問屋に卸していた。同様に中国人商人は、同じルートで安いイギリスやドイツの工業製品を輸入しており、ラオスは明らかにフランス製品にとっての有益な市場ではなかった。こうして人口増加と交通の便の改善という2つの手段によって経済開発を成し遂げることが俎上にのせられるようになった。ラオスはより多くの人口を必要としており、ラオスの富を開発する前にベトナム方面に道が「開かれ」なければということである。[60]

　まず始めにフランス人は人口を増加させることに熱心に取り組んだ。メコン川西岸に強制的に定住させられた人々は、以前住んでいた村に帰るよう奨励された。シャムの抑圧とフランスによって提供された保護により、西岸にいたかなりの数のラオ人が川を渡ろうという気になった。しかし問題は単に人の数ではなく、フランスの見解によれば、ラオス人が働くかどうかが問題であった。この点にフランスはひどく懐疑的であった。ラオス人は良い資質をたくさん持っているかもしれないが、労働という観念はその中にないのではないかということであった。たいていの人よりはラオスとその人々をよく知っており、ラオス人に対する深い愛情を育んでいたド・レイナックのような初期の行政官でさえ、「住民たちには進取の精神がなく、きつい仕事ができないと決め付ける

60　フランスの経済政策に関するさらなる議論は以下を参照。M. Stuart-Fox, 'The French in Laos, 1887-1945', *Modern Asian Studies* 29 (1995), 111-39.

ことは不当であるが、もしも国の発展のために労働力が必要であるならばラオス人を頼りにするのはかなり難しい」と認めていた。[61]

ラオス人が植民地の急速な経済発展を担うために一生懸命働かないとしたら、いったい誰がその仕事をするのであろうか？　ボーラウェーン高原は無理だとしても、ジャール平原のように海抜が高いところであればヨーロッパ人の移住は可能であると考えていた人もいたが、ラオスはヨーロッパ人が移住する土地ではないと頑なに考えていた人もいた。ヨーロッパ人は指導し監督する側であり、つらい単純労働は「アジア人」がなすべきことであった。フランス資本がプランテーションの建設や大規模な租借地での牧畜に投資することもできたが、それには労働力を外から移入する手助けが必要であった。中国人クーリーの移入は拒否されたので、ベトナム人を連れてくるという選択しかなかった。1880年代はじめ、フランスがアンナンとトンキンにその「保護」を拡大する以前に、既に探検家ジュール・アルマンはラオスの人口増加のためにベトナム人を移住させることを支持していた。彼は次のように書いている。

　アンナン人が我々の臣民になったなら、我々に利益をもたらす大インドシナ川（メコン川）流域の大部分を植民地化するために、我々は彼らを頼りにすることができる。アンナン人はそこに住んでいる老いぼれた民族にすぐに取って代わるだろう。現在この地を所有している者が無能なので、本来は豊かであるのに生産性が低く、我々だけではなにもできないだろう。暴力的な手段ではなく競争と適者生存という必然の結果によって、まずラオス人を排除することが必要だ。[62]

統治費用をまかなうために十分な収入を確保するにはラオスの人口は現在の3倍必要であるとの計算によると、[63] どうしても大量の移民が必要であった。そして、それを実現するためには、ルアン山脈（チュオンソン山脈）を通り抜ける交通の便が大きく改善されなければならなかった。

61　De Reinach, *Le Laos*, pp. 386-7.
62　J. Harmand, 'Les Laos et les sauvages de l'Indochine', *Le Tour du Monde* 39/1 (1880), 260.
63　E. Aymonier, *Voyage dans le Laos* (Paris, 1895), pp. 7, 64.

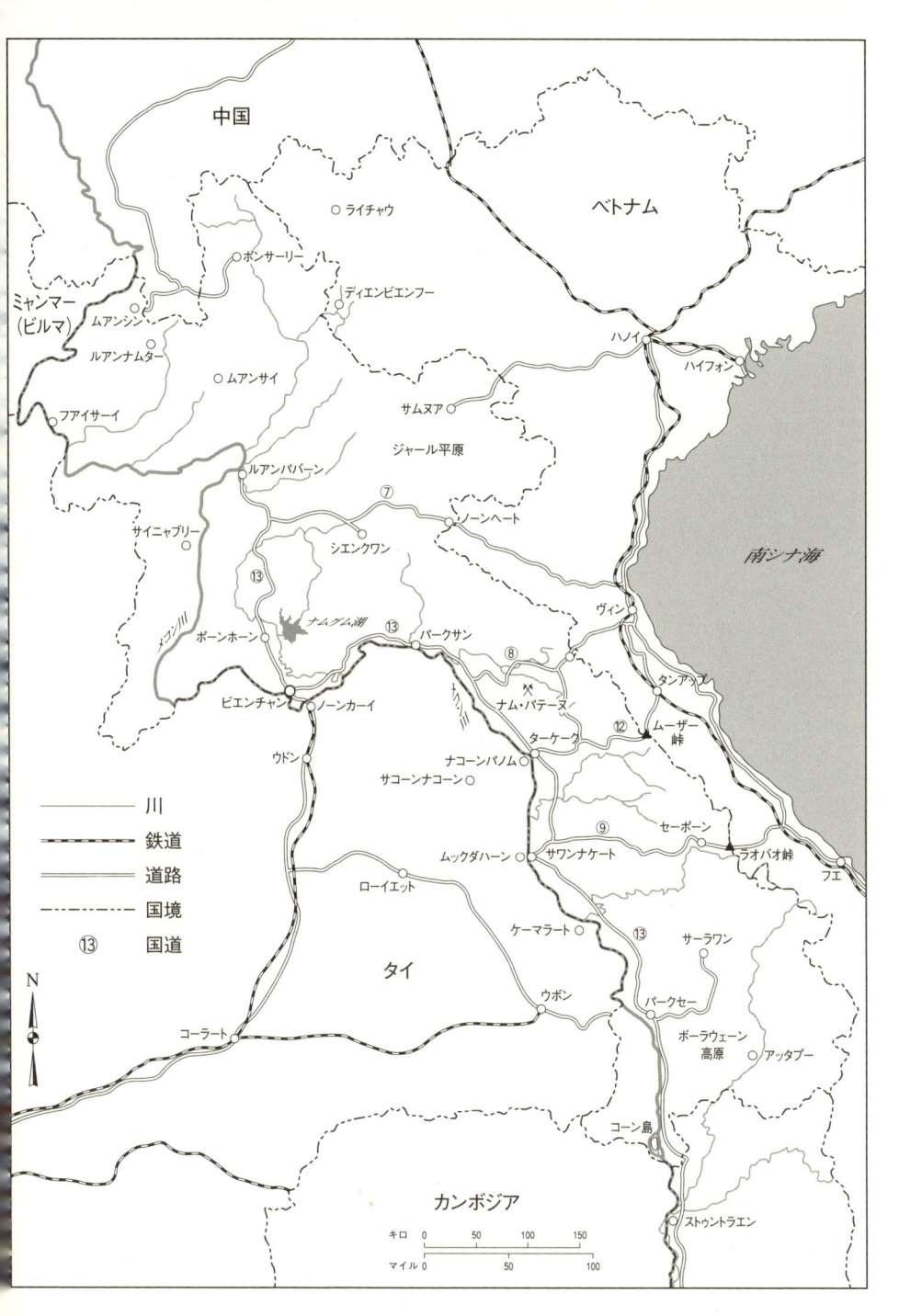

地図3　フランス領ラオス　道路網と鉄道網

歴史的にラオスからの自然な交通路はコーラート高原を通ってタイ湾へと抜けるものであった。東からラオスへ至るのは標高の高い峠を越えるため困難であり、北部ラオスから黒河の上流域やチャー川上流域へ向かう道も1000メートル以上の標高であった。そこより南のナーペーやムーザー峠のほうがまだ通行しやすかった。あと1つだけあるラオスとベトナム間の交通手段はメコン川を下ることであった。このルートは最初にフランスがラオスという領有地との連絡のために用いたたった1つのルートであった。それゆえ、航行水路を整備することが最も優先された。しかし、大きな障害——ケーマラートの急流やコーンの滝——があったために、大型船は使用できなかった。コーンの滝を迂回するために7キロの鉄道が作られたが、積み替え費用が莫大にかかった。ビエンチャンとプノンペン、サイゴンを結びつける最小限の業務を維持するために、フランスの河川運輸会社、メサジェリー・フリューヴィエールに多大の助成金が支払われた。

河川交通の替わりとなるのは道路網であることははっきりとしていた。全インドシナ規模の壮大な道路網が計画された。建設には莫大な費用と時間、労働力が必要であったが、メコン川沿岸の街をベトナムの海岸に結びつけることでラオスを「開こう」とした。南北を結ぶ幹線道路はサイゴンからカンボジアのクロチェ、メコン川に沿ってビエンチャン、そしてさらに北のルアンパバーンまで開通するはずであった。この13号線のサイゴン・ターケーク間は1930年までに完成した（ただし乾季のみ通行可）。しかし、ビエンチャンからルアンパバーンまでの最終区間が建設されたのは1941年から1944年にかけてであった。そして、最終的には、3本の通行可能な道路がルアン山脈を抜けて開通した。その3本とは、一般輸送用に最初に開通したターケークからムーザー峠を越えて北東にヴィンまで続く12号線と、サワンナケートからセーポーン、ラオバオを越えてクアンチまで続く9号線（1930年開通）、そしてルアンパバーンからシエンクワン、南東にヴィンまで続く7号線（1937年開通）であった。また、6号線はサムヌアからライチャウを抜けハノイへつながる道路で、8号線はターケークからナーペーを通ってヴィンまで続き、19号線はポンサーリーからディエンビエンフーへと続いていたが、これらの道はほとんど経済的な重要性を持っていなかった。これらの道ばかりではなく、地方の道の建設においても、強

制労働に駆り出されることは非常に嫌がられた。賦役を拒み、村全体が逃亡した例も見られた。

　13号線の建設によって、商品輸送にかかる日数はサイゴンからサワンナケートまで陸路で3日になった。メコン川を溯る船では12日間かかったのに比べ、1トンあたりの輸送費は安くなった。それにもかかわらず、農作物や鉱物などのかさばる生産品の陸路輸送の可能性は限られていた。結局、ラオスが真に「開かれる」唯一の方法は、ベトナム沿岸からメコン川まで鉄道を建設することであるというのが大方の結論だった。メコン川中流域の航行可能な範囲における河川輸送で品物を河港まで運び、そこで運搬車に荷を積みこみ、ダナンかヴィンどちらかのベトナムの港まで運ぶというものであった。メコン川流域に沿ってサイゴンから雲南までの鉄道を敷設するという非現実的な案は別にして、ラオスにおける鉄道建設の可能性に関してのきちんとした調査はまずポール・ドゥメ総督の下でなされた。最良のルートを決定し費用の見積もりを出すための調査がなされたが、ベトナム・ラオス線は第1に商業的採算が取れそうもなかったので、他の路線が優先された。[64]

　第1次世界大戦がインドシナの鉄道建設を遅らせたが、1921年、鉄道と道路を組み合わせたネットワークを作る計画が立てられた。しかし、財政難からほとんど具体化しなかった。約10年後、ターケーク付近での錫鉱山開発とシャムの鉄道敷設計画によってフランスはにわかに活気づいた。シャムの東北線は1928年にウボンにまで達しており、ビエンチャンの対岸ノーンカーイまでの支線が計画されていた。それゆえ、不況にもかかわらず、1931年に新しい大計画が立案された。それは、ムーザー峠にトンネルを掘り、ベトナムのタンアップからターケークへ抜ける187キロの路線を優先的に建設するというものであった。この線は1936年完成予定で、フランス資本によるものであった。1933年までにタンアップから西へ最初の17.5キロが建設され、開通した。そして、ムーザー峠を越えてナーペーまで線路をつなげるために、建設機械類を

64　G. Taboulet, 'Les origines du chemin de fer de Saigon à My-Tho: Projet Blancsubé d'un chemin de fer de pénétration au Laos et au Yunnan (1880)', *BSEI*, Nouvelle Série 16/3 (1941), 10-14. その他のあまりにも無謀な計画は以下に示されている。R. Bartélemy, 'Un chemin de fer au Laos', *Revue Indochinoise* (31 August 1908), 232-42.; G. Aymé-Martin, 'Les chemin de fer au Laos', *Bulletin de la Société de Géographie Commerciale de Paris* 31 (1909), 697-718.

補充する40キロの空中ケーブル[65]が作られた。これは1945年までベトナムから商品を運び、帰りの便で錫の鉱石を輸送し続けた。しかし、鉄道自体が建設されることはなかった。

ラオスからベトナムへの鉄道網の建設は、フランス植民地政府にとって、ラオスのすべての経済問題を解決するたった1つの手段であった。その費用と大幅な実行の遅れにもかかわらず、鉄道は将来的に建設されるべきで、そうすれば望むべき経済効果を上げるであろうと信じられていた。鉄道は移住者を招き入れ、生産物を運び出す。それにより、最終的にラオスはフランス領インドシナの資源豊かな後背地として「本来の」役割を果たすことが可能になるのであった。その鉄道がなければ、経済発展は遅くて当然であった。1920年代初頭になって、ラオスの豊かな鉱山資源についてかなり誇張された報告がなされたことで、投資が急増した。ナム・パテーヌ[66]の鉱山採掘権を得るためにパリ証券取引所に新しい会社が出現したが、その多くは詐欺や投機目的であった。1929年のバブルがはじける前に、ラオスにおける錫の書類上の価値は11億600万フランという法外なものになった[67]。しかし1930年代になると、たった2社のみが年1000トン強を生産するだけになった。しかし、利益はフランス本国にもたらされ、ラオスにはほとんど来なかった。2000人の労働者は大多数がベトナム人であった。その他、林業と農業に関心を向けていた会社もあった。北ラオスで年間1万2000本から1万5000本のチークが伐採され、水位の高い時に川に流してサイゴンまで運ばれた。これは環境にはほとんど影響を与えない程度であった。蜜蠟、松脂、漢方薬、香木、特にスティックラック、安息香などの森林産物の利益は大きく、1936年にスティックラック、安息香はそれぞれ100トン、40トンの生産があった[68]。

---

65 (訳註)荷物輸送のためのロープウェイ。
66 (訳註)ターケークの北、約20キロの地点でメコン川に注ぎ込むヒンブン川の支流がパテーヌ川(ナム・パテーヌ)であり、その流域には錫鉱山があった。1930年代末、フランス領インドシナの錫産出量の約55％をここで産出していた。水谷乙吉『仏印老檛』丸善、1942年、178-9頁。
67 ラオスの鉱山のにわか景気とその崩壊についての説明は以下を参照。P. Deloncle, 'La mise en valeur du Laos', in J. Renaud, *Laos: Dieux, Bonzes et Montagnes* (Paris, 1930), pp. 150-4. ; C. Robequain, *The Economic Development of French Indochina*, trans., I. A. Ward (London, 1944) p. 265.
68 'Rapports faits à la Conférence des Gouveneurs Généraux à Paris', 3 November 1936, AOM Aix, Fonds de la Résidence Supérieur, D2.

第2章 フランス領ラオス 1893年〜1945年

　ラオスでは、広大な土地が開拓された上メコン[69]とボーラウェーン高原でのコーヒー栽培を除いて、プランテーション農業はほとんど発達しなかった。1930年代末に、コーヒーの全生産量は約200トンに達し、半分が輸出に回された。ゴムも試みられたが、ベトナムやカンボジアでは成功したにもかかわらず、試験栽培のみで終わった。綿、ジュート、カポック、絹などを含む織物に必要な作物は部分的に生産されたが、シャムへ販路を見つけたのはわずかであった。ラオスの主要な農業輸出品は、ボーラウェーン高原のカルダモンと、非公式だがシエンクワンのアヘンであった。ラオスのアヘン生産量はきわめて不正確である。なぜなら、常に密輸によって大量に「流出」してしまったからである。1940年代はじめになると、アヘン専売の需要に応えるために、各地でケシ栽培が正式に奨励されるようになった（この時期、戦争の勃発によって、輸入されていたインドアヘンがもはや利用できなくなっていた）。

　半世紀にわたるフランス統治を通して、人口の大多数（ラオ・ルム、ラオ・トゥン、ラオ・スーン）は、生きていくためと、そして税金を払うために本当に必要な程度のものを生産するだけの自給農民のままであった。灌漑は最低限しかなかったため、この「自然経済」は完全に天候に左右されていた。年間のモチ米生産量の変動はあったが、1923年の50万トン強が最高で、1930年代を通じて平均30万トン弱であった。これは1人1日約1キロという消費量に相当した[70]。米の不足分は、主に高地の焼畑に導入されたトウモロコシや、根菜類（サツマイモ、キャッサバ）で埋め合わせられた。なぜなら、米の余剰地域から米を必要としている地域へ供給するための輸送能力が不十分であったからである。収穫量の増大、耕地の拡大には最低限の関心しか払われなかった。チャムパーサックからシャムへは、毎年3000トンほどの米が輸出されていた。1936年の生産高は非常に低かったため、ラオス米の輸出は完全に禁止された。このように、ラオスの農民は輸出用の商品作物を作るということがほとんどなかった。

　1930年代の不況は物価を暴落させ、ラオスの財政は逼迫した。インドシナの予算からラオスに支払われていた補助金と同様、税の徴収、特に賦役の代わりの現金支払いが落ち込んだ。行政部は税の徴収を厳しくし、賦役の免除額を

---

69 （訳註）ルアンナムターのこと。
70 Meyer, *Le Laos*, p. 98.

高くし、支出を切りつめることで対処した。1937年に危機は去り、歳入は増え、予算からの補助金はわずかに増えた (初期の水準ほどではなかったが)。

　徴税が厳しくなったことでボーラウェーン高原のラオ・トゥンの反乱が再び活発化した。コムマダムが活動を再開し、村人に税の不払いを実行させたので、フランス人の役人は怒った。1936年9月、ボーラウェーン高原の東側山岳地帯で原地人保安隊が軍事行動を起こし、コムマダムの反乱を終結させた。コムマダムは殺され、2人の息子は捕らえられた。第2の反乱は、サムブラン「白いにしきへび」として知られた魔術師を信奉するラオ・トゥンによるもので、南ベトナムの高地からラオスに広がった。それは1939年になってやっと鎮まった。両反乱とも、税と賦役の要求への不満が反乱のきっかけとなり、再び千年王国的運動の形をとった。財政危機と社会不安は結局、1940年の税制改革につながった。それは収入水準により個人の税を5段階に分けるものであった[71]。

　1930年代の財政問題によって、フランス人役人はいかにラオスに「支払わせるか」という課題に再度留意するようになった。移民は依然として手っ取り早い手段であり、1943年にベトナム人の人口は約4万人に増えていた。ラオスの主な都市はベトナム人が人口の大半を占め、自分たち自身でベトナム人指導者を選ぶ権利を享受していた[72]。その当時、ビエンチャンの人口の53％はベトナム人になっていた。ターケークでは85％、パークセーでは62％で、ルアンパバーンのみラオス人が優勢であった。また4000人以上の中国人が、方言と出身地方に基づいてそれぞれ「会館[73]」を作り、ラオスの商業のほとんどを支配していた。成功した人の子供はフランス系学校に通い、ラオスの貴族と結婚した。しかし、フランスの政策では、さらに多くのベトナム人移民を必要としていた。遅きに失したが、1945年、重要な3地域、ビエンチャン平野、サワンナケート地方、ボーラウェーン高原にベトナム人定住者を増やすという野心的な計画が

71　E. Pietrantoni, 'Note sur les classes de revenus au Laos et au Tonkin avant 1945', *BSEI*, Nouvelle Série 43/3 (1968), 183-5. 1943年の5段階に分類した収入に基づくと、トンキンで「中流」(中位の農民) の範疇に入る人が7％にすぎないのに比べ、ラオスの人口の40％あまりは「中流」であるとピエトラントニーはまとめている。

72　1935年にベトナム人の人口は2万500人であったが、4年後にはほぼ2倍の3万9000人に達していた。E. Pietrantoni, 'La Population du Laos de 1912 à 1945' *BSEI*, Nouvelle Série 28/1 (1953), 34.

73　(訳註) 同郷、同姓、同業などの結びつきによって組織された華人 (華僑) の相互扶助組織。戴國煇編『もっと知りたい華僑』弘文堂、1991年、70頁。

大々的に立案された[74]。この計画は、フランス領インドシナの政治的運命を決定的に変えた日本による空白期の後、廃棄された。もしそれが実行に移されていたら、ラオス人が自らの国を支配することはなかったに違いない。

　フランスのラオス政策は実に曖昧だった。一方で、ラオス人エリートの協力を得るために、フランス人はフランス領ラオスという1つの政治的実体の保護者を演じる必要があった。そこではフランスが利他的に近代化を支援していた。その一方で、フランスは、長期的にラオスの利益をフランス領インドシナ全体の利益、究極的にはベトナム人の利益の下に置くという経済的搾取の政策を実行することに精力を傾けていた。しかし、戦争という出来事が、ラオス人に味方する形でこの曖昧さを分解してしまったのである。

ナショナリズムの胎動

　ほんの2、3の事例を挙げるだけで、なぜラオスでは近代的ナショナリズムの感情が根づくのが遅かったのかという理由を示すことができる。1930年代を通してコレージュ・パヴィ（中学校）を卒業したラオス人はたった52人で、ベトナム人卒業者数の半数を上回る程度であった[75]。高校にあたる中等教育をベトナムで修了したラオス人はさらに少なかった。そうした人やフランスで大学に行った人が、わずかばかりの教育を受けた人々であり、そのほとんどは貴族で、自らの社会的地位をフランスの存在に負っているエリートであった。1937年、ペッサラートが努力したにもかかわらず、ラオスにおけるフランス行政府の中上級職286種（ルアンパバーンは除いて）のうちラオス人が占めていたのはたった54％であった[76]。しかしながら、ラオス人役人の不満はフランス人よりもベトナム人に向けられた。その他の人々について言えば、低地ラオ人の90％近くは自給農民であった。数少ない町においても、事実上ラオス人労働者階級はいなかった。そして、ラオ・スーンやラオ・トゥンが教育から得られるものはほとんどなかった。それゆえ、教育を通しても民族間の接触を通しても、ラ

74　E. Pietrantoni, 'La Population du Laos en 1943 dans son milieu géographique', *BSEI*, Nouvelle Série 32/3 (1957), 243.
75　Toye, *Laos*, p. 45.
76　Gunn, *Political Struggles*, p. 32.

オスの人々が政治的な意識を高めていく機会は非常に乏しかった。

これまで見てきたように、1930年代にラオスでは文化的ナショナリズムの最初の動きが見られた。それは本質的に、大衆に訴えかける大衆運動ではなかった。むしろそれは小さな文化的活動団体に限られたものであり、政治的な目標を追求するための試みはほとんどなされなかった。当時は、フランスと協力し続けていくことが国を近代化するたった1つの手段として必要であるとの認識が一般的であった。この流れに逆らわず自らの社会的権力を維持することがラオス人エリートにとっての関心事であった。

1930年代、大衆の支持を得ようとラオスで活動していた唯一の政治運動はインドシナ共産党であった。インドシナ共産党は1930年2月3日、コミンテルンから派遣されたベトナム人、後にホー・チ・ミンとして知られるようになるグエン・アイ・コォックによって香港で設立された。初期の構成員はもっぱらベトナム人であったにもかかわらず、カンボジアとラオス両方を含めるために意図的にインドシナ共産党と名づけられた。党が最初に作ろうとした地下組織は、1930年9月に中北部ベトナムで起こった農民反乱で打撃を受けて台無しになり[77]、その時の弾圧により党の指導者が多数殺された。それらの地域からの避難民や仕事を失った人々は仕事を探しにラオスに移住したり、シャムに逃げ場を求めたりした。ここからラオスでの初期共産党活動の大半が組織化された。中部、南部ラオス、そしてメコン川の向こう側のベトナム人社会を監視し続けるために、公安、つまりフランス秘密警察はメコン河岸のラオスの主な町のすべてにその活動を拡大した。1931年、公安がナム・パテーヌの錫鉱山でサボタージュ活動の捜査をしている時に、インドシナ共産党の細胞を見つけ出すことに成功し、そのメンバーを逮捕した[78]。

翌年の10月になると、インドシナ共産党は再び活動を開始した。ビエンチャン、錫鉱山、そしてターケークに党の細胞が作られた。その活動は、ベトナ

---

77 （訳註）1930年9月、ベトナム中北部のゲアン省庁前で、農民のデモにフランス空軍が銃撃を加え多くの農民が殺傷されたことから、ゲアン、ハティン両省で農民による武装反乱が激化した。多くの村落で行政執行委員会（農村ソヴィエト）が設立されたため、ゲ・ティン・ソヴィエトと呼ばれる。これに対し、フランスは武力鎮圧をはかった。石井米雄、桜井由躬雄編『東南アジア史Ⅰ大陸部』山川出版社、1999年、329-30頁。

78 Gunn, *Political Struggles*, pp. 43-5.

ム人の住民や労働者の中に多種の協会や組合を組織化すること、秘密裡に隔月でベトナム語ニュース紙を発行することなどであった。シャムの東北部にあったインドシナ援助部[79]からの指導と援助があった。1933年11月、ナコーンパノムの近くでラオスの党組織の代表会議が開かれた。そこで、ラオス人社会に活動を拡大するための決議が採択された。公安の記録によれば、1934年半ばにビエンチャンで初めて2人のラオス人党員の獲得に成功している[80]。1934年9月、ラオスの地域委員会設立を承認するためにシャムのウドンで開催された党代表者会議において、活動は十分前進していると評価された。この委員会内のたった1人のラオス人メンバーは、カムセーンという名のサワンナケートから来た役人であり、彼はラオス人初の共産主義者としての栄誉を受けている。

　しかし、1934年末と1935年初頭のさらなる逮捕によって、地域委員会の力は急速に弱まった。実際、1936年には、ラオスにおける党組織は完全に破壊されたも同然であった。だが、その年の5月、フランスで人民戦線政府が成立したことで弾圧は弱まった。ヨーロッパで戦争が勃発し、共産党が活動を禁止されるようになるまで、インドシナ共産党は労働者の間により自由に組織を作ることができた。ラオスで党はベトナム語のニュース紙に加え、ラオス語の定期刊行物の地下出版を開始した。そして、共産主義の文献のいくつかがラオス語に翻訳された。しかし、錫鉱山で賃金と労働条件の改善運動を起こす以外に、党の活動はほとんどなされなかった。ラオス人は共産主義に対してほとんど関心がなく、1930年代のラオスの共産主義は完全にベトナム人の現象であった。理事長官からハノイの総督に次々と送られた報告では、自分たちを正当化しているきらいはあるが、ラオスの人々は依然としてフランスに対しておとなしく忠実であると、書かれていた。ラオスのナショナリズムの発達にマルクス主義が重要な貢献をするのは、もっと後のことであった。

　ラオスにおいてマルクス主義はイデオロギー的に人をひきつけることはほと

79　（訳註）ベトナム内部での共産主義運動がフランスにより弾圧され、壊滅的打撃を被った後、インドシナ共産党の再建を援助するためにシャム共産党の機関として東北タイに設立された。1932年4月頃から活動家をインドシナ内部に送りこみ、情勢の調査と党組織の再建工作を開始した。古田元夫『ベトナム人共産主義者の民族政策史——革命の中のエスニシティ——』大月書店、1991年、188頁。
80　M. Brown and J. J. Zasloff, *Apprentice Revolutionaries: The Communist Movement in Laos, 1930-1985* (Stanford, 1986), p. 15.

んどなく、ベトナム人が支配的な組織と結びついていたことも痛手になった。実際、両側の隣人への恐れのために、文化的ナショナリストたちでさえもフランスを支配権力としてよりも保護してくれる存在として見なすのが常であった。インドシナを「ベトナム人のダイナミズムと行動力とを発揮させて、ベトナムの血が繁栄をもたらすような1つの国[81]」にしようとするベトナム人の野心は、ラオス在住のベトナム人に特に顕著であった。これはかなり心配なことではあったが、もっと気がかりだったのは、1938年12月、ピブーンソンクラーム首相の下、バンコクで権力を握った新軍事政権であった。次の年、国名はチャオプラヤー平野中央のシャム王国すなわちシャムから、タイ語話者すべてを含むということを暗黙のうちに主張しているタイに変えられた。ラオスでは、バンコクの新たな大タイ主義は、タイとは別個の政治的実体としてのラオスの存在を脅かすのではないかと不安を持って見つめられていた。タイへの恐怖とベトナムの膨張主義との間で、選択肢は(フランスの保護より他に)ほとんどないように見えたが、いずれにせよラオスのナショナリストの(守勢の)対応に刺激を与えるという効果はあった。

　フランスは、ラオスの保護国として、シャムとの関係についてほとんど心配していなかった。両者の関係は概ね友好的だったからである。しかし、ヨーロッパでの戦争とバンコクの超ナショナリスティックな政府がそんな自己満足を打ち砕いた。1940年6月、フランスが提案した不可侵条約に同意したにもかかわらず、タイはヨーロッパにおけるフランスの降伏を利用し、1904年と1907年にフランスに割譲された領土の返還を求め、失地回復の要求を出した。フランス植民地支配からラオスを解放することを約束した激烈な大タイ主義の宣伝に続いて、12月、ラオス領(メコン川西岸のサイニャブリーとチャムパーサック)をタイが攻撃した。しかし、主な戦闘は、カンボジア(フランス軍は退却を余儀なくされた)と海上(結果はフランスの勝利)で行なわれた。インドシナに軍隊を駐留させることを既にフランスに容認させていた日本は、そこで、停戦と和解を促すために介入した。1941年5月9日、東京条約が調印され、チャムパーサックとサイニャブリーというラオス西岸の領土、カンボジアの西側の大部分と北部の

81　P. Gentil, *Sursauts de l'Asie. Remous du Mékong* (Paris, 1950), p. 24. に引用されている *La Patrie Annamite* の1939年の記事。

タイに面した部分がタイに引き渡された。こうして、ラオスが最も恐れていたことが現実となった。フランスでさえ貪欲な隣人からラオスの領土を守ることは不可能であるということがはっきりした。1941年12月の太平洋戦争勃発後フランスが日本の顔色を窺っていることはフランスの権威を失墜させ、ラオス人エリートに彼ら自身の立場を考えさせる結果となった。

　領土の喪失は、西岸にあった価値ある王家のチーク保護林を奪われたルアンパバーンにとって、特に大きな痛手であった。1941年8月に調印された協定で、フランスはビエンチャンまでの北ラオスすべてを王の支配下に入れることによって王への償いをしたが、その一方でフランス保護国としての王国の地位を正式に定めた。このことは王家の感情をいくらかなだめはしたが、ラオスの大きな不安感はなくならなかった。古風で封建的なルアンパバーン王国は、王の諮問会議をペッサラートが首相の内閣形式に改編したが、そのようなことをしても急速に近代化しているタイにはまったく追いつけなかった。[82] その上、ラオスはいまだ1つのアイデンティティーを持っていなかった。北と南、ルアンパバーンとチャムパーサックはお互いに敵対していた。一方、ビエンチャンは本質的にフランス人とベトナム人の街であった。

　こうした状況の中で、当初はバンコクの大タイ主義への対抗のために計画された国家刷新運動として知られている運動、明らかにナショナリストによる初の運動がラオスで起こってきた。公式には戦時期にインドシナ総督であったジャン・ドクー提督がその運動を支援したことになっているが、実際は、ビエンチャンで公共教育部門のフランス人長官であったシャルル・ロシェ、そしてニュイ・アパイやカターイ・ドーンサソーリットに代表される教育を受けた若者たちから起こったものであった。[83] 刷新運動は、最初は文化面の運動であった。ラオスの文学、演劇、音楽、そして舞踊を賞賛し、ラオスのアイデンティティーと誇りを鼓舞する手段としてラオス史を復活させた。しかしながら、その成果をフランス人役人は大きな不安を持って見ていた。特に1940年7月、若い活動家によって計画された素人臭いクーデターが失敗した後はなおさらであった（首謀者はメコン川を渡った。そこで、彼らはその地のタイ人役人の支援で密かにラオ・ペ

82　K. D. Sasorith, *Le Laos,son évolution politique, sa place dans l'Union Française* (Paris, 1953), p. 13
83　C. Rochet, *Pays Lao: Le Laos dans la Tourmente, 1939-1945* (Paris, 1946), p. 43.

ン・ラオ運動——ラオス人のためのラオス——を組織した)。

刷新運動の発信装置は新聞『ラオニャイ（大ラオス）』で1941年1月に発刊された。10ページからなる論説、詩、短編小説、ニュースのうち、8ページはラオス語で2ページはフランス語であった。フランス語とラオス語の新しい刊行物（『ル・ヌーボー・ラオ』、『ティン・ラオ（ラオスニュース）』) がそれに続いた。国歌（サート・ラオ)[84]が採択され、ラオスの旗には敬意が払われるようになった。文化的研究を奨励し、若者と女性を取り込むための委員会や協会がビエンチャンと地方に作られた。北部よりも大タイ主義の宣伝がより効果的になされていた南部のコーンにラオス芸術学校が設立された。スポーツは、その組織が反タイ、親フランスという教化の機会を提供したため、特に奨励された。この運動は、ほとんどペタン派[85]の考えによるものであった。家族の役割（ラオス人すべてが姓を選択するように指示された)、身体の発育、規律、そして忠誠がことさら強調された。政治的にはタイの宣伝に対抗して「大ラオス」が奨励され、ドクーの言葉を借りれば「暫定的に」ラオスとタイに分割されているすべてのラオ人を、フランスの旗の下に1つにまとめることを計画していた[86]。それはまるで矛盾した時代錯誤の目標であった。真のラオス人ナショナリストの運動は、特に東北タイのラオ人を含めようとするならば、フランスへの永続的な植民地的従属を否定するはずだからである。

1944年の些細な出来事がこの矛盾を説明している。ロシェがローマ字を用いたラオス語表記を奨励した時、ペッサラートから激しい反発を受けた。ペッサラートは、その政治的意味と、それがラオスの歴史的アイデンティティーとラオスの文明における仏教的ルーツを脅やかすことをよくわかっていた。その案は没になった。ペッサラートの勝利により、フランスはラオスのナショナリズムがフランスの影響から抜け出すほど成熟したことに気づかされた。大ラオス主義は、それらしく見せてはいたが、親フランスではなかった。

ラオスにいたフランス人役人たちの多くはその刷新運動を遠目にながめていたが、ラオス人の役人をやる気にさせたという点から見ればこの運動は確かに

---

84 (訳註)サートとはラオス語で、民族、国家を意味する語である。
85 (訳註)ヴィシー政府が唱えた「国民革命」を支持した人々のこと。ペタンはヴィシー政府の国家元首。川上勉『ヴィシー政府と「国民革命」』藤原書店、2001年、14-30頁。
86 J. Decoux, *A la Barre de l'Indochine. Histoire de mon Gouvernement-Général, 1940-1945* (Paris, 1952), p. 409.

ためになった。地方のラオス人の長はチャオ・クウェーン[87]の地位に昇進した。公務に従事するベトナム人を早くラオス人に代えようと、法律行政学校が再編された。教育の刷新が強調され、1940年から1945年の間に、地方に多くの新しい学校が設立された。これは1893年から1940年の間に設立された数を上回っていた。道路建設が進み、社会面、農業面の公務も改善された。1943年には最初の純粋なラオス人の部隊──2つのラオス人軽歩兵中隊[88]──が作られた。インドシナ予算の補助金から出ていたこれらの事業への支出は増加した。これは、予算の収入が増加した分はラオスでのアヘン販売から来ているという事実を見れば納得がいく。戦争によってアヘン輸入が滞ると、インドシナの10万人の常用者に供給するために、アヘン専売はもっぱらモン族からの供給に頼るようになった。モン族に対する税は高くなったが、密輸を最小限にとどめて生産を奨励するために、生アヘンに十分高い値をつけたので、支払いは可能であった。アヘンを統括することにより、トビー・リーフォン一族の支配は強大になった。しかし高地に銀(カネ)が流入したことで、まるで掘り当てた宝の山に人々が群がり先を争って奪い合うかのように、腐敗が広がった。[89]

　ラオスのナショナリズム運動がゆっくりではあったがその勢いを増していくにつれ、フランスからの支援はだんだん的外れになっていった。若い活動家たちにとって、目標はもはやフランスの支援によってタイやベトナムを撃退するという消極的なものではなく、国家の独立という積極的なものになっていた。この変化への触媒となったのが、1945年3月9日の日本による最後通牒と武力行使であった。[90] 効果はすぐに現れたわけではなかったが、長い時間をかけてフランス権力の幻影を破壊し、ナショナリストの要求する方向へ全面的に道を開

87　(訳註)県知事に相当する。
88　(訳註)当時の一般的な歩兵よりは軽装備の歩兵隊。
89　Rochet, *Pays Lao*, pp. 106-8.
90　(訳註)仏領インドシナは日本軍による北部仏印進駐(1940年9月)、南部仏印進駐(1941年7月)以降、実質的に日本軍の支配下に置かれたが、フランスの主権は温存されており、日仏二重支配の状況にあった。戦況が日本に不利になる中で、フランス領インドシナへの連合国軍の上陸を恐れた日本は、1945年3月9日、単独支配を目論み、フランス軍の武装解除とフランス政庁などの接収(「明号作戦」)を行なった。ベトナムでは一部の地域で日本軍とフランス軍の間で戦闘が行なわれたが、フランス軍は解体され、インドシナにおけるフランスの主権は失われた。石井米雄・桜井由躬雄編『東南アジア史Ⅰ大陸部』山川出版社、1999年、334-6頁。グザヴィエ・ヤコノ『フランス植民地帝国の歴史』平野千果子訳、白水社、1998年、150-5頁。

いた。

　日本の軍隊がジャール平原に移動した1945年2月まで、ラオスに滞在していた日本人はごく少数の憲兵隊に限られており、彼らの任務はフランス統治下での軍事情報収集であった。1944年のフランスの解放で、ドクー提督以下のインドシナのヴィシー派政権がシャルル・ド・ゴール将軍と自由フランスに忠誠を尽くす人々に取って代わられるのではないかと日本が懸念したのも無理はない。日本軍は強化され、インドシナのフランス軍に対する日本軍の先制攻撃である「明号作戦」の実施を計画した。日本軍が行動を起こした時、フランスの抵抗はごくわずかであった。ただ、北ベトナムではかなりの数のフランス軍が戦闘を行ないつつ中国へ退却した。ラオスでは日本軍の到着前に少数の部隊がマキ団として地下にもぐり、フランス軍は日本の軍事網から逃げおおせた。ビエンチャンは3月9日の夜から10日にかけてタイから来た日本軍に占領された。しかし、日本軍がルアンパバーンに到着したのは4月5日であったため、自由フランスの兵士が撤退するのに十分な時間があった。別の場所では少数のフランス人役人と原地人保安隊の兵士がジャングルに向かった。サワンワッタナー皇太子は、王の名の下に、全ラオス人民に日本軍への抵抗とフランスへの全面的な支援を求めた。ド・ゴール将軍の臨時政府によって提示された「フランス連合」内の「インドシナ連邦」という提案はまったく魅力的ではなかったが、

91　(訳註) 1944年6月の連合軍によるノルマンディー上陸作戦の成功により、フランスでは連合国軍の進撃と連動した対独レジスタンスの武装勢力による国内の解放が相次いだ。ドイツ軍の脱出が始まり、8月25日、パリが解放された。それに伴いドゴールを中心とする共和国臨時政府によってヴィシー政府の無効が宣言された。渡辺和行『ナチ占領下のフランス　沈黙・抵抗・協力』講談社選書メチエ、1994年、218-33頁。

92　(訳註) ド・ゴールが1940年夏にロンドンで樹立した亡命政府が自由フランス政府であり、亡命政府としてドイツとヴィシー政府への抵抗を続けた。次第に連合国やフランスの人々の支持を得るようになり、1944年6月には共和国臨時政府へと発展した。西川正雄ら編『角川世界史辞典』角川書店、2001年、438頁。

93　(訳註) 第2次世界大戦中のフランス、ヴィシー政権下のレジスタンス。灌木地帯という意味であるが、隠れ場に使用されたことから転用された。スペインでも山間部の反フランコゲリラを指す言葉として用いられ、さらに拡大してレジスタンス勢力や反体制ゲリラなどを指す言葉としても用いられることがある。西川正雄ら編『角川世界史辞典』角川書店、2001年、892頁。

94　(訳註) 第2次世界大戦後、植民地維持への国際的圧力が高まる中、1946年の第4共和制憲法によって、旧フランス植民地帝国に創出されたのがフランス連合である。実態はかつての植民地とほとんど同じであり、フランス共和国、海外県、海外領土、協同領土、協同国(ベトナム、ラオス、カンボジア)から構成された。グザヴィエ・ヤコノ『フランス植民地帝国の歴史』平野千果子訳、白水社、1998年、156-9頁。

多くのラオス人がフランスのために勇敢に戦った。[95]

　東南アジアの他の地域で独立という目標を達成させることを希望して日本軍と協力しようとしていたナショナリストの指導者がいたように、ラオスの場合はベトナム人の野望に対抗しようと日本軍と協力したナショナリストの指導者がいた。ラオスにおいてそのような指導者として最も傑出していたのはペッサラートであり、彼は皇太子の一時の感情に駆られたフランスへの傾倒に立腹していた。[96] しかし実際には、王は日本の圧力の下、1945年4月8日にフランスからのラオスの独立を宣言させられた。ペッサラートは日本にラオスの統一を認めさせることはできなかったが、日本に協力する構えを見せたために、ルアンパバーン王国の首相として承認された。ペッサラートは行政、経済両方の分野でベトナム人の影響力を弱めるため、自らの権力を行使した。ベトナム人に代わって多くのラオス人が役人に任命され、ルアンパバーンとビエンチャンから追放されるベトナム人商人もいた。しかし、ベトナム人の抵抗は強固であり、ターケークやサワンナケートなどの町ではベトナム人住民が武装勢力を形成していた。彼らは強い反フランス感情を持っていたので、日本駐屯軍は彼らを支援したが、ラオス人のほうではベトナム人を信じてはいなかった。シエンクワンのベトナム人がシエンクワンをベトナムの一部としようとした宣言は阻止することができたが、サワンナケートのベトナム人も同じような期待を抱いていた。[97] ビエンチャンの日本軍「特別顧問」とペッサラート内閣の双方は、表面的には実効的な統治を維持しようとしていたが、政治権力争いの新たな動きによって崩壊の時を迎えた。

　戦時中の組織で最も機能的で強力であったのは疑いもなく「ベトナム独立同盟」、ベトミンである。インドシナ共産党自体は地下に潜っていたので、1941

95　インドシナに関するド・ゴールの政策の原文は以下を参照。*Journal Officiel de la République Française: Ordonnances et Décrets* (25 March 1945), 1606-7. 早くも1931年にベトナム人が支配するインドシナの一部分としてラオスを保持することが表明されている。C. E. Goscha, *Vietnam or Indochina? Contesting Concepts of Space in Vietnamese Nationalism, 1887-1954* (Copenhagen, 1995), pp. 57-8.
96　ペッサラートはフランスと日本の衝突はラオスとまったく関係ないと主張していた。D. K. Wyatt, ed., *Iron Man of Laos: Prince Phetsarath Ratnavongsa*, by '3349', trans., J. B. Murdoch, Cornell Southeast Asia Program Data Paper no. 110 (Ithaca, NY, 1978), p. 23. しかし、アーサー・ドメンが「1988年版の序文」で論証しているように、この資料は明らかにペッサラート自身が書いていない部分が多いので、注意する必要がある。
97　C. Norindr, *Histoire Contemporaine du Laos, 1860-1975* ([Bangkok], 1992), p. 239.

年5月、インドシナ共産党は広汎な反日本、反フランスの民族戦線としてベトミンを結成した。インドシナ共産党の指導下で、ラオスとカンボジアに同じような戦線を作ることが試みられた。組織化には長い時間がかかった上、この2国ではナショナリストの組織はマルクス主義とほとんどあるいは全く関係なく発達し、反フランスであると同時に反ベトナムであった。ラオスでは、そのような最初の組織は、お互いに密接な関わりを持っていた「ラオ・セーリー(自由ラオス)」と「ラオ・ペン・ラオ(ラオス人のためのラオス)」であった。

ラオ・セーリーは1944年に結成され、タイでの同様の組織から別れたものであった。それは第1に反日の地下抵抗運動であったが、日本だけでなくフランスも排除するためのものであった。活動の対象地域はフランス領ラオスであったが、タイの支配下にあり、タイ東北部を拠点としていた。タイ、ラオス双方の組織はアメリカの組織、戦略情報局、後のCIA(アメリカ中央情報局)から援助を受けていた。集められたラオスの若いナショナリストたちは、日本が敗北したらラオスで権力を獲得できるように東北タイで訓練を受けた。司令官はビエンチャンの有力な家系出身のウン・サナニコーンであった。ラオ・セーリーは強固な反ベトナムであったが、フランス領ラオスとラオ人人口の多いタイの東北部の県が協力して「大ラオス」を形成することを恐れていたタイ人に疑念を抱かれた。日本が降伏すると、主な指導者は秘密裏にラオ・ペン・ラオを結成し、フランスの復帰に反対するために他のナショナリストのグループと合流する用意をした。

反フランスのラオス人ナショナリストすべてを最終的に包括した運動は「ラオ・イサラ(自由ラオス)」であった。これは、日本降伏のあと樹立された独立政府によって採用された名前であったが、この運動の起源は1930年代の初期ラオス・ナショナリズムの胎動にまでさかのぼる。ラオ・イサラには、ラオス独立のために日本と協力した人々ばかりでなく、タイ人と組んだ人も、ベトナムと日本両方のナショナリズムを手本として活動したラオス人青年もいた。年

98　(訳註)第2次世界大戦中のタイ人による抗日地下組織「自由タイ」を指す。
99　ウンの回想録がこの運動に関する最も良い説明を提供してくれる。D. K. Wyatt, ed., *Lao Issara: The Memoirs of Oun Sananikone*, trans., J. B. Murdoch, Cornell Southeast Asia Program Data Paper no. 100 (Ithaca, NY, 1975).
100　Mongkhol Sasorith, 'Les forces politiques et la vie politique au Laos', PhD thesis, University of Paris

第2章　フランス領ラオス　1893年〜1945年

配のナショナリストたち、特にペッサラートが日本による占領を政治的主導権掌握の好機と捉えていた一方で、若い愛国者たちの多くは状況の変化に興奮していた。既に国家刷新運動の影響を受けていた人が多かったが、ベトナムでの出来事の影響を受けていた人もいた。日本による占領はごく短期間だったが、文化的ナショナリズムが政治性を帯びるための触媒となった。ごくわずかの感覚の鋭いフランス人役人はこの変化の大きさ——日本による武力行使は…1つの世界を消滅させた。そして、誰も2度とその世界を見ることはできなくなった[101]——を理解していたが、大半は理解していなかった。たいていの人は、1945年8月の日本の降伏により、フランスは簡単に3月以前の元の状態に戻れるのだと信じていた。しかし、フランス軍が最終的にラオスの再征服を完了するまでに1年以上かかり、その間ラオスの愛国者は独立の名の下に血を流した。フランスが避けられない運命にひれ伏し、最終的にラオスを完全な独立国として認めるまでにさらに7年かかった。

(1973), p. 196.
101　Rochet, *Pays Lao*, p. 5.

第3章
独立と統一　1945年～1957年

　ラオスはインドシナの他の地域と同様に、第2次世界大戦という嵐の中に巻き込まれるのが遅かった。1945年3月、日本が権力を掌握してから、1946年4月末、フランスによってビエンチャンが再占領されるまでの期間は、たった13ヵ月半であった。しかし、植民者と被植民者との関係が一変することになった1年であった。フランス軍の意気揚々とした復帰が日本に敗北したことをなかったことにすることができなかったように、シーサワンウォン国王がフランスの復帰を恭しく歓迎したことによって、将来に及ぶラオス社会の深い亀裂を覆い隠すことはできなかった。フランスがその後闘わざるをえなくなった政治勢力として、ラオ・イサラ（自由ラオス）が結成されたことは、ラオス・ナショナリズムの急速な成熟を示している。様々な制約の下に与えられた部分的な独立はラオスの要求を満足させるには不十分であった。フランス連合内でのラオスの半独立を定めた1949年の協定は、完全独立のための闘争の一局面を示しているにすぎず、1953年10月、ベトナムでの出来事に駆り立てられ、ついにラオスの完全独立は達成された。[1]

　1946年末に第1次インドシナ戦争が勃発したことで、ラオスは再びラオス人とラオス人とが対立しあう、より大きな戦いに巻き込まれることになった。その過程でパテート・ラオは、ラオス王国政府とは異なる独自の急進的ナショナリズムの形を発展させていった。それは、王家の正統性や貴族による庇護といったラオス的な伝統に基づいたエリートのナショナリズムではなく、人民による抵抗という形で、より広汎な人々が参加したナショナリズムであった。しかし、外部勢力への依存はこの競合していたナショナリズムのどちらの主張をも傷つけ、国を分裂させた。1954年のジュネーブ条約で事実上ラオスは分裂し

1　（訳註）1950年代に入ると、ベトナムでは東側諸国の支援を得てベトナム人民軍の活動が活発化し、山岳部はほぼベトナム民主共和国の支配下に置かれるようになった。フランスは、ベトナムでの戦闘を有利に運ぶため、人民軍が後方基地としてのラオスに進出するのを防ごうとした。石井米雄、桜井由躬雄編『東南アジア史Ⅰ大陸部』山川出版社、1999年、344-5頁。

たが、3年間の粘り強い交渉によって、その状態は解消された。第1次連合政府の下で達成された領土的統一により、近代的国民国家建設の基盤が準備された。しかし、その統一は長くは続かない運命であった。

ラオ・イサラ

　1945年8月15日の日本降伏は、3月9日の武力行使と同様、ラオスの人々にとって大きな驚きであった。ポツダム宣言に従って中国軍は北緯16度以北、イギリス軍は以南のインドシナにおける日本の降伏を引き受けることになった。アメリカ大統領、ハリー・トルーマンはド・ゴール将軍に、インドシナが最終的にフランスの支配下に戻ることにアメリカは反対しないと伝えていたが、自由フランスには何の役割も回ってこなかった。しかし、ラオスにおいては、フランスのレジスタンス勢力が一掃されていた他のインドシナ地域とは異なり、フランス人が日本軍降伏の過程においてある程度の役割を果たすことはできた。日本占領下、ラオス人協力者の支援のおかげで、5つのレジスタンス・グループ（これは、200人ほどのフランス人と300人ほどのラオス人から成る、26の小グループに分けられていた）が、インドからの空輸による物資補給を受けてジャングルの隠れ家で持ちこたえていた。[2] 日本降伏の2日後、このレジスタンス勢力はラオスの主要都市を占拠しフランス支配を回復せよという命令を無線で受け取った。

　ラオスにおけるフランスの存在は日本の降伏過程を複雑にしただけでなく、独立を主張していたラオス人ナショナリストたちの企てを挫くことになった。日本占領期にフランスのレジスタンス勢力が存在し続けたことで、ラオスのエリートは2つに分裂していた。日本に協力はしないまでも将来のラオス独立のために少なくとも日本の存在を利用しようとしていた人々と、日本よりも以前の植民地体制を好みフランスの復帰を望んでいた人々である。日本の占領期間が短かったのと、フランス・レジスタンス勢力という形でもう1つの忠誠の核が存続したことで、ラオスにおけるナショナリストの運動は実効性のある組織を展開することすら困難であった。

　1945年のラオスは、地域的な対立と個人的な反目によって深い亀裂が生じ

2　J. B. de Crèvecœur, *La Liberation du Laos, 1945-1946* (Chateau de Vincennes, 1985), pp. 17-18.

第3章 独立と統一 1945年～1957年

ていた。ラオス社会はいまだ階級性が強かった。というのも、フランスの政策によって、ルアンパバーンとチャムパーサックだけでなく、直接統治の県においても、公職に任命することを通して伝統的な貴族階級の特権が守られていたからである。政治文化の中心は依然としてムアンにあり、地域性が強かった。有力な家系は結婚や縁故によって一族を拡大させ、それによって政治的影響力を振るっていた。ラオ・ルムでさえ「想像の共同体」がお互いを結び付けていなかったのであるから、少数民族はなおさらそうであった。

それゆえ、戦争が終わった時、ラオス人が当初ためらいがちで優柔不断な反応を示していたことは何ら驚くに値しない。日本降伏によって生じた権力の空白をすばやく利用したベトナムのベトミンのような国民的広がりのあるナショナリストの組織は存在していなかった。北ラオスでは、日本降伏後すぐ、フランスが再び中心地に舞い戻ってきた。シーサワンウォン国王はラオスの臨時弁務官に任命されたアン・インフェルド大佐の到着を歓迎し、日本に強制された王の独立宣言は無効であり、廃棄すると言明した。南ラオスでは以前のチャムパーサック王族で南部において最も影響力のある人物であったブンウム殿下が、フランス・レジスタンスの勢力に加わっていた。9月中旬、イギリスの調停と南部のラオス人エリートの協力のおかげで、フランスはパークセーに戻ってきた。それから6ヵ月後、フランス軍はラオスの軍事再占領に着手した。

独立派のナショナリストが掌握できたのは中部ラオスだけであり、それも各地の武装したベトナム人からの援助やCIA（アメリカ中央情報局）の前身であるOSS（アメリカ戦略情報局）の諜報員からの助言があったからであった。8月27日、ペッサラートは日本からビエンチャンの支配権を得、前フランス理事長官の復帰を拒否した。市内に入ろうとしたフランス・ゲリラの小部隊は、主にベトナム人から成る武装した士気盛んなデモ隊と出会って退却を余儀なくされた。一方、拘束されていたフランス人官吏はタイへ避難した。さらに南部ではウン・サナニコーンが、日本人とベトナム人の双方からサワンナケート、ターケークの支配を取り戻そうと、自分の部隊を率いてタイから戻ってきた。

1945年8月末から9月初旬にかけてラオ・イサラとなった結束の緩い集団には、次のような人が含まれていた。ナショナリストであろうとなかろうとフランス人の目から見れば日本人と協力することを選択した人々、以前のラオス刷

新運動の支持者やそれを担った若者たち、ラオ・セーリーやラオ・ペン・ラオの一員であった人々、そして、日本の激しいナショナリズムやベトミンの反植民地主義の影響を受けた人々である。

　この寄せ集めの集団の指導者と認められていたのはペッサラート・ラタナウォン殿下であった。彼は1941年からルアンパバーン王国政府の首相でありウパラート（副王）であった。その出自と権力によってペッサラートは際立った存在で、尊敬され、畏れられていた。超自然的な力を持っていると信じられてもいた。フランスはペッサラートの能力を認めていたが、彼を非妥協的なナショナリズムの持ち主であると見なしていたために信用しなかった。しかし、ペッサラートという優れた人物への妬みと、明らかに独立ラオスを率いていこうという彼の野心に対する疑念は、ルアンパバーン王国の王家とウパラート一族の間に存在した伝統的なライバル関係、そしてペッサラートとサワンワッタナー皇太子との間の個人的な反目を強めただけであった。さらに、皇太子がペッサラートの君主になろうとする野心を警戒していたように、ブンウムもペッサラートの政治的目論みを警戒していた。ラオ・イサラがフランスの保護国再建を阻止しようとした中で遭遇した困難のいくつかは、ペッサラートが事実上権力を掌握することに彼らが一致して反対していたことによって、ある程度説明できる。

　8月末には、国の将来をめぐるペッサラートと国王の考えの相違は明らかになっていた。全県の知事に宛てた電報の中で、ペッサラートは、フランスは日本からラオスを守ることができなかったのであるからすべてのフランス・ラオス間の条約は無効であるという主張を繰り返した。[3] ラオスの独立は有効であるということだ。9月2日、ペッサラートは自身の行動に対する国王の承認を要求し、さらに国王にラオスが1つの国家であることを宣言するよう要請した。これに対して国王は、既に独立宣言は正式に撤回しており、ラオスはフランスの保護下に戻っていると首相であるペッサラートに伝えた。9月15日、ペッサラートはそれを無視するかのように、ルアンパバーンと南部の県を彼自身の権限で統一し、それにより1つの独立国家としてラオス国家の誕生を宣言した。[4]

3　Wyatt, ed., *Iron Man of Laos*, p. 36.
4　ペッサラートのラオス統一宣言に関しては J. Deuve, *Le Laos 1945-1949. Contribution à l'histoire du*

ペッサラートのこうした行動は、ベトナムでの出来事に刺激されたからに違いない。ベトナムではホー・チ・ミンが国家の独立を宣言し、皇帝バオダイが退位、ベトナム民主共和国政府が成立していた。ベトミンの活動家に促され、ラオスのベトナム人社会がこうした展開を強く支持し、フランスのインドシナ復帰阻止に動いていた。ビエンチャン、ターケーク、サワンナケートといった町では、ベトナム人の人口が最も多かった。ベトナム人の武装勢力は日本のおかげでよく組織化され、よく武装化されていた。予期できなかったことだったかもしれないが、彼らのフランスへの激しい敵意が、少なくとも短期的には、自然にラオ・イサラとの同盟に結びついていったのは当然である。長期的には、ラオス人ナショナリストの多くは、ラオスにおけるベトナム人のいかなる存在もラオス独立への脅威であると考えていた。

　北部、中部ラオスで力のバランスが崩れ、ラオ・イサラがフランスとベトナム人の双方に対して優位に立つようになったのは、9月に到着した中国国民党第93軍のせいであった。名目的には、彼らはそこで日本軍の降伏（日本軍の大半はイギリスに降伏するため北緯16度以南に慌しく移動していた）を受け入れるためにやってきたのであるが、実際は略奪目的のためにラオスを占領しに来たのであった。中国はフランスにいかなる正式な役割、またはそれに準じる役割さえも与えようとはしなかった。ルアンパバーンではフランスの小部隊が武装解除された。ビエンチャンではペッサラートがラオ・イサラの名の下に中国軍を歓迎した。ターケークとサワンナケートでは、少数のラオ・イサラと大多数のベトナム人とが、偶発的に中国軍と不安定な同盟を結んだ。南部のサーラワン、パークセーだけがフランスの手中に残っていた。

　ルアンパバーンの国王（いまだインフェルド弁務官の助言を受けていた）とビエンチャンのペッサラート（より急進的なナショナリストたちから急かされていた）との間でのラオスの地位と将来をめぐっての不一致は、結局10月に頂点に達した。国王はもはやフランスの意のままであると確信したペッサラートは、連合国にラオスの独立を認めるよう訴えたが、何の成果もなかった。フランスからの助言（その中にはド・ゴールが国王にラオス全土の支配権を認めることを約束した個人的な電

---

mouvement Lao Issala (Montpellier, n.d.), pp. 295-7.

報もあった⁵)により、国王はペッサラートを首相とウパラートの両方から解任した。ビエンチャンでは速やかに「人民委員会」が開かれ、国家の独立が再度確認されて、暫定憲法が公布され、パテート・ラオ（「ラオス人のくに」）の暫定政府を成立させた。選挙を行なうことはほとんど不可能であったので、45人からなる暫定国民議会が暫定政府の中で互選された。国王はこれをすべて非合法であると宣言し、ペッサラートをルアンパバーンへ召喚した。しかし、ペッサラートは行くことを拒否し、10月20日、暫定国民議会は国王退位の決議を通過させた。対立が続いた。

　ラオ・イサラ政府が成立するまでには、しばらく議論があった。国王によるペッサラートの解任は、政府成立へ至る触媒にすぎなかった。この政府には様々なナショナリストの組織の指導者たちが一堂に会しただけではなく、その後の30年に及ぶラオス史、最終的には1975年12月のラオス人民民主共和国の成立に至るいわゆる「30年に及ぶ闘争」というドラマにおいて登場人物となる多くの主要な役者たちの政治的デビューを飾るものでもあった。

　役者たちの中で最終的に最も重要な人物であったのは、ペッサラートの弟のスワンナプーマー殿下⁶と異母弟スパーヌウォン殿下であろう。両者は特権的な環境の中で成長した。ラオスで王家に次いで最も影響力のある家系の恵まれた息子たちで、2人とも最高のフランス教育を受けた。そして2人ともフランスのエリート教育機関で技師となる学問を修めている。だが、その社会的地位、資質にもかかわらず、2人ともインドシナに戻るとフランス植民地からの侮辱を味わった。ここまでが2人の似ている点である。スワンナプーマーは慎重で穏やかで冷静であるのに対し、スパーヌウォンはエネルギッシュで頑固で野心的であった。スワンナプーマーがフランス人女性と結婚し常にフランスへの愛情を保っていたのに対し、スパーヌウォンの妻はベトミン支持のベトナム人であり、彼女は夫の急進的ナショナリズムの志を絶えず励ました。最初、スワンナプーマーはラオ・イサラ暫定政府に加わっていなかったのに対し、スパーヌ

5　De Crèvecœur, *La Libération du Laos*, p. 51.
6　（訳註）スワンナプーマーの本名はカムペーン・スワンナプーマー・ラタナウォンであるが、ラオスでは一般的にスワンナプーマーと呼ばれている。原書では初出以降、スワンナと表記されているが、日本ではもっぱらプーマー（プーマ）として知られているため、以下、一貫してスワンナプーマーと表記することにする。

第3章　独立と統一　1945年～1957年

ウォンはラオスにいなかったにもかかわらず公共事業・通信大臣の地位を与えられたことは、このドラマでの2人の役柄の違いを示すものだ。

新政府の首相兼外相はカムマーオ・ウィライ、ビエンチャンの前チャオ・クウェーン（県知事）でペッサラートから非常に信頼されていた人物であった。他の構成員はペッサラートの甥のソムサニット・ウォンコートラタナ（内務と法務）、ラオ・セーリーとラオ・ペン・ラオの指導者、ウン・サナニコーン（経済）とシン・ラタナサマイ少佐（国防）、そしてラオス刷新運動の重要人物、野心的で知的なカターイ・ドーンサソーリット（財務）と学究肌のニュイ・アパイ（教育）であった。新政府が直面した最初の課題は、財源を確保し、できるだけ遠方にまで政府の公文書を行き渡らせることであった。わずかな収入源の1つはアヘンであり、政府の専売であると発表されたが、収穫のほとんどは引き続き中国人の手に握られていた。他の輸出産物は戦争によって完全に破壊されていたか（錫）、政府の支配下にはなかった（チーク、森林産物、米）。ベトナム人社会とタイ側からいくらか財政的支援はあったが、政府を運営していくには不十分であった。

スパーヌウォンは10月末になってビエンチャンに到着し、新生ラオ・イサラ政府に参加した。日本が降伏した時、彼はベトナムにいた。ベトナム独立宣言の後、彼はホー・チ・ミンとハノイで接触して独立闘争におけるベトミンのラオス支援を確認し、そのことを長文の電報でラオ・イサラ運動の仲間たちに伝えた。10月初め、彼はラオス人の服装をした12人のベトミンの護衛とともにラオスへ入った。10月7日、この小部隊はサワンナケートに到着した。ベトナム人社会からは戸惑っているような歓迎を、ウン・サナニコーンとラオ・セーリー支持者からはどちらかといえば冷ややかな歓迎を受けた。ウンが彼の参謀プーミー・ノーサワンの下に設立した軍事組織で働いていた人々の中には、後にラオス共産主義運動の中で最も影響力を持つ人物となるカイソーン・ポムウィハーンとヌーハック・プームサワンの2人がいた[7]。

ウンは、ペッサラートによってラオ・イサラの南部5県の長官に任命されて

---

[7] その時は誰もインドシナ共産党員ではなかった。カイソーンは1949年に党員になった。Sixana Sīsān, ed., *Kaisôn Phomvihân: Lūk Không Paxāxon*（カイソーン・ポムウィハーン：人民の息子）（Viang Chan, 1991）, p. 16.

いたが、「ラオス独立委員会」と「ラオス解放防衛軍」の双方においてスパーヌウォンの補佐役を引き受けることで彼に敬意を払った。人員配置、軍備、諜報などの各軍務はラオス人が指揮していたが、「顧問」としてスパーヌウォンが連れてきたベトミンの司令官がついていた。[8] これはラオスの共産主義運動において確立されていくことになるパターンである。スパーヌウォンは彼の軍事組織をターケークにまで広げた後、ビエンチャンに向かった。そこで彼は10月末までに、自らの行動に対する政府からの正式な承認を得ただけではなく、政府の改変をも要求した。スパーヌウォンは既に割り当てられていた大臣ではなく、ラオス解放防衛軍の最高司令官として、国防大臣の地位を要求した。ペッサラートはラオス・タイ混成軍の司令官であったシン・ラタナサマイ少佐との交代を拒否したが、スパーヌウォンをなだめるために外相に任命し、スワンナプーマーは公共事業相として内閣に加わった。

　スパーヌウォンが自分の思うようにできたのは、彼の強引な性格と社会的な地位によるものだが、それ以上に、ラオ・イサラの指導者の中で彼だけがベトミンから完全な支援を受けていたからであった。ベトミンとの同盟はほとんどすべて彼が成し遂げたことであった。彼の指導の下、軍事協定が作成され、政府によって承認された。そこではラオスにおけるベトナム人軍事組織の存在が正式なものとされ、ベトミンとラオ・イサラ武装勢力との間のさらなる協力の道が開かれていた。ラオス・ベトナム合同「参謀本部」が双方の軍事活動を調整するために組織され、その一方で、軍事諜報活動はベトナムの指揮下に置かれた。[9]

　ラオ・イサラ政府が最初にしなければならなかったことは、その支配権を実際に行使することであった。11月13日、中国人に支配を印象づけるためもあって政府は戒厳令を出した。シン少佐指揮下の遠征軍がシエンクワンとサムヌアを奪回するために派遣された。11月末、フランスは北ラオスのすべての行政中心地から撤退を余儀なくされた。たった1つの例外はルアンパバーンであったが、そのルアンパバーンでさえ人々がデモを行ない、国王に、ラオ・イサ

---

[8] Tram Van Dinh, 'The Birth of the Pathet Lao Army', in N. S. Adams and A. W McCoy, eds, *Laos: War and Revolution* (New York, 1970), p. 430.

[9] Uthit Pasakhom, 'Beyond a Soviet-Vietnamese Condominium', *Indochina Report* 1 (1985), p. 3.

ラの統治に従いインフェルド大佐といかなる接触をも持たないように要求していた。それゆえ、12月初めには、ラオ・イサラは中部・北部ラオスのすべてを支配しているような幻想にとらわれていた。フランス資産は国有化され、残留していたフランス軍は武装解除されるか、あるいは非合法的な存在として追われる身となりジャングルに戻るかのどちらかであった。しかし、独立は中国軍による占領とベトミンとの同盟という不安定な基盤に頼っていた。中国軍にしろベトミンにしろ、自分たちの利益を追求していたのであって、そこではラオ・イサラは大した存在ではなかった。

　新政府が直面していた問題は大きかった。行政は混乱し、役人には給料が支払えず、国庫は空っぽであった。政府は防衛と統治のための費用すらまかなうことができなかった。武器を購入できないばかりか、学校の教科書からフランス支配地区のラジオ放送に至るまで、あらゆるものに見られる親フランス的な傾向に対処するための宣伝用印刷物を作ることもできなかった。さらに政府は、近隣諸国を超えて国際的な支援を求める手段さえも持っていなかった。

　1946年1月末になると、フランスがラオ・イサラとラオス独立について話し合う意図を持っていないことが明らかになった。フランスは、ペッサラートと穏健派を親ベトミン派から引き離そうという望みを捨てた。[10] そんなことをしてペッサラートをフランス側に引き入れれば、ペッサラートと彼の野心に疑念を抱いている国王や南部の人々が離反してしまうことを恐れたからである。この時には、イギリスはインドシナをフランスの手に委ねており、駐留中国軍の撤退交渉も進行中であった。フランスのラオス再占領の試みは、1月末、ラオス人とモン族のゲリラの助けによってシエンクワンを再占領したのを合図に始まった。フランス軍は2月いっぱいラオス人補助部隊の徴兵、訓練を行ない、ラオス南部での基盤を強化した。破産状態で装備も貧弱なラオ・イサラは避けえないフランスの復帰を座して待つしかなかった。

　2つの出来事がフランスのラオス再征服への道を開いた。1つは、3月6日に調印されたホー・チ・ミンとフランス政府との間のベトナム・フランス暫定協定である。この協定はベトナムにおける停戦を延長させ、ラオ・イサラを危険にさらした。そして、もう1つは中国軍撤退の協定である。ラオ・イサラとベ

10　Gunn, *Political Struggles*, p. 168.

トナム人武装勢力はサワンナケートを放棄した。しかしターケークでは、ラオス・ベトナム合同軍を指揮していた挑戦的なスパーヌウォンが戦うことを決意した。3月21日、軽装備のラオス・ベトナム合同軍に対し、甲装車、大砲、戦闘機によるフランスの攻撃が開始された。数時間のうちに戦いは終了した。迎え撃つ側には1000人以上の負傷者が出た。多くは民間人で、銃撃されたり、メコン川を渡ってタイに逃げようとして溺れたりした。スパーヌウォンは自身の乗った船が機銃掃射を受け、重傷を負った。一方ウン・サナニコーンは、300人の生き残りを連れてタイ経由でビエンチャンに逃れた。フランス・ラオス合同軍側の被害は19人死亡、20人負傷であった。[11] しかし、報復として町のベトナム人街は徹底的に破壊された。

　暫定政府とルアンパバーン王宮との間で、政治的というよりは体質的な相違をどう解決するかという話し合いが再開されたが、この間、暫定政府の関心は軍事的面から政治面に移っていった。その結果は、シーサワンウォン国王が立憲君主として復位することを受け入れる代わりに、不本意ではあったがラオ・イサラの政体の正当性を認めるという妥協の産物であった。ペッサラートと閣僚たちがルアンパバーンでこの妥協の承認式に出席している間、ビエンチャンはフランス軍の到着が差し迫ってきたことにより混乱していた。フランスの攻撃を阻んでいたのは中国の駐屯軍の存在だけであった。中国軍司令官が軍の撤退を発表した時、都市の引き渡しが決定した。ビエンチャンは4月24日に、ルアンパバーンは5月中旬に、フランス軍に再占領された。ラオ・イサラ政府は約2000人の支持者とその家族とともにタイへ渡った。初めて花開いたラオス・ナショナリズムは不名誉な敗北を喫した。数千人のベトナム人も避難し、実際メコン河岸の都市は人口が減った。[12] 国王はフランスに対する「恩義・忠誠・信愛」を示し、ペッサラートのもう1人の異母弟であるキンダウォン殿下を新しい政府機構が機能するまでの間の（ルアンパバーン王国領の）臨時首相に任命した。

11　そのうち12名の死亡者と17名の負傷者はヨーロッパ人であったが、残りはラオス人であった。de Crèvecœur, *La Libération du Laos*, p. 144. ウン・サナニコーンについては、*Lao Issara*, pp. 42-4 と Sixana Sisan, 'The Battle of Thakhaek', in Anon., ed., *Autobiography of Prince Souphanouvong* (Viang Chan, 1990), pp. 12-24を参照。他の文献ではラオス人とベトナム人の負傷者数はもっと多い。Norindr, *Histoire Contemporaine du Laos*, p. 343.

12　Brown and Zasloff, *Apprentice Revolutionaries*, p. 34.

ラオス王国

　再征服が完了すると、フランスは行政機構の再編成に取りかかった。この時までにフランス当局は、新たな立憲制の枠組みが要求されるであろうと認識しており、協力的なエリートにある程度の自治を認めることでフランス連合を保持したいと思っていた。フランス・ラオス合同委員会が7月に開催された。そこでは、フランス連合内での立憲君主国家としてラオス統一を正式に認めた1946年8月27日調印の暫定協定の基礎が作られた。秘密議定書では、チャンパーサック王国国王に復位したいという要求を出したブンウム・ナチャンパーサック殿下に王国の終身総監の地位が保証された。付属協定で財政・軍事協力・公共事業などを含む細目が取り決められた。[13] 原地人保安隊はラオス国家防衛軍とラオス憲兵隊（警察）になった。彼らの役割は、国の辺境を守り、国内法や秩序を尊重、維持するだけではなく、モラルや市民性、軍事訓練や技術的訓練を提供することによって「国民を教化する」ことにもあった。[14] しかしながら与えられた権力は限られており、フランスが国防・外交だけではなく関税・郵政から気象情報・鉱物資源に至るまで様々なことを掌握していた。ラオス政府は公共事業・農業・保健・教育などの業務だけを行なっていた。以前のインドシナ連邦の行政機構が実質的に維持されていたのである。理事長官はラオスのフランス人長官となり、戦前の12県の各理事は県の顧問となった。顧問は連邦の業務以外を受け持っている各省庁の仕事を監督するためにも派遣されていた。真の権力は首相ではなくフランス人長官にあった。フランス人長官は国王令でさえ拒否する権利を持っていた。この協定が全面的にラオ・イサラによって非難されたのは当然であった。

　しかし、新生ラオス王国は徐々に形をとり始めた。1946年11月のワシントン会議において、タイは1941年に獲得したすべての領土の返還を余儀なくされた。その間、憲法制定議会召集のための準備が進んでいた。12月、全男性の投票による選挙が行なわれ、44人の代表が決定した。彼らは1947年3月15日に就任式を行なった。その日から議会が憲法について討議する一方で、政府

13　R. Lévy, *Indochine et ses Traités* (Paris, 1947), pp. 55-69.
14　Anon., *Le Royaume du Laos: ses institutions et son organisation générale* (Vientiane, 1950), p. 76.

はペッサラートのもう1人の異母弟であるスワンナラート殿下指揮下の暫定内閣によって運営されることになった。討議を重ねた末、最終的に憲法が採択され、期日通りに発布された。この憲法は、ラオス王国の地位をフランス連合内の統一された「自治国家」であるとし、「市民生活の向上、モラルの向上、物質的進歩への過程」におけるフランスの継続的支援の基礎を作った[15]。国民議会は1院制とされ、議員は4年任期で普通選挙によって選ばれるとされた。12人からなる国王の諮問機関が裁判所と立法の諮問機関として機能することになった。8月、国民議会の35人の代表を決定する選挙が行なわれた。11月の初議会でスワンナラートの首相就任が承認され、彼とともに6人の閣僚によって最初のラオス王国政府が構成された。

閣僚メンバーは全員、フランスが権力を移譲してしかるべきであると見なしていたラオスのエリート階級であった。彼らはともにフランスの教育と彼ら自身の社会的地位から来る貴族的なプライドを共有していた。彼らの多くは、祖先がルアンパバーン、ビエンチャン、チャムパーサックの王家と並ぶ家系であり、彼らにとって地域的な繋がりは重要であった。彼らは自分たちの特権や地位を当然のものだと考えていた。彼らの家族は、後ろ盾になり影響力を及ぼすことで互いに結びつき、依存しあいながら、拡大する一族の核となっていった。しかし、その数は少なかった。おそらく200人から成るエリートのうち、政治的に有力な家系は20に満たなかった[16]。

閣僚構成は政党より個人への配慮がなされ、ラオスの北部、中部、南部の最も有力な家系の代表を含むというように、注意深く均衡が保たれていた[17]。この後20年間にわたって代表的な家系がラオスの政治を支配していくのであるから、この最初の閣僚たちは考察するに値する。ペッサラートの弟たち（スワンナラートは首相、キンダウォンは国務大臣）はルアンパバーンの代表であった。ク・アパイ（教育・保健大臣）とルアム・インシシエンマイ（財務大臣）はそれぞれコーンとサワンナケートで尊敬を集めており、共にルアンパバーンによる政治的支

15　憲法の前文は *La Documentation Francaise, Notes et Eludes Documentaires*, no. 725.
16　J. M. Halpern, 'Observations on the Social Structure of the Lao Elite', *Asian Survey* 1/5 (1961), 26.
17　J. M. Halpern, *Government, Politics, and Social Structure in Laos: A Study in Tradition and Innovation* (New Haven, 1964), pp. 102-4; J.Deuve, *Le Royaume du Laos, 1949-1965: Histoire événementielle de l'indépendance à la guerre américaine* (Paris, 1984), pp. 3-6.

配に疑念を抱いていた。その他の3人の閣僚のうちウトーン・スワンナウォン（内務・国防大臣）はビエンチャンの有力家系の代表であった。ク・アパイと同様、彼は非常に保守的で親フランス的であった。あとの2人の閣僚は年齢は若かったが非常に野心的で、彼らにとって政治は活動の舞台であり個人的な権力と富とを得る手段でもあった。ボン・スワンナウォン（経済大臣）とク・ウォラウォン（法務・宗教・社会活動・公共事業大臣）は、初の公認政党であるラオス国民連合を共に設立した。この政党は『ラオ・マイ（新ラオス）』という広報誌を持っていた。ボンは影響力のあるスワンナウォン一族の傍系に属し、ラオ・イサラと仲たがいする前はラオス刷新運動で活躍していた。ク・ウォラウォンは元々サワンナケートの出身であるが、首都で支持者を獲得しようとしていた。両者とも現存の政治秩序を非難する場として国民議会を利用した。ラオス国民連合にとって、暫定協定はフランスからラオスに権力を完全に移譲するための第1歩にすぎなかった。

　ビエンチャンで政治的野心を持ったもう1つの有力家系はサナニコーン家であった。彼らのリーダーのプイ・サナニコーンは国民議会の初代議長となった。サナニコーン家は、より貴族的なところのあったスワンナウォン家を踏み台に、一方でアパイ家との婚姻を通して何とか勢力を拡大しようとしていた。しかし、一族はビエンチャンの2人の兄弟とラオ・イサラ側の2人とに分裂していた。その後数年に及ぶビエンチャンでの政治権力をめぐっての喧嘩騒ぎは、サナニコーン一族およびその仲間とウォラウォン家の長年の権力争いを反映しており、スワンナウォン家は闘いからは後退しがちだった。ウォラウォン家の有力なメンバーにはプーミー・ノーサワンやチュンラマニー家がいた。

　有力一族間での権力・利権闘争は、この後30年にわたって、特に政治権力をめぐってのラオス政治における風土病となった。ラオスが冷戦に巻き込まれていくにつれて、彼らは主としてアメリカからラオスに投入される増大する一方の財政的、物質的援助にいかに接近できるかを競うようになった。この間、この贈り物の分け前から得られる個人的または一族や地域の利益が、国家の利益に優先されがちで、実際、国家の利益が本当に無視されることがしばしばあった。有力一族が自分たちの利益に反する法案を履行することを拒んだため、中央政府は弱体化した。実際、有力一族が政治に関与するのは、何より自分自

身の利益を守り、ライバルの一族が有利にならないようにすることの保証であるように見えた。

　エリートによる派閥主義・地域主義は、ラオスという国家アイデンティティーやラオスという自覚の発達を遅らせる結果となった。しかし、民族的に多様でいくつもの地域に分かれている国においては、国家建設は乗り超えなければならない課題であった。低地ラオ人による民族的、文化的優越観は、ラオ・トゥンに使用されたカー（奴隷）という言葉やモン族に使用されたメオ（野蛮人）という言葉の中に内在していた。そういった言葉は、よく言っても政府の無関心、悪く言えば差別を示していた。少数民族が参加できる国家的な政治文化を創造することによって、あるいは国家経済の中に巻き込むことによって彼らを動員していこうとする試みはほとんどなされなかった。それどころか、有力一族は、本来村に住む農民である多数派のラオ・ルムにさえそれほど関心を示さなかった。政府の予算も事業も圧倒的に大都市、つまり有力一族の権力の源となっている人口の多い県の中心地に集中していた。とはいえ、この重要な最初の時期にラオス国家という強い意識が発展しなかったのは、一族のリーダーたちにそういったビジョンがなかったからだけではない。それはフランスの過ちでもあり、王制がラオス・ナショナリズムにおいて政治を越えた中心とはなれなかったせいでもある。

　フランスは1940年以前、ラオス人に自分たちの責任で自分たちの国の政治の方向を決めるという機会を与えようとしなかった。その大きな原因は、フランスがラオスを主権を持った国家的実体であるとは露ほども考えていなかったことによる。1946年でさえ、フランスはまだラオスをインドシナ帝国に統合されるべき一部分と見なしていた。ベトミンとフランス政府との間の交渉が決裂し、その年の12月に第1次インドシナ戦争が勃発したことは、ビルマにとってのイギリスやフィリピンにとってのアメリカとは異なり、フランスがインドシナにおいて自らの帝国を死守する決心をしたことを示していた。フランス・ラオス暫定協定の結果としてもたらされた変化の多くは表面的なものであった。1946年、フランスはラオスに真の独立を与える意図はなかった。ラオ・イサラとの話し合い、まして妥協など全く論外であった。憲法に基づいた自治政府という体裁は取っていたが、フランスは戦争前と同様全面的な支配を続けてい

第3章　独立と統一　1945年～1957年

た。

　しかし、フランスは過去の怠慢を改めることにいくらか努力を払った。特に教育への配慮がなされた。新しい小学校が建設された。コレージュ・パヴィは1947年の新学期からリセ（高校）に格上げされ、中学校がパークセー、ルアンパバーン、サワンナケートに開校した。国家予算の17％が教育につぎ込まれた。「ラオス人学校は近代ラオスの精神を創出し、国民統合の接着剤となりうる」とある政府の出版物で述べられており、少なくともラオスが進歩する可能性は認めていた。[18] 出来の良い学生や有力な家系のコネのある学生は、より高度な学問を続けるためにベトナムやフランスへ送られた。保健状況も改善され、新しい病院や診療所が建てられた。しかし、質の高い保健分野の専門家は不足していた。主に保健衛生と予防方法を教育することに努力が払われた。地方歳入はかなり不足しており、ほとんどすべての事業計画はフランスの援助に頼っていた。

　しかし、やるべきことは山のようにあったが、戦争前の基礎づくりが不十分だったので、困難が多かった。通信手段が貧弱で、1万1000以上もの村がある国を運営すべき訓練された官吏が不足しているというのは火急の問題であった。国全体でとりあえず利用できたのは400人の文民と700人の技術者でしかなく、彼らの多くは最低限の教育を受けていたにすぎなかった。[19] 訓練は「実際に働く」ことによってなされ、できたばかりの軍隊と警察に国家建設の役割を果たすことが要求されたが、彼らにはそのための装備はほとんどなかった。

　しかしながら、フランスの存在はラオスの政治家が国家の利益よりも自分自身の利益にのみ執着することを許していた。ラオスのナショナル・アイデンティティーのシンボルになりうるかもしれないたった1人の人物は国王であった。しかし「15人の妻に付きまとわれた、よぼよぼの」[20]シーサワンウォンは、王位を保つためにフランスに頼るしかない老人であり、親フランスの息子、サワンワッタナーに全面的に決定権を委ねていた。もしも国王が王宮をラオスの行政

18　Anon., *Le Royaume du Laos*, p.92. 1945年の187校から1949年には545校にまで増え、学生数は3万6000人以上になった。Halpern, *Government, Politics, and Social Structure*, p. 189, table 6.
19　Deuve, *Le Royaume du Laos, 1949-1965*, p. 5.
20　V. Thompson and R. Adloff, *Minority Problems in Southeast Asia* (Stanford, 1955), p. 202. 彼は、12人の妻、24人の子供しかなかったと主張している人もいる。

的政治的中心であるビエンチャンに移していたら、そして臣民の間を広く巡幸していたら、ラオス統合のシンボルとなりえたかもしれない。しかし、その重要な機会は失われた。ルアンパバーンに居続けたことで、国王はルアンパバーンとチャムパーサックの間に不信と嫉妬を醸成した地域主義を排除することができなかった。それだけではなく、王家は王都と一体化したままで、ビエンチャンでの政治活動からも完全に除外されていた。それゆえビエンチャンは、政治的支配の獲得という新しいゲームの勝者となった一族への一等賞になってしまった。

1949年なかばになるとインドシナにおけるフランスの地位は弱体化した。フランスは当初予測されたほど迅速にベトミンに勝利できず、アメリカから民族主義者に譲歩せよという圧力を受けていた。ラオスの政府指導者たちは亡命ラオ・イサラからフランスの手先でしかないと批判されていたが、彼ら自身、そのことをいやというほど承知しており、フランスの政治干渉に非常に敏感になっていた。[21] 1949年7月、フランスとラオスとの間で一般協定が締結され、より完全な独立をラオスに認める方向に動きはじめた。ラオス政府は以前のインドシナ連邦の政務を自分たちの手中に納めたが、金融と関税だけはいまだにインドシナ全域対象の協定が有効だった。国防、外交、司法に関しても、主権は制限されたままであった。フランス連合軍は「インドシナ諸邦の共同防衛のため」ラオス領内での活動の自由を保障されており、フランスはフランス指揮下の「フランス・ラオス混成軍」にラオス人を徴兵する権利を保持していた。[22] ラオスは国連への分離加入を願い出ていたが、外交はフランス連合のそれと密接に結びつけられており、フランス籍の人々は治外法権を享受していた。ブンウムでさえ認めていたように、フランス連合内での独立はいまだ「二重構造の矛盾した外観」[23]を呈していた。しかし、フランス寄りのラオス人は、ベトミンとの戦争が続行している限りはフランスの保護は必要であると信じていた。

一般協定の条項はラオスに完全独立を付与することについてほとんど触れて

---

21 特に効果的であったのは、カターイの論争を挑発するような文章であった。*Une Amnistie? Fi Donc!* (Bangkok, 1948)を参照。
22 G. Taboulet, *La Geste Française en Indochine*, vol. II (Paris, 1956), pp. 923-4.
23 Boun Oum, 'Allocution à l'occasion de la signature des Conventions Franco-Laotiennes', *France-Asie* 119 (1945-50), 630.

いなかったが、それでも1946年の暫定協定よりはかなりの前進を示していた。1949年9月、適切に改正された修正憲法が発布された。さらに重要なのは、一般協定の文言の中でラオスに付与された条件付きの独立は、ラオ・イサラの穏健派が亡命から帰国して政治過程に参加することを保証するものだと彼らが考えたことである。それに対して、既にバンコクのラオ・イサラ幹部と袂を分かっていた急進派は、ベトミンと同盟を結んだ。

亡命と抵抗

　1946年4月、ラオ・イサラ政府とその支持者はラオスから逃げたが、彼らはフランスに対して闘争を続けることを決意していた。タイが政治的に不安定な時期であったにもかかわらず、タイ当局は彼らに同情的で、彼らを迎え入れた。摂政であり、戦時中地下の反日運動、自由タイ（タイ・セーリー）の指導者であったプリーディー・パノムヨンが政治的指導者であり、彼はフランス帝国主義への愛着など持ちあわせていなかった。ラオ・イサラのゲリラはタイ全土を使用できた。ラオ・イサラとベトミン合同軍による攻撃がフランスを強く刺激して、フランスがメコン川を越えて追撃した時だけ、タイとフランスとの間で激しい非難の応酬となり、OSSのアメリカ人はラオ・イサラの指導者に国境から遠ざかるように助言した。[24] 亡命政府がタイからの善意と財政的支援によりその拠点をバンコクに築く一方、ゲリラ隊はフランスを悩ませ続けた。抵抗の中心はサワンナケート対岸のムックダーハーン地区に設立され、サコンナコーンの近くには訓練基地があった。

　タイでのラオ・イサラの軍事作戦はラオスの3地域に向けて組織されていた。北部はルアンナムター、サイニャブリー、ルアンパバーン県を受け持ち、中央部はビエンチャンからサワンナケートに至る半月形の地域を、南部はボーラウェーン高原地帯の抵抗運動を指揮していた。[25] この3つの地域では、最終的には政治的に分裂し敵対しあうことになってしまう軍事指導者たちが、一緒にフラ

24　Wyatt, ed., *Lao Issara*, pp. 51-2; Deuve, *Le Laos 1945-1949*, p. 217.
25　Brown and Zasloff, *Apprentice Revolutionaries*, p. 38. 北部はプーミー・ウォンウィチットとウアン・ラーティクン、中央部はウン・サナニコーン、プーミー・ノーサワンとシン・ラタナサマイ、南部はカムタイ・シーパンドーンとプーン・シーパスートであった。

ンスに対して戦っていた。意思疎通は困難で、各隊はしばしば中央からの指令なしで活動していた。支援は地方のタイ人、特に解散した以前の自由タイの参加者から提供されていたが、組織的な支援はほとんどインドシナ共産党のベトナム人党員によるものであった。[26] ラオ・イサラ、ベトミン合同軍とベトミンの分遣隊は、タイ当局によって阻止されるまで、東北タイから作戦を展開した。

　ペッサラートは名目的にラオ・イサラ亡命政府の指導者を引き受けていたが、カムマーオが首相、スワンナプーマーがその実際上の代理であった。スパーヌウォンは軍事上の最高司令官として行動する一方で、外務大臣の職も務めた。その後、彼は国防大臣の職をも引き受けた。カターイは財務大臣の職に宣伝担当が加わり、その一方で教育大臣としての任務は減少していった。亡命政府は自分たちの大義を世界に伝えること、フランスへの非難、外国の代表へのロビー活動に力を注いだ。しかしながらアメリカとの接触は期待外れで、フランスとの接触や仲介もまったく成果はなかった。活動にあまり熱心でなかった支持者は早々に闘争を諦め、ラオスへ戻っていった。残った人たちは、フランスを追い出すというただ1つの望みはベトミンとの軍事的同盟により叶えられると考えるようになった。

　1946年7月、ハノイに行く途中でスパーヌウォンはベトミンと再び接触を持った。その時ホー・チ・ミンはフランスにいて、フランスとベトミンとの間は不安定な停戦状態であった。しかし、ラオ・イサラに対する軍事行動は続いていた。サワンナケート、ターケーク再占領に続いて、フランス軍はラオ・イサラとベトミンの勢力を東部国境の山岳地帯に追い立てた。ラオ・イサラのゲリラが国境を越えてベトナムに退却せざるをえなくなった時、ベトミンの幹部は彼らに訓練を受けさせ、軍事的支援を与えた。

　北ラオスでは、フランス軍がフアイサーイにあったイサラの最後の要塞を1946年9月23日にようやく再占領した。その後、ゲリラ活動はメコン川対岸のタイ側から行なわれるようになった。東北ラオスのポンサーリーとサムヌアでは状況はより複雑であった。サムヌアは4月、ポンサーリーは6月中旬に再

26　サイニャブリーにゲリラの拠点を設立することに関しても、プーミー・ウォンウィチットはベトナムの支援に大きく依存していた。Phumi Vongvichit, *Khwaam Songcham Khong Xivit Hao*（回顧録）(Viang Chan, 1987), pp. 58-60.（訳註）日本語訳『激動のラオス現代史を生きて——回想のわが生涯』平田豊訳、めこん、2010年。

第3章 独立と統一 1945年〜1957年

占領された。しかし、軍事行動は続いていた。フランス軍はトビー・リーフォンに率いられたモン族ゲリラから支援を受けていたが、トビーの積年のライバル、ファイダーン・ローブリヤオの指揮下でロー家に忠誠を誓っていたモン族はベトミンとの同盟関係へ入った。スパーヌウォンはラオ・イサラの軍事闘争にはベトミンによる継続的な支援がきわめて重要であると確信し、自分の軍を再度鼓舞するためタイへ戻った。

そうしているうちに、1946年9月、タイを根拠地に活動しているラオ・イサラの西部戦区を補強するために、ベトミンの後ろ盾でラオス抵抗勢力の指導者たちがヴィンで一堂に会し、東部抵抗委員会が設立された。この委員会は最初から、委員長のヌーハック・プームサワンを通して、極秘裡にインドシナ共産党の指揮下に置かれていた。さらに、設立大会においてカイソーン・ポムウィハーンはベトミンとの連絡係になり、ファイダーン・ローブリヤオはシエンクワン・サムヌア地区の司令官に、オー・アヌラックはセーポーン地区のイサラ軍の司令官に任命された。さらに南部には日本軍によってポンサーリーの刑務所から釈放されたシートン・コムマダムが戻ってきており、ボーラウェーン地域で自らの抵抗活動を率いていた。

2つの抵抗活動の連絡は、タイまでは人を走らせることによって、そしてバンコクまでは電報によって行なわれていた。亡命政府はラオス東部抵抗委員会の設立を知らされ、それに承認を与えた。東部戦区の活動は、1946年12月の第1次インドシナ戦争の勃発によって、にわかに活気づいた。常に活動的なスパーヌウォンは、ラオスへ渡っては、ラオスのゲリラ部隊がいかに活動を進めているのか確認した。彼は国境地帯で活動を行なうためのラオ・イサラ、ベトミン合同軍を創設することに力を注いだ。[27] しかし、ゲリラ活動は散発的であった。武器弾薬は不足しており、財政難が恒常的な問題であった。それでもタイからの支援は続いており、1947年9月バンコクで、インドシナの国々だけではなく、インドネシア、マレーシア、ビルマの急進的ナショナリストをも結集し

---

27 ベトナム側の記録によると、1946年末から1947年初めにかけて500人から700人の政治、軍事要員がラオスに派遣され、1951年初めにその数が7000人に、1953年には1万7000人に上った。Motoo Furuta, 'The Indochinese Communist Party's Division into Three Parties: Vietnamese Communist Policy Towards Cambodia and Laos, 1948-1951', in T. Shiraishi and M. Furuta, eds, *Indochina in the 1940s and 1950s* (Ithaca, NY, 1992), p. 161, note 81.

た「東南アジア連盟」がタイの支援で設立された。スパーヌウォンは事務局長に選出された。

タイではそれから2ヵ月も経たないうちに、以前の独裁者ピブーンソンクラームが軍事クーデターによって返り咲き、権力を掌握した。これは、タイ政治が右寄りに方向転換したことを意味する。政府の変化は冷戦の始まりとともにアメリカが反共産主義を強めていったことと一致し、まもなくタイとフランスとの関係改善に結びついた。ラオスの抵抗勢力は、タイ領でのすべての軍事活動を停止するか、ラオスとベトナムの国境に沿った東部戦区に活動の場を移すかの選択に迫られた。スパーヌウォンと彼の支持者にとっての選択は明白であった。彼がはじめから主張してきたように、ベトミンとの密接な軍事協力はいまや欠くべからざるものとなっていた。その他の人々にとって、選択はより困難であった。ラオスに対するベトナムの意図に強い疑念を抱き、ベトミンの共産主義を恐れて、タイとの安心できる関係から離れるのは気が進まない人が多かった。軍事行動が次第に少なくなるにつれ士気も低下しており、フランスの使者は恩赦と雇用の提供を見返りに帰国しそうな人々を標的にしはじめた。

その間、ベトミンに信用され援助を受けていた共産主義者（ヌーハックやカイソーン）と、タイのイサラ側司令官との間で意見の食い違いが生じた。タイのイサラ側司令官たちは自分たちのほうが軍の階級や社会的地位では上だと考えており、独自の活動を行ないたいと思っていた。しかし、インドシナ共産党にとってラオスは、フランスに対する軍事作戦で狙いを定めた戦場の1つであった。党は信頼するに足るものにしか支援は与えないので、イサラ側司令官は党からは見離された。1949年1月は、後にラオス人民解放軍となる初の軍隊、ラーサウォン隊がラオス東南部で創設された時期として、公に定められている。[28] 司令官はカイソーン・ポムウィハーンだった。彼はベトミンの軍事学校で訓練を受けた、インドシナ共産党の信頼に値する人物であり、その後、ラオス人民

---

[28] この名前は1827年から1828年にかけての戦争でシャムと戦った英雄、ラーサウォンから取った。カイソーンが *La Révolution Lao*, p. 14の中で述べている。しかし、ラオスのゲリラ部隊は既に3年以上にもわたってフランスと戦っており、これをもってラオス人民解放軍の設立としていることは、歴史上の実際の出来事というよりは、ラオス人民革命党初代書記長であるカイソーンを美化しようとしていることと関係している。

革命党の書記長に任命された。南では、カムタイ・シーパンドーン[29]がボーラウェーン地域でシートン・コムマダム[30]の活動に加わった。北ではスパーヌウォンとプーミー・ウォンウィチット[31]がルアンナムターで活動しており、ファイダーン・ローブリヤオと彼が率いるモン族はフアパンやシエンクワンで圧力をかけ続けていた。これらすべてが、指導者、装備、訓練という形でベトミンの強力な支援を受けていた。

　軍事行動や財政支出についてイサラ政府への説明責任があるということに対して、スパーヌウォンが高圧的な態度で拒否したために、1949年3月にはラオ・イサラ内部の不和は頂点に達した。そうしているうちに、王子（スパーヌウォンのこと）とベトミンとの関係に対する懸念が深まった。個人的な対立、特にスパーヌウォンとラオ・イサラの中で最も精力的に宣伝活動を行なっていたカターイとの対立が激しくなった（カターイはウィリアム・ラビットのペンネームで英語で宣伝用冊子を書いていた）[32]。イサラ亡命政府は、タイの軍事クーデター後、政治状況が変化したことを強く感じており、ベトミンばかりでなくラオスへ渡ってきた中国国民党の脱走兵やビルマ義勇兵までもフランスとの戦いに引き入れていたスパーヌウォンの活動とは正式に関係を断つことにした。

　それに対してスパーヌウォンは、ペッサラートへ怒りの辞表を提出するという態度に出た。その中で彼は、自身の決定と行動を弁護し、バンコクに残って

29　（訳註）1924年、チャムパーサック県に生まれる。1946年以降、ラオスの独立運動に参加し、軍事面で活躍し、頭角を現した。1962年にカイソーンからパテート・ラオ軍最高司令官の地位を引き継ぎ、1972年の第2回党大会でラオス人民革命党政治局員となった。1975年の革命後は国防大臣を務め、1991年、カイソーンの国家主席就任に伴い2代目首相に就任した。カイソーンの死後は党書記長、1998年からは国家主席を務め、2006年に引退。桃木至朗ら編『新版東南アジアを知る事典』平凡社、2008年、501頁を参照。

30　（訳註）オン・コムマダム（第2章56頁「ラオス側の反応」を参照）の息子。1908年アッタプー生まれ。ラオ・イサラ運動に参加して以来、自由ラオス戦線、ラオス愛国戦線で活躍。ラオス人民民主共和国成立後は、最高人民議会副議長を努めた。1977年死去。M. Stuart-Fox. *Historical Dictionary of Laos*, Third Edition, Scarecrow Press Inc., 2008, pp. 309-10.

31　（訳註）1909年シエンクワン生まれ。フランス植民地下のラオスで、ビエンチャンやフアパンの知事（チャオ・ムアン）を努めた後、ラオ・イサラ運動に参加。1955年設立のラオス人民党の中心的メンバーであり、第1次～第3次連合政府においていずれもパテート・ラオ側閣僚として入閣。ラオス人民民主共和国成立後も副首相、国家主席代行など要職を務めた。1994年死去。M. Stuart-Fox. *Historical Dictionary of Laos*, Third Edition, Scarecrow Press Inc., 2008, pp. 259-61.

32　フランス語では、アルセーヌ・ラパンであった。カターイとはラオス語でうさぎの意味である。Katāy, *L'Amitié ou la Haine* (Bangkok, 1949)を参照。

いる人々を子供か老女のようであり信頼してもいなければ尊敬の念も抱いていないと嘲笑した。その後、5月にスパーヌウォンとカターイの間で交換された手紙は、お互いの批判と個人的中傷の見本で、不和を確実にした。カターイにとってスパーヌウォンは、傲慢でよこしまで、共通の目標に従うことを拒絶し「小さな神」として振る舞い、ラオ・イサラ軍の最高司令官としても（ラオス人参謀を組織しなかった）、閣僚としても（ベトナムから受けた財政支援について説明をしなかった）、どちらにおいても責任をまっとうしなかった男であった。スパーヌウォンにとっては、カターイからの批判によって、バンコクのイサラ閣僚とは決定的に断絶してしまったことがはっきりした。抵抗運動は個人の活動が元になって急いで組織されたもので、武器や資金は使えるものなら何でも使ってきた。それについて大雑把な説明はしてきたが、詳しく適切に述べる時間はなかった。そういった正式の手続きは、利用できるならいかなる外国の援助をも利用し、可能な限りの手段によって遂行されなければならない闘争それ自体においては二次的なものであった。ベトミンから財政的援助を獲得したのはまさにスパーヌウォンの努力によるもので、それゆえラオス東部の抵抗運動が続いてきたのだが、彼はそれをややあからさまに主張しすぎた。亡命イサラ政府にとって、そんなことは「完全につくりごとで、口先だけ」であった。しかし、スパーヌウォン自身は「抵抗する人民」の代表として自身の立場を捉えており、彼は実際その大義に献身していた。[33]

実のところ、1949年2月にスパーヌウォンはラオ・イサラの支配下にない北ラオスの彼自身の活動地区で政治戦線、ラオス人民進歩機構を作っていた。このため、そしてイサラの指示を高飛車に無視したため、スパーヌウォンは2つの閣僚の地位から解任された。ラオ・イサラとの決別の後、スパーヌウォンはすべての抵抗勢力の代表者をまとめて「抵抗委員会」を設立すると発表した。そこで抵抗勢力の兵士たちは、ペッサラートがまだ名目的な指導者であるバンコクのラオ・イサラ政府の下にいつづけるか、それともスパーヌウォンとベトミンに運命を委ねるか、忠誠心の葛藤に直面することになった。

7月のフランス・ラオス協定に応える形で、10月に、亡命政府の残りの閣僚

---

33 双方のやり取りの翻訳は Brown and Zasloff, *Apprentice Revolutionaries*, pp. 338-61 にある。さらに pp. 42-5 も参照。

が、ラオス王国が獲得した独立の程度はラオ・イサラ運動の本来の要求を満たしているとの理由で政府の解散を宣言した。それと同時に、決定的な選択がなされた。カムマーオ、スワンナプーマー、カターイに率いられたラオ・イサラ穏健派の大半は、取り決められた恩赦を受け入れ、ラオスに帰国した。国王がウパラートの称号復活を拒否したことで自尊心を傷つけられたからか、ペッサラートのみがバンコクに留まり、既に生じてしまった政治的分裂に曖昧な姿勢をとった。

　ラオ・イサラの分裂は、この闘争がナショナリストの指導者を一本化できなかったせいである。完全独立はすべての人が望んでいたものだが、どの手段をとるかによって最終的に大きな相違が生じた。この相違はその強い個性が闘争の中で発揮された3兄弟の立場に典型的に示されている。スワンナプーマーはラオスでの出来事に通じており、最初はフランスの復帰を歓迎していた人たちさえいた中で、ナショナリストの心情がどの程度の地盤を得ていたのかわかっていた。無意味な反乱では明らかに達成できないことを交渉でならば勝ち取ることができると彼は信じていた。頑固に妥協を拒否してきたスパーヌウォンは、別の教訓を引き出した。つまりベトミンに頼る以外に方法はないということである。力ずくでフランスを追い出してのみ、インドシナは植民地という過去から自由になり、真の独立と自由に到達できる、と彼は信じていた。スパーヌウォンをベトミンに結びつけた細いが献身的な絆が、共産主義運動の堅い核を形成することになった。

　ペッサラートは弟たちよりも高齢で穏やかであり、より長期的な視点から、フランスとの妥協もベトミンへの信頼も拒絶した。彼は冷戦が激しくなる中でラオスの中立を頼みにしていた。それは、誰に対しても距離を保ち、近隣諸国に対しては近隣者として振る舞うということである。皮肉なことに、スワンナプーマーが1953年に達成されたフランスからの独立を維持するために企図したのが、このラオス・ナショナリズムの理想の姿であり、ラオス人民民主共和国も、ベトナムへの依存が弱まった1980年代後半、結局はこの道を選ぶこと

34　CIAでさえ、ペッサラートは「彼の生涯をかけてラオスの独立と統一を求めている」と認めていた。'Prince Phetsarath Returns to Laos', Intelligence Report no. 7479, compiled by the Office of Intelligence Research, Department of State, Washington, 9 April 1957, p. 4.

になった。

独立へ向けて

　ラオ・イサラの指導者たちが亡命から戻ったラオスは、3年半前彼らが去った国とは既に違っていた。イサラのゲリラ活動は行政を機能不全に陥らせてはいなかった。町では商業は中国人の手にしっかりと握られており、中国人はフランスとベトミンとの紛争に慎重に中立を守っていた。しかし、80％以上のベトナム人が去ったので、[35] 公共事業、工業、農業、林業、教育、保健などの様々な政府の業務において、教育レベルは低いがラオス人の雇用機会が新たに開けた――たとえその補充が適性や能力よりもコネや地縁によっていたとしても。この機会に利益にあやかろうと、また子供に教育を受けさせようと、近隣の村から町へ移ってきた家族によって、町自体も拡大し、ラオス人の数も増えていった。[36]

　ラオ・イサラの政治指導者は帰国すると、すぐさまラオス王国政府への正式な権限移譲についての交渉に参加し、それは1950年2月6日に調印された。フランスがそのまま保持した権限の中で最も重要だったのは、治外法権と国内治安（秘密警察）の管轄権が認められたことであった。ラオス国軍の設立を規定した軍事協定も重要な文書であった。フランスの軍事訓練団が組織され、徴兵制が導入された。国防はフランス・ラオス常設委員会が責任を持つこととなり、一方、ラオス領内のフランス連合軍はフランスの指揮下に留まった。

　これらの交渉には緊急性があった。1949年10月、毛沢東が中華人民共和国の成立を宣言した。ホー・チ・ミンからの要望に応えて中国は1950年1月18日、正式にベトナム民主共和国を承認した。1週間後、ソ連がそれに続いた。これにより共産主義側からベトミンへの国際的な支援の道が開かれ、インドシナにおける勢力のバランスが大きく変わることになった。一方アメリカはフランス

35　1940年には5万人と推定されていたベトナム人のうち1958年にラオスに残っていたのは約9000人であった。Toye, *Laos*, p. 73, note 54.

36　M. J. P. Barber, 'Migrants and Modernisation: A Study of Change in Lao Society', PhD thesis, University of Hull (1979); E. Braunstein, 'Urbanisation et transition à socialism au Laos', PhD thesis, University of Paris (1978), chapter III. を参照。

に、インドシナの人々に真の独立を与える方向で実質的に譲歩するよう促していた。権限移譲の調印の翌日、アメリカとイギリス両国は、ビエンチャンに大使館を置くことはなかったものの、ラオスの独立を承認した。ヨーロッパとラテンアメリカの数ヵ国がこれに続いた。新たに独立したアジアの国々は、ラオスの独立はいまだ完全ではないという理由で概ね承認を保留した。なぜなら、いかなる外国との条約もフランス連合の高等評議会[37]の承認なしでは締結することができなかったからである。ただタイだけが大使を派遣した。その後の2年間のうちに、ラオスの国際的地位は、国連機関の一員となったり、アジア極東経済委員会（ECAFE）の準構成員となったりすることによって、次第に高まっていった。しかしながら国連加盟はソ連によって拒否され、ラオスが国連総会で加盟が認められたのは1955年の12月であった。

　しかし、国際的な承認がラオスに国民国家という外面的な装いを与えたとしても、国家建設という内的な仕事はまだ残っていた。ラオ・イサラ穏健派の帰国はラオス国内政治の様相をすっかり変えた。一族間の対立や南部人と北部人との分裂に、真のナショナリストと自認する元ラオ・イサラの人々と彼らに敵対しフランスを支援していた人々との間の分裂が加わった。帰国者は、自分たちの団結を維持し政治的目標を達成するために、彼ら自身の政党、「国民進歩党」を結成した。それに対抗してプイ・サナニコーンは反ラオ・イサラの人々をまとめ、「独立党」を結成した。どちらの党も西洋的な感覚の政党ではなく、有力な指導者に忠誠を尽くす政治家の集まりであった。

　国民統合という大義名分のために、ブンウム政府は、早すぎる感はあるが、独立と国民和解は共に達成したと主張して、退陣した。1950年2月に成立した新政府はプイ・サナニコーンに率いられ、5人の独立党の閣僚と2人の国民進歩党の閣僚——カムマーオ・ウィライ（法務兼保健）とスワンナプーマー（計画兼公共事業）——を含んでいた。それ以外の大臣は再び有力な一族の中で分配された。新政府が直面した最も重要な任務は、既にしかるべく設置された近代国家の統治機構を始動させることであった。訓練を受けた質の高い人材が不足していたことで、イサラの帰国者が何の困難もなく行政に入り込むことができた。

---

[37]（訳註）フランス連合の行動について政府を補佐する役目を負っていた機関。グザヴィエ・ヤコノ『フランス植民地帝国の歴史』平野千果子訳、白水社、1998年、158頁。

問題はいかにして彼らに給料を支払うかであった。フランスはこれまで予算不足を補うために与えていた補助金の減額を既に通知していた。政府は新たな税の導入を提案したが、国民議会が採択をためらった。政治的緊張は軍隊に関しても浮上していた。イサラ側がイサラに敵対して戦っていた人物を最高司令官として承認することを拒否したため、結局、妥協して文民のスントーン・パタンマウォンを急遽大佐に昇格させ任命することになった。1950年11月、ベトナムの優越的な地位に関しては保留したまま、ラオスは「ポー協定」に調印した。これは、特に関税や通貨など、1国に移行できない業務を統轄するインドシナ内の機関を設立するためのものであった。

ラオス自体は国境地帯でのわずかな事件を除いては平和であったが、この地域は次第に冷戦に巻き込まれていった。1950年6月、朝鮮で戦闘が勃発すると、アメリカは、インドシナでの戦争は共産主義のアジアへの拡大を封じ込めるという、より大きな戦いの一部だというフランスの主張を受け入れた。フランスの要望に応えて、トルーマン大統領はインドシナでの戦争に対する最初のアメリカの軍事資金援助を承認したが、フランス連合の3協同国を直接支援することに対してはフランスが強く抵抗した。結局、軍事援助ではなくアメリカの経済援助をラオス王国政府に直接提供するための協定が調印された。[38]

1951年8月の国民議会選挙では、議会の絶対多数を獲得することはできなかったが、独立党というライバルを押さえ国民進歩党が勝利した。プイ・サナニコーンが辞職し、スワンナプーマーが彼にとって初の組閣を要請された。スワンナプーマーが何より優先したのは、いまだフランスの管轄下にあるすべての業務をラオス政府の支配下に移行させ、それによって完全独立を達成することだった。彼はそれがすべてのラオス人の和解にとって最も重要であると信じていた。次第に業務は移行された。警察はラオスの管轄下に置かれ、司法制度も改正された。翌年には国家関税局が設立され、財務省が完全にラオス予算の策定に責任を持つようになったが、そのための資金調達は政府にとって大きな課題であった。

---

[38] 総額12億ドルが第1次インドシナ戦争の軍事費としてアメリカから提供された。フランスはラオスに3000万ドルを費やしたと推定されており、この中にはラオスの予算への援助も含まれていた。M. E. Goldstein, *American Policy towards Laos* (Rutherford, NJ, 1973), pp. 62, 127.

1950年代初頭は教育、保健、農業、公共事業の分野でさらなる進展が見られた。多くの学校が建設された。ビエンチャンには新しい教員養成学校が作られたが、教師の需要が供給に勝っていた。保健サービスも発達し、農業の発展が進んだ。両方の分野で、人材養成と情報の公開、普及が急がれた。公共事業には政府の建物（国民議会場、中央郵便局など）の建設や道路建設も含まれていた。1952年から1957年にかけての国家経済発展5ヵ年計画が作成された。

しかし、新国家建設のための全活動、そしてそれに伴う精神的な高揚さえも国民のごくわずかな人々に限られたものであり、人々の精神面よりはまず制度のほうが変わっていった。政治はわずかな有力家系の間でなされるゲームであり、起こった変化のほとんどは都市部に限定されていた。地方の人々の大半は何の影響も受けず、特に山間部においては、新生ラオス国家の中で少数民族に何らかの役割を与えるような試みは実質上何もなされなかった。国家建設の大義のために国民を動員するようなこともなされなかった。こうしてラオスのナショナリズムはエリートの現象に留まった。政党は何ら民衆的基盤のない有力な家系の集合体のままであり、その主な役割は一族の利益を増やすことであった。議員たちは彼らを選んだ人々に対して何ら有益で責任のある仕事を果たさなかったにもかかわらず、役職の特権、特に海外旅行を享受した。したがって、政府が市民としての義務や社会的責任の意識を醸成することなどほとんどなかった。こうした態度は政治文化の面ばかりでなく、行政や役人の間にも蔓延していった。ラオス政府のフランス人顧問が後に回想したところによると、「あまりにも多くの汚職、あまりにも多くのコネと不公平な昇進、国家の利益よりも私腹を肥やすことがはびこっていた。指導者も公僕も共に育成が十分ではなかった」[39]。政治は植民地の支配的言語を使って行なわれる少数の権力者たちによる分捕り合戦であり続けた。政党の新しい機関紙は広く国民に読者を求めたものではなかった。それは村レベルで理解可能なわかりやすい言葉で国の重要問題を議論しようとはしていなかったのである。

仏教と歴史だけが広く統合されたナショナリズムのための可能性を秘めていたが、どちらも実質的にはラオ・ルムに限ったことであった。現代の王国は古のラーンサーン王国の正式名称、「100万頭の象と白い傘の王国」を採用した。

---

39 Deuve, *Le Royaume du Laos 1949-1965*, p. 25.

国旗と国歌においても、ナショナルアイデンティティーのための基盤として歴史的な継続性が強調された。しかし、ラオスにおけるナショナリズムのシンボル——国王、国土と宗教、国旗と国歌——は、タイでそれらが享受しているような、ある種神秘的で国家に命を吹き込むような力を備えることはできなかった。ただナショナリズムは歴史研究や芸術、文学にはいくらか刺激を与えた。芸術家は仏教寺院や僧、伝統的衣装に身を包んだ若い女性などの題材を好み、文学協会(後の王立アカデミー)や仏教研究所はラオスの歴史や文化について精力的に発表した。しかしラオスでは、カンボジアのシハヌークやインドネシアのスカルノのようにカリスマ的役割を演じる人物はいなかった。ペッサラートがバンコクで拗ねている間、国王は地方のラオス人にはほとんど知られていない遠く離れた存在であった。[40] 山間部の少数民族は置き去りにされていた。国民統合の意識の発達はおそらく東南アジアのどこよりもラオスで必要とされていたが、1946年から1953年の間に、狭い地縁や民族、一族、家系への忠誠を超えて1つのラオスという国民意識を醸成する貴重な機会は失われた。[41] あらゆる特権や分裂を一掃するであろうまったく異質の国家を実現するために、地縁や一族への忠誠心がいかなる国家的役割も果たせなかったことは驚くに当たらない。

パテート・ラオとベトミン

ラオ・イサラ解散後、スパーヌウォンはベトミンの指導者に会うために再びベトナムへ向かった。そこで彼は人民代表者大会を招集するにあたっての助言を受けた。人民代表者大会は、戦線組織と抗戦政府、解放軍を備えたラオスの革命運動を起こすためのものであって、ベトナムとカンボジアでは既に決定された方針であった。3つの革命運動は、インドシナからフランスを追い出すという唯一の最終的な目標に向かって、共に密接に協力しようとしていた。

戦闘員に招待状が出され、1950年8月13日から15日の間に100名以上の代

40　56年間の在位後の1959年に行なわれた調査では、ビエンチャンの人口の34%、調査を行なった村民の19%しか国王の名前を知らなかった。Halpern, *Government, Politics, and Social Structure*, pp. 43-4.
41　このことに関してはフランスにも責任がある。あるフランス人顧問は後に、「我々は身体を作った。しかし、魂には関心を持たなかった」と認めた。Deuve, *Le Royaume du Laos 1949-1965*, p. 25.

第3章 独立と統一 1945年～1957年

表が一堂に会した。大会で、3分割したラオス各地域の代表を副議長、スパーヌウォンを議長として、15名からなる中央委員会を持つ「ラオス自由戦線（ネーオ・ラオ・イサラ）」が樹立された。大会ではパテート・ラオ（この名によって革命運動は知られるようになった）の「抵抗政府」も承認された。政府には25年の歳月をかけラオスでの革命運動を勝利に導くことになる人々が含まれていた。スパーヌウォンは議長兼外務大臣に任命された。内務大臣は背の高いインテリで前フアパン県知事のプーミー・ウォンウィチットであった。ルアンパバーン王家の主流派でない王子スック・ウォンサックは教育と宣伝大臣の地位を与えられた。一方、シートン・コムマダムとファイダーン・ローブリヤオは無任所大臣として閣僚に入った。彼らの仕事はそれぞれの民族集団を動員することであった。その他に大臣の地位を得たのは、知名度は低いが既にラオスの共産主義運動の中ではかなり影響力のある人物であったカイソーン・ポムウィハーン（国防）とヌーハック・プームサワン（経済と財政）であった。カイソーンはベトナム人の父とラオス人の母を持ち、ハノイで法律を学び、そこでインドシナ共産党からの誘いを受けた。ラオスとベトナム間のトラックを運転していた商人であったヌーハックもインドシナ共産党に加わっていた。2人はサワンナケート出身で、2人ともベトミンと非常によく連絡を取っており、ベトミンから信頼されていた。

大会では革命運動の指針を定めた声明文と12項目の政治綱領が提出された。そこでは、「フランス植民地主義者、その手先、祖国の裏切り者と戦い、ラオスの完全独立と統一を確立する」ことが誓われ、国家的な連合政府の樹立が要求された。この後引き続きパテート・ラオの一貫した要求となっていくことが、初めて言及された[43]のである。大会では、異なった国籍を持つ人々の平等と、山岳地の少数民族にひどく嫌がられていた賦役の廃止が謳われたことも、注目に値する。ベトナム、カンボジアの人々が共通の解放闘争に参加しているということは特に強調された。

この第1回人民代表者大会の政治綱領と参加代表の構成は、それが招集され

42　ポムウィハーンという姓は借用したものである。プラフマビハーラとして知られる仏教における4つの天から構成されたところを表すラオス語の用語である（Rod Bucknellから個人的にご教示いただいた）。これはラオスの姓ではないので、これを選択したことが重要である。
43　*20 Years of Lao People's Revolutionary Struggles* (n.p., 1966), pp. 19-20.

た場所と状況もあって、次の4半世紀にわたるパテート・ラオ運動の指導力と革命戦略、さらにはイデオロギー的、組織的、軍事的にベトナムに依存する体質やその程度までをも事実上規定することになった。この大会で、3つのグループの代表がパテート・ラオの指導者層として1つにまとまった。第1のグループは、インドシナ共産党またはラオス東部抵抗委員会のメンバーで、出自、結婚、仕事上の利益を通してベトミンと接触した結果、誘いを受けたという、ごく一般の庶民である。このグループの最も重要な人物はカイソーンとヌーハックであるが、他にはカムタイ・シーパンドーンやプーン・シーパスートも含まれる。第2のグループはラオスの伝統的エリートの革命推進派の人たちで、有名なのはスパーヌウォン、プーミー・ウォンウィチット、スック・ウォンサックである。第3のグループは主要な少数民族の伝統的首長から成る。モン族のファイダーン・ローブリヤオや南部のラオ・トゥンのシートン・コムマダムである。これら3つのグループが1つになって、パテート・ラオと1975年以降のラオス人民民主共和国の双方にとって特筆すべき強固な革命指導者集団が形成された。

　ラオスでもベトナムと同じように、革命運動は根拠地となった地域の少数民族が頼りであった。しかし、ベトナムではベトミンが低地ベトナム人社会にもよく発達した支援ネットワークを持っていたのに対し、パテート・ラオは低地ラオ人を動員する機会がほとんどなかった。ベトミンより10年遅れてパテート・ラオが革命運動として組織された時、ラオス王国政府は主な低地ラオ人地域をしっかりと支配していた。こうして、パテート・ラオの運動はベトミンが少数民族や外部の支援に依存するよりも、より大きくそれらに依存せざるをえなかった[44]。

　そのため最初からパテート・ラオは、効果的な少数民族（国籍）政策を展開すること、そしてラオス王国政府が近視眼的に無視していたナショナルアイデンティティーや国民統合に関する問題について考えることを強いられたのである。パテート・ラオによって育まれたラオス・ナショナリズムは、少数民族を尊重する急進的平等主義であった。中国やベトナムの共産主義者とは対照的に、パ

44　Tuan Viet, 'The Laotian Revolution', *Hoc Tap* 10 (1965), 31-41, trans., Joint Publications Research Service, 1965.

第3章 独立と統一 1945年～1957年

テート・ラオは少数民族がある程度の自治を行使することのできる自治区を設立することを拒否した。その代わり、少数民族の幹部には、国家レベルの政治に参加する（革命闘争を支援することによって軍または党で出世する）機会が与えられた。パテート・ラオは、民族反乱の歴史を、革命的ナショナリズムの伝統の中に組み込むために強調して描いた。フランス植民地主義に反対したすべての人は、苛烈な従属や抑圧からラオスが自由を獲得するための革命闘争における英雄であった。フランスと戦い続けている人はどんな民族であれ真のラオス愛国者であり、パテート・ラオ運動への貢献が認められ報いられるべきであった。その証拠がファイダーンとシートンに与えられた指導的役割であった。それ以前は、ラオ・トゥンやラオ・スーンの指導者は誰も完全な閣僚の地位を与えられたことはなかった。それ以前、民族の平等が国家の政治目標として掲げられたことはなかった。この後の5年間は、パテート・ラオが宣伝を通して根気強く浸透させていった公約がそれらの人々の多くに根づいていった時期であった。

　国家の主導権を掌握するためのパテート・ラオの試みは、山地少数民族に比べ、ラオ人にとっては訴えかけるものが少なかった。多くのラオ人にとって、ベトミンとの同盟はベトナム人による支配への恐怖と結びついた。いくつかの理由により、ラオ人のベトナム人に対する疑念は根深く長期にわたるものであった。それとは反対に、中国人への態度は常に、より肯定的であった。[45] パテート・ラオより伝統的だったラオス王国政府は、ベトナムへの脅威を利用したり、強大だったラーンサーン王国に立ち返って、低地ラオ文化の価値やラオ人の優秀さの歴史を訴えたりして、ラオ人の支持をつなぎとめておくことができた。第2次インドシナ戦争中にそうしたことがあきられ、戦争疲れが見えてきた時にようやく、パテート・ラオはラオ人の間に支持を築くべく、てこ入れを始めた。

　ラオス自由戦線は1951年3月、カンボジアとベトナムの抵抗戦線に参加して、3ヵ国協同の「連合戦線」を結成した。その間に第1次インドシナ戦争の性質は、フランス対ベトミンとその同盟国との戦いという植民地闘争から、アメリカが唱える「共産主義封じ込め」のいくつかの戦場の1つに変わっていた。中華人民共和国の成立と朝鮮戦争の勃発によって、フランスはインドシナの

45　P.-B. Lafont, 'Images laotiennes', *Revue de Psychologie des Peuples* 21 (1966), 472-88, and 22 (1967), 216-26.

植民地戦争をアジアの共産主義的潮流に対する「自由世界」の防衛の一部であると表現することが可能になったのである。アメリカの軍事援助は増大し（はじめはマーシャルプラン[46]という隠れ蓑を通してフランスに援助していた）、それにつれ中国のベトミンへの軍事援助も増大した。その結果、インドシナ戦争の規模と激しさは著しく拡大した。

1951年2月11日から19日まで、インドシナ共産党は状況の変化を考慮して第2回党大会を開催した。1945年11月に解散を宣言していたにもかかわらず、党はベトミンを統轄し指導する秘密組織としての機能を維持し続けており、新しい党員の募集を続けていた。この時期、特に1949年から1951年にかけて著名なパテート・ラオ指導者の多くが入党した。[47] 全体の抵抗闘争におけるベトナムの指導は続いていたにもかかわらず、この大会でインドシナ共産党は3つの別々の党に置き換えられることが決定された。しかし、ベトナム人幹部に渡された秘密文書には「ベトナムの党はカンボジア、ラオスの兄弟党の活動について監督する権利を保持する」とあった。[48] その上、ベトナム労働党（ベトナム共産党はこう呼ばれた）は「もし3ヵ国の人々が切実に希求するなら、ベトナム、ラオス、カンボジアの国家連邦」を設立するという計画を用意していた。[49]

1951年3月にベトナム労働党、1ヵ月後にクメール人民革命党が設立されたが、ラオス人民党（パック・パサーソン・ラオ）は、ラオスが完全独立を達成し、ジュネーブ条約によって第1次インドシナ戦争が終結した後の1955年3月22日になって正式に設立された。[50] その4年の間、カイソーン・ポムウィハーン指

46　(訳註) アメリカの国務長官、マーシャルが1947年6月5日に行なった演説に基づき、1948年から実施されたアメリカのヨーロッパ復興計画。西川正雄ら編『角川世界史辞典』角川書店、2001年、897頁。
47　2つの異なるベトナムの史料によると、インドシナ共産党のラオス人党員は31人または140人であった。この時、インドシナ共産党員の数はたった2091人であるので、少ない方の数が妥当であろう。Furuta, 'The Indochinese Communist Party's Division into Three Parties', pp. 145, 162, note 85. ラオスのインドシナ共産党員が600人であったとの主張は、それゆえラオスのベトナム人住民を含めてであるに違いない。J. M. Halpern and W. S. Turley, eds, *The Training of Vietnamese Communist Cadres in Laos* (Brussels, 1977), p. 3を参照。Brown and Zasloff, *Apprentice Revolutionaries*, appendix C2 では、ラオス人民革命党中央委員会の元インドシナ共産党員を15人しか挙げていない。
48　Brown and Zasloff, *Apprentice Revolutionaries*, p. 47.
49　G. Modelski, 'The Viet Minh Complex', in C. E. Black and T. P. Thornton, eds, *Communism and Revolution: The Strategic Uses of Political Violence* (Princeton, NJ, 1964), p. 197, note 31.
50　1966年10月、カイソーンが自身のことを書記長と署名したため、やっとその存在が正式に知られるようになった。P. F. Langer Comments on Bernard Fall's "The Pathēt Lao: A 'Liberation' Party" Rand Report P-3751 (Santa Monica, January 1968), p. 4.

第3章 独立と統一 1945年～1957年

導下の元インドシナ共産党党員は党組織委員会を作るように指示された。委員会の仕事は、将来ラオスの党員になると思われる人を募り、イデオロギー的訓練を与えることであった。[51] これはベトナム労働党の密接な指導下に実行され、進行した。しかし、元インドシナ共産党のラオス人党員が彼らの党員資格をその間実際にベトナム労働党に移していたのかどうかははっきりしない。[52] パテート・ラオの抵抗運動は広く拡散し孤立していたために、ラオスの党を組織化するのは困難であった。ベトナム労働党のカンボジア・ラオス問題担当局ラオス部局の指揮下にあったインドシナ3国の抵抗運動の連合戦線、「域内」委員会が調整役をしていた。パテート・ラオの代表はこの「域内」委員会の委員を務めていたが、すべてはベトナムの支配下にあった。

ラオスの党の組織化は、ラオス人民解放軍の徴募や組織化、そしてパテート・ラオの宣伝とその影響力の着実な浸透と共に前進した。そこで採用された方法はベトミンのやり方と似ていた。実際、1951年から1953年のラオス革命運動の準備期間は、1941年から45年におけるベトミン組織化の過程をなぞったものであった。パテート・ラオ幹部はラオス・ベトナム国境や山岳地帯の遠隔地の村へ入って、集会を組織し、(農民、女性、青年の) 委員会を作り、学校や診療所建設を手伝い、文字や公衆衛生を教え、自助プログラムを奨励し、農業発展のためにより進んだ方法を勧め、村の自警団の募集と組織化を行なった。それらの活動、祭り、集会は社会主義、ましてやマルクス主義を宣伝する場ではなく、自由と進歩、新しい仕事、新しい機会を約束する呼びかけであって、これらすべての革命的ナショナリズムは何よりも民族的文化的偏見がなかった。村落が味方に引き入れられ、ゲリラ基地が拡大すると、もうそこはラオス政府

---

51 1990年11月3日、ビエンチャンで行なわれたシーサナ・シーサーンとのインタヴュー。Sīsān, ed., *Kaisôn Phomvihān*, pp. 17-18.
52 1990年11月3日、ビエンチャンで行なわれた著者とのインタヴューにおいて、シーサナ・シーサーンはこのことを否定した。しかし、ブラウンとザスロフの報告が正しいとすると (*Apprentice Revolutionnries*, p. 58)、1955年にパック・パサーソン・ラオ (ラオス人民党) を設立した25名は全員元インドシナ共産党員であった。なぜ党設立の過程に4年の歳月がかかったのかを理解するのは困難である。B. Fall, 'The Pathēt Lao-"Liberation" Party', in R. A. Scalapino, ed., *The Communist Revolution in Asia; Tactics, Goals and Achievements* (Englewood Cliffs, NJ, 1965) では、別にラオス労働党 (パック・コン・ガーン) が存在していたことが述べられているが、これについては Zasloff, *The Pathet Lao*, p. 13. では明らかにされてはいない。トンプソンとアドロフの言う救国党 (クーサート) Thompson and Adloff, *Minority Problems*, p. 208. も同様に存在が明らかではない。

の力は及ばなくなった。フランスの警備隊は不機嫌な沈黙や食料供出拒否、若者の不在に遭遇した。[53] ベトナム国境に近い基地ではベトミンからの支援を受け、政治訓練センター、病院、武器製造所が作られた。その他の場所では、軽装備の部隊による宣伝、遠隔地のフランス軍駐屯地への食糧補給の待ち伏せ攻撃、軍事パトロールへの攻撃などの活動が行なわれた。フランスの軍事作戦の中心はベトナムでの戦争であったので、パテート・ラオは自分たちのゲリラ活動の基地建設に集中できた。

「侵略」と「独立」

1952年の後半にベトミン軍はベトナム西北部山地のタイ族地域（シップソーンチュタイ）に拡大し、ラオスのポンサーリー県とフアパン県の国境に沿って駐屯するようになった。1953年初旬、パテート・ラオとベトミンの諜報員たちは、情報を集めてディエンビエンフーから西のポンサーリーに入り、そこからウー川の流域まで弧を描くように食糧と補給物資の保管場所を確保した。フランスの指揮下にあった誕生したばかりのラオス王国軍は、大攻撃を予期して、危険にさらされた国境の駐屯地から引き上げるように命令された。4月、ボー・グエン・ザップ将軍の軍は2つの前線でラオスに深く攻め入った。1つの師団は準備していた北部ルートに沿って、2つ目の師団はラオスの3個大隊が駐屯していたフアパンに直接入った。北部で、ルアンパバーンへ疾風のごとく進軍していたベトミンに立ち向かったのは、ムアンクーア駐屯のフランス連合軍の中で唯一のラオス人大隊だけであった。彼らへの命令は、国王が断固として脱出を拒んでいる王都へベトミンを侵入させないよう、増援部隊が届くまでの間持ちこたえるようにというものであった。ラオス人の駐屯地は36日間持ちこたえ、生存者は3人であった。[54]

一方、サムヌアの師団は、北ラオスにおけるフランスの重要な防衛拠点であるジャール平原まで戦いながら後退するよう命令された。再三の待ち伏せ攻撃

---

53 M. Caply, 'L'action politico-militaire du Pathet-Lao contre un poste isolé', *Revue Militaire Générale* 3 (1973), 393-411.
54 B. Fall, *Anatomy of a Crisis: The Laotian Crisis of 1960-1961* (Garden City, NY, 1969), p. 49.

第3章　独立と統一　1945年～1957年

や負傷者の増加により、サムヌアを出発した2400人のうち2週間後無事に到着したのは200人強であった。その時には、ジャール平原には既に増援部隊が到着していた。シエンクワンはいったんベトミンに攻略されたが、フランス・ラオス軍の反撃で奪回することができた。5月末にビエンチャン攻撃の恐れは和らいだ。ルアンパバーンの30キロ圏内にやってきた後、補給線が伸びすぎて補給が滞るようになったらしく、ベトミン軍が退却したからである。

　ビエンチャンでは束の間、人々がパニック状態になった。タイへ渡る家族もあれば南へ逃れる人々もいた。心理戦担当部は必死になって噂が広がるのを抑えた。それとは対照的にルアンパバーンは全く冷静であった。千里眼を持つとして尊敬されていた盲目の僧、サートン師がベトナム人は町には入ってこないと防衛準備の真っ最中に明言したからである。要塞の建設が感謝の祭りに変わってしまったのには、フランス人も驚いた。王都からの脱出を拒否した国王は殊に称賛され、愛国の気持ちが国に広がった。しかし、ラオス人がフランス人に抱いた感謝の念は、5月にフランスが一方的に行なったピアストルの切り下げに対する怒りにより相殺された。続いてひどいインフレが起こって、6ヵ月の間に物価は2倍になり、政府財政は混乱に陥った。戦費がはね上がったので、政府は2人の野党メンバーを「挙国一致救国内閣」に入れ、「総動員令」を発布した。

　ベトミンが撤退しても、ラオス東北部の大半はパテート・ラオの手にしっかりと握られていた。1953年4月、スパーヌウォンはサムヌアに正式に「抗戦政府」を樹立した。これはそれまでパテート・ラオの広大な「解放区」の司令部だったものである。ベトナム人の支援と助言のおかげで組織は完璧であった。「人民軍事行政委員会」が村落から県までのすべての段階（パテート・ラオは県を「ケート」と呼んでいた）に設立された。すべての人に村落の防衛、生産、保健、教育など、抵抗の戦いにおける役割が割り当てられた。徴兵は村落の義勇軍、地方軍、正規軍の3段階で行なわれ、ラオスのどこであれ戦うことが求められた。誰でも、僧でさえ、適切な組織に入らなければならなかった。さ

55　Dommen, *Conflict in Laos*, p. 41.
56　H. Deydier, *Lokapala: Génies, Totems et Sorciers du Nord Laos* (Paris, 1954), pp. 164-83.
57　（訳註）ベトミンによる攻撃というラオスにとって危機的な事態に直面し、挙国一致体制をとったこの時の内閣を、ラオスでは「救国内閣」と呼んだ。著者、スチュアート・フォックス氏のご教示による。

らに人々は、パテート・ラオが繰り返し政治路線を説明する場であった「セミナー」に参加させられ、みんなの前で自己批判することが奨励された。

　ベトミンの保護下、サムヌア、ポンサーリーで「解放区」が拡大し、1953年の4月攻勢によってラオスは事実上行政的にも政治的にも分裂した。パテート・ラオが設立以来、初めてしっかりした支配地域を確保したからである。ラオス王国政府はそのことを激しく非難した。王国政府にとって4月攻勢はベトナム人による侵略であり、パテート・ラオはベトナム人の傀儡でしかなかった。パテート・ラオにとっては、その侵略は「ベトナム義勇軍と共同の」作戦であった。[58] どちらの言い分も正確ではなかった。1953年の4月攻勢は、フランスとベトミンの間で戦われた第1次インドシナ戦争においては戦術上の1つのエピソードであり、ラオスは1953年、この戦い以降自分たちだけが戦いから逃れるというわけにはいかなくなり、その10年後にも、ベトナム民主共和国（北ベトナム）とアメリカとの間の第2次インドシナ戦争から逃れることができなくなったということである。

　1953年中頃のインドシナでは、フランスは次第に軍事的、政治的圧力を受ける立場に置かれるようになった。フランス指揮下の100万人の軍隊の約半数が防衛の役割に繋ぎとめられて動けなかったのに対し、ベトミンは特定の目標に自由に軍を集中させることができた。フランスは戦争に勝利できないとの見通しが広まった。フランスにできることは、軍事上の手詰まり状態を交渉による紛争の解決に導くことくらいであった。1953年7月、朝鮮で休戦が締結されると、フランス国内の戦争終結に向けての政治的圧力はさらに強くなった。カンボジアではシハヌークが1人で「独立のための十字軍」の戦いに乗り出していた。フランスをインドシナから追い出すための戦いの最終段階が始まっていたのである。

　フランスでは、別の政治的危機によって、6月、新政府が成立した。[59] 新政府は司法、財務、軍事の分野においてフランスが手にしているすべての権力を移

58　Phūmī Vongvichit, *Le Laos et la Lutte Victorieuse du Peuple Lao contre le Néo-colonialisme Américain* (n.p., 1968), p. 55.
59　（訳註）1953年6月、フランスでは、第4共和制下でマイエール内閣に代わってラニエル内閣が成立した。モーリス・ラーキン『フランス現代史』向井喜典監訳、大阪経済法科大学出版部、2004年、204頁。

譲することでインドシナ3国に「完全な」独立を与える意図があることを速やかに宣言した。ラオス王国政府との交渉は円滑に進み、1953年10月22日、シーサワンウォン国王がフランスとの間に「友好連合条約」を調印した。条約では、独立の代わりに、ラオスはフランス連合の一員に留まることが再確認された。ビエンチャンのフランス人長官は高等弁務官に代わり、フランス人文民は彼らと交替するラオス人の顧問となった。条約に付属する軍事協定で、ラオス政府はフランス軍に「ラオス軍と協力してラオス国境の防衛を任せる」ためにラオス領内を自由に動き回ることを認めていた(第4条)。さらに、ラオスの防衛計画の責任はいまだフランスにあった(第7条)。

フランスのラオス防衛の責務は、直接インドシナにおけるフランスの屈辱的な敗北に結びついていった。フランスの司令官、アンリ・ナバールはラオス防衛を保障する手立てがないことは承知していたが、それにもかかわらず、遠隔の山岳地、ディエンビエンフー(ラオス人にはムアンテーンとして知られている)に要塞を築けば、ベトミンは1953年4月攻勢と同様の侵攻を繰り返すのを思いとどまるだろうと考えた。53年11月、フランス軍は露ほどの不安も持たず、パラシュートで降下し、12月、勝利を確信して戦いが始まるのを待っていた。

戦いは12月20日に起きたが、狙われたのは別のところだった。4日間でベトミンはラオス中部に突き進んでラオスを2つに切り裂き、短期間、ターケークを占領した。1月初め、ベトミンは南へ向かい、サワンナケートの30キロ東、フランス軍の重要基地、セーノーを脅かした。一方、北では、ベトミン軍が再びウー川を下って進軍し、ルアンパバーンを脅かしたが、またもフランスの強力な増援部隊に叩かれ、退却するだけだった。その頃になると、ボー・グエン・ザップ将軍の最大の目標が明らかになった。ディエンビエンフーの基地は3月初めから包囲され、絶え間ない砲撃の下、空輸によってのみ補給を受けていたが、1954年5月7日、ついに陥落した。

攻撃期間を通してずっと、まさに8月6日の休戦まで、パテート・ラオ軍はひんぱんにベトミン軍からの増援を受けて軍事活動を続けた。県レベルの事なかれ主義の役人は自分の利益ばかり追求していたので、特に遠隔地の地方行政は崩壊し、パテート・ラオの活動を容易にした。ラオス王国軍の反撃によって奪い返された南部の中心地もあったが、ベトミンの攻撃の後、「中南部ラオス

のすべての少数民族の間にパテート・ラオの強い存在感[60]」が残された。少数民族の多くは、政府の無関心さにますます幻滅を深めていた。王国政府とパテート・ラオは、既にジュネーブで行なわれていた交渉を有利に進めるために戦っていたが、北部ではポンサーリーとルアンパバーン県東北部がパテート・ラオの手に落ちた。

ジュネーブ会談とその影響

　第1次インドシナ戦争の終結を模索する国際会議は、もしもフランス軍指揮官が根拠のない自信を持っていなかったら、戦費の4分の3を負担し続けたアメリカの積極的な支援がなかったら、もっと早く開かれていたかもしれない。しかし、1954年2月には、フランスで平和運動が激しさを増しており、人々の声に押されて、フランス政府はやっと交渉による解決を求めることに決めた。インドシナは、朝鮮問題討議のためにジュネーブで開催されることになっていた会談の日程表に付け加えられた。5月8日、ディエンビエンフーの基地が陥落したその翌日、各国代表団が開会式で一堂に会した。ベトミンの勝利は、これ以上ない絶妙のタイミングだった。

　外相プイ・サナニコーン率いるラオス王国政府代表団は、カンボジア、ホー・チ・ミンのベトナム民主共和国、フランスが支援していたベトナム政府、フランス、イギリス、中国、ソ連、そしてアメリカの代表団に合流した。ファム・バン・ドンがベトナム民主共和国代表団を率いており、ここにはクメールの抵抗勢力の代表2人とヌーハック・プームサワンを含むパテート・ラオの代表2人も含まれていた。

　ベトナムはクメールとラオスの「抗戦政府」にそれぞれ代表権を獲得させようと試みたが、ソ連に支持されただけで、失敗に終わった。プイ・サナニコーンは会談において、パテート・ラオの要求と指導者の主張を、「スパーヌウォン殿下はラオスからいかなる信任も得ていない。彼が何かを代表している存在であると見なすのは全くこっけいである[61]」と述べて一蹴した。プイは、ラオス

60　Deuve, *Le Royaume du Laos 1949-1965*, p. 47.
61　*Documents Relating to the Discussion of Korea and Indo-China at the Geneva Conference, April 27-June 15*, 1954

第3章 独立と統一 1945年～1957年

は既に独立している、外国のベトミン軍がいるからこそ軍事行動が行なわれるのだと述べた。さらにプイは、ラオスの立場はベトナムと全く異なっている、「なぜなら、外国の侵略軍が撤退すれば、事実上戦争行為は消滅する、いわゆる『ラオス抗戦政府』は外国の侵略者による『完全なでっち上げ』である」と主張した。[62] これは、それから先も繰り返されることになる不正確で誤解を招くお題目であった。

　会談は、5月、6月と長引いた。中国の外相、周恩来が仲介して、妥協の末やっと合意に達した。パテート・ラオは国の一部を統治するもう1つの政府としてではなく、戦闘員を結集させ、武装解除する必要のあるゲリラ運動として、事実上の承認を得ることができた。こうして、ベトナムが非武装地帯によって2つの別々の国に分割させられたのに対し、カンボジアはそのままで、ラオスは東北部の2県、ベトナム国境に沿ってわずかに接しているポンサーリーとファパン（会談ではずっとサムヌアと呼ばれていた）が、パテート・ラオ軍の武装解除のための一時的な再結集地として切り離された。しかし、どの軍が武装解除されるのかはっきりしているわけではなく、パテート・ラオの地方支配にとって非常に重要な村落の義勇軍は明らかにそこには含まれていなかった。

　ラオスにおける敵対行為の停止に関する条約は、1954年7月20日、代理戦争にふさわしく、ラオス王国軍の代表であるフランス連合の司令官と、パテート・ラオの代表であるベトミンの副国防大臣との間で調印された。条約に従って交戦中の軍は戦闘を中止し、指定された地域に集められることになった。外国軍はラオスから撤退することになったが、ラオス王国軍の訓練にあたる1500人以下のフランス軍事顧問団とフランスの2ヵ所の基地を維持するための3500人以下の防衛軍は例外であった。2つの例外はラオス王国政府の要望を取り入れたものであったが、共にこの数に達することはなかった。「ラオス防衛のための必需品として指定されたもの」（第9条）以外は、軍備や軍需品の持ち込みは禁止された。

　翌日、プイ・サナニコーンはラオス王国政府の代表として、会談の最終宣言の一部をなす2つの宣言を発表した。即ち、ラオス政府は侵略政策をけっして

(London, 1954), p. 116.
62　*Documents*, pp. 154, 155.

とらず、他の勢力が侵略の目的で領土を使用することを認めない。そして、「国連憲章や敵対行為の停止に関する条約の原則に則らない」いかなる軍事同盟にもラオスは加盟しないというものであった。第2番目の文書は、ラオスの全市民の政治的権利を保障したものであった。フアパンとポンサーリー県における行政的な特別措置は、「敵対行為の間、王国軍を支援しなかった人々」の利益をも守るものであった。[63]

インドを議長としカナダ、ポーランドで構成された国際監視委員会 (ICSC) が、条約の条項、特に停戦、軍の武装解除、外国軍の撤退を監視するために設置された。王国政府側もパテート・ラオ側も国際監視委員会の監視と調査に協力することになっていた。委員会は条約の政治条項が達成されるまで存続することになった。条項では、「1955年中に無記名投票で基本的な自由が尊重された状態で」総選挙を実施することが規定された。[64] 委員会は会談の共同議長国、イギリスとソ連に報告することになっていた。

ジュネーブ会談の結果は、パテート・ラオにとって明らかに政治的な収穫があった。再結集地を割り当てられたことで、カンボジアの抵抗勢力には与えられなかったある程度の承認を勝ち取った。パテート・ラオへのそれ以上の譲歩はなされなかったが、それはほとんど問題ではなかった。パテート・ラオに与えられた2県は国際的に認められた根拠地であり、そこから闘争を始め、その中で貴重な行政上の経験を積むことができる。軍事的再結集地として、2県は法的にはラオス王国政府当局の下にあった。しかし、2県の位置はパテート・ラオとベトナム人支援者の直接の接触を可能にした。さらに、ジュネーブ条約の条項は非常に曖昧で、異なる支配形態を維持することが事態の進展にとって利益になる限りは条約履行の遅延を認めていた。

ジュネーブ会談がもたらした政治的副産物は、早くも1954年5月、右派の政治家たちがパテート・ラオの参入に抗議してビエンチャンとルアンパバーンでデモを組織した時に明らかになった。彼らの政敵（カターイ・ドーンサソーリット率いる進歩党とボン・スワンナウォンのラオス国民連合）は反対の立場をとっており、

---

63 *Further Documents Relating to the Discussion of Indo-China at the Geneva Conference, June16 - July 21, 1954* (London, 1954), p. 41.
64 Final Declaration of the Geneva Conference, in *Further Documents*, Paragraph3.

第 3 章　独立と統一　1945 年〜1957 年

パテート・ラオをいかなる最終的な政治解決からも締め出すことはできないと主張していた。ラオスではいつもそうだが、このような政治上の意見の相違は個人的な敵対心、一族間のライバル意識、外国の介入によって、さらに複雑になったが、停戦条約履行のためにラオス王国政府とパテート・ラオが合同委員会を開催することは阻めなかった。しかし、話し合いが遅々として進展しなかったことで、さらに政治上の軋轢が生じた。

　ラオスに関しては、ジュネーブ条約に対する不満は 2 点に絞られた。パテート・ラオへの譲歩と、引き続きフランスに与えられた顧問的役割である。ジュネーブでのラオス代表、そして国民議会の保守派のリーダーとして、プイ・サナニコーンは、ラオスを売り渡した、そしてフランスにべったりだと、両面で不当に非難され、反対派が仕組んだ中傷キャンペーンの標的になった。フランス側の情報によると、プイへの非難は以前のラオ・ペン・ラオのメンバーによる陰謀と関係していた。それは、軍事クーデターを起こし、スワンナプーマー政権に替えて、いまだ自主的にタイに亡命しているペッサラート殿下による政府を樹立しようとするものであった。[65] 6 月、チナイモーにあるビエンチャン駐屯地で軍の反乱を起こすことに 2 回失敗すると、プイの生命を狙う計画が立てられた。暗殺計画は罪を犯してタイから逃げてきたラオスのならず者たちが請け負った。

　プイは 8 月にジュネーブから戻っていたが、警察の監視を逃れてメコン川を渡って来たならず者 3 名が家で夕食をとっていた彼を襲ったのは 9 月 18 日であった。手榴弾が投げ込まれ、プイは軽傷ですんだが、客の 1 人、国防大臣のク・ウォラウォンが撃たれて死んだ。プイが生き残り、クが死ぬことになったこの計画は、政府を揺るがす陰謀の一部であったことがその日のうちに明らかになった。なぜなら、他の政府閣僚も死をほのめかす脅迫を受けていたからである。

　政府は危機に陥った。暗殺の実行犯はメコン川を渡ってタイへ逃げたが、40 人の被疑者が逮捕された。その中で最も著名な人物はボン・スワンナウォンであった。警察の捜査で彼とタイ警察やタイの政治家との裏のつながりが暴露されたが、最終的にこの事件との関係は明らかにならなかった。ク・ウォラウォ

65　J. Deuve, *Le Complot de Chinaimo, 1954-1955* (Paris, 1986) に詳しい説明がある。

ンは、パテート・ラオと交渉による解決を目指そうとするスワンナプーマー首相の政策を強く支持していた。彼の死は偶発的なものではあったが、スワンナプーマー政権を崩壊させた。カターイがプイを代行の地位に置き、閣僚の地位を支持者に分け与えて、組閣するまで、政治的なかけひきに6週間かかった。それにもかかわらず暗殺はラオス政治において頻発し続けた。証拠はなかったが、ウォラウォン一族は政敵サナニコーン一族がすべての出来事を仕組んだと非難した。カターイの一族は公正な調査を嫌ったので、とりわけ疑惑を招いた。こうして、暗殺によって生じた一族間の敵対心はその後も影響を及ぼし続けることになった。さらに重要なのは、こうした一族間の敵対心が、ラオスの政治家が直面していた最重要課題――いかに1つの国民国家を再建するか――への関心をそらすことになったことであった。

　1954年8月6日、国際監視委員会の限られた範囲の監視のもとではあったが、ラオスにおいて停戦が実施された。委員会の最初の中間報告は1955年1月に出され、その年の末、ポンサーリーとフアパンにおけるパテート・ラオ軍の再結集とフランス軍、ベトナム人「義勇兵」の撤退についての詳しい動向が発表された。ベトナム人「義勇兵」が残存していることを証明することは、実際には物理的に不可能であったので、委員会はベトナム人将校の発表を受け入れるより方法はなかった。[66]その間、パテート・ラオは支配下にあるすべての地域に集中的に宣伝活動を行ない、その結果、1万から1万5000人の新兵がパテート・ラオの2県へ向かった。地下へ潜ったパテート・ラオの工作員もいた。「ドアン（グループ）100」として知られるラオスにおけるベトミン司令部は、パテート・ラオの司令部からそう遠くない国境の村、ナーメオ村に退却した。「ドアン100」は約300人の人員（3分の2は軍事要員、3分の1は政治要員）からなり、パテート・ラオに助言・訓練・装備を与え続けた。[67]

　ジュネーブ条約の軍事条項が名目的にであっても実行されたことで、国民統

66　*First Interim Report of the International Commission for Supervision and Control in Laos* (London, 1955), p. 16.
67　P. F. Langer and J. J. Zasloff, *North Vietnam and the Pathet Lao: Partners in the Struggle for Laos* (Cambridge, Mass., 1970), p. 63とp. 64の組織図、US National Intelligence Estimate 63. 3-55, in E. C. Keefer and D. W. Mabon,eds, *Foreign Relations of the United States, 1955-1957*, vol. XXI: *East Asian Security; Cambodia, Laos*（以後 *FRUS, 1955-1957*と略）(Washington, 1990) , p. 674. によると、1955年8月、パテート・ラオ軍は6000人に達した。

合を再構築するための政治交渉の道が開かれた。スワンナプーマーとスパーヌウォンは予備会談を開き、パテート・ラオはサムヌアとポンサーリーにおけるラオス王国政府の法的な権限を認めた。急速に合意への期待が高まったが、その時に、スワンナプーマーからカターイに首相が代わってしまったのである。たとえカターイが交渉を続けるとしても、彼とスパーヌウォンの間には、深刻なイデオロギー的な違いだけでなく、ラオ・イサラの時代にまで遡る根深い個人的敵対心と不信感が横たわっていた。スパーヌウォンが国際的支援を得るためにベトナム側を向いていたのに対し、カターイはタイ、そして次第にアメリカ側を向くようになっていた。両者ともお互い敵対行動をとらないというところでは一致した了解があったが、根本的な差異が依然として残っていた。

　一番の問題はパテート・ラオの2県の暫定的な統治に関してであった。パテート・ラオは、2県はそっくりそのまま自分たちの支配下に入るべきであるから、ほとんどモン族によって占められている以前のフランス連合の「特殊部隊」は駐留している地域から撤退するべきであると主張した。ラオス王国政府は、パテート・ラオ軍が再結集する場所はたくさんあるのだから、王国政府の実効的支配が及んでいる地域は尊重されるべきであると主張した。しかし軍事衝突は続き、1955年4月になって政治的交渉は暗礁に乗りあげた。政府は国際監視委員会に、パテート・ラオは「自分たちがいまだにベトミン司令官の指揮下にあり、ポンサーリーとサムヌア（ファパン）県を攻略したと思っている」と報告した。[68] それに応えてパテート・ラオは、王国政府はアメリカと共謀していると非難した。

　本質的な違いはタイミングについてだった。王国政府は、2県に対するラオス王国の行政的支配を再確立することが最優先であり、その後、選挙は現行の選挙法の下で行なうべきであると主張した。パテート・ラオの政治的地位はその後で解決できるというわけである。パテート・ラオは、まず包括的な政治合意を引き出そうとした。それは、自分たちの政治的権利を保障し、選挙法を改定して普通選挙を実施し、共同で選挙監視をするというものであった。7月にはビエンチャンで会談が行なわれたが、8月の選挙は延期され、10月にラング

68　*Second Interim Report of the International Commission for Supervision and Control in Laos, January 1-June 30, 1955*（London, 1955）, p. 9.

ーンでさらに話し合いが持たれたが、行き詰まり状態を打破できなかった。

12月25日、王国政府はジュネーブ条約で要求された通り、12県のうちの10県で選挙を実施した。パテート・ラオはこの選挙を非合法であると非難した。しかしながら選挙の結果は、新議会の3分の2以上の支持を得ることができず、カターイ政権が辞任せざるをえなくなるという予期せぬものであった。国民進歩党が争われた39議席のうち19議席を得て議席を増やしたにもかかわらず、このようなことになってしまった。[69] カターイの鈍感で非妥協的な態度が、政治的な孤立から抜け出しラオスに平和をもたらすことを失敗させた。そのため、議会の中道左派の人々だけでなく、保守的な右派でさえも彼に反対した。結局、組閣はスワンナプーマーに任され、彼は「最優先課題としてパテート・ラオ問題を解決する」と約束した。[70]

しかしながら、スワンナプーマーが直面した課題は1954年の時よりも困難であった。パテート・ラオはより非妥協的になっており、両陣営への外国からの圧力もいっそう強くなっていたため、国際監視委員会は決定的な行動をとれなかった。それでもスワンナプーマーと同様に、国家建設の歩みを進めるには政治的解決は必要であると認識するラオス人は増えていた。事実、最終的な解決への反対は、スワンナプーマーの政敵からではなく、外の勢力からもたらされた。タイ、そしてもっと大きいのはアメリカであったが、彼らはパテート・ラオが参加した中央政府がラオスに成立することを望んでいなかった。そのため、たとえ国民和解をもたらすためのラオスの取り組みが遅れることになったとしても、アメリカはそうした事態が起こることを全力で阻止する覚悟であった。

アメリカの介入

アメリカはジュネーブ会談の結果に極度の不快感を示した。アメリカの国務長官ジョン・フォスター・ダレスは、どんな決着でも、安定した非共産主義政

---

69 プイの独立党が10議席、民主党が4議席、ラオス国民連合が2議席、無所属が4議席であった。選挙後の画策により、進歩党は少なくとも3議席増やした。F. M. LeBar and A. Suddard, eds, *Laos: Its People, Its Society, Its Culture* (New Haven, 1960), p. 106.

70 *Third Interim Report of the International Commission for Supervision and Control in Laos, July 1, 1955-May 16, 1957* (London, 1957), pp. 52-3

権の存続と共産主義の拡大阻止という条件は確実に満たすべきであると主張していた。彼が見たところ最終宣言はそうなってはいなかったので、アメリカは最終宣言の承認を拒否した。その代わり条約の「覚書」には合意し、他国も同様ならアメリカは条約の邪魔をするために「威嚇したり武力を行使したりすることはない」であろうと言った。それゆえ、おそらくアメリカは「上記の国々（インドシナ3国）の主権、独立、統一、領土の保全を尊重し、内政へのいかなる干渉も行なわない」（最終宣言第12条）という覚悟をしていたのであろう。しかし、アイゼンハワー大統領は、アメリカは「当事者ではなく、会議の決定にも拘束されない」と警告していた。

アイゼンハワー政権はジュネーブ条約が、攻撃的で膨張主義的な性格を持っていると当然のように思われていた国際共産主義におもねっていると考えていた。したがって、会談後のアメリカの優先課題は、最も差し迫った脅威の下に置かれている3つの「ドミノ」──ラオス、カンボジア、ベトナム共和国（南ベトナム）──の反共政権を強化し、集団安全保障条約という手段で東南アジア全体の反共の立場を支えていくことであった。1954年9月、マニラで東南アジア条約機構（SEATO）が設立された。中立国であるとしてラオスは加盟国から除外されたが、議定書の中で「条約適用国」に指定された。それは、共産主義者の攻撃によって条約調印国つまりタイの安全が脅かされる可能性のある国家ということであった。こうして、ラオスは「SEATOの傘下」に置かれた。

しかし、アメリカのラオスに対する経済的、軍事的援助は、SEATOへのかかわりとは関係していなかった。SEATOがしたことは、インドシナについてのアメリカの意向を伝えることであった。この意向がどのようにラオスに適応されたのかは、1955年2月にバンコクで開催されたSEATO会議の開会式から

71　Toye, *Laos*, pp. 95-6.
72　Cited in Goldstein, *American Policy Toward Laos*, p. 89.
73　（訳註）SEATOは東南アジア集団防衛条約（1954年9月8日）に基づいて設立された。同条約第4条1では、「各条約国は、いずれの締約国又は締約国が全員一致の合意によって将来指定するいずれかの国、若しくは領域に対する条約地域における武力攻撃による侵略が、自国の平和及び安全を危うくするものであることを認め、その場合において自国の憲法上の手続に従って共通の危険に対処するため行動することに同意する。（以下省略）」と定められており、同条約の議定書で、ラオスはベトナム、カンボジアとともに「東南アジア集団防衛条約の締結国は同条約の第4条の規定の適用上、カンボディア及びラオス並びにヴィエトナムの管轄権の下にある自由な領域を全員一致の合意により指定する。（以下省略）」とされていた。鹿島平和研究所編『日本外交主要文献・年表⑴』原書房、1983年、664-9頁。

戻ったダレスによって明らかにされた。ダレスは、ラオス政府が「内部の共産主義者」を制圧しようと決定した場合には、SEATOは外部の共産主義者の攻撃からラオス政府を防衛すると表明した。[74]そして、その後、アメリカからの圧力によって、ラオス政府はまさにそれを受け入れざるをえなくなった。

　1955年8月、アメリカ公使館が大使館に格上げされ、ラオス王国政府への軍事援助は急速に拡大した。アメリカの統合参謀本部は、いくら小規模なラオスの軍隊に対してであっても、他国の国内治安維持のために資金提供を勧告することには抵抗があったが、政治的配慮に押し切られた。SEATO開会の時には、アメリカの軍事使節団は既にビエンチャンで活動しており、アメリカはラオス王国軍・警察の全経費を含めて政府支出のかなりの部分を負担していた。軍隊の規模は2万3500人から、後には2万5000人に増えた。[75]1955年末、アメリカの軍事使節団に、事実上の軍事顧問団として機能する事業策定室が付け加えられた。そこの職員は文民であるという建前を維持するために、退役するか配置換えになっていたが、完全に軍人で占められていた。ジュネーブ条約の下、ラオス軍の戦術的訓練を請け負っていたのはフランスの軍事使節であったが、アメリカはフランスが本気でその任務を果たしていないと思っていた。「文民」からなる事業策定室とは別に、アメリカは、タイで選抜された軍人を訓練したり、大幅に増強された警察軍に装備を与えたり訓練を行なったり、CIAが実質的に活動するための基礎を築いたりして、ジュネーブ条約の裏をかいた。[76]アメリカ情報局は活発に反共宣伝を行なった。宣伝は出版物の助成（ラオスでは文盲率が約85％と推定され、効果は限られていた）やラジオ放送（トランジスターラジオの所有は1000人あたりたった4台であったが、増えつつあった）の形で行なわれた。[77]映画や伝

74　Goldstein, *American Policy Toward Laos*, p. 97. カターイは実際、オブザーバーとしてSEATOの開会会議に出席した。
75　その時、ラオス王国軍は5000人から6000人のパテート・ラオゲリラに対して1万7000人であった。Oudone Sananikone, *The Royal Lao Army and United States Army Advice and Support* (Washington, DC, 1981), p. 26. スワンナプーマーは国防相として、警備兵も含めて約3万人を2万5000人に減らすのが望ましいと述べた。Telegram Legation (Yost) to State Department, 25 May 1955, *FRUS, 1955-1957*, p. 650.
76　警察官はおよそ4000人であった。CIAはラオス軍のために軍事的諜報活動、宣伝活動、破壊活動なども支援した。Fred Branfman, 'The President's Secret Army: A Case Study-The CIA in Laos, 1962-1972', in R. L. Borosage and J. D. Marks, eds, *The CIA File* (New Yolk, 1976), pp. 46-78.
77　Halpern, *Government, Politics, and Social Structure*, pp. 47-9. その頃、ほとんどのラオス人は新聞（3紙発行されており、全部で3000部流通していた）も、本（図書館の本は1000人に対して18冊であった）も読まなかったが、ラジオは聞いていた。パテート・ラオ放送も政府系ラジオ、ラオ・セーリー（自由ラオ

第3章 独立と統一 1945年〜1957年

統的な歌謡の歌い手たちによる公演のほうがコミュニケーションの手段として効果的であったが、アメリカが作ったものはラオス側の要求にはほとんど合致しなかった。

　ラオス王国政府に対するアメリカの援助は、現金の直接供与、現金の流通を減らしインフレを抑止するための商品輸入、特定の経済プロジェクトへの支援という形を取った。大部分は軍隊に支払われた。現金供与の84%は軍人の給料と各地での備品購入費に消えた。[78] プロジェクト支援はほとんどが道路建設、運輸、通信の分野であり、そのすべてがすぐに軍にとって役立つものだった。1955年現在、アメリカはラオス王国軍の全経費をまかない、ベトナム民主共和国はパテート・ラオの戦闘部隊の唯一の資金源であった。こうしてラオスは、この時、内戦を闘う両方の軍が共に外国の資金援助に完全に支えられている世界で唯一の国となった。

　軍隊と政府に対するアメリカの資金援助が増えるとCIAの存在が大きくなり、それを利用できる立場にあるラオス人の間に、アメリカの大盤振る舞いから幸運はやってくるとの理解を生んだ。反共という大義のために増大していくアメリカの援助に皆が群がった。堕落したラオス人官僚が、反共を表明すればアメリカ人と友達になれ、そうなればそのアメリカ人の友達のほうも褒美がもらえる、と考えるまでにそれほど時間はかからなかった。3年もしないうちに、ラオスにおけるアメリカの援助計画は失敗と汚職の見本になった。その有様は1959年、議会の公聴会でとうとう明らかにされた。着服を別にすれば、汚職の一般的な手口は商品輸入時の為替レートの操作、軍隊や役所での職員数水増しであった。政府の取引先との間では、輸入に関して1ドル35キープで換算されていたが、その時、闇市でのドルのレートは110キープであった。[79] 水増しされた形だけの請求書が借款のために使用されれば、余ったドルを闇市で売ることができた。輸入品はタイへ持っていって売られるか、途中で迂回してラオスに戻ってくるかであった。公定レートと闇レートとの価値の差が実質的な利ざやとなった。1958年までにラオスの輸入は1949年の16倍となり、この驚異

ス）もいくつかの少数民族の言語で放送を行なっていた。
78　Goldstein, *American Policy Toward Laos*, pp. 135-7.からの数字。
79　US Congress, House of Representatives, *US Aid Opemtions in Laos: Seventh Report by the Committee on Government Operations* (Washington, DC, 1959), p. 13.

的な増加がインフレを招いた。[80]

アメリカ軍事使節団の職員は、軍人や役人への給料の支払いのために月々引き出される金額を確認する責任があったが、支払われた軍人や役人が実在しているのか、また本当に全額支払われたのか、確認する方法はほとんどなかった。特に軍隊の司令官は、いとも簡単に数百人規模の架空の軍に対する支払いを要求してきた。さらに、ラオス人兵士1人にかかる費用の平均は1年間に1000ドルで、アジアで一番高かった。[81] とはいえ、その中で兵士の給料に回されるのはほんの一部で、残りは維持費に充てられ、その金額を決めるのは将校だった。

このような特権濫用にもかかわらず、ラオスのエリートたちは誰も汚職を告発せず、「ドルの大洪水」は続いた。1955年から1963年にかけてのアメリカの援助は、250万人と推定されるラオス人に1人あたり192.30ドルであり、南ベトナムを含む全東南アジアで最高であった。一方、アメリカのタイに対する援助は1946年から1963年にかけて1人あたり31ドル、インドネシアは8.80ドルであった。[82] しかし、その全額が国民に公平に行きわたるにはほど遠く、1953年から1959年にかけて、ラオスには1億8400万ドルの軍事援助が与えられたのに、農業援助はわずか130万ドル、援助総額の7％にすぎなかった。[83] これが、人口の90％以上が農民で占められている国での出来事であった。もしも、アメリカ軍自体の装備やCIAの極秘支出、国防省の支出なども含めたら、そのいびつさはまさに衝撃的であった。

アメリカのこの莫大な援助は、援助する側のアメリカ人官吏の増加を招いただけでなく、その分け前に与ろうとする多くの外国人――タイ人、中国人、インド人、ヨーロッパ各国の人々――を引き寄せた。1950年代末、ラオスには4万人の中国人がおり、フランス支配下と同様に、自治組織「会館」（ビエンチャンには汕頭、広東、客家）に組織化されていた。ラオス人妻を持ち、ラオス人と商売をしている者もたくさんいた。それとは対照的にベトナム人人口は半減して

80　Dommen, *Conflict in Laos*, p. 106, table 3.
81　C. Stevenson, *The End of Nowhere: American Policy Toward Laos Since 1954* (Boston, 1972), p. 49. 1958年、ラオス王国軍の実際の数は1万5000人にすぎなかったと推測されているが、アメリカが給料を支払っていたのは2万5000人分であった。R. Cilkey, 'Laos: Politics, Elections and Foreign Aid', *Far Eastern Survey* 27 (June 1958), 93.
82　Dommen, *Conflict in Laos*, p. 105, table 2.
83　Stevenson, *The End of Nowhere*, p. 37.

いた。白人は500人のアメリカ人を含み約6000人を数え、ほとんどすべての人が何らかの公的資格で滞在していた。[84] ヨーロッパ人の中で最も多かったのはフランス人で、教師や軍人であった。外国人の急激な増加で住居の価格が高騰し、新しい行政府の建物も必要になった。ビエンチャンにはフランス人経営のホテルが1軒と中国人経営のホテルが2軒しかなかった。娯楽といえば、フランスか中国の映画、ビエンチャンのあちこちの寺院でしょっちゅう行なわれるお祭り、売春宿の代わりにもなっていた数軒のバーしかなかった。アメリカの大衆文化がかなりの影響力を持つようになるには、それから5年の歳月を必要とした。一方、汚職の波は富裕層に広まっていった。消費が拡大し、道にはバイクや車が多く登場するようになった。それでも、速度は遅かった。生活のペースはのんびりとしたままで、仕事のペースも同様であった。

　1954年以降のアメリカのラオス介入は政治勢力の均衡を崩した。ラオス王国軍の規模と自律性が増していくにつれ、アメリカは軍を直接政治のプロセスに介入させようとした。同時に、アメリカのラオス政府に対する財政的援助は、ラオス政治における縁故の構造を実質的に強化した。有力な家系はアメリカの援助の主要な受益者になることによって社会的地位を維持した。こうして、ラオス人エリートにとっては、政治権力を国家のために責任を持って行使することよりも富の蓄積が優先されるようになった。さらに、真の権力は次第にアメリカ大使館とUSAID（アメリカ国際開発庁）[85]が握るようになったので、アメリカの存在は、責任を持って政治的決定を下すことを簡単に放棄してしまうような依存型の新植民地主義的精神構造を育て上げることになった。金主となったアメリカは、保守派の政治家の中にアメリカの子分を作って、政府の考えを左右するようになった。この過程においてアメリカは巧みにタイ人の助けを借りた。カターイはアメリカやタイに促されて右派に転向したうちの1人であった。

　しかし、政治的助言を与えてくる外部勢力はアメリカとタイだけではなかった。フランス人もまた、活発に活動していた。彼らは、アメリカがラオス王国軍の装備と軍の費用を受け持ったのに対し、軍の訓練を任されていただけではなく、内閣府を含めてラオスの重要な省庁の顧問にもなっていた。1953年8月、

84　LeBar and Suddard, eds, *Laos*, p. 33.
85　（訳註）United States Agency for International Development の略。

フランスの経済技術支援団が設立された。フランスが資金を出した計画には、道路、橋、学校、病院の建設などが含まれていた。フランス人の医師、技術者、専門家、特にリセ・ビエンチャンの130名のフランス人教師によって、フランスの影響力は保持されていた。[86][87]

ラオスに対するフランスの見方は、アメリカよりもより現実的で、イデオロギー色の薄いものであった。苦い経験から、ラオスは外部の共産主義者からの侵略に対して全く自衛能力を欠いているということをフランスは学んでいたので、中立外交の方向でパテート・ラオと政治的和解をするように勧めた。これが実現していたら、ラオスは中立を宣言することによってだけではなく、近隣諸国を脅かさないという姿勢を示すことによって、自らの安全を保障された緩衝地帯になっていたかもしれない。北京はアメリカによるラオス領使用の阻止に最も関心を寄せていたので、こうしたラオスの状況は中国を安心させたであろう。

ベトナム民主共和国はそれとは異なる優先課題をかかえていた。最も重要であったのは共産主義政権下でベトナムを再統一することであった。ジュネーブ条約で1956年に予定されていた総選挙の実施が絶望的になると、ハノイは他の手段に頼ることを決定した。それ以降、ハノイとビエンチャンおよびプノンペンとの関係は、踏みにじられてしまった北ベトナムの目標を彼らの政策が支援するのか、それとも阻止するのかによって決められることになった。それに対して、アメリカは共産主義国家としてベトナムが再統一されることをなんとしてでも阻止しようとしており、そのためラオスの中立には断固反対した。こうして、ラオスのアメリカ人とフランス人はラオスに正反対の助言をしていることに気づき、両者の関係は次第に緊迫していった。

第1次連合:統一の回復

スワンナプーマーは、ラオスにとっては柔軟性に富む中立でしか現実的には安全を保てないというフランスの考えと同じだった。パテート・ラオによる内

---

86 (訳註)中等教育機関。.
87 R. Gauthereau, 'L'aide économique et technique française au Laos', *Coopération Technique* 13 (1959), 9-17.

第3章 独立と統一 1945年～1957年

なる脅威は、すべての近隣諸国と外交関係を結ぶことによって解消されるはずであった。友好共同宣言が中国、インド、ベトナム民主共和国との間に採択され、ラオスの中立派の信念は1955年4月インドネシアのバンドンで開催されたアジア・アフリカ会議で再確認された。しかし、スワンナプーマーの見解は単にフランスの助言によっていたのではなかった。兄のペッサラートと同様、スワンナプーマーの見解は、強力な近隣諸国との和解が必要であった時代から導かれた歴史観を基礎に、ラオス人自身の手の中にあるのならラオス人は自らの問題を解決できるという信念、そして、異母弟スパーヌウォンとはいつでも合意できるという考えに基づいていた。彼はスパーヌウォンを共産主義者として考えることを拒んでいた。[88]

しかし、兄弟が再び顔を合わせたのは1956年8月であった。ジュネーブで最終宣言が出されてからちょうど2年の月日が流れており、パテート・ラオはその全期間を軍事的にも政治的にも組織を拡大することに使っていた。カイソーン・ポムウィハーンの指導下、パテート・ラオの軍事力は約2倍になっており、15の正規部隊と補助部隊から構成されていた。[89] ベトナム民主共和国のラオス連絡部隊「ドアン100」を通して、中国製、ベトナム製の武器、装備が供給され続け、将校や政治的指導者にはベトナム国内の学校で高度の訓練がなされた。政治面では、党組織委員会の活動が実を結び、1955年3月、秘密裏にラオス人民党（パック・パサーソン・ラオ）が設立された。後日なされた説明によれば、全党員300名を代表して、「インドシナ共産党の古参党員であった25名の優れた代表」だけが設立会議に参加した。[90] カイソーンを書記長に7人の政治局員が選出された。それから党は、広範な民族戦線として自由ラオス戦線に代わってラオス愛国戦線（ネーオ・ラオ・ハック・サート）を組織した。党員の組織としては、「愛国的」仏教徒とともに、青年、女性、農民、少数民族のための組織や、実質的には存在しない労働者を代表する労働組合があった。

88　*New York Times,* 25 February 1958; M. Field, *The Prevailing Wind: Witness in Indo-China* (London, 1965), p. 51. しかし、スワンナプーマーはそれほど無邪気ではなかった。パテート・ラオとの宣伝戦を行なうために新たな秘密諜報組織を作った。Jean Deuve, *La Guerre Secrète au Laos contre les Communistes, 1955-1964* (Paris, 1995), pp. 55-76.
89　Deuve, *Le Royaume du Laos 1949-1965,* p. 75.
90　Kaisôn Phomvihān, Speech marking 25th anniversary of the Lao People's Revolutionary Party, 22 March 1980.

1956年1月、ラオス愛国戦線が設立大会を開催した。スパーヌウォンが議長、シートン・コムマダム、ファイダーン・ローブリヤオ、カイソーン・ポムウィハーン、ヌーハック・プームサワンが副議長に選出された。12項目の政治綱領が採択された。そこでは、何よりもまずジュネーブ条約に従ってラオス全土を平等に統一すること、反アメリカ帝国主義、民主的自由と普通選挙権の実現、「ラオス全住民の完全な平等」が要求されていた。さらに、近隣諸国との外交関係の樹立、フランスとの関係の継続も要求された。[91]こうした展開のうちにも、ラオス王国政府の「頑迷さ」とどんどん大きくなるアメリカの存在に焦点を当てた宣伝活動は不断に続いていた。

　パテート・ラオはまた、交渉継続の準備が整っていることを明らかにしていた。書簡を交換した結果、1956年8月ビエンチャンにおいて、スワンナプーマーとスパーヌウォンに率いられた代表団の間で第1回会談が行なわれることになった。2つの声明が出された。その要点は、「補欠選挙」を実施し、連合政府を樹立して、すべての市民の安全と権利と自由を保障すれば、パテート・ラオの2県をラオス王国政府の行政下に戻し、パテート・ラオ軍をラオス王国軍に編入するということだった。[92]この合意後の演説で、スワンナプーマーは、「全ラオス人が和解することによって王国の最終的な統一と完全独立をもたらすことは、国民にとっての至上命令である」との見解を再度強調した。[93]スワンナプーマーの考えでは、パテート・ラオ幹部を政府機構に取り込むことが中立化をすすめる最善の方法であり、「偉大なる民衆」がこのような和解を恐れるはずはなかった。

　アメリカの見解はスワンナプーマーとは異なっていた。冷戦に取りつかれて、ラオス人の問題解決能力を疑問視していたため、ワシントンの政策決定者は事態の推移を恐れていた。1956年の合意の中に彼らが見ることができたのは、国際共産主義がさらに拡大する恐れだけであった。ラオス愛国戦線を合法化し国中に「ウィルス」を撒き散らす危険を冒すよりも、軍事的手段によってパテート・ラオをフアパンとポンサーリーに隔離しておくほうがましであった。国

91　Deuve, *Le Royaume du Laos 1949-1965*, pp. 75-6; 戦線の行動綱領に関しては、Annex 5（2724）.
92　*Third Interim Report*, pp. 54-7.
93　*Lao Presse*, 8 August 1956, cited in Deuve, *Le Royaume du Laos 1949-1965*, p. 92.

務長官ダレスの見解によれば、中立主義はだらしがなく、共産主義者との連立政府はけがらわしいものであった。それは必ずチェコスロバキアのように共産主義者による政権奪取に繋がっていくからである。ワシントンの見方では、スワンナプーマーは良くて純情、悪く言えば隠れ共産主義者であった。

スワンナプーマーはアメリカに、2つの強力な近隣諸国、中国と北ベトナムとは正式な外交関係はないが、「パテート・ラオと話し合うために最善の状況を作る」ためには訪問することがどうしても必要だと根気強く説明したが、1956年8月、彼が北京とハノイ訪問を決定したことでアメリカは我慢の限界を超えた。スワンナプーマーの訪問によって、中国と北ベトナムの双方に、ラオスの厳正な中立と善隣外交政策を受け入れる素地ができた。しかし、どちらの国とも外交関係は結ばれず、援助の提供も丁重に断られた。スワンナプーマーが約束したのは、ラオスはアメリカの軍事介入に反対するということと、ラオス領内にアメリカが軍事基地を建設することは許可しないということだけだったが、それはいずれもジュネーブ条約で既に決められていたことだった。

その後、アメリカはラオスの和解を阻止するために全力を尽くした。後に、J・グラハム・パーソンズ大使はアメリカ議会の委員会の前で「連立を阻止するために16ヵ月間闘った」と証言した。正式に通告したかどうかは別として、CIAはラオス人エリートの考えに影響を与えるべく、フランスの第2部局と猛烈に競り合った。陰謀渦巻く中で、スワンナプーマーは毅然とした態度をとった。新政権の成立を見越して憲法の一部改正を行ない、さらに3つの協定を結んだ。それは、停戦の実行に関するもの、すべての友好国と外交関係を樹立し

94　ダレスは1956年8月7日、在ラオス大使館に「共産主義指導者とともに中立を表明したり、連合政府について言及したりするのは気に入らない」と電報を送った。*FRUS, 1955-1957*, p. 788

95　Souvama Phouma, 'Le Laos: avant-garde du monde libre', *France-Asie* 164 (1960), 1431.

96　アメリカ大使館でさえ、スワンナプーマーがラオスの中立を維持しようとしており、「北京やハノイでは何も起こらなかった」ことを認めずにはいられなかった。Telegram Embassy (Parsons) to State Department, 7 September 1956, *FRUS, 1955-1957*, p. 811.

97　US Congress, House of Representatives, *US Aid Operations in Laos. Hearings Before the Foreign Operations and Monetary Affairs Subcommittee, March 11-June 1, 1959* (Washington, DC, 1959), p. 195. パーソンズは、パテート・ラオとの最終合意が成立したその瞬間までアメリカの援助を打ち切るとの脅しを含んだ圧力をスワンナプーマーにかけつづけた。Telegrams Embassy (Parsons) to State Department, 24 October 1957, 1 November 1957, *FRUS, 1955-1957*, pp. 1003, 1012.

98　(訳註) フランス軍参謀本部では、第2部局が諜報活動を行なう部署であった。Grand Mémento ed., *Encyclopedie Larousse Methodiquel*, Librairie Rarousse, Paris, 1955, p. 742.

援助を受け入れるという平和・中立の外交政策の必要性に関するもの、そしてパテート・ラオ側の人々の安全と市民権の保障に関するものであった。12月、スワンナプーマーとスパーヌウォンの間でさらに話し合いが持たれ、補欠選挙の前に連合政府を成立させ、ラオス愛国戦線を政党として合法化するという合意に至った。2ヵ月後、新しい選挙法が成立し、補欠選挙への準備はすべて整った。

一方、ペッサラート殿下は正式に帰国を要請されながら、いまだにタイで亡命生活を送っていた。彼は、政府とパテート・ラオ間の話し合いの議長を務めることを買って出ており、その合意が形成されるまでは帰国を断っていた。彼がウパラートの称号と地位を回復し、スワンナプーマーとスパーヌウォンの間で合意が形成されたことで、帰国の前提条件が満たされた。1957年3月、彼の自尊心は満たされ、10年以上の亡命を経てラオスに帰国した。ペッサラートがパテート・ラオの統合や中立政策に与えた支援が人々の間に合意形成を促したことは間違いないが、最年長の王子は帰国後、公のいかなる政治的な役割をも引き受けなかった。彼は、1959年10月15日、激しく敵対していた国王が亡くなるちょうど2週間前に死去した。もしもラオス独立の父と呼ばれる人物を挙げるとしたら、それは彼であることは間違いない。

一方、スワンナプーマーは困難に直面していた。アメリカ、イギリス、フランスが、しぶしぶ彼の政策に対する支持を表明していたにもかかわらず、[99] パテート・ラオとの和解という彼の政策は国民議会において攻撃された。それは、パテート・ラオの2県と軍隊の再統合は連合政府成立の前に行なわれるべきで、その後ではだめだという理由からであった。結局、このことに関する提議は政府で葬り去られたので、スワンナプーマーはそれを不信任と解釈した。5月30日、彼は辞職し、政治的危機状態が2ヵ月にわたって続いた。アメリカ大使館は喜びを隠しきれなかった。

カターイはアメリカに気に入られていた人物であったが、国民議会の支持を獲得することができなかったので、再度、新政府の設立はスワンナプーマーに

99　アメリカは、暫定政府は中国とも北ベトナムとも外交関係を結ばないということでスワンナプーマーと密かに合意していた。Telegram 706 Embassy to State Department, Department of State Central Files, National Archives, Washington, DC. (これを参照することを教えてくれたアーサー・ドメンに感謝する)。

第3章 独立と統一 1945年～1957年

託された。国民議会でなされた威厳のある、政治家らしい演説において、スワンナプーマーは、パテート・ラオとの交渉の速やかな再開、経済5カ年計画の開始、予算の均衡を保つための軍備の削減を約束した。[100] アメリカが聞きたかったのはこんなことではなかった。しかし、パテート・ラオとの交渉は再開され、10の個別文書からなるいわゆる「ビエンチャン協定」が締結された。連合政府の樹立を謳った有名なスワンナプーマーとスパーヌウォンの共同声明、ポンサーリーとフアパンにラオス王国の支配を再確立するための政治代表団間の合意、(6000人と推定されたうちの) 1500人のパテート・ラオの士官と兵士をラオス王国軍に統合し、残りは除隊させることに関する軍事代表団間の合意も、この中に含まれていた。

11月18日、スパーヌウォンは、国王代理を務めていたサワンワッタナー皇太子に、正式にフアパンとポンサーリー、パテート・ラオの文民、軍隊、軍備を返却した。翌日、国民議会は、14人の閣僚中2人のパテート・ラオ閣僚――スパーヌウォンは計画・建設・都市化担当大臣として、プーミー・ウォンウィチットは宗教・芸術担当大臣として――を含む暫定連合政府の設置を満場一致で承認した。国際監視委員会はジュネーブ会談の議長国、イギリスとソ連に、明るい兆しが見えてきたと、この経過を報告した。アメリカでさえも、不賛成の態度を抑えて、すぐさま援助停止でもって脅すようなことはしなかった。

スワンナプーマーの功績は考慮に入れてしかるべきであった。ペッサラートがラオスの統一と独立を宣言してから12年の歳月を経て、やっとフランスから独立を勝ち取り、国を再統一したのである。アメリカの強力な反対にあったものの、冷戦という状況の中、中国と北ベトナムの辺境という戦略的な位置にある国家が再統一を達成できたのは、1人の男のビジョン、勇気、忍耐に多くを負っていた。政治的には国民議会で暫定政府が満場一致の承認を得たことに象徴されるように、経済的にはアジア極東経済委員会 (ECAFE) の支援の下でメコン川下流域の共同開発を進めるための国際条約が締結されたことに象徴されるように、束の間だったが、見通しは明るかった。

しかし、より根本的な問題を覆い隠していたという意味において、統一の達

---

100 *Fourth Interim Report of the International Commission for Supervision and Control in Laos, May 17, 1957 to May 31, 1958* (London, 1958), pp. 44-51.

成は幻想であった。1945年のラオスにとって、最優先課題は国民国家の創設であった。つまり、地域的、民族的に分裂していた国に、かけがえのないラオスという共同体意識と共通のアイデンティティーを作り上げることであった。しかし、ラオス人エリートが地域的、個人的に反目しあいバラバラであったことや、ナショナリズムをめぐる考え方が一致していなかったことが、国家建設の作業を妨げた。自己の利益を追求するための政治が、国のビジョンをないがしろにし、独立のための闘争というレトリックを身に纏っていたのである。そして、ついに独立が達成された時、新しい政治的優先課題が姿を現してきた。だがその後、外国の侵略に弄ばれ、国民和解が政治課題として浮上すると、それは、より緊急な国家建設という政治課題を簡単に覆い隠してしまったのである。

　ラオスの政治的エリート（そして、エリートのゲームとなっていたこの時期の政治）は、ビエンチャンで日々決定を下しながら、これが国の将来を決めることになるのだとあまりにも安易に信じていた。しかし、国の辺境では、新しい忠誠心に基づいた新しい政治構造が作られようとしていた。その構造とは、革命運動への政治参加と献身によるもので、血縁関係や縁故や民族による伝統的な社会階級構造に取って代わろうとするものであった。しかしながら、その過程で階級とイデオロギーを中心とする新たな分裂が作り出され、長期的には国家建設を後退させることになった。それは最初の失敗と同じほど悲惨なことであった。

　1957年に統一が達成されたのはビエンチャンでの政治的駆け引きによるものではなく、皮肉にもある一族の力と威光のせいであった。それは、不在のペッサラートが無称号の族長のままでいたルアンパバーンの前ウパラートの家系であった。ペッサラートの存在は、弟たちの交渉に、見えないながらもちらついていた。ペッサラートのラオス統一と中立化の構想は、弟たちの間に相違はあったとしても、本質的には彼らの考えでもあった。したがって、再統一に関する合意は大部分家系内での合意であり、だからこそスワンナプーマーは合意を達成できると確信していた。しかし、1つの家系が政治的に突出するということは、チャムパーサックやビエンチャンの他の有力家系だけでなく、サワンワッタナー皇太子の活動によって、君臨するというよりはだんだん政治に介入

するようになっていた王家からも、嫉妬と疑念を招いた。フランスに支援されたスワンナプーマーに対して、彼の政敵たちはアメリカ大使館というもう1つの選択肢からの支援を求めた。しかし、アメリカは統一を容認することはできたが、中立化を容認することはできなかった。冷戦の文脈の中では、アメリカの利益がラオスの利益よりも優先された。インドシナにはもはや関わらないとしていたフランスは、何がラオスにとって最善かについて、より私心のない見解をとることができた。アメリカ人は、世界中で反共の闘いを展開していく中で、1つの持ち駒としての役割でしかラオスを見ていなかった。

それゆえラオスにとって悲劇的だったのは、スワンナプーマーがはっきりと認識していたラオス中立化の必要性は最初から問題を抱えていたことである。第2次インドシナ戦争の前触れのようなモンスーンの雲がベトナムを覆い、ラオスは国家建設にとって本質的に必要不可欠な3つの要素——中立はいうまでもなく、独立も統一も維持することが不可能になった。しかし、偉業は成し遂げられた。スワンナプーマーの政治家としての見識が影響を与え、党首たちは、国家的目標を追い求めるには長く続きすぎた政治的相違と個人的反目を脇へ置くように、自分の支持者たちを説得した。その結果、ラオスの良識が勝った。しかし、ラオスは冷戦という誤った道の上に立っていた。残念なことに、第1次連合政府が与えた希望は果たせないままになった。その崩壊の末には、明るい見通しのない中でなされた妥協はうまくいかないという見本が残った。

第4章
中立の崩壊　1958年～1964年

　大きな期待がかけられていたにもかかわらず、1958年の半ば、主としてアメリカの策略によって第1次連合政府は崩壊した。それでもパテート・ラオの指導者たちはビエンチャンに残り、1年後に逮捕されるまで合法政党として何らかの役割を果たそうとした。再び内戦が始まった。アメリカがラオス王国軍を強化している間、パテート・ラオとベトナム民主共和国軍は広大な地域を「解放」していた。こうして、この国は実質的に新たな分裂状態に陥った。1960年、軍事クーデターにより親米右派政権は打倒されたが、ラオスの統一と中立が再び達成されるという期待は裏切られた。それどころか、かえってラオスは以前よりもより深く内戦の深みにはまっていく結果となった。危機が深まり、外国勢力を巻き込む恐れが出てくるとアメリカは政策を転換し、新たなジュネーブ条約と第2次連合政府への道が開かれた。しかし、ラオスは否応なく第2次インドシナ戦争に巻き込まれていき、ラオス政治における中立派は、次第に右派左派の両派から容赦のない圧力を受けるようになった。内的にも外的にも中立はもはや実行不可能な選択肢になった。ラオス王国政府とパテート・ラオが競い合っていたそれぞれのナショナリズムは、両者が外国勢力への依存を深めることによって貶められるばかりで、再び分裂状態と相互の不信感が生じ、それにより、国家建設という火急の任務が妨げられることになった。

第1次連合政府の崩壊

　国民和解が最初の輝きを放つ中で、平和と中立化への期待は高まった。スーヌウォンとプーミー・ウォンウィチットはいい加減な他の閣僚と比べて、勤勉で有能であり、模範的な閣僚として活動した。1958年1月、ラオス王国政府はフアパンとポンサーリーを無事に再占領し、パテート・ラオの役人はラオス王国政府の行政機構に組み込まれた。しかし、軍事面で問題が生じた。ラオス

王国軍に統合されるはずの1500人のパテート・ラオ軍は、兵士に比して司令官の数が多かった。そのため、ルアンパバーンの南部とジャール平原に再配属された2つの大隊は、どちらもラオス王国軍の指揮系統に組み込まれなかった。約5000丁の銃器が政府に引き渡されたが、パテート・ラオの軍事司令官カイソーン・ポムウィハーン指揮下の最も強力で装備の整った部隊はベトナムに退却した。それは事実上、もしもの場合のために残しておいた軍であった。連合政府が内部ではお互いの猜疑心や不信感を払拭し、アメリカとベトナム民主共和国（北ベトナム）という外国の支援者のどちら側にも、統一と中立は双方の国益に反するものではないと納得させるまでには明らかに多くの時間が必要であった。

　懐疑的なアメリカ政府を説得するためにスワンナプーマーはワシントンを訪問し、ラオスはただただ地形的理由によって「自らをわざわざ反中国の陣地に置く」ことはできないのであると指摘した。[1] スワンナプーマーはさらに、工場労働者も農地問題もない仏教国ラオスにおいてマルクス主義が根づくはずはないとも主張した。最も重要なことは、彼の政府に対するアメリカの援助が継続されることであり、スパーヌウォンでさえもそれは認めていた。[2] ラオス政府はひも付きでない援助を欲していた。アメリカの援助が、コロンボ計画のように[3]少数の有益な計画にのみ限定されるものであったとしたら、ひも付きでない援助は可能であったかもしれない。しかし、冷戦の雲行きの中で、アメリカは毎年大きな支出となっている援助からより多くの見返りを期待するようになっていた。援助は反共のための強力な武器と見なされるようになっていた。そして、ラオスは1人あたりの被援助額が非常に高いにもかかわらず、アメリカにはその援助が共産主義者を利するのを防いでいるようには思えなかったのである。こうして、援助計画自体がより詳細に吟味されるようになった。

　1955年から1958年の3年間で、アメリカは、フランスがそれ以前の8年間で

1　Quoted in Deuve, *Le Royaume du Laos 1949-1965*, p. 102.
2　スパーヌウォンは「数年ではなく、数十年にわたって」アメリカの援助が必要となるであろうことに気づいていた。Toye, *Laos*, p. 113.
3　（訳註）イギリスとオーストラリアの提唱で、1950年のコロンボにおけるイギリス連邦会議後作られたアジア・太平洋諸国への援助協力機構。西川正雄ら編『角川歴史辞典』角川書店、2001年、354頁。

ラオスに費やした総額の約4倍、1億2000万ドルをラオスに与えた。その結果、ごくわずかの政治家や軍人、実業家などの富裕層による消費が突出した不自然な都市経済が生じることになった。長期休暇や海外留学はいうまでもなく、豪邸、アメリカ車、豪勢なパーティーがこのわずかな自己中心的エリートたちのライフスタイルを特徴づけた。特にビエンチャンは繁栄していると錯覚しそうな雰囲気を帯びるようになった。しかし、都市インフラや未発達の工業を発展させることに対してはほとんど何もなされなかった。毎年3000万ドルが不必要に大きなラオス王国軍の維持のために支払われ、それにより1人あたりの収入が年50ドルという自給経済にインフレが起こった。その結果、都市の生活費は1953年から1958年の間に2倍になった。富裕層がアメリカからの恩恵の大部分を専有し、汚職が風土病となり、道徳は低下した。他方、大多数の地方のラオス人、特に高地の少数民族に対する生活状況改善のための歳出はほとんどなかった。

　社会福祉面におけるゆっくりとした発展も主として都市部に限定されていた。1951年から、3年間の初等教育が義務教育となったが、僻地の村にいる貧しい多くの村人にはいまだに学校もなければ教師もいなかった。30万人と推定されていた義務教育年齢の児童の約3分の1しか実際に入学しておらず、その中の5分の1だけが6年間の全初等教育課程を修了した。私立学校が3分の2を占めていた中等教育段階に進んだのはたった7500人であった。教師の養成を行なっていたにもかかわらず、これは失望させられるような数字であった。保健衛生の分野は、教育を受けた専門家が不足しているもう1つの代表的な分野であった。計画はあったがラオスにはまだ医師養成学校はなかった。とりあえず、慈善団体の事業として、アメリカの資金、フィリピン人の職員によって病院が3ヵ所建設された。行政、立法制度は当を得たものだったが、法律の多くは1930年代から適用されているもので、新しくする必要があった。経済につい

4　W. Haney, 'The Pentagon Papers and the United States Involvement in Laos', in N. Chomsky and H. Zinn, eds, *The Penragon Pepers: Critical Essays*, vol. 5（Boston, 1972）, p. 252.
5　*US Aid Operations in Laos: Seventh Report*, p. 2.
6　汚職や派手な支出については、特にJ. P. Barbier, 'Dix-sept ans d'aide économique au Laos: un pays malade de l' aide étrangère', PhD thesis, University of Paris (1973), pp. 492-7を参照。
7　F. M. LeBar and A. Suddard, eds, *Laos: Its People, Its Society, Its Culture*（New Haven, 1960）, pp. 77-8.

ては、人口のほとんどは農業で生計を立てていた。工業は未発達で、運輸通信網は不十分であった。ラオスにおける車の量は10年間で50倍に増加（100台から5000台へ）していたが、圧倒的にメコン河岸の町に集中しており、地方と都市、貧乏人とお金持ちとの格差は拡大し続けた。

　アメリカの援助計画によって、政府のうるさい連中にも十分な弾薬が供給されるようになった。ラオス愛国戦線は合法政党として自由に政敵の政策を非難し、自らの政治目標を追求することができた。アメリカの援助は共産党以外の政党を支援するどころか、アメリカ側の政治責任のようなものになっていた。アメリカ大使館は援助は不足しているという認識で、5月4日に予定されていた補欠選挙に間に合うように「カンフル剤作戦」と名づけた300万ドル突貫プログラムに着手した。このプログラムは、政府系候補者支援のため地方にも援助の恩恵をもたらそうというものであった。これはある程度効果をあげた。しかし、効果をあげたことで、援助面での欠陥とこれまで何もしないでいたことの両方が露呈し、ラオス愛国戦線にすぐ巻き返されてしまった。アメリカの介入はラオス内政への直接の干渉であると言われたが、USAID（アメリカ国際開発庁）が、アメリカ人の援助担当職員、ラオス人職員だけでなく、主にフィリピン人だが、「第3国の国籍の人間」まで擁する、事実上の行政組織に相当するものを作り上げてからは、この批判を退けるのが容易になった。これは、汚職を最小限にするのが狙いでもあり、スパーヌウォンの計画・建設省の動きを牽制するのが狙いでもあった。アメリカに促されて、軍も、印象を良くし、政府を出し抜こうと、市民活動に首をつっこむようになった。しかし、突然援助が地方に投入されたことは、これまでの援助は汚職官僚の懐に入っていたということの証拠だと受け取られた。アメリカの介入とそれに伴う汚職は、こうして選挙の中心的争点になった。

　選挙が近づくと、ラオス愛国戦線は政治幹部を有効に活用するようになった。宗教・芸術相のプーミー・ウォンウィチットは、ラオス愛国戦線の主張を行き渡らせるため、愛国戦線に協力的な僧や民謡歌手、音楽家たちを各地に派遣した。特に地方では、パテート・ラオの宣伝は選挙に効果的であった。これまで

8　LeBar and Suddard, eds, *Laos*, p. 215.
9　（訳註）援助機関のUSAIDがラオスへの内政干渉の隠れ蓑になっていた。

第4章　中立の崩壊　1958年～1964年

　何年にもわたって幹部たちは、僻地にある村から支持を得るべく、中国やベトナムで試して効果があったやり方で活動してきた。そのような村に政府の役人が来ることなどまずなかったし、たとえ来たとしても、食事と宿を要求し、次の村へ行くための移動手段を求めるだけであった。パテート・ラオの幹部は、村にやってくると滞在し、人々が何を欲しているのかを知るために共に働き、村の学校や井戸の建設を手伝った。そして、最も理解力のある新人を選んで、説得や宣伝活動について訓練し、実行させた。少数民族にとっては、搾取されるのではなく彼ら自身が求められ、能力を認められ、不満を聞いてもらった初めての機会であった。その上、彼らが最も尊敬する伝統的指導者の何人か――シートンやファイダーンなどは既にラオス愛国戦線の上級幹部となっていた。彼らが愛国戦線に投票するのはごく自然なことであった。

　パテート・ラオの選挙運動は、規模は小さいが声の大きい左寄りの2つの政党に助けられた。その2つの政党は、ルアンパバーン（スワンナプーマーに代表される）、ビエンチャン（サナニコーン一族）、中南部ラオス（ルアム・インシシエンマイ、ブンウム、カターイ）の有力な一族によって行政官庁（それに伴う特権も）が独占されていることを苦々しく思っている人たちによって率いられていた。その1つ、民主党（いまだにウォラウォンの野心を実現する手段としての党ではあったが）は、反共であったにもかかわらず、サナニコーン一族への憎しみから政府批判を行なっていた。さらに左寄りのボン・スワンナウォンは、キニム・ポンセナーが新たに結成した中立平和党と一緒になって反政府の闘いを展開していた。アメリカが強力に推進したにもかかわらず、右派内部の対立により、スワンナプーマーとカターイの進歩党はプイ・サナニコーンの独立党と統一候補を立てることができなかった。いわゆる国民戦線が結成されたが、国民戦線を代表する人物は誰もいなかった。それに対し、中立平和党とラオス愛国戦線はお互いに対立候補を立てないことで合意した。

　不正が行なわれたという声もあったが、1958年5月の選挙は驚くほど自由で公正であった。例外はアッタプーだけで、そこはカイソーン・ポムウィハーンがラオス愛国戦線の候補者であったが、脅迫の計画があった。[10] 21議席のうち、ラオス愛国戦線が9議席、中立平和党が4議席、右派と無所属系の候補者が残

10　Deuve, *Le Royaume du Laos 1949-1965*, p. 157, note 42.

りの8議席を占めた。スパーヌウォンが候補者の中で最高の得票数であった。しかし、全体的に見れば、左派候補は約3分の1の得票数を得たにすぎず、もしも右派が分裂していなければ、小選挙区システムにおいて左派はこれほどの議席を勝ち取ることはできなかったであろう。

　選挙は現実の結果以上に大きな影響を及ぼした。選挙動向を分析し、そこから何か学ぼうなどとわざわざ考える人はほとんどいなかった。右派の党派主義や規律のなさが最大の問題だった。たとえばビエンチャン県では、スパーヌウォンの対立候補として2名の無所属系候補を含む7名もが進歩党、独立党系の異なる党派から立候補した。候補者の中には立候補をやめるかわりにそれ相当の金銭を要求する者もいた。ラオス愛国戦線は右派より規律正しかっただけではなく、政治的に洗練され、よく組織化されていて、村落レベルにまで浸透していたたった1つの政党であった。進歩党も独立党も、有力な一族の指導者を取り巻いて、支援する見返りに取り立ててくれるのを期待するエリートの集まりにすぎなかった。ラオス愛国戦線は候補者の選択に関してもより賢明であった。ルアンパバーンでは初めて参政権を与えられた女性の候補者を立て、ラオ・トゥンが人口の大半を占めるボーラウェーン地区ではラオ・トゥンの指導者（シートン・コムマダム）を、スパーヌウォンやプーミー・ウォンウィチットのように誠実さで知られている人物は教育を受けた有権者のいる地域の候補者とした。ラオス愛国戦線の政治宣伝活動は政府批判に集中した。汚職やアメリカの援助のスキャンダラスな濫用が何度も槍玉にあげられ、ラオスの伝統的道徳の名の下に仏教僧によってしばしば繰り返して語られるテーマとなった。ラオス愛国戦線は、左派の弱い地域では特に「戦争阻止のために1票は右派に、1票は左派に」と訴えた。多くの人が平和を求めてそれに応えた。ラオス王国軍の兵士でさえも、特に上級軍人の汚職で給料が支払われていない僻地の駐屯地にいた人たちは、ラオス愛国戦線に投票した。[11]

　選挙結果に衝撃を受け、進歩党と独立党は便宜的に協力し、実態のない国民戦線に代わって「ラオス人民連合（ラオ・フアム・ラオ）」を結成した。その綱領

11　カムペーン・ブッパーは国民議会議員に選出された最初の女性であった。Mayoury Ngaosyvathn, *Remembrances of a Lao Woman Devoted to the National Liberation Struggle: Khampheng Boupha* (Vientiane, 1993) の特に pp. 40-2 を参照。

は反共と外国援助歓迎であった。しかしながらそれは、「カターイ、スワンナプーマー、プイ・サナニコーンのまわりに群がった一族の寄せ集めにすぎず、内部は血縁や地縁によって分かれており[12]」、地方の組織は持たなかった。ラオス人民連合の議員で大臣になれたのはわずかで、彼らが獲得した59議席という数は、中道右派の政府を運営していくのに必要な3分の2の議席を確保するには足りなかった。しかし、左派も16議席にすぎず、それを阻止することは不可能であった。勢力の均衡は無所属議員と3名の民主党の議員によって保たれていた。ラオスは明らかに政治的に不安定な時期に直面した。

ラオス愛国戦線勝利への対応として、議会内での対策以上に大きい意味があったのは、6月に「国益擁護委員会(CDNI)」が結成されたことであった。これは、アメリカによって支援された[13]、教育を受けた若い官吏、外交官、軍人の議会外の集まりで、強力な反共主義者たちであり、スワンナプーマーの左派への柔軟な路線を鋭く批判していた。会のメンバーは大衆受けするよう、これまでまかり通ってきた血縁に基づく政治活動、それに伴う汚職の拡大をも批判した。政党ではないと主張していたにもかかわらず、国益擁護委員会は「若返り」が必要であると強調して、会のメンバーを閣僚にしようとすぐに根回しを始めた。彼らは皇太子とCIAからの支持は得たが、大臣に任命されることを夢見ていた選挙で選ばれた議員たちから一斉に反発を受けた。

選挙の後、スワンナプーマーは国際監視委員会(ICSC)に、ラオス王国政府はジュネーブ条約の諸条項を履行したと考えていると伝えた。任務の完了に伴い、国際監視委員会は無期限の休会を決めた[14]。しかし、その後の2ヵ月間、スワンナプーマーは緊張が増していくのを感じていた。国民和解は、ラオス人エリートの地位と特権を脅かさない限りは、すばらしい理想であった。1958年7月になると、議員たちは、ラオス愛国戦線が選挙で勝利する前よりもアメリカ

12　Deuve, *Le Royaume du Laos 1949-1965*, p. 112.
13　アメリカ国務長官ダレスは、1ヵ月前、ビエンチャンの大使館にこのような「新顔」たちに力を貸すよう要請していた。Telegram Department of State to Embassy Laos, in E. C. Keefer and D. W. Mabon, eds, *Foreign Relations of the United States, 1958-1960*, vol. XVI: *East Asia-Pacific Region; Cambodia; Laos* (Washington, DC, 1992), p. 440 (以後 *FRUS, 1958-1960* と略).
14　ポーランドの代表団 (*Fourth Interim Report*, pp. 13-17)、パテート・ラオ、北ベトナムには反対された。J. M. Halpern and H. B. Fredman, *Communist Strategy in Laos*, Rand Report RM-2561 (Santa Monica, 14 June 1960), pp. 16-17.

の「説得」に影響されやすくなった。この状況の中で、スワンナプーマーの連合政府を支えている脆弱な合意を破壊して政治危機を作り出すのは、それほど難しいことではなかった。

　危機は財政面からやってきた。そしてその背後にはアメリカがいた。これまでアメリカは、ラオス側が援助計画から暴利をむさぼることを抑制する手段として通貨改革を何度か要請していた。最もひどい援助の濫用は、キープの価値を人為的に高く設定することから起こっていたからである。[15] 1957年の間中、ラオス政府はインフレを招くのとドル建ての援助が減価するのを恐れて、キープの切り下げに反対してきたが、1958年中頃までには切り下げは避けられなくなってきた。2月、アメリカが援助を一時的に停止し、政府に切り下げの措置を取らせようとした。しかし、それに関する交渉は選挙が終わるまで延期された。交渉が再開された時、スワンナプーマーはまだ切り下げ断行を渋っていた。政府をまとめようとしていた彼自身への政治的支持が損なわれることを恐れたためであった。6月、アメリカは毎月の援助の支払いを保留し、ラオス国立銀行にドルを売るのを拒否した。援助の停止とそれがもたらした財政危機により浮き足立った議員たちは、スワンナプーマーにはアメリカの後ろ盾がなくなったのだから、力のバランスを変えるいいチャンスだと考えた。[16] 右寄りということをはっきり打ち出した政府を作るのは、プイ・サナニコーンに委ねられた。プイは政府の優先課題は反共であると言明した。パテート・ラオは閣僚に含まれず、国民和解と中立というスワンナプーマーの方針は、アメリカに妨害され、終わりを告げた。

　第1次連合政府は8ヵ月しか続かなかった。もしもスワンナプーマーが急進的左派（ラオス愛国戦線と中立平和党）を除外してでも政府を作ることができたなら、少なくとも彼はある程度の影響力を保ち、パテート・ラオもそれなりの信頼を寄せる国民和解のシンボルとしてあり続けただろう。スワンナプーマーが否定されたということは、そのような希望だけでなく、急進的左派も参加でき

15　闇市の約3倍に設定されていたのに対して、1ドル35キープで安定させようとした。H. Muller, 'A Bulwark Built on Sand', *The Reporter* (13 November 1958), 13.
16　アメリカはスワンナプーマーを首相から追い落とし、王令によって強力な（右派の）政府に替えたいと思っていた。Telegrams State to Embassy, 27 May 1958, and Embassy (Smith) to State, 20 July 1958, *FRUS, 1958-1960*, pp. 449, 465.

第4章 中立の崩壊 1958年〜1964年　　161

るようなより包括的な政治文化が育成される機会も失われてしまったことを示していた。重要なのは、第1次連合政府の崩壊は、アメリカの勝利と、ラオスの議会からアメリカ大使館への権力の移行の両方を意味しているということであった。その時点では、スワンナプーマーは怒りと失望を抑えていたが、後日、彼は自分がこうむった仕打ちについて憤りをあらわにした。

　第1次連合政府は、ラオスに中立という選択肢が残されていた最後の機会であった。ソ連は、ジュネーブ会談の共同議長国として、ラオスの中立に賛成していた。中国も同様で、ラオスの中立をカンボジアの中立に結びつけた。北ベトナムの姿勢はそれらとは違う意味があったが、ラオスの中立を受け入れる用意は十分整っており、連合政府への支援を続けると強く表明していた。ハノイが連合政府の崩壊に対して強い抗議を示したのは確かだ。ただ、ベトナム労働党が1956年6月の政治局会議において、ベトナム南部での武装闘争を準備することを既に決定していたとはいえ、ラオスにおいても同様の措置を取ろうと決めていたとは言えない。カンボジアでは、北ベトナムはシハヌークとの合意を尊重して、国内の反乱を支援せず、カンボジアの「中立」を保つ代わりに、南ベトナムへの武器と人員の移動を最初は無視してもらう程度に、後にはかなり自由に、認めてもらった。ハノイの見解からすれば、中立のラオスを通って幹部を南へ慎重に潜入させることは、その地の支配をめぐってアメリカと戦うよりもはるかに望ましいことであった。第1次連合政府の崩壊から1年以上が過ぎた1959年9月になって、ようやく北ベトナムは、新たなパテート・ラオの軍事行動のために新しい支援軍団（959部隊）を送った。その時には既に内戦が再び始まっており、ラオスはアメリカと北ベトナムの間の深まる対立に否応なく

17　*People's Daily*, 26 March 1956, quoted in G. M. Chittenden, 'Laos and the Powers, 1954-1962', PhD thesis, University of London (1969), p. 54.
18　（訳註）カンボジアでは、1955年4月にシハヌークが新組織「人民社会主義共同体」（サンクム）を結成し、総裁に就任した。9月の総選挙で実質的にシハヌークの翼賛団体であるサンクムが全議席を独占すると、シハヌークは強権的に左寄りの中立政策を実施し、政敵の活動を抑え込んだ。クメール・イサラク（自由クメール。第2次世界大戦後、反仏抵抗運動を活発化させた）の流れを汲む民主党や、ベトミンに組織化され反仏闘争を行なった勢力が結成した人民党は、シハヌークの独裁に対して、反シハヌーク活動を展開した。桜井由躬雄、石澤良昭『東南アジア現代史Ⅲ』山川出版社、1977年、294-323頁。
19　War Experiences Recapitulation Committee of the High-Level Military Institute, *The Anti-US Resistance War for National Salvation, 1954-1975. Military Events* (Hanoi, 1980), trans. Joint Publications Research Service, 3 June 1982, pp. 30-2.（これ以後は *Anti-US War* と略）。

巻き込まれていった。

右傾化

　プイ・サナニコーンが8月の議会に提出した内閣には、国益擁護委員会の4名のメンバーが含まれていたが、軍人はいなかった。アメリカの影響力によって国益擁護委員会は公の選挙を経ずに政治権力を握ることが可能となっており、アメリカの影響力が非常に強いラオス王国軍の野心的な若手軍人はそのことをよく理解していた。新政府が最初に行なったことはキープの切り下げであり、これによりアメリカの援助再開の道が開かれた。1960年から1964年にかけての新5ヵ年発展計画を策定するための準備がなされた。汚職防止のためにはおざなりの措置が取られただけで、政権の座に就いた国益擁護委員会はこの問題を改善する熱意をほとんどなくしていた。

　新政府がどれほど右よりであったのかということは、プイがラオスは「自由世界とのみ共存する」と宣言したことに示されている。[20]ベトナム共和国（南ベトナム）、台湾と外交関係を結んだが、ジュネーブで中心的役割を演じたソ連・中国とは結ばなかった。国内では、パテート・ラオの「シンパ」の疑いのあるものはすべて政府の役職から追放された。[21]秘密の諜報組織として新たに首相直属の「国立文書センター」が設立された。一方、「市民活動委員会」は軍と密接に関係を取りながら、地方で反パテート・ラオの宣伝活動を行なった。国益擁護委員会は共産主義を非合法化するための法律を可決しようとしたが、最終的には西側勢力からの助言によってこれを引っ込めた。しかし、政府には深い亀裂が入っていた。カターイ指導下の「ラオス人民連合」の議員たちは、成り上がり者の国益擁護委員会の存在を快く思わなかった。政治抗争は続き、軍によるクーデターの可能性が噂された。

　この時、深まりつつあった政治危機から注意をそらす事件が起こった。1958年12月15日、ラオスの警備兵が北ベトナムと南ベトナム間の非武装地帯に近

20　*Lao Presse*, 11 December 1958, quoted in Halpern and Fredman, *Communist Strategy in Laos*, pp. 13-14.
21　Sisouk na Champassak, *Storm Over Laos: A Contemporary History* (New York, 1961), p. 67.

い係争中の地域で発砲されたのである[22]。この山間の僻地は北ベトナムにとってかなり戦略的に重要であった。なぜなら、共産党の幹部が南に移動するための非武装地帯最西端の潜入ルートであったからである。北ベトナムは直ちにラオス人の侵入に対して抗議し、「大隊規模の軍」を派遣した。この事件と、そしてラオスの国境にはもっと多くの北ベトナム軍が結集しているとのでっちあげの報告に応えて、プイ・サナニコーンは議会を通さずに1年間支配権を行使できる非常大権を要求し、認められた[23]。それは事実上、ラオス愛国戦線が議会で討議することを排除することであった。議会による承認がもはや必要なくなったので、プイはまず内閣改造に着手した。自身が所属するラオス人民連合のメンバー3名に代えて、プーミー・ノーサワン大佐を含む国益擁護委員会メンバーの現役軍人3名を入閣させた。彼らの任命は、議会外勢力（アメリカ大使館を含む）の勝利であり、民主主義的過程の敗北に等しかった。国益擁護委員会と軍は、国民和解を犠牲にして事実上の政治代表権を獲得することに成功した。ラオスの政治はさらに派閥主義に傾いていった。これ以後、国益擁護委員会は、より良い政府のための大衆運動として自らを規定してきた仮面を拭い去り、指導者の野心に奉仕するための単なる圧力団体の1つとなった。

　政府の変化はすぐに2つの効果をもたらした。1つはラオス王国政府内でのアメリカの影響力の増大であり、もう1つは反ラオス愛国戦線を標榜する反共キャンペーンが強化されたことであった。双方に軍が関わっており、軍は次第に政治における決定権を持つようになっていった。文民であろうと文民のかっこうをした軍人であろうと、アメリカ人顧問たちはこれまで、彼ら自身の地位を貶めるような「思慮分別に欠ける」行動をしており[24]、多くのラオス人はアメリカの存在が大きくなっていくことに不安を増していた。軍や警察によるラオス愛国戦線への弾圧は強まっていた。多くの者が逮捕され、パテート・ラオは、地方、特にポンサーリーにおいて、軍が実際に一連の脅迫や暗殺に関わっていると非難した[25]。数百人のパテート・ラオ幹部たちが国境を越えて北ベトナムへ

22　ドメンはこの問題について、*Conflict in Laos* pp. 336-54においてかなり長く検討している。p. 339には、この地域の詳細な地図も載せている。彼は、この係争中の地域はラオスのものであると結論づけている。
23　Deuve, *Le Royaume du Laos 1949-1965*, p. 120, note 64;　*Anti-US War,* p. 37.
24　Deuve, *Le Royaume du Laos 1949-1965*, p. 121.
25　Vongvichit, *Le Laos et la Lutte Victorieuse,* p. 127.

と逃げた。

　ビエンチャン協定の精神を否定するだけでは不十分だとでも言うように、プイ・サナニコーンは、2月、ラオス王国政府はジュネーブ条約下での義務をすべて履行している以上、外国からの軍事援助の受け入れ制限はもはや当てはまらないと表明した。アメリカは直ちにこれを支持したが、北ベトナムと中国は反対した。ソ連は国際監視委員会にラオスでの活動を再開するように要請したが、イギリスが異議を唱え、立ち消えとなった。ハノイと北京は、プイの最初の声明と照らし合わせると、ラオス政府は中立だけでなくジュネーブ条約の履行も同じように拒否するだろうと思ったに違いない。もしもラオスがアメリカの「基地」になってしまったら、ジュネーブで共産勢力が勝ち取ったものは無に帰してしまう。中国も北ベトナムも明らかに事態は後退していると考えたが、驚くべきことに、両国はかなりの自制心を示した。

　虚勢を張って大胆になり、政府は政治勢力としてのラオス愛国戦線を壊滅させることに着手した。3月、彼らの新聞『ラオ・ハック・サート』が発禁となった。プイの非常大権によって既にラオス愛国戦線は議会での討議を認められていなかった。田舎の方では、地方援助という飴玉が幾分かは政府の支持に結びついており、軍は、ランド研究所が「ラオス愛国戦線の構成員と支持者の段階的かつ組織的粛清」と表現したように、パテート・ラオの幹部を根こそぎ逮捕し続けていた。[27]しかし、ラオス愛国戦線は合法組織として活動を続けることである程度の利益を得ていたため、政府と完全に関係を絶つことには躊躇していた。軍の活動はますます厳しくなっていったが、ラオス愛国戦線はまだ公務員や仏教サンガ、ビエンチャンのごくわずかな工場労働者たちの間でいくらかの影響力を行使していた。ないも同然ではあったが、ビエンチャン協定が廃棄されると、次の国会議員選挙では、都市の低地ラオ人の間にわずかに残っていた愛国戦線への支持基盤は完全に排除されるに違いなかった。スパーヌウォンに率いられたラオス愛国戦線幹部は、政敵がアメリカの熱い腕の中でさらに右

26　(訳註)アメリカ政府機関のために科学的研究・分析に従事する独立の非営利法人。1946年に設立された。いわゆるシンクタンクとして、科学、軍事、政治、外交など様々な分野において政策や企画立案へ研究を応用することを目的としている。1960年代半ば以降は、中でもベトナム戦争が重要な研究課題となっていた。市川泰治郎『アメリカの研究産業』鹿島研究所出版会、1971年、127-227頁。
27　Halpern and Fredman, *Communist Strategy in Laos*, p. 44.

傾化し、自分たちはますます孤立していたにもかかわらず、ビエンチャンに留まっていた。

　ラオス王国軍が国防省の支配権を握ると、事実上、政府とは無関係に行動するようになった。そこに出現したのが、アメリカが探し求めていた軍の実力者、プーミー・ノーサワンであった。元駐ラオスイギリス大使館付武官、ヒュー・トーイ大佐はプーミーのことをよく知っており、彼の親しげな微笑み、説得上手な話し方、物事の遂行能力、すべての特徴がアメリカに気に入られたと記している。

　　彼の声は魅惑的で柔らかく、演説はさわやかであった。しかし、実際にはその容貌どおり、彼は冷酷であった。仲間内でいる時、この男には無言の暴力的雰囲気が漂っており、彼らを力で押さえつけていることは隠しようもなかったが、意識してそんなそぶりを見せないよう自制しているようであった。彼は憎まれ、恐れられていたが、彼の命令には従わねばならなかった。[28]

　プーミーの命令の下、軍はラオス愛国戦線に対する弾圧をさらに強めた。それは地方の人々の深い怒りを買うようなやり方だったが、プイには軍の手綱を締めることはできなかった。ラオス愛国戦線は生き残りのために地下に潜ることを余儀なくされ、地方においてラオス愛国戦線の活動が弱まったように見えたことを軍は単純に成功と考え、後ろ盾のアメリカにそう報告した。

　軍が成果を上げているとの誤った認識に気をよくして、国防省は最後に残った部隊を排除することでパテート・ラオとの決着をつけようとした。ビエンチャン協定の条項に従って、それぞれ750人ずつのパテート・ラオの2大隊はラオス王国軍に統合されるはずであった。そこに含まれていた将校の定数をめぐって、交渉は長引いたが、最終的には105名の将校を含めることを主張して譲らなかったパテート・ラオに政府が譲歩した。譲歩の裏には、両大隊を武装解除し、ばらばらにして王国軍に統合した後に、将校の地位に見合った審査に合格することを求めて、パテート・ラオの将校を排除すればよいという意図があ

28　Toye, *Laos*, p. 147.

った。しかしながら、それ以前に、明らかにラオス愛国戦線を「一挙に」排除しようとしている政府の意図の前に、ビエンチャン協定の結果築きあげられた信頼はすべて失われていた。2大隊は統合を拒否した。軍からの圧力を受け、スパーヌウォンとビエンチャンにいた3名のパテート・ラオの上級将校が自宅軟禁下に置かれ、両大隊には、統合を受け入れるかそれとも武装解除させられるかのどちらかを迫る最後通牒が通告された。ルアンパバーン付近の第1大隊は最後通牒を受け入れることにした。しかし、ジャール平原の第2大隊はラオス王国軍の3大隊からなる包囲網を突破して逃亡した。[29] 政府は逃亡した大隊に反乱軍との烙印を押すことしかできなかった。

　反共キャンペーンの1つとして、政府は仏教サンガにおけるパテート・ラオの影響を取り除こうとしていた。1959年5月、サンガ組織の自治が国王の布告により制限されることになった。それ以後、サンガ組織の中の各行政級（村、郡、県）のすべての役職の任命に、1つ上の行政級の役人の承認が必要となった。高い役職については、大臣の承認が必要となった。サンガ内の異なる役職間での連絡書類までも、相当する行政級へ送らなければならなくなった。サンガを政府の計画支援のために使おうとしたことや、タイからタムマユット派[30]の反共の僧をラオスに招来して住まいを定めてやったことなどに加えて、この煩わしい干渉にサンガは憤慨した。パテート・ラオと王国政府の双方によるサンガの政治的利用は、既にその道徳的権威と地位を傷つけていた。しかしながら、地方から出てきた若年僧の多くはパテート・ラオの宣伝を受け入れており、政府の（特にサンガに対する）政策と彼らがアメリカ大衆文化の退廃的影響と考えていたものの両方を批判した。[31]

　軍と国益擁護委員会からの圧力に屈して、プイ・サナニコーン政府は、その政策が必然的に行き着くたった1つの結果——内戦の再開——に突き進んでい

29　パテート・ラオはビエンチャンのスパーヌウォンのように統合を受け入れる気持ち（Dommen, *Conflict in Laos*, p. 118を参照）と、ビエンサイの「党」のように反対する気持ち（Phomvihane, *La Révolution Lao*, p. 21)の2つを持っていたように見受けられる。さらに下記の註33を参照。

30　（訳註）モンクット親王（後のラーマ4世）は、1830年代からブッダの原始の精神に立ち返り、仏教本来の姿を取り戻すべく、仏教の改革運動に着手した。この運動に共鳴する人々がタムマユット派と呼ばれるようになり、1851年に親王が即位すると、教派として確立した。石井米雄『タイ仏教入門』めこん、1991年、141-6頁、桃木至朗編『新版 東南アジアを知る事典』平凡社、2008年、381頁。

31　J. M. Halpern, *Government, Politics, and Social Structure*, pp. 56-60, 161-4; M. Stuart-Fox and R. Bucknell, 'Politicization of the Buddhist Sangha in Laos', *Journal of Southeast Asian Studies* 13 (1982), 63-5.

第4章　中立の崩壊　1958年～1964年

った。パテート・ラオ第2大隊の劇的な逃亡のすぐ後、政府は遅まきながら軍や国益擁護委員会の影響力を制限することで状況の悪化を食い止めようとした。しかし、既に遅すぎた。右派においてはプーミー・ノーサワンと彼の配下の将軍たちが権力を握っていた。左派においては武力闘争に戻るという決定がなされ、その決定は南ベトナムでの攻勢を支援するために北ベトナムは全力を投入するというベトナム労働党の決定のすぐ後を追うものであった。中立と国民和解は終わりを告げた。政治的色彩の異なる両派とも、譲歩より対決を好む人々が主導権を握った。試練の時がやってきたのである。2万9000人の兵力に膨れ上がったラオス王国軍とアメリカ人軍事顧問団に対して、パテート・ラオのゲリラ部隊は兵力がその4分の1ほどで、北ベトナムから補給と助言を受けていた。[32] 最初の小競り合いは、その後に来る形を暗示していた。

　7月中旬、雨季の真っ只中で陸路、空路による遠隔山間の駐屯地への補給がほとんど不可能な時期に、パテート・ラオはフアパンの基地を再建し始めた。多くは県の北部と北東部にあった、ラオス王国軍の土塁で築かれた駐屯地は、2週間のうちに、次々とパテート・ラオのゲリラ部隊に壊滅させられていった。パテート・ラオは大部隊を結集させる必要はなかった。ラオス王国軍の部隊は自分たちが攻撃の危険に晒されていると思い、すぐにちっぽけな要塞を放り出して、安全な所へと退却した。彼らが守るはずだった人々は置き去りにされ、パテート・ラオを歓迎するか、降伏するかした。

　それに対し、政府はビエンチャンでスパーヌウォンと14名のパテート・ラオの代表を逮捕するという行動に出たが、革命運動の主導権はカイソーン・ポムウィハーンにしっかりと手渡されていた。[33] 政府は急いで増援軍を召集し、北

32　*New York Times*, 28 August 1959. 事業策定室が100名増員される（実際は特別軍事顧問であった）ことも報告された。村の軍事勢力は1万6000人から2万人に増員された。アメリカの情報によると、パテート・ラオは「おそらく多くて1500から2000」の兵力であり、「考えられうる軍事力増強の可能性」は5000人の元ゲリラを現役に復帰させるということであった。US Department of Defense, *United States-Vietnam Relations, 1945-1967* (Washington, DC, 1971), Bk 10, p. 1246. Bk 2, IVA5, p. 61. も参照。

33　Amphay Doréは、まさにこの時、スパーヌウォンと第1次連合につながった彼の和解政策を支持する人々がカイソーンを中心とするより過激な人々に敗北したのだと論じている。*Le Partage du Mekong* (Paris, 1980), pp. 59-60. 1954年から1959年にかけて実施したこの和解政策は、北ベトナムから全面的な賛同を得ていたわけではなかった。ベトナム労働党が1959年5月にラオス人民党と親密な関係を「再確立」したとベトナム側の文書で言及しているのは、そのことをよく示している。Smith, *An International History of the Vietnam War*, vol. 1, p. 82. その後のカイソーンの論評から推察される彼自身の考えは、国民和解という「幻想」と戦うためには連合政府に参加した人々の「政治行動」を監視しなければ

部ラオスに非常事態宣言を出した。そして、パテート・ラオの「反乱」に荷担していると北ベトナムを非難した。[34]ハノイはその非難を否定し、すぐに国際監視委員会の活動再開を要請した。ラオス王国政府はこれを拒否し、直接国連に訴えた。王国政府とタイそして南ベトナムとの関係は強まっていた。8月前半、パテート・ラオの第1大隊のほとんどはジャングルの中に消え、ラオス王国軍の前哨に対する小規模な攻撃が報告されるようになった。

ラオス王国政府が国連に、国家を「侵略」から守るために国連軍を要請したいと訴えたことで、国際社会における外交活動が突如盛んになった。[35]北ベトナムが関与しているとの政府の訴えを調査するために、国連の実態調査団が派遣されたが、4週間の滞在中いかなる証拠も見つからなかった。国連への訴えはその後も続いたが、信用されなかった。その間、パテート・ラオは軍事行動により、広範な地域の支配を獲得していった。フアパンでは政府側の大きな駐屯地がわずかには残っていたが、周辺部は再びパテート・ラオが掌握するようになった。戦闘はポンサーリー、シエンクワンやルアンパバーンの一部にまで拡大した。南部ではパテート・ラオを支援しているラオ・トゥンに対する軍事活動が特に厳しくなり、シートン・コムマダムとその仲間たちは反撃を再開した。再び武器が備蓄され始め、基地が再建されて、ラオス王国軍の前哨や通信網に攻撃を仕掛けた。北ではファイダーンが、おそらくモン族の3分の1ほどをパテート・ラオのキャンプに連れてきた。多くの山地タイ民族も、北西部ベトナムの民族的に近い人々と共に反抗に加わった。

このように、1959年に勃発した戦闘は民族的要素の強いものとなった。ラオス王国軍は圧倒的にラオ・ルムで占められており、将校たちはラオ・スーンやラオ・トゥン、さらには山地タイ民族に対してさえも侮りの意識を持っていた。1957年以降、軍は少数民族の若者を徴兵するどころか、パテート・ラオ

ならない、というものであった。*La Révolution Lao*, p. 117. 軍事闘争の再開は、ビエンチャンのパテート・ラオ指導者たちとは相談せずに、おそらくベトナムの助言によって決定されたのであろう。

34 パテート・ラオにはこのように統制のとれた攻撃を開始する能力はない、というのが唯一の「証拠」であった。Sisouk, *Storm Over Laos*, pp. 91-2. アメリカでさえ、公表されなかったが、北ベトナム軍の関与を信じてはいなかった。Telegram Embassy (Smith) to State Department, 9 August 1959, *FRUS, 1958-1960*, pp. 555-6.

35 イギリスとフランスはいかなる侵略も起こっていないと確信していた。Fallは *Anatomy of a Crisis*, pp. 126-40において、この危機を過大視して圧力をかけた国際社会、特にアメリカの役割を酷評した。

第4章　中立の崩壊　1958年〜1964年

に味方しているとして処罰した。山地の人々の生活状況改善のために行なったことは何もなかった。アメリカの援助のわずか8％だけが学校、診療所、道路、その他の開発計画に費やされたが、山岳地帯には何も来なかった。[36] 指導者たちが、彼らに馴染みの山地のマキに戻ろうと呼びかけた時、かつてのゲリラたちは、乏しい食料を徴発したり地元の女性を辱めたりする憎き低地の人々の軍を追い出せることが嬉しいという理由だけで、すぐにそれに応えた。第1次連合の崩壊によって、ラオス王国から多民族性を内包したナショナリズムの構築を目標とする政策を実行する機会が失われてしまったことは、大きな意味がある。それはパテート・ラオに託され、パテート・ラオのナショナリストとしての信任状は、少数民族だけではなく、アメリカの存在が増していくことに反発を覚えていた低地ラオの人々をも引きつけはじめていた。[37]

　10月、ペッサラート殿下とシーサワンウォン国王が亡くなったことは、一時代が去ったことを示していた。国王は、シーサワンウォン国王とは幾分か距離のあった寡黙な息子のサワンワッタナーに引き継がれた。ペッサラートは彼を無能で反動的で人気のない人物と見ていた。これは厳しい評価だとしても、新しい国王はまったくカリスマ性がなく、自分が王として最後の統治者になるような予感がするとはっきり言う始末だった。彼は堂々とした体格で、反共であると同時に親仏であったが、アメリカしかラオスの安全を保障できないと確信していた。しかし、彼の政治への取り組みはスワンナプーマーほどしっかりしたものではなく、最初の政治的試練に直面した時、無能ぶりと幼稚さをさらけだしてしまった。

　12月24日、パテート・ラオのビエンチャン攻撃が差し迫っているという明らかな虚偽の口実をもとにして、プーミー・ノーサワンは町中に軍を配置した。首相官邸は包囲され、首相に辞任の圧力がかかった。国王は、国益擁護委員会の強烈な反共に対する共感と、議会における手続きを尊重する気持ちとに引き裂かれた。どちらの思いも五分五分の状態が続いたが、首相を応援する気持ちが揺らぎ始め、プイは辞任した。そこで軍がラジオ局、その他の政府系建物を

36　Dommen, *Conflict in Laos*, p. 124.
37　C. J. Christie, 'Marxism and the History of the Nationalist Movements in Laos', *Journal of Southeast Asian Studies* 10 (1980), 153-8. を参照。

占拠し、上級官僚に軍の最高司令官からの命令にだけ従うように指図した。プーミー・ノーサワンの卑劣なクーデターはほぼ完璧だった。あとは国王が軍事政権を承認するだけであった。

その時、国内外から反対の声が上がり始めた。西側諸国の大使たちは国益擁護委員会に無言の支援を示していた国王に対して、軍事政権には反対であることを告げた。ブンウム殿下までもが軍の独裁反対との声を上げた時、プーミーは首相の座が遠ざかっていくのを感じた。彼は国王に、軍は「合法性を回復させるという任務を遂行しており」、文民政府の任命を期待すると告げた。[38] それゆえ国王は軍に感謝し、クーデターを企てたプーミーの責任を問わず、新たに選挙を実施するための暫定政府を任命した。これは典型的なラオス流の解決法で、1946年、国王がラオ・イサラ政府を承認し妥協を図ったことを思い出させるが、その時と同様、今度も国王の権威はいくらか傷ついた。しかしプーミー・ノーサワンはそうはならなかった。彼は後退したとはいえ、国防相の地位を保持した。さらに軍と国益擁護委員会は来るべき選挙の結果を決定するのに十分な権力をいまだに振るっていた。

1958年の選挙の結果を思い出し、アメリカ大使館は再びラオス人民連合と国益擁護委員会を統合して1つの国民戦線を結成するように動いた。しかしながら、2つの団体の敵意は深く、それは不可能であった。右派の分裂から対立候補（ラオス愛国戦線と中立平和党）が利益を得る機会を減らすために、新しい選挙法が制定され、左派の候補者は立候補することさえ、まして当選することは非常に難しくなった。アメリカとタイからの選挙資金はほぼ完全に国益擁護委員会に流れ、国益擁護委員会の候補者は公然と軍と警察からの支援を受けた。無所属の候補や対立候補に賄賂を使って立候補を取り下げさせ、11の議席で国益擁護委員会のメンバーが無投票当選となった。その他の議席で無投票当選になったのはルアンパバーンだけで、そこではスワンナプーマーの人気が非常に高かったので、そのほかの候補者（国益擁護委員会も含めて）が選挙から降りて

---

38 Deuve, *Le Royaume du Laos 1949-1965*, p. 139. しかし、アメリカの考えは2つに分かれていた。事業策定室とCIAは、ホレイス・スミス大使の背後で、大使にとっては迷惑な話であったが、プーミー将軍を支持していた。Telegram Embassy (Smith) to State, 30 November 1959, and Smith's personal letter to the Assistant Secretary of State for Far Eastern Affairs (Parsons), 15 December 1959, *FRUS, 1958-1960*, pp. 680-3, 690-5.

第 4 章　中立の崩壊　1958 年～1964 年

しまった。ビエンチャンで投獄されていたラオス愛国戦線の指導者たちは、立候補することさえできなかった。[39]

　ラオス愛国戦線中央委員会は、ビエンチャン協定を踏みにじるものだとして、この選挙を「茶番」であると非難し、ジュネーブ会談の共同議長国であるイギリスとソ連に間に入ってほしいと訴えたが、実現しなかった。パテート・ラオにしてみれば、これらの出来事は、国益擁護委員会の独裁によって事実上国家がアメリカの植民地と化しているという自分たちの主張を裏づけるだけであった。パテート・ラオの政治的主張は、国民和解、ジュネーブ条約の遵守、中立政策、そしてアメリカ人・フィリピン人・タイ人の軍事顧問・技術者の形を借りた外国による干渉の終結を強調したものであった。すべてのラオス人は、アメリカさえ出ていけば一緒に仲良く暮らせるはずであった。このメッセージは、腐敗し汚職にまみれた政治家や軍人によって嫌な思いをさせられていた役人、伝統的価値観や道徳の退廃を憂慮していた僧、贅を尽くした高級住宅や冷房の効いた役所からめったに離れることのない上官によって内戦の悲惨な戦場に送り込まれていた若手将校などの心の琴線に触れた。

　しかし、政治宣伝はパテート・ラオの戦略の一面にすぎなかった。もう一面は、ラオス王国軍による「掃討」作戦に対する武力闘争と「解放」区の政治組織化であった。ラオス・ベトナム国境に近い司令部から、カイソーンが軍事作戦を指揮し続けていた。1960 年初頭には、ルアンナムターとサイニャブリーを除くほぼすべての県で軍事作戦が展開されていた。その時には、もはや政府の支配下にはない約 20％の人口が、国土のほぼ半分に散らばっていた。[40] 駐屯地、役所、学校、保健所などの形で政府機関があるところでも、しばしば実効支配の範囲は 20 キロ以内までだった。そこから先は政府の支配は名ばかりで、この境界地域では待ち伏せ、輸送手段への攻撃、地雷、落とし穴などがあって不安定な状態が続き、その背後ではパテート・ラオの武装宣伝隊が政治教育と革命組織の結成という任務をひたすら遂行していた。彼らがこうして地方のラオス人の感情と理性に訴えかける努力をしていたことを、ビエンチャンで政治を

39　しかし、スパーヌウォンの指示により、ラオス愛国戦線から 9 人の候補者が立候補した。Dommen, *Conflict in Laos*, p. 129. 中立平和党からも 5 人の候補者が立候補した。
40　Deuve, *Le Royaume du Laos 1949-1965*, p. 145 には各県ごとの推定が断片的に載っている。

操っていた連中はほとんど知らなかったし、気にもかけていなかった。

　4月24日の選挙は、左派勢力が恐れていたとおり、あくどいもの——「欺瞞と不正の典型」だった。開票は茶番劇であった。なぜなら、国益擁護委員会の候補者の得票数は登録していた有権者の総数を超えており、2年前に左派が勝利した選挙区での左派候補の得票数がほんのわずかだったからである。たとえば、パテート・ラオがほぼ全域を支配していたサムヌアでは、国益擁護委員会の候補者の6508票に対してラオス愛国戦線の候補は13票であった。59議席のうち、国益擁護委員会が後援した候補が34議席、ラオス人民連合が17議席、無所属が8議席であった。対立している左派の党からの候補は議席を得ることができなかった。国益擁護委員会の議員たちは「社会民主党」という政党を結成し、この党が新政府における多数派となった。

　新首相のソムサニット・ウォンコートラタナ殿下は愛想のいい表看板にすぎず、新政府の真の黒幕は国防相のプーミー・ノーサワンと、同じく国益擁護委員会のメンバーで外相のカムパン・パニャーであった。両者は、ラオスは今後も彼らにとっての財政的政治的支援者であるアメリカとタイと密接に同盟関係を結んでいくのだと決めていた。両者はスパーヌウォンや逮捕されている彼の仲間たちを公判に付すなど、国内で強力な反共政策を展開した。しかし、政府が発足する2週間前、15名のパテート・ラオの指導者全員が、彼らの大義に共感した看守とともに綿密な計画を練って、劇的に監獄から逃亡、ジャングルに消えた。彼らは4ヵ月後、500キロ離れたパテート・ラオの司令部のあるサムヌアに現れた。この壮大な逃亡劇はその後1つの伝説となった。

　プーミーの政治的勝利とスパーヌウォンの逃亡は、ラオス政治における次なる危機の舞台を用意することになった。ラオスの中立という国際的にはまだ幾分か残っていた希望が組織的に妨害され、ラオスには内戦の再開という選択肢しかなくなった。内戦はすべてのラオス人が望んだ未来ではなかった。特に、戦闘に駆り出されるはずの人々にとっては歓迎されるものではなかった。これ

41　Goldstein, *American Policy Toward Laos*, p.157. CIAは選挙の不正に関与していた。Dommen, *Conflict in Laos*, p. 133.
42　Dommen, *Conflict in Laos*, p. 132.
43　（訳註）この逃亡劇は、主人公の1人プーミー・ヴォンヴィチットの『激動のラオス現代史を生きて——回想のわが生涯』平田豊訳、めこん、2010年に詳しい。

第4章　中立の崩壊　1958年〜1964年

が、1960年代半ばにこの国が直面することになる救いようのない状況につながるものだとは、そうした状況をもたらした張本人たち——右派、軍最高司令官、国益擁護委員会、アメリカとタイという彼らの支援者——にははっきりと見えなかったかもしれないが、その他の人々——ラオス人民連合のスワンナプーマー派、穏健左派、フランスなどには、そしてちょっと驚くが軍内部の一部の人にさえ、はっきりと見えていた。

1960年8月のクーデターとその結果

　1960年8月8日の朝、ほぼすべてのラオス王国政府閣僚が、故シーサワンウォン国王の国葬について必要な細かな手続きを国王と相談するためにルアンパバーンへ飛び立った。この絶妙な機会を逃すことなく、軍事クーデターを計画した人物がいた。8月9日早朝、第2パラシュート大隊が速やかにビエンチャンの支配権を掌握した。その司令官はコンレーという名の26歳の大尉であった。
　コンレーは小柄だったが、自分のエリート部隊から絶対的な忠誠心を得ている経験豊かな軍人で、ラオ・ルムとラオ・トゥンの混血であった。彼は控えめで政治的野心はなかったが、独立心に富み、微笑みを絶やさず、明快、率直で、すぐに多くの人々の心をとらえた。クーデター後の大衆集会で、彼は、「ラオス人どうしの戦い」の終結、「人々の背後で甘い汁を吸っている」者の打倒、真の中立への回帰(「もしボートに乗るならば、我々は真ん中に座らなければならない」)、ラオス内政への外国による干渉の終結を求めた。

> 　我々は血みどろの内戦を終結したいとの願いのためにこの革命を実行するのである。革命とはつまり、汚職役人の排除、月給に比してあまりに多い財産を有する司令官や武官の調査、可能な限り早く外国軍を追放することである…[44]

　そのクーデターはラオスのすべての派閥にとって、また言うまでもなくあまたの外国の支援勢力にとってもまったく寝耳に水であった。ビエンチャンの学

44　Quoted in J-Halpern, *Government, Polltics and Social Structure*, p. 40.

生を中心とする庶民は熱狂したが、慎重に見ている人もいた。すぐに政治的な動きがあった。8月13日、議事堂のまわりで騒がしい群集や多くのパラシュート部隊の兵士が今か今かと待つ中、59人中41人の議員が慎重にかつ満場一致でソムサニット政権の不信任を可決し、コンレーが個人的に推薦していたスワンナプーマーを首相に任命するよう国王に要求した。

　プーミー将軍はクーデターを、忠実だと信じていた軍による自分への個人的侮辱だとみなして、国防相として鎮圧することに決めた。辞任する前のソムサニット政権からお墨付きを与えられて武装し、プーミーはまずアメリカとタイが援助してくれるかを確認してから、自分の生まれ故郷でありラオス王国軍第3軍区の司令部があったサワンナケートに戻った。そこで彼は戒厳令を宣言し、アメリカとタイの援助により反クーデター軍を配備し始めた。プーミーの指図により、ソムサニット政権の大多数と21人の議員が反クーデター委員会を形成した。クーデターの指導者を非難するチラシがビエンチャンにまかれ、「サワンナケート放送」では、アメリカが提供した送信機によりひっきりなしに反クーデターの宣伝がなされた。その光景は、もしもお互いの面子が保てるような政治的解決が見つからなければ、いつ内戦が始まってもおかしくないと思わせた。

　議会による不信任案可決の知らせを受けてソムサニットは辞任し、国王はスワンナプーマーに組閣を要請した。国王による正式の認証式は、プーミーが一方的に戒厳令を宣言したことで、できなかったが、スワンナプーマーらはビエンチャンのシーサケート寺で伝統的な宣誓式を滞りなく行なった。コンレーはこの政府に実権を渡し、クーデターの終結を宣言した。しかし、その中立的な性格にもかかわらず、これは右派には受け入れがたい政府であった。スワンナプーマーを別にすれば、最も有力なメンバーは内務相に指名されたキニム・ポンセーナーであった。キニムは中立平和党の党首であり、知識人ではあるがユーモアに欠ける男で、中国人とラオ人の混血であった。先の4月の選挙で落選して、コンレーの側近となっていた。彼は右派から徹底的に嫌われており、スワンナプーマーは内戦を避けるには連立政府に中立派と右派の両方を含む必要があると考えた。プーミー将軍との交渉後、スワンナプーマーは彼を内務相に、キニムを情報相に降格して新政府を樹立した。コンレーの一派はプーミーを

第4章 中立の崩壊 1958年〜1964年

入閣させることに最後まで反対したが、結局は折れ、危機は避けられた。

この時、ある計画が明らかになった。ヒュー・トーイによれば、プーミーが正式な任官式のためにビエンチャンの政府に向かう飛行機に乗りこもうとした時、その儀式で彼の暗殺計画があることを警告した「アメリカ経由の」伝言を受け取ったのである。そこで、プーミーはサワンナケートに飛び、非公式にアメリカとタイの支援を取り付けて、反クーデター委員会を再開させた。数日のうちに、この委員会はブンウム殿下主導の「革命委員会」へと形を変えるが、事実上、合法的に樹立されたラオス政府の転覆を目論んだ反乱組織であった。

公にはアメリカはコンレーのクーデターとその後の出来事に対して中立的な立場をとった。アメリカの新大使、ウィンスロップ・G・ブラウンは、フランスやイギリスと同じように、危機回避を試みようとしていたスワンナプーマーに同情していた。ブラウンは新政府への支援を進めた。駐在していたCIA長官でさえも最初はそれに同意していた。しかし、南ベトナムとタイにつきあげられたペンタゴンは反対の声を上げ、ビエンチャンを全面通商停止にした。CIA内ではプーミーに加担する方向に意見が傾き、すぐに大量の武器、弾薬が、CIAと契約したエア・アメリカの航空機によってタイからサワンナケートに運ばれた——それまでアメリカはスワンナプーマー政府支援を公的に表明していたのにである。

北部ラオスに軍事基地を再建してから、パテート・ラオはこうした展開を強い関心を持って観察していた。スパーヌウォンはまだ刑務所からの劇的な逃亡の途中にあったが、コンレーとコンタクトをとるため即座に使者を派遣した。8月24日、新しいパテート・ラオ放送は、スワンナプーマーを支持し国民和解のために協力する用意があると発表した。その条件としてパテート・ラオは、停戦、政治犯の釈放、右派閣僚の解任、さらにすべての国と外交関係を結び

45　Toye, *Laos*, pp. 148-9. Dommen, *Conflict in Laos*, p. 150, and Field, *The Prevniling Wind*, p. 87. ドメンとフィールドは、心変わりして新政府に加わったプーミーを公然と非難していたコンレーを咎めている。
46　アメリカの見解では、実際、イギリスやフランスが表明していたことは「自己満足に陥らないように」ということにあった。Memorandum of Discussion, 455th Meeting of the National Security Council, Washington, 12 August 1960, *FRUS, 1958-1960*, pp. 787-9.
47　A. M. Schlesinger, Jr, *A Thousand Days: John F. Kennedy in the White House* (London, 1965), p. 297.
48　（訳註）表向きは民間の航空会社であったが、ラオス内戦中、アメリカからの支援物資を右派勢力に運び続けた。M. Stuart-fox, *Historical Dictionary of Laos*, Third Edition, The Scarecrow Press,Inc, 2008, pp.4-5.

援助を受け入れる厳正に中立な外交政策を挙げた。アメリカがタイの封鎖を解かせることを拒んだ直後、スワンナプーマーは交渉開始のためにビエンチャンに代表団を送るようにと正式にパテート・ラオを招聘した。一方、パテート・ラオ放送は、ゲリラ部隊は中立派軍との衝突を避け、事実上の反右派同盟を形成すると述べた。プーミー将軍がこの動きを新たな侵略だと非難する中で、パテート・ラオのゲリラはポンサーリー、フアパン、カムムアンでの軍事的地位を強化した。

　スワンナプーマーに忠実な中立派の軍司令部とサワンナケートのプーミーの右派軍とに分裂したことで、各部隊はどちら側につくのか選択を迫られた。敵対する両者の最初の交戦では、コンレーのパラシュート中隊2隊がパークサンから前進してきたプーミー大隊2隊を叩き、カディン川（ナム・カディン）から南に敗走させた。ポンサーリーでは、カムウアン・ブッパー大佐がどちらにもつかないようにした。一方で、サムヌアの軍司令官はサワンナケートへの支持を明らかにした。ヒュー・トーイによると、コンレーがサムヌアをスワンナプーマー側に引き入れようとわずかなパラシュート部隊をサムヌア近郊に投入すると、1500人もの強力な駐屯軍が逃げ出し、ジャール平原に退却する時にパテート・ラオのゲリラ兵によって待ち伏せされて、武装解除させられる破目になった。[49]

　こうした不安定な状況に対して、アメリカのとった外交上の措置はスワンナプーマーに圧力をかけるというものだった。タイの封鎖によって生じた食料や燃料の不足を補ってもらいたいという要求は無視された。コンレーの軍隊には軍事物資が届かず、政府や軍の給料を支払うための毎月の交付金も9月には停止された。その間、特にパテート・ラオとの交渉再開に対してアメリカの不満が高まっているとスワンナプーマーに警告するために、使節団がワシントンから派遣された。アメリカの使節団長に選ばれたのはJ.グラハム・パーソンズであった。彼は極東問題に関する国務長官補佐官で、3年前ビエンチャン駐在大使として第1次連合政府成立阻止のためにできることは何でもやった人物であった。パーソンズとスワンナプーマーはお互いに嫌悪感と不信感を抱いており

49　Toye, *Laos*, p. 150. その後、ベトナムはフアパン県の解放を「ベトナム義勇軍と共同で」実行したことを明らかにした。*Anti-US War*, p. 44.

(スワンナプーマーはその後、パーソンズを最もよこしまで非難されるべき人物であると述べた)、見通しは暗く、またタイミングも悪かった。スワンナプーマーがパテート・ラオ代表団との交渉を始めたのはパーソンズが到着する前日であり、パーソンズが国王と会うためにルアンパバーンに出発したその日、ソ連の最初のラオス駐在大使がビエンチャンに到着し、熱烈な歓迎を受けた。スワンナプーマーは、パテート・ラオとの交渉をやめることも、政府をルアンパバーンへ移すというパーソンズの提案を受け入れることも拒否した。プーミー・ノーサワンについては、公然たる謀反人たちとの交渉を彼が促すはずがないとスワンナプーマーは考えていた。ブラウン大使には、アメリカ軍がサワンナケートを支援する――ただし中立派軍ではなくパテート・ラオ軍掃討のために使用することを条件に――ことを認める代わり、政府へ毎月の交付金の支払いを再開するという「紳士協定」をスワンナプーマーとの間に取り交わすという難事が委ねられた。そのような条件は何の意味もなかった。パーソンズの訪問に続いて、ソ連が、合法的に成立したラオス政府へ喜んで支援を提供すると宣言した。それを受け、ワシントンでは「スワンナプーマー追放に国務省と国防省が同意した」[51]。

　スワンナプーマーの追放とはつまりプーミー将軍を担ぐことを意味した。大量の軍事支援に加え、アメリカはプーミーに戦術的かつ技術的な支援もしており、彼の全軍に給料を支払っていた。パテート・ラオの秘密ラジオ局が中立派将校に離脱することを勧めていた一方で、右派はアメリカのプーミーへの支援を大いに利用し、スワンナプーマーの孤立は深まった。11月の半ばには、軍事力の均衡は確実にサワンナケート有利に傾いていった。5つの軍区のうち4つの軍区と5人の将軍のうち3人の将軍がプーミー側につくと表明した。スワンナプーマーは次第にパテート・ラオに頼らざるをえなくなり、この事実上の同盟関係によりパテート・ラオの地位は計り知れないほど強化された。パテート・ラオがしっかり掌握していたフアパンだけでなく、パテート・ラオの「行政委員会」――選挙で選ばれた村長から漸進的に権力を奪う、村落行政と同等の組織――がシエンクワンや北部の大部分に速やかに設立された。ルアンパバ

50　*New York Times*, 20 January 1961.
51　Schlesinger, *A Thousand Days*, p. 298.

ーンの駐屯軍がプーミー側につくと、スワンナプーマーはサムヌアに飛び、そこでスパーヌウォンと共に最後の訴え——国王に対しては反逆者に味方しないように、人々には政府を支持するように、外国勢力にはラオスのことに干渉しないように——を発表した。[52]パテート・ラオは現実味を帯びてきた内戦を避けることを望んで、ブンウムとプーミー・ノーサワンを閣僚から除けば右派を含む3派連合政府樹立に同意するとサワンナケートに伝えた。

だが、すべては無駄であった。雨季の終わりに、CIAとタイの支援によりプーミーはカディン川の前線を強化した。アメリカが提供した大砲と重装備迫撃砲は、コンレーの軽装備のパラシュート部隊を遠慮なく襲った。アメリカの特別軍事将校に率いられ、プーミーの軍はパークサンに進撃した。この進軍のニュースはビエンチャンに衝撃を与えた。キニム・ポンセーナーから内密に命を受けた左派のデモ隊が町へ繰り出した。しかし、2週間以上たってもビエンチャンで戦いは起こらなかった。その間アメリカはスワンナプーマーに、これ以上プーミー将軍に軍事的援助を与えないと保証して欺き、ソ連はスワンナプーマーの要求に応じてハノイからビエンチャンへ緊急物資を空輸してきた。

その後、事態は急展開した。プーミー軍は2方向——13号線沿いにパークサンからと、東北タイ経由ノーンカーイから——ビエンチャンに迫った。議員の多くがスワンナプーマーを見捨て、彼の政府に不信任案が提出されるのも時間の問題となった。[53]内戦を回避するためにスワンナプーマーが努力してきたことのすべては無に帰した。12月9日、スワンナプーマーと閣僚の大半は自発的にビエンチャンを離れてカンボジアに亡命した。キニムだけはソ連の軍事援助を要請するためにハノイへ飛んだ。それに応えてロシア人は105ミリの曲射砲3機と重装備迫撃砲3機を弾薬とともに送ってよこしたが、プーミーの軍事力には到底及ばなかった。

2日後、38人の議員がサワンナケートに集まり、政府への不信任案決議を可決させた。そこで国王はスワンナプーマー政府を解散させ、暫定政府を樹立す

52　Deuve, *Le Royaume du Laos 1949-1965*, p. 177. スワンナプーマーと親しく、彼の顧問をしていたドゥーブは、アメリカが彼を追放しようとしたために、いかに彼の選択肢が徐々に狭められていったのかを明らかにしている。Telegram State (Herter) to Embassy, *FRUS, 1958-1960*, pp. 953-4, 963-5を参照。
53　アメリカ大使館は議員に「かなりの額の」逃亡資金を支払い、サワンナケートへ行かせた。Telegrams Embassy (Brown) to State, 17 November, 9 December 1960, *FRUS, 1958-1960*, pp. 966-9, 1001-2.

るようブンウム殿下に要請した。それは、タイとアメリカに即座に承認された。新政府からの指示を待たずに、プーミー将軍は12月13日ビエンチャンへの攻撃を開始した。結果は明らかであった。それでも右派軍が首都を制圧するのに3日を要した。何百人もの死傷者を出し、大きな被害を被ったあと、武器の数でも兵員数でも劣っていたコンレーの軍隊は整然と北部に撤退した。ビエンチャン市民が家の中で震え上がっている間、反乱軍は大砲を据え付け、市内で死闘を繰り広げた。混沌とした市街戦の中で両軍はラオス人の血を流すことに嫌気がさし、兵士は空に向けて発砲したが、それは椰子の葉で葺いた木の家に住んでいた市民を守ることにはならなかった。コンステレイション・ホテルでは海外特派員たちが自分たちの身は安全なまま戦闘の推移を見守っていたが、外では500人もの人が命を落としていた。[54]

　ビエンチャンでの戦闘はコンレーの中立派軍をパテート・ラオの腕の中に送り込むという政治的効果を生み出し、こうしてラオスにおける共産主義運動の姿が国際的に強くアピールされた。しかし右派はこのことを共産主義の敗北と断じた。その後の3ヵ月間、中立派とパテート・ラオからなる「敗北軍」は、ジャール平原から始まってラオス北部、東部への支配を強化した。1961年初頭に右派は軍事行動を開始したが、失った土地を再び取り戻すことはできなかった。

　ビエンチャンでの戦闘が軍事的に何ももたらさなかった以上、政治的危機の解決においても決定的なことは何も起こらなかった。ブンウム政府の表面的な合法性は西側諸国の承認を得るには十分であったかもしれないが、スワンナプーマー政府を承認し続けていた共産圏を納得させるには不十分であった。スワンナプーマー自身は、いくらか迷った末に、いまだ自らが首相であることを表明した。しかし彼はプノンペンに居続け、そこで次々とやってくる記者たちのインタビューに愛想良く応じていた。彼は記者たちに向かって近視眼的で愚か

54　Fall, *Anatomy of a Crisis*, p. 196; Toye, *Laos*, p. 158, note 48; Field, *The Prevailing Wind*, pp. 104-7. 死者の中にはパテート・ラオ軍から派遣されていた指揮官もいた。後の党史では、コンレー支援に行ったのであると説明されている。シーサナ・シーサーンの指示によりこの件について文書が書かれたが、党に批判され、出版されなかった。出版に至らなかったこの文書には「ラオス人民革命党の歴史」という題がつけられていた。'Pavatsāt Phak Paxāxon Pativat Lao'（ラオス人民革命党の歴史）, pp. 84-6.（私はこの文書の数ページをコピーで手に入れることができた）。

なアメリカの政策を酷評し、名目的中立であってもラオス再中立化のための新たなジュネーブ会談を招集しなくてはならないというシハヌーク殿下の提案に賛成した。それは、アメリカにおいてさえ、より思慮深い人々が検討しようとしていた選択肢であった。

一方、空路、陸路のどちらにおいても、ソ連、中国の軍事物資を北ベトナム経由で受け取るのに戦略的に理想的な位置にあったジャール平原は、急速に軍事基地化した。[55]モスクワとハノイは、ラオスの合法的な政府からの要請に応じているのだと主張することができた。その政府の最高軍事委員会は、名目的にコンレーを議長としており、中立派とパテート・ラオの両軍を指揮していた。ビエンチャンでは、ソ連による武器、弾薬の空輸や北ベトナムの軍事顧問の流入に対抗して、アメリカが軍備を増強していた。未熟なラオス空軍はT6訓練用戦闘機で装備していたが、右派の部隊には400人のアメリカ特別軍事顧問が「ホワイトスター機動訓練団」という名前で配属された。[56]

こうした双方の軍備増強は、後に内戦が拡大すると大きな重要性を持つようになった。パテート・ラオ側では、ソ連からの武器供与と北ベトナムからの軍事顧問によって、ゲリラ部隊を右派軍と同じような編成の戦闘可能な正規軍として組織することができるようになった。その後パテート・ラオの支配地区とラオス王国政府の支配地区とを分けた「前線」がほぼ明確になったのは、こうした軍備増強が進んだためであった。シエンクワンやフアパンのラオ・スーン社会に限れば、「秘密部隊」として知られるようになる、CIAが訓練を施し装備を与え給料を支払ったモン族の独立したゲリラ部隊が急遽組織されたことがより重要であった。フランス人の指揮下で、モン族の村人は自衛軍として武装しており、パテート・ラオに抵抗し続けていた。コンレーのパラシュート部隊がラオス軍の部隊をジャール平原南部に追い払った時、シエンクワンのモン族指揮官、バンパオ大佐はパテート・ラオの支配下に入らせないようにモン族の200ヵ村に前もって立ち退きを命じた。7万人の男女、子供がジャール平原南部のより深い山中に移動し、アメリカから空中投下によって物資が供給されて、

---

55 アメリカの情報によると、1961年1月中旬、ジャール平原には2600人のパテート・ラオ軍と500人の中立派軍がいた。Brown and Zasloff, *Apprentice Revolutionaries*, p. 77.
56 Dommen, *Conflict in Laos*, p. 184.

第4章 中立の崩壊 1958年〜1964年

兵力供給地となった。そこからパテート・ラオとの13年間に及ぶ「秘密戦争」にモン族の非正規軍が徴兵されていった。

振り返ってみると、1960年のクーデターとそれによって引き起こされた政治危機は、3年前ほんの一瞬だけ存在したイデオロギー的合意を再び打ち立てようとした最後の必死の努力として捉えることができる。しかし、アメリカの反共主義に追い立てられ、政治的分裂はさらに進んだ。このクーデターが証明したのは、左と右への分裂に抵抗できるような求心力のある第3の政治集団を作ることは無理であるということであった。クーデターの衝撃は既に十分政治的に不安定だった状況をさらに悪化させたというよりも、むしろ不安定さを解消できるかのような錯覚を作り上げた。しかし、それはまさに錯覚で、第2次連合政府成立に対する希望は無に帰してしまった。事実上の国家の分裂状況は解消されず、中立化は無理だということが明らかになった。したがって、1960年のクーデターはラオス史の中で重要な転換点とはならなかった——内戦を回避できるかもしれないという望みがさらに小さくなっただけであった。逆説的ではあるが、クーデターによって、アメリカはますます悪化する事態から抜け出す機会を得た。なぜなら、ラオスで共産主義者が支援しているゲリラと戦っていたアメリカ軍の展望は、ワシントンの新政権の熱意を込めた期待とは異なっていたからである。

1962年のジュネーブ条約：第2次連合政府の成立

1961年初めの4ヵ月間は、ラオス国内の各派の間でも、国外の資本主義社会の中でも、様子を見定める時期だった。勢力のバランスは、1959年12月の軍事干渉とその1年後のビエンチャンでの戦闘の間に、劇的に変化していた。いかなる基準から判断しても、国益擁護委員会と軍の果たした役割はひどすぎた。プイ・サナニコーン政権は、無能さに加え、貪欲な権力欲と汚職まみれのひどい選挙がコンレーのクーデターを引き起こしただけでなく、妥協により政治的解決を図ることを拒絶したことによって危機をさらに悪化させることになった。アメリカの圧力の下、プイ・サナニコーン政権は政治的立場を支えるために軍という選択肢を用いたが、実際にはそれは政治的立場を弱めることに

なった。なぜなら、中立派にはパテート・ラオと同盟するより他に選択肢が残されていなかったからである。スワンナプーマーが感じたやり場のない思いは理解できる。

ブンウム政府の最初の仕事は、行政と治安組織への支配を強化することであった。優先事項は、軍隊の再編、プーミーの忠実な部下であるシーホー・ランプータクン大尉の単独指揮の下に警察、軍事警察、公安を統轄する「国家調整委員会」を設立すること、中立派シンパの疑いのある役人をすべて組織的に追放することであった。プーミーはビエンチャンの人々から受けた冷たい反応によって、しばらくは毎晩ヘリコプターでタイの軍事基地に戻って寝たほうが賢明であると思った。しかし、彼は敵を殲滅しようと決心していた。

ジャール平原では、コンレーとキニム・ポンセーナーが急速にパテート・ラオとの同盟を強化していた。異なる指揮系統の下にある2つの軍は、作戦と補給に関して協力する協定を結んだ。キニムの指揮下、ビエンチャンからコンレーとともに撤退してきた官吏や学生の支援により、中立派政府が再びジャール平原のカンカイに作られた。スワンナプーマーはプノンペンに残っていたが、2月になるとスパーヌウォンや他のパテート・ラオ指導者たちに迎えられカンカイへ飛んだ。

資本主義世界では、深刻な国際的危機に発展する恐れのある緊張を和らげるには、何が最善の方法か、真剣に考えるようになった。早くも1960年9月に国際会議開催を提唱していたシハヌーク殿下が、1月に再度提唱すると、フランス、ソ連、中国が賛成した。インドとイギリスは国際監視委員会の再開に賛成した。問題は、国際監視委員会はブンウム政府とスワンナプーマー政府のどちらの政府を認めるべきかということだった。1954年のジュネーブ会談の共同議長国ソ連に対して、イギリスは国王に使者を派遣するという提案をしたが、ラオス憲法の下では国王は行政権限を付与されていないし、いずれにせよ「反乱者たちのとらわれ人」であるという理由で反対された。[57]

この状況で再び判断を下すのに困りはてていたのはワシントンであった。ラオスで軍を選択したという失敗は、アメリカの政策の失敗でもあった。プーミ

---

57 *Documents relating to British involvement in the Indo-China Conflict 1945-1965*, Miscellaneous series no 25 (Cmd 2834), pp. 166-8.

ーがビエンチャン奪回に成功したことに対して、当初アメリカの反応は自画自賛であった。しかし、軍を選択したことが有効であったならば、中立派と共産主義者の勢力は速やかに潰されているはずであった。ところが、そうならなかっただけでなく、その後4ヵ月間にわたってラオス王国軍は指揮官の無能さと戦意のなさを露呈し続けた。軍事的勝利は不可能であることが明らかになるにつれ、ワシントンではジョン・F. ケネディー次期大統領の行政スタッフの間でラオスの中立を含めた政治的解決を支持する声が強くなった。

　3月、中立派とパテート・ラオ軍双方からの攻撃があったため、アメリカは沖縄に海兵隊を待機させ、タイ湾へ第7艦隊の一部を派遣した。しかし、2日後の記者会見でケネディー大統領はラオス政策の大きな転換を発表した。ケネディーは、アメリカは「ラオスの中立と独立」を「強力に、かつ留保なく」支持すると述べ、「真の中立」を保証するために関係各国に「建設的な交渉」を呼びかけた。しかし、その提案が拒否された場合のために、秘密軍事作戦が既に進行していた。ラオス軍の全部隊がタイで一斉に訓練を始めており、一方、偽のラオスの身分証明書を持ったタイの軍事顧問がラオスで働いていた。ラオスにおけるCIAの存在も大きくなっていた。CIAの主な任務はモン族との活動であったが、南部ラオスでも別の作戦を開始していた。

　ケネディー主導の提案に対してソ連はあまり気乗りのしない反応を示した。アメリカは東南アジアにおける戦略的な「瓶の栓」としてラオスを見ていたが、ソ連にとってラオスはさほど重要ではなかった。ソ連がラオスに関わっていたのは、アメリカへの挑戦というよりも、革命を依頼してきた者への支援に関して中国と競い合わなければならなかったからであった。ラオスにおいてアメリカ軍の存在が大きくなっても、モスクワは特に反応しなかった。しかし、ソ連がイギリスと一緒に国際会議に先駆けて停戦を要求することに賛成すると、

58　*New York Times*, 24 March 1961. 全文は US Department of State, *Bulletin*, 17 April, 1961, pp. 543-4. を参照。
59　議長のフルシチョフはラオスに関しては無頓着で、一方、ソ連外相のアンドレ・グロムイコもアメリカ国務長官ディーン・ラスクにソ連はラオスについては「何も」要求しないと語った。Telegram Embassy Moscow to State, 10 March 1961; Notes by Secretary of State Rusk, 18 March 1961; Memorandum for the Record, 30 April 1963, in E. C. Keefer, ed., *Foreign Relations of the United States, 1961-1963*, vol. XXIV, *Laos Crisis* (Washington, 1994)（以後 *FRUS, 1961-1963* と略）, p. 47, note 1, pp. 82, 94, 1006. このような無関心にもかかわらず、3月初旬になるとソ連の輸送機が2000機も2400トンの補給物資を積んで飛んできた。Memorandum of Conference with President Kennedy, Washington, 9 March 1961, p.74.

中国、北ベトナム、パテート・ラオは軍事的優位を手放すことをためらった。中国とベトナムを説得するためには、ソ連の圧力と、スワンナプーマーとスパーヌウォンが北京とハノイを訪問することが必要だった。その後、国際的な合意によってラオスを中立化させようという動きに弾みがついた。

4月24日、1954年のジュネーブ会談の共同議長国であるイギリスとソ連は共同で12ヵ国——ラオスと近隣の6ヵ国、国際監視委員会の構成国3ヵ国、フランスとアメリカ——に、停戦合意の後に招集されることになっていた「ラオス問題に関する国際会議」に出席するよう招待状を送った。しかし、ラオスで戦闘は続いていた。故シーサワンウォン国王の葬儀が盛大に行なわれている時に、中立派とパテート・ラオ軍は停戦期限ぎりぎりの攻撃を仕掛けた。モン族の基地が攻撃にさらされ、サワンナケート県セーポーンにある最後の戦略的基地がパテート・ラオの攻撃により停戦実行の前日に陥落した。ジュネーブでの会談の前日に、国土の3分の2がパテート・ラオと中立派の手中に落ちた。

ジュネーブでの会談は、ラオスに派遣された国際監視委員会のチームが停戦状態を確認した後の1961年5月16日にやっと招集された。ラオスの3派すべてが代表を出した。その5日前、各派の軍事代表団による最初の3派会談が、ワンビエンのすぐ南にあり一時的に前線の軍事状況が安定していたナーモン村で行なわれた。ナーモン会談は、ブンウム政権やアメリカの反対にもかかわらず、ジュネーブでパテート・ラオと中立派が別々の代表団として席に着く先例を作った。ラオス3派間の意見の相違を反映して、ジュネーブにおける議論の進展は遅々としていた。しかし、6月の初めにウィーンで開かれたケネディー大統領とフルシチョフ首相との首脳会談で、アメリカとソ連が東西緊張の源であるラオスをどうやって片づけようと決めたかが明らかになった。その共同声明で両指導者は、ラオス人自身によって選ばれた政府のもとでラオスの中立と独立を支援していくこと、中立と独立を保障するための国際的な合意を支援することを再確認した。そのためには停戦の実効が重要であることを彼らは理解していた。[60]

しかし、超大国がラオスには中立と独立が必要であると認めることと、地域

---

[60] 'Joint Communiqué Issued After Talks in Vienna', Australian Department of External Affairs, *Select Documents on International Affairs: Laos*, no.16, Canberra, April 1970, p.96. さらに Memorandum of Conversation (between President Kennedy and Chairman Khrushchev), Vienna, 4 June 1961, *FRUS, 1961-1963*, pp. 231-6; Anon., *Laos in the Mirror of Geneva* (Peking 1961), pp. 27-30.

勢力(北ベトナムとタイ)やラオスの各派がそのために必要とされる状況を作り出すこととは全く別問題であった。主要な地域勢力は協力を納得せざるをえなかったが、かなりの数のベトナム「義勇兵」によって強化されたパテート・ラオ軍が右派より軍事的に優勢で、中立派軍と中立派政府との同盟下で活動できる時に、北ベトナムが停戦の実行を渋るのはもっともな話であった。タイは、いかなる協定も共産主義者の勝利を保証するだけで、それによりタイの安全が脅かされると恐れていた。最初、タイはジュネーブに代表を送るのさえ拒否したが、アメリカの強い圧力に屈して、第8会期になって姿を現した。

ラオスの3派については、新たに3派連合政府を成立させるというナーモン村での希望に満ちた和解の兆候は、数日のうちに消え、ジャール平原の真南、パードンにあったモン族の拠点周辺で新たな戦闘が起こった。明らかな停戦違反を監視するという国際監視委員会の役割についての合意は得られそうになかった。バンパオがパードンを放棄してから、パテート・ラオは国際監視委員会チームに戦闘が続いていないことを確認する許可を与えた。パードン陥落への不快感を表すためにアメリカ代表団は1週間ジュネーブ会談をボイコットした。それ以上に重要なことは、モン族の「秘密部隊」を作る決定がなされたことであった。その「求められず、特に歓迎もされない」仕事はCIAの手に託された。[61]

政治の最前線はいくらか前進があった。シハヌーク殿下の粘り強い努力のおかげで、3人のラオスの王子[62]が6月末にかけてチューリッヒで会談し、そこで3派すべてからなる暫定国民連合政府を新たに成立させるという原則に合意した。この政府の代表団がジュネーブ会談でラオス代表を務めることになった。しかし、新政府の構成については合意には至らなかった。この時点で、何も動かなくなった。8月のプノンペンでの会談でも進展はなかった。その間に両者とも、それぞれの支援者からの豊富な軍事援助で軍隊を強化していた。

この期間のアメリカの対ラオス外交政策文書を読むと、冷戦が拡大していく見通しの中でワシントンがラオスでの出来事をどの程度に考えていたのか、南

---

61 Blaufarb, *The Counterinsurgency Era*. p.147. その時、アメリカは「武器、弾薬、その他の補給物資」を7700人のモン族兵士に提供していた。Memorandum from Assistant Secretary of State for Far Eastern Affairs (McConaughy) to Under-Secretary of State (Bowles), 26 June 1961, *FRUS, 1961-1963*, p. 263.
62 (訳註)ブンウム、スワンナプーマー、スパーヌウォン。

ベトナムのゴ・ディン・ジエムとタイのサリット・タナラットによる親米独裁政権を維持する必要性はどの程度であったのかが明らかになってくる。ラオスの中立は、適切に維持されさえすれば、冷戦の終結に貢献できたであろう。国際監視委員会が再び無力化するであろうということは目に見えていたので、アメリカは軍事介入するにあたって可能性のある計画をたくさん立てていた。SEATOのアメリカの同盟国の協力を伴うものもその1つだった。北部ラオスはパテート・ラオに渡し、メコン川流域と南部ラオスを南ベトナム軍とタイ軍の支援によって占領することを目論むというものもあった。アメリカの統合参謀本部が認めたように、地勢と兵站上の問題は手ごわそうではあったが、もしジュネーブ会談が決裂し、この選択がとられていたら、第2次インドシナ戦争においてアメリカ軍が関与したのはベトナムよりも主としてラオスであったかもしれず、結果も全く違ったものになっていた可能性があると推測するのは興味深い。しかし、軍事介入は共産勢力が攻撃を再開した時にだけ起こった。そのうちに、右派軍は増強され、訓練や武器も向上していった。

　アメリカにとって、ラオスは東南アジアの安全保障というチェス盤の上で望み通りに使える歩であった。しかし、同時に明らかになったのは、両陣営ともに、同盟する者や依存してくる者がいかに強情であるかということであった。プーミーにとってアメリカの政策転換は、彼自身にとっても国家にとっても裏切りであった。彼はアメリカの「傀儡」であったにもかかわらず、できるだけ長くアメリカの要求に応じるのを拒んだ。ケネディー政権、特に極東問題における国務長官補佐、W.アヴェレル・ハリーマンが、スワンナプーマーがラオス中立化の鍵であると確信し、スワンナプーマーの方へアメリカの政治的支援を転換すると、プーミーはますます頑固になった。ハリーマンがサワンワッタ

63　アメリカ国務長官ラスクはラオス分割を計画していたことから、比較の重要性は明らかである。もしラオスが分割されていたら、南ベトナムとタイの重要性は低下したであろう。Telegram from Secretary of State Rusk to State, Paris, 2 June 1961, *FRUS, 1961-1963*, pp. 222-3; the Memorandum from the President's Deputy Special Assistant for National Security Affairs (Rostow) to President Kennedy, 17 August 1961 (pp. 371-4).

64　ジュネーブ協定締結の前日まで、軍事介入のための計画が練られていた。Analysis of the Situation for Military Planning Re Laos, 1 June 1962; Memorandum of Conversation, 2 June 1962; Memorandum from the President's Military Representative (Taylor) to President Kennedy, 4 June 1962, *FRUS, 1961-1963*, pp. 806-12, 817-23.

65　1961年になると、アメリカはスワンナプーマーが真の愛国者で「基本的に反共主義者」だが、自身

第4章　中立の崩壊　1958年～1964年

ナー国王の同意を得、プーミーの権利の保留や弁明をはねつけた後でさえ、彼はスワンナプーマー主導の第2次連合政府成立に執拗に反対した。

　交渉が長引くにつれ、諸外国の我慢も限界に達した。アメリカとソ連両国からの圧力によって、3人の王子は1962年1月、ジュネーブで会談を行なうことに同意した。そこで、政府にはパテート・ラオと右派から同数の代表を出すというパテート・ラオの言い分が、スワンナプーマーの中立派が最も多くの大臣職に就くという条件で、最終的に受け入れられた。しかし、誰が国防相と内務相という重要な大臣になるべきかの合意には達していなかった。両大臣の職は中立派が占めるべきであるとのアメリカの主張はほとんど聞き入れられず、アメリカは明らかに不快感を表した。戦闘が再開される可能性もあるので、アメリカは軍事援助や経済援助を引き上げることを躊躇した。しかし結局、ケネディーは他に選択の余地がないことを見極め、両方の援助を一時的に中断した。

　それに呼応するかのように、プーミーは、ラオスが北ベトナム、ソ連、中国軍に侵略されていると、みんなが疑っていることと合致する主張を発表した。しかし、狼は以前から吼えすぎており、さらなる政治的策略はもはや成功しなかった。3月24日、ハリーマンは、タイの独裁者でプーミーの遠縁にあたるサリット元帥同席のもと、ビエンチャン対岸のタイのノーンカーイでプーミーと会談した。しかし、プーミーに言うことを聞かせようとしたこの最後の試みでさえ成功しなかった。結局、資金援助を減らし（プーミーは軍の資金をアヘンに頼るようになった）[66]、右派軍が壊滅的な敗北を喫して、やっと彼は言うことを聞いた。

　そのうちにナムターの戦いが迫った。ナムターはルアンナムター県の県都で、中国国境から30キロ南に位置している。1961年末、そこでは双方が停戦違反をして、一連の小競り合いが起こった。プーミーはこれをパテート・ラオの「挑発」と言い、アメリカ人顧問の助言に反して、ナムターの軍備を全面的に増強した。パテート・ラオは軍を召集することでそれに対抗した。パラシュートでの降下によって右派はさらに強化され、4月半ばにはプーミー軍の兵力は5000を数え、小競り合いは続いた。5月の初めになるとナムターは事実上孤立

の能力とパテート・ラオの意図については、「無限の可能性があると勝手に思い込んでいる」と見なしていた。Memorandum of Conversation [between Brown and President Kennedy], Washington, 3 February 1961, *FRUS, 1961-1963*, p. 47.
66　McCoy, *The Politics of Heroin*, pp. 259-60.

し、空輸によってしか補給はできなくなった。ディエンビエンフーと同様の状況になってきたことは不吉であった。守備境界線で戦闘が起こった時、プーミー軍は、ベトナムと中国が関与しているというビエンチャンから伝わってきた誇張された話によって、士気を挫かれた。駐屯地に配属されていたアメリカの特別部隊が撤退すると、守備陣は簡単に崩壊した。3000の守備兵が南のメコン河岸のフアイサーイに逃げ、残ったものは降伏した。[67] ラオス兵の大群はメコン川を渡って安全なタイへ入り、フアイサーイは放棄されたが、数日後、付近にパテート・ラオがいないことが確認されると一般市民は戻ってきた。しかし、ナムターは依然としてパテート・ラオの手中にあり、結局、北部ラオスに中国が建設していた道路網につながることになった。

ナムター陥落に対してアメリカは2つの対応で応じた。共産軍がタイ国境まで50キロもないところに近づいていることを知らされていなかったにもかかわらず、ケネディー大統領は再びタイ湾に第7艦隊を派遣するように命令し、既にタイにいた1000人のアメリカ部隊をSEATOとしての活動のためにウドンに移動させ、その他に4000人の兵力を配備するよう命じた。これらの動きはなによりもタイを安心させるためであった。同時に、アメリカは非公式にプーミーが挑発したことを認め、ワシントンは適切に停戦が実施されラオスに中立派の連合政府ができることを望んでいるということをソ連に知らせた。2週間の間、再び停戦が維持されているように見えた。しかし、アメリカはプーミーへの信頼を完全に失っていた。切るべきカードは残されておらず、プーミーは他の将軍と取り替えられる（アメリカ人たちはその用意をしている）[68] のではないかと恐れ、スワンナプーマーに連合政府樹立に関する話し合いを再開させる用意があると伝えた。

6月はじめ、ジャール平原で3人の王子が交渉を再開した。その結果、5日以

67　プーミーは再三戦闘の合図を受け取っていたようなので、アメリカがこの大失敗に対してどの程度責任があるのかははっきりしない。Toye, *Laos*, p. 184, and Deuve, *Le, Royaume du Laos 1949-1965*, p. 221, このことについてよく知りえる立場にあった両者は、プーミーにはアメリカからの支援があったと断言している。Dommen, *Conflict in Laos*, p. 214, では、プーミーはアメリカからの助言に逆らったとされている。この見解は、1962年5月9日付の特別国家情報概要において支持されている。*FRUS, 1961-1963*, p. 727. 後にベトナムは、この「かなり大規模な作戦」に「関与した」と述べた。*Anti-US War*, p. 52.

68　Telegrams from State to Embassy in Laos, 13, 19 May 1962, and Message to Director of Central Intelligence McCone, Vientiane, 13 May 1961, *FRUS, 1961-1963*, pp. 765-6, 781-3 and 762-4.

内に中立派11名、右派4名、パテート・ラオ4名（2名は大臣、2名は副大臣あるいは国務長官）からなる暫定国民連合政府を樹立することに合意した。スワンナプーマーは首相に加えて国防相に就任した。ブンウムは政界からの引退を発表し、プーミー将軍に2人の副首相のうちの1人兼財務相となる道を開いた。もう1名の副首相はスパーヌウォン殿下で、彼は経済相も兼務した。パテート・ラオのプーミー・ウォンウィチットは情報・宣伝・観光相に任じられ、中立派の大物ペーン・ポーンサワンは内務相、もう1人の大物キニム・ポンセーナーは外相になった。新政府は予定通り6月23日に宣誓式を行なった。新政府の最初の仕事は新たに停戦を発表すること、ジュネーブへ行く代表団の指名、そして、北ベトナム、中国との外交関係樹立であった。

　7月2日、キニムに率いられたラオス代表団とともに、参加国が再びジュネーブに集まった。3週間後、最終合意に達し、協定にはラオスの中立化宣言とその中立を維持するための手段を説明した19ヵ条の議定書が盛り込まれた。中立化宣言には、ラオス王国が平和共存のための5原則に従うことを明らかにした王国政府の声明文が取り入れられており、それにはいかなる軍事同盟（SEATOを含む）にも加入したりその保護を求めたりすることを認めない、どんな外国の内政干渉をも許さないことが含まれていた。すべての外国軍、軍職員は撤退しなければならなくなった。援助もヒモ付きでなければ、あらゆる国から受け入れられるようになった。すべての参加国はこれらの条件を尊重し、「ラオス王国の平和を損なう恐れのある行動」に訴えること、つまりラオスへの軍隊の派遣、軍事基地建設、他国への内政干渉のためのラオス領の使用、ラオスの内政干渉のための他国領の使用を慎むと誓った協定に署名した。付属議定書では、75日以内に外国軍が撤退すること、セーノーにあるフランス軍基地をラオスの管轄に移すこと、捕らえられていた軍人や文民全員の釈放（パテート・ラオの捕虜となっていた数人のアメリカ人を含む）、活動を再開した国際監視委員会の（弱められていた）役割を明確にすることへの手続きが規定された。

　ラオス側からすれば、1962年の協定で重要であったのは、協定に書かれていなかったことであった。チューリッヒの共同声明ではどの条項にもタイムリミットを定めておらず、協定ではラオスの政治文書の中でのみ言及されるとしていた。共同声明では、暫定国民連合政府の成立と1957年に制定された選挙

法に基づいて国民議会選挙を行なうことが最優先されていた。しかし、選挙によって「最終的な政府」が成立するまでの「移行期間」の間、一時的に交戦状態にある状態で行政組織が設置されなければならなかった。言い換えると、国家は別々の行政地域に分けられたままであった。この状況は表面的には1954年の状況と似ているが、その時は国内においてパテート・ラオの勢力が弱かった。それでも国民統合を達成するのに3年以上もかかった。1962年にはパテート・ラオと右派の力はより拮抗していたため、2つの行政地域の統合はもっと難しくなった。さらに、ラオス中立化の達成と19の閣僚ポストのうち11を勝ち取ったことの両方により、表面的には中立派の勝利であったにもかかわらず、中立派の立場はかなり弱くなっていた。右派も左派も依然として国際的な支援をあてにすることができたので、強硬な態度であった。フランスとカンボジアだけがそれぞれ国際的状況と地域的状況を考えて、弱いながらも中立派を支援した。

それでも、国民連合政府は華々しいスタートを切った。スワンナプーマーはアメリカ、フランス、日本を訪問して多額の援助の約束を取りつけた。国際監視委員会の監視の下、少なくともいくつかの外国部隊がラオスから撤退し、捕虜が交換された。[69] 3派による行政軍事委員会が設置され、1つの行政組織と3派すべての部隊を等しく含む合同軍の設置を検討することになった。最優先事項は各大臣のそれぞれの役目における権威を保証することであった。スワンナプーマーはゆっくり動いて、あらゆる決定において左派と右派両方からの支援を確保しようとした。しかし、ラオス政治の特徴である疑心暗鬼のため、勝手に振る舞う外国勢力に対抗しようと決心していたスワンナプーマーの思いは十分に伝わらなかった。とはいえ、冷戦という状況の中、1962年以降ラオス政治のトロイカ体制を1つの方向に向けて舵取りができる人は誰もいなかったと言っていいであろう。おそらく、それを成し遂げるための唯一の機会は4年前に失われていた。

ラオス中立化協定は国際外交における成果としては意味があったかもしれな

69　国際監視委員会はタイ人とフィリピン人を含めて666名のアメリカ軍人がラオスから出ていったが、ベトナム人は40名であったと正式に認めた。モン族との共同作戦が続いていた一方、ラオスに残っていた6000人のベトナム人の多くはパテート・ラオ軍に統合された。Stevenson, *The End of Nowhere*, pp. 186-7.

第 4 章　中立の崩壊　1958 年～1964 年

いが、この国に平和と中立をもたらすということにおいては評価にやや疑問が残る。シハヌークは会議の招集に中心的な役割を果たしたにもかかわらず、早くも 1961 年 8 月に、真の中立はもはやラオスの取り得る選択肢ではないのではないかという疑念を表明していた。ジュネーブ協定に調印した他の人々も、まったく異なった意図からそう述べていた。既にラオス領は北ベトナムから南へ工作員や物資を輸送するために利用されており、ハノイ当局はラオスが中立化されたからといってその生命線を閉鎖するつもりはなかった。ハノイが容認しようとしていた中立化は、カンボジアでなされているような類いのものであった。つまり、秘密協定を締結して、カンボジア国境を認めるかわりに共産軍のカンボジア領使用を許可するということであった。

　当初、アメリカにとってラオスの中立化は、ワシントンが実質的な軍事的関与を行ないたくない地域において、潜在的に存在する冷戦における対決の危険を取り除く手段でしかなかった。しかし、交渉が進むにつれて、アメリカは南ベトナムで起こっていることがだんだん心配になってきた。1961 年 12 月にアメリカ国務省は北ベトナムが実際にラオスを通って南に侵入している証拠を整理している。[70] ヒュー・トーイは「この往き来をやめさせるべきであるというのが、1962 年のジュネーブ協定をアメリカが受諾した理由であった」と述べている。[71] しかし、ラオスの中立がすべての国に尊重されてこそ、これは可能であった。今から考えると驚くべきことであるが、アメリカの政策立案者は、ソ連の圧力によって共産党幹部の南ベトナムへの侵入を防ぐことができる、あるいは少なくとも抑止することができると信じ込んでいた。真の中立のみが、アメリカのためになったのであろう。代わって出てきたのが、アメリカのマックスウェル・テイラー将軍が使った用語によると「暗黙の了解」という妥協であった。[72] それは、主戦場となるのはラオスではなく、実際の戦闘はベトナムで行なわれるということであった。

　この「暗黙の了解」は、タイの安全保障に必要なメコン川流域のコントロールをアメリカはラオスに地上軍を投入せずに行なえるという利点があった。し

70　US Department of State, *A Threat to the Peace* (Washington, DC, December 1961).
71　Toye, *Laos*, pp. 188-9.
72　M. Taylor, *Swords and Plowshares* (New York, 1972), p. 218.

かし、そのことによってラオスは北と南に分けられ、北ベトナムから南ベトナムへの補給路を遮断することができなくなった。ケネディー大統領の安全保障担当特別補佐官であったマクジョージ・バンディーは早くも1961年の4月に、「ラオスの『中立』が南ベトナムにとって致命的であることがすぐに証明されるかも知れない」と警告していた。[73]南ベトナムを防衛することができる唯一の方法は、ターケークあたりで東西にラオスを分割することであった。これはいくらか考慮すべき選択肢ではあったが、さらに多くのアメリカ軍の介入を必要とするとして否定された。「暗黙の了解」がアメリカに利するというのは、戦略面と兵站面の両面での誤算に基づいていたのである。まず、アメリカの冷戦理論からすると、一枚岩的な国際共産主義はアジアにおいては北京が主導し、中国はおそらく南ベトナムと同様にタイを共産化することに関心を寄せていた。つまり、すべてのドミノを等しく標的としていた。しかし、実際は、革命の進行にはワシントンが考えていたよりもはるかにハノイの影響力が強く、ベトナムの再統一が最優先事項であった。東北タイにおける反乱への支援は継続して行なわれていたが、タイへの関心は副次的なものだった。[74]第2の誤算は、ベトナムにおいて、アメリカは優位に立っているという確信があったからこそ戦っていたということである。それはまた、北から南ベトナムへの潜入は手に負えないほどには拡大しないであろうという確信に基づいていた。とはいえ、1962年の時点でアメリカの戦略アナリストが、ホーチミン・ルートが最終的にどこまで拡大していくのかということを、あるいは人員と武器の流入を止めることは不可能だということを予測できなかったのは、おそらく許されてしかるべきであろう。

　ラオス側からすれば、迫りつつある大変動を避けることのできる者はいなかった。冷戦論者に反対する国々の大使館がどれだけ多くビエンチャンのラオス王国政府とまごころのこもった関係を保ったとしても、ラオスの弱さそのものが中立の維持を不可能にしただろう。その上、南北ベトナムの対立する体制に

73　Memorandum from the President's Special Assistant for National Security Affairs (Bundy) to President Kennedy, 1 Apllil 1961, *FRUS, 1961-1963*, p. 115.
74　(訳註)1960年代から1970年代にかけてタイ共産党の力が農村へも拡大した。タイ共産党によるタイ政府への闘争を中国は支援していた。村嶋英治「タイにおける共産主義運動と中国革命」後藤乾一編『岩波講座　東南アジア史　第8巻』岩波書店、2002年、259-61頁。

第4章 中立の崩壊 1958年～1964年

とって戦略的な位置になった以上、ラオスで最も決意の固かった中立派政府でさえ、宣言した中立を実行するためにできることはほとんどなかった。ラオス領の使用がベトナムにとって戦略的に不可欠なことであるならば、それを阻止しようとしていたアメリカにとっても同様に不可欠なことであった。それゆえ、ジュネーブ協定の厳密な遵守はどちらにとっても利点はなかった。唯一の問題は、ラオス中立化を潰そうとしていることを悟られないように、すなわち両陣営のラオスの指導者が外国勢力の利益のために操られているということがあまり明らかにならないようにして、いかにうまくラオスの中立を崩壊させるかということであった。

政治的分裂：中立の崩壊

ビエンチャンの戦闘の後、中立派が左派とも右派とも離れた政治的・軍事的アイデンティティーを守ろうとしていることが明らかになったとたん、中立派は左派と右派の両方の標的になり、両者とも中立派を最終的に排除することで得をしようと考えた。ジュネーブ協定に調印するまでは、中立派と右派の間には強い敵対心が存在したため、いかなる協力も成立しなかった。他方、中立派とパテート・ラオ間の緊張関係は、両派の指導者が誤解を避けようと努力したにもかかわらず、1962年初めには既に明らかになっていた。

中立派の政治組織を強固にするため、スワンナプーマーは1961年9月、自らが党首となり、コンレーとペーン・ポーンサワンを副党首にして「ラオス中立党」を結成した。しかしながら、この他にも中立派の政党は以下の2つがあった。1958年の補足選挙からパテート・ラオと密接な協力関係の歴史を持つキニム・ポンセーナーの「中立平和党」と、1960年のクーデターの目的を支持する左派学生によって結成された「友愛党」であった。どちらの政党もマルクス主義ではなかったが、多くの点において彼らの政治綱領はラオス愛国戦線のものと似通っており、当然のごとく同盟関係にあると考えていた。このように、中立派は内部で分かれており、分裂しそうな状況はなおも続きそうであった。

1962年中頃、中立派の役人と軍人が政府に参加するためビエンチャンに戻ってくると、以前は仲間であった右派だけでなく、非共産主義勢力の2派の間

で共同戦線が築かれることを望んでいたアメリカ大使館からも政治的圧力を受けるようになった。プーミーは国家調整委員会（警察と治安維持の機関）に、中立派軍を右派の味方につけるように、そして右派の支配下にある地域において中立派政党に自由に活動を行なわせないようにと命じた。パテート・ラオもほとんど同じような戦術をとった。中立派はパテート・ラオ支配下の地域で独自の活動を行なえないだけではなく、絶え間ない宣伝に曝されることになった。こうして中立派は、自分の軍隊の力が及ぶ地域でしか行政を行なうことができなくなった。

10月、議会はスワンナプーマーに全権を与えることを可決したが、彼は中立派が受けている圧力をよく理解していた。側近のジャン・ドゥーブがスワンナプーマーの考えを以下のようにまとめている。

保健、郵便・通信などの分野においては技術的なことを決めて、各々の地域でそれぞれの省庁の影響力を徐々に発展させ、役人と軍人の個人的接触を増やし、国王をこのゲームに引きずり込む。これらを成し遂げるためには2年はかかるであろうと彼は推測していた。少しずつ少しずつ歩を進めて、すべての誤解を解くことが必要であった。軍の統合──それが成功の鍵だった──が達成されたら、中立派の政党は右派からも左派からもできるだけ多くの支持者を集め、選挙に勝たなければならないだろう。[75]

これは叶うはずもない希望であった。11月に、各派から3分の1ずつ兵を出す3万の3派連合軍と、6000人の3派連合警察隊を作るという合意に達したが、残った軍人の除隊あるいは武装解除の具体的な手段、至るところにある国家調整委員会の権限の範囲については規定されなかった。パテート・ラオがそうであったように、右派も依然として自分たちの地域を支配していた。その結果、中立派は両派からの圧力を受け、中間の地域に閉じ込められてしまった。

中立派の中では、フアパン県とシエンクワン県のモン族非正規軍へ物資援助を続けるアメリカの役割[76]と、パテート・ラオにベトナム人顧問が存在し続けて

75　Deuve, *Le Royaume du Laos 1949-1965*, p. 231.
76　ワシントンでスワンナプーマーが個人的に認めたことであり、暫定政府によって認められていた

第4章　中立の崩壊　1958年〜1964年

いることについて、意見の違いが生じてきた。しかし、活動の中に亀裂をもたらしたのは、中立派軍自体への物資再供給ということであった。この問題は、2つの事態の展開によって起こった。ジュネーブ協定に調印した結果、ソ連による空輸は終結していた。パテート・ラオはベトナムからの武器や物資を引き続き受け取っていたが、それは秘密裏に行なわれており、中立派にはもう流れてくることはなかった。また右派軍も、もはや物資を供給してはくれなかった。困りはててスワンナプーマーは、いったんは申し出を断った、アメリカによる中立派軍への食料、交換部品、通信機器の提供を受け入れた。この決定は、エア・アメリカの活動停止を要求していたパテート・ラオに非難された。

　アメリカの援助を受け入れるべきかどうかについて中立派内で意見の相違があったことを、その後パテート・ラオはうまく利用した。批判の矛先は、コンレーの参謀総長で物資再供給に関する合意を取り付けた立役者であったケッサナー・ウォンスワン大佐に向けられた。1962年11月27日、エア・アメリカの輸送機がジャール平原に着陸しようとしたところを撃墜された。この対空部隊は、コンレーがアメリカの援助受け入れを決定したことを批判していた野心的な軍人、中立派のドゥアン・スンナラート大佐の指揮下にあった。ケッサナー大佐はこれに関与した人物を逮捕しようとしたが、パテート・ラオに阻止された。その後、ケッサナーは要注意人物となった。1963年2月12日、サワンワッタナー国王がスワンナプーマーと外相のキニム・ポンセーナーと共にラオス中立化への国際的な支援を得ようと、9ヵ国訪問に出発した次の日、ケッサナーが暗殺された。コンレーは容疑者を逮捕し、パテート・ラオ幹部やドゥアン大佐指揮下の軍が中立派掌握地域へ入ることを禁じた。3月半ばまでに、中立派の分裂は決定的になった。ドゥアンは、「愛国的中立派」での彼のリーダーシップを強固なものにしてくれるパテート・ラオに、自らの運命を賭けた。こうして賽は投げられた。1957年のように各派の領土を1つにすることもなく、各派の軍を統合する試みが行なわれるはずもなかった。

　4月1日、王室の各国訪問の随行からラオスに戻った次の日、キニム・ポンセーナーも自らの護衛の1人に暗殺された。ケッサナーの死への復讐であることは明らかであった。その政治的な影響はク・ウォラウォン暗殺の後より深刻

のではなかった。Memorandum for the Record, 28 July 1962, *FRUS, 1961-1963*, p. 880.

であった。すぐに仕返しが起こった。ビエンチャンで中立派の警察長官が右派軍の暗殺者によって殺される[77]と、パテート・ラオの閣僚は自分たちの命が危険にさらされていることを確信した。スパーヌウォンもプーミー・ウォンウィチットもカンカイへ去った。暫定国民連合政府を表面上維持していくため、大臣の席は空けたままにしてあったが、第2次連合は実質的に崩壊した。第2次連合は9ヵ月しか持たなかった。アメリカは「非妥協的な」パテート・ラオと「優柔不断な指導者」のスワンナプーマー[78]を非難したが、原因はもっと深いところにあった。ラオスの両派ではなく、インドシナにおける北ベトナムとアメリカの覇権争いが第2次連合崩壊の原因であった。

そのすぐ後、ジャール平原のコンレー軍とパテート・ラオに支援されたドゥアン・スンナラート大佐指揮下の軍との間で戦闘が勃発した。数で劣っていたためにコンレー軍は退却を余儀なくされ、ジャール平原の西側3分の1の防御線に閉じ込められてしまった。カンカイ、シエンクワン市内、そして使用可能なジャール平原の飛行場はすべてパテート・ラオの手中に落ちた。国際監視委員会（ポーランドの非妥協的な態度によって骨抜きにされていた）やジュネーブの共同議長国の代表としてのイギリスとソ連の大使、そしてスワンナプーマーによる努力のどれも、戦闘を終結させることはできなかった。スワンナプーマーはジャール平原に国際監視委員会を常駐させることを提案したが、パテート・ラオに拒否された。しかし、「一時的な」駐在は許可された。この危機について、両派がそれぞれ相手を非難した。

パテート・ラオも右派も、共に、自分たちの立場をより強固にするため、中立派内部の分裂を利用した。パテート・ラオがカンカイ周辺の守備力を強化すると、右派はジャール平原南部のモン族の基地にパラシュートで増援部隊を送って強化した。一方、中立派軍が撤退してしまったラオス中・南部の広大な地域はパテート・ラオの手に落ちた。プーミー・ノーサワン将軍は以前中立派の支配地域であったパークサンから北へ80キロのタートームを支配下に入れ、以前フランスの軍事基地が置かれていたセーノーを占領した。ドゥアン大佐率

---

77 ジャン・ドゥーブは、正確には第5軍区指揮官であったクパシット・アパイ将軍のせいであるとしている。*La Guerre Secrète*, p. 144.
78 Memorandum Prepared in the Central Intelligence Agency, 29 March 1963, *FRUS, 1961-1963*, pp. 948-52.

いる「愛国的中立派」とコンレーに忠誠を誓っている人々との間の軋轢が増大し、彼らはそれぞれパテート・ラオと右派に取りこまれていった。両者とも自分たちの政治的権利まで手放してしまうことに抵抗したが、結局は同じ理由――それぞれの同盟者に軍備と食料の補給を完全に依存していた――によって屈服した。残念なことに、「中立派は援助を乞わなければならなかったが、それはつまり従属するしかないということであった」。北ベトナムの部隊がトラックでパテート・ラオへ武器と援助物資を輸送する一方、アメリカも物資輸送を増やした。武器、弾薬だけではなく、食料品や予備の部品までコンレーに供給され始めた。彼は、ソ連が約束していた軍事援助を10月から打ち切られていた。

スワンナプーマーが「強力な中道政党だけがラオスの共産化を防ぐことができ」、中立派を弱体化させることは「ばかげている」と警告していたにもかかわらず、1963年後半には重要な軍事力かつ政治勢力である中立派の排除が速やかに進んだ。北ベトナムとアメリカはジュネーブ協定に違反して、ラオス内政に直接干渉した。北ベトナム軍は東側の国境地帯の守備を引き継ぎ、ここを通って北から南ベトナムへの侵入網が伸び、ホーチミン・ルートを形成していた。ホーチミン・ルートで働いたり、ここを通っていくベトナム兵の数が増加すると、パテート・ラオは彼らに供給するための米を買い占めたり、徴発したりしたので、南ラオスでは米不足に陥った。時を同じくして、アメリカは北部において、「秘密戦争」を進めた。物資の補給は「特別ゲリラ部隊」として編成されていた1万5000人以上のモン族ゲリラに空輸で行なわれており、それは大多数がモン族である一般市民の難民に対する補給の10倍もの量であった。シエンクワンとサムヌアのモン族「秘密基地」、有名なローンチェンのバンパオの司令部に加え、ナムター県ではモン族、ミエン族、クム族によってゲリラ部隊が作られ、フアイサーイ西部のタイの基地から来たタイ人と中国国民党の傭兵によって増強されていた。1964年、ホーチミン・ルートに対して軍事行動をとるために、南部でも、完全にラオス王国軍の指揮系統から独立したゲリラ部隊が結

79　Deuve, *Le Royaume du Laos 1949-1965*, p. 240.
80　Quoted in Deuve, *Le Royaume du Laos 1949-1965*, p. 228.
81　Attachlent to the Summary Record of the 513th National Security Council Meeting, Washington, 22 Aplil 1963, *FRUS, 1961-1963*, pp. 995-7.
82　Deuve, *Le Royaume du Laos 1949-1965*, p. 242.

成された。[83]

　アメリカ軍によるラオス関与が再び拡大すると、プーミー・ノーサワン将軍は誰にも気兼ねせずに力をふるうようになった。スパーヌウォンとプーミー・ウォンウィチットが最小限のスタッフとわずかな護衛と共に、2人の副大臣を連絡のために残して、ビエンチャンから逃げ出すと、プーミーは色々な省庁の活動を統制して、自分がすべての重要な決定を下せるように「特別局」として知られるようになる機関を作ることを画策した。しかし、彼の権力の本当の源泉は国家調整委員会にあり、それがビエンチャンに漂わせる恐怖と緊張感はもっぱら中立派の役人と軍人に向けられていた。1963年9月、スワンナプーマーが国連総会に出席するためにラオスを離れると、多くの中立派が自分の家族を町から脱出させたり、自分自身がシーホー・ランプータクンの軍事警察を恐れて逃げ出したりした。ビエンチャンとルアンパバーンを中立化しようとの試みはすべてプーミーに邪魔された。12月初め、スワンナプーマーの護衛隊の隊長が右派に暗殺されたことで、2人の左派寄りの副大臣を含む多くの中立派が首都から逃げ出すことに決めた。

　1963年末までに第2次連合は修復不可能なほど崩壊し、内戦が再開された。ベトナムでの戦闘に否応なく巻き込まれてきたラオスにとって、中立は不可能な望みであったことが証明された。プーミー将軍は右派内で実力者としての地位を再び手にし、ビエンチャンは国家調整委員会のなすがままになった。汚職が再び蔓延し、軍人も政治家も皆私腹を肥やす機会を逃すまいと必死になった。売春とギャンブルがはびこり（プーミーは首都にカジノを開設し、それに対してブンウムもパークセーに開いた）、ビエンチャンは劇場を改装して作った世界最大の合法的アヘン窟を誇るようになった。アメリカの支援は右派の軍隊にどんどん流れこみ、軍事技術を持つアメリカ人職員の数が増加した。彼らは武官として役所で働いていただけではなく、CIAの手先として前線で活動していたUSAIDやエア・アメリカなどにも勤務していた。特にUSAIDは急速に勢力を拡大させ、実質的には、政府の省庁に相当するようなカウンターパートを持つ、政府と同等の組織にまでなった。その構造はまさに新植民地主義と呼ぶべきもので

83　Soutchay Vongsavanh, *RLG Military Operations and Activities in the Laotian Panhandle* (Washington DC, 1981), pp. 37-40.

あった。

　USAIDは、ラオス政府と同等の機関として機能するようになるにつれ、ラオス政府と政府が統治している人々との関係を侵食していった。クリスチャン・テラーが指摘したように、統治するものとされるもの、また中央集権的国家と集権化されていない地方勢力の絆は、伝統的に納税とそれに付随する返礼としての義務に支えられていた。土地税の賦課と徴収に失敗し、アメリカからの開発援助が一方通行的に流入したことで、地方は中央政府へのいかなる義務からも自由になり、その見返りも期待しなくなった。しかし、地方が国家へ貢献するという義務がなくなったことは、国家権力を弱めただけであった。さらに、貧富の差や都市と地方の生活格差が大きくなるにつれ、農民の役人に対する反応は妬みというよりは無関心になっていった。対照的に、パテート・ラオの支配下にある村々では、ラオス愛国戦線が作った村落行政と並行的な組織が農民を動員し、村落委員会の一員となることや米を供出することによって、共に戦った中で絆を深めた指導者が唱える国家目標を支援した。[84]

　アメリカの存在による経済的な影響は物価上昇とインフレであった。しかし、こうなってしまったのは政府が歳入を増やすのに失敗したからでもあった。農民に課税することは彼らをパテート・ラオになびかせるだけであるとの議論が交わされたが、エリートたちは自身への課税については毛頭考えていなかった。そこで、毎年の財政赤字を埋めるため、政府は貨幣増刷という手段に頼った。1960年から1965年の間に紙幣の総流通量は7倍にもなった。アメリカの強い要請でキープは1ドル = 240キープに切り下げられ、貿易と財政赤字のための資金を調達し通貨を安定させようと、外国為替操作基金が設立された（1964年までに輸入額は輸出額の約30倍にもなり、その間歳入は支出の5分の1をまかなっているにすぎなかった）。しかしながら、投資を促すために基金は何の役にも立たなかった。なぜなら、中国系の企業家はキープではなくドルや純金で資金を確保していたからである。1960年代中頃までに、中国人企業家の多くは「眠れる相棒」のラオス人と共に200余の合弁会社を設立し、ビエンチャン――ここだけしか

84　テラーは次の論文で自らの議論を展開している。Taillard, 'Le village lao de la région de Vientiane: un pouvoir local face au pouvoir étatique', *L'Homme* 17/2-3 (1977), 71-100; 'Le dualisme urbain-rural au Laos et la récupération de l'idéologie traditionelle', *Asie du Sud-est et Monds Insulindien* 10/1 (1979), 41-56.

こうした動きはなかった——だけでも300以上の小規模な商いを行なっていた。[85] だが、多くの企業がほとんど労働者を雇用しなかったため、都市労働者階級の発展は緩慢だった。ビエンチャン近郊でさえも住民の大多数は農業から収入を得ており、都市の行政的中心を除けば、いまだ村落の集まりにすぎなかった。内戦が再び始まると、戦闘から逃げてきた避難民の数が増え続けた。彼らの多くは新しい村に定住したが、メコン河岸の町に移住した人もおり、失業率が上がって、都市人口が増加した。

しかし、1960年代初頭のビエンチャンは、辺境の町といった雰囲気と控えめなラオス的な魅力が結びついた、住むには十分に心地良いところであった。フランス時代の黄色い漆喰の邸宅に、にわか成金が外国人に貸すために作ったレンガやコンクリート製の住宅が加わった。ビエンチャン奪回に続いてプーミーはラーンサーン通りを拡幅し、「プーミーの愚行」として知られるようになる、パリの凱旋門を模した巨大な「勝利の記念碑」を国会議事堂の向かいに建てるように命じた。それに続いて、新しい朝市と夕市が、そして対岸のタイが望めるメコン川沿いにラーンサーン・ホテルが建てられた。しかし、宗教的あるいは世俗的な新しい建築物ができても、排水溝は剝き出しで、道路は舗装されていなかった。ある種の欲望を満たすいかがわしいバーやナイトクラブもあれば、素敵なレストランもあった。仕事や安い麻薬に誘惑されて西洋人のバックパッカーが三々五々バンコクからやってきた。鄙びた寺の雰囲気や優雅でリラックスしたペースの暮らしぶりに魅かれた多くの人がビエンチャンに滞在していた。政治に関心のある人々は、朝市の隣のパテート・ラオの家に彼らを訪ねることさえできた。さらに冒険的なことを望む人は、ビエンチャンから出て旅行することもまだ可能であった。

外国人の数が増加して落とす金が増えたため、都市の生活水準が上がっただけでなく、ラオスの芸術と工芸が盛んになった。芸術家は主に外国人の趣味に合うような面白みのない伝統的テーマで絵を描き、工芸品の中では特に木彫り、織物、銀細工が盛んになった。最も素晴らしい織物と刺繍はラオス女性の伝統的衣装であるシン[86]に施されており、シンの豪華な裾には絹や純金の糸で複雑で

85　J. M. Halpern, *Economy and Society of Laos: A Brief Survey* (New Haven, 1964), pp. 125-6.
86　(訳註)ラオス女性の伝統的衣装である筒型のスカート。

抽象的な柄が描かれた。大きな銀製の打ち出しの鉢も人気があった。それは、女性がその中にお供え物を入れて寺へ持っていくもので、ラオスの職人はその鉢を作るのに何百時間もかけた。

　政治の前線では、1964年の初めまでに、右派と中立派軍の関係は心地よいと言っていいほどのものになり、アメリカはそれに十分満足した。中立派軍はアメリカの武器で軍備を整え、スワンナプーマーが頂点に立つ中立派軍の指揮系統の再編が完了した。独自のアイデンティティーを喪失したことで、中立派の中には時折不安を表す人もいたが、無視された。とはいえ、右派軍と中立派軍の協力が効果的な場合もあった。1月、ターケークの東で合同軍が総崩れになり町はパニックに陥ったが、パテート・ラオはそれ以上近寄ってこなかった。ジャール平原の南では、バンパオ率いるモン族ゲリラが、来るべき戦いを示唆するような一連の小規模な攻撃を行なった。ラオスと南ベトナム軍の関係も強化され、南ベトナム「連絡部隊」が南ラオスで行動することが許可された。

　こうした成り行きをパテート・ラオは厳しく非難した。パテート・ラオはルアンパバーンを非武装化し、国家調整委員会の敵対的な監視から逃れて暫定国民連合政府が会合できる場所にしようと、3派による安全保障軍の管轄下に置くことを要求した。スワンナプーマーはパテート・ラオの提案について話し合うためサムヌアに飛び、それから王都中立化について王の合意を得た。しかし、スワンナプーマーはまだプーミー将軍の同意を取っていなかった。プーミーは、彼の権力を妬む者によって徐々に自分の地位が脅かされていると感じていた。ナムターでの大失敗とサリット元帥の死により、アメリカとタイ双方からの支援が失われた。プーミーが政治的に弱体化したことを感じて、有力なサナニコーン一族は、ラオスにおける北ベトナム軍の存在に対して十分強硬な姿勢をとっていないとプーミーを非難し、彼の失脚を計画し始めた。

　4月上旬、国内の各所で小競り合いが続いていたが、スワンナプーマーはベトナムでの戦争からラオスを分離するための支持を中国とベトナムから得るため、北京とハノイに飛んだ。帰国の途上、彼はジャール平原西端の中立派軍司令部でスパーヌウォンとプーミーに会った。そこで、スパーヌウォンは連合政府を再び樹立するための場所としてルアンパバーンの即時中立化を主張した。

しかし、プーミーは異議を唱え、会談は決裂した。[87] 4月18日の夕方、ビエンチャンに戻ったスワンナプーマーは疲れ果て、落胆し、首相を辞任したいと発表した。次の日の夜明け前、空港、ラジオ局、政府庁舎が、シーホー・ランプータクン警察長官指揮下の国家調整委員会の警察とビエンチャン駐屯軍の司令官クパシット・アパイ将軍に忠誠を誓う部隊に占拠された。大使館や国際監視委員会に避難できなかった中立派は逮捕され、ポーンケンにある国家調整委員会本部に連れていかれた。その中に首相がいた。

朝になると、ビエンチャン放送は「革命委員会」が権力を掌握したと伝えた。放送は「国民連合政府が何もできないことは明らかであり、革命委員会は人々の問題を解決するため秩序維持に努める責任を負っている」と発表した[88]。プーミーを含むすべての閣僚が解任され、将軍がいくつかの閣僚の地位を引き継いだ。さらにその日のうちに、中立派と右派が軍隊を統合し、スワンナプーマーは革命委員会にすべての権限を明け渡したとの発表があった。いずれの発表も偽りであった。そうした動きの背後で、外交団が反クーデターの動きを調整していた。

イギリス、ソ連、アメリカ、フランス、オーストラリアの大使は珍しく一致団結し、革命委員会とのいかなる接触をも拒否して、ラオスへの全援助を停止すると発表し、スワンナプーマー支持を表明した。クーデターはパテート・ラオからも激しく非難された。午後遅くには、アメリカから正式にクーデターに対する非難が出されたことがビエンチャンに知れ渡り、スワンナプーマーは解放された。翌日、スワンナプーマー、プーミー、そして2人のクーデター首謀者は、この件に不快感を示していた国王のいるルアンパバーンに向かった。5人の大使が同行し、彼らは国王に、いずれの政府もスワンナプーマーと暫定国民連合政府のみを支持すると表明した。それにもかかわらず、状況は緊迫したままであった。スワンナプーマーはいまだ事実上の自宅軟禁下に置かれていた。

---

87 スワンナプーマーの訪中報告とワシントンの文書から、スパーヌウォンは熟慮の上、ベトナムの命令に従ってこの会談をご破算にしたことが推測される。ベトナムは、中国がラオスを真の中立に戻そうとしていることを恐れていた(アーサー・ドメンからの個人的なご教示による)。

88 Deuve, *Le Royaume du Laos 1949-1965*, p. 249. このクーデターはプーミー将軍を排除しようとしたものであることは明らかであった。彼は「革命委員会」の構成員の中に名前がなかったたった1人の将軍(18人中)であった。

ワンビエンのコンレーは7000人の部隊でビエンチャンに進撃しそうな雲行きで、一方、パテート・ラオ放送はスワンナプーマーに革命委員会のいかなる要求にも屈しないように警告していた。こうして様々な圧力が集中した結果、クーデターはたちまち崩壊した。

　なぜクーデターが起こったのかはあまりはっきりしない。スワンナプーマーが連合政府を復活させようとしたことで、右派は怒りを募らせていた。右派のほうは、暫定国民連合政府の看板を取り払い、スワンナプーマーがパテート・ラオのために取っておくと主張していた閣僚の地位を手にしたいと思っていた。しかしながら、もう1つの標的はプーミー・ノーサワンであった。プーミーの力は弱っていたので、彼を妬む連中は彼が非合法な手段（ギャンブル、アヘン、金の密輸）で蓄積した富を手に入れようとしたのである。結局プーミーは持ちこたえ、数日後、スワンナプーマーが首相の座に戻った。しかし、明らかに権力の所在と同盟関係が変化した。[89] プーミーもスワンナプーマーも自身の政治的影響力が蝕まれたことを知った。スワンナプーマーは、国防相としての指揮の下に中立派軍と右派軍を統合すると発表することで、主導権を再び取り戻そうとした。これはジュネーブ協定の条項どおりである、と彼は言明し、パテート・ラオにも参加を呼びかけた。しかし、軍隊がスワンナプーマーの呼びかけに応えるとは誰も思っていなかった。

　パテート・ラオ側では、このような動きを非難した。彼らの見たところ、スワンナプーマーに行動の自由はなかった。1964年4月第2回全国大会において、ラオス愛国戦線は今後の闘争のために、革命運動を強固にすることを求めた。そこで、「10の政策と5つの具体的行動」からなる行動綱領が採択された。パテート・ラオ閣僚はビエンチャンに戻って閣僚としての任務を果たすことを拒否し、ビエンチャンは依然として国家調整委員会の支配下にあった。中立派に関して言えば、右派との性急な統合によって徐々に数が減っていた中立派軍の分裂がさらに進み、「数百人」もの兵士がドゥアン・スンナラート大佐率いる「愛国的中立派」に加わるために離脱した。[90]

89　ラオス王国軍の新しい参謀は、右派将軍9人、中立派1人で構成された。P. D. Scott, 'Laos: The Story Nixon Won't Tell', in M. Gettleman et al., eds., *Conflict in Indo-China: A Reader on the Widening War in Laos and Cambodia* (New York, 1970), p. 282.

90　Stevenson, *The End of Nowhere*, p. 119.

5月中旬、パテート・ラオは中立派の離脱が続いている状況を捉えて、ジャール平原にまだ残存していた中立派を追い出すため、スワンナプーマーが「総攻撃」と呼んだ攻撃を行なった——明らかにベトナム軍の支援を受けて。数日のうちにジャール平原のほぼ全域がパテート・ラオに攻略され、平原の西端のムアンスイだけが中立派の手に残った。それに続いて、パテート・ラオは中立派内閣改造の機を捉え、それは既に合意していた大臣職の分配とは抵触しないにもかかわらず、スワンナプーマーを非難し、ビエンチャンにいた2人の副大臣の帰還を要求した。2名はハノイ経由でカンカイに向かった。ビエンチャンからパテート・ラオの存在の証が消えた。連合政府を復活させようと必死の外交的努力が図られ、パリで3人の王子が再び会したが、非難の応酬が繰り返され、決裂した。1964年10月、ラオス愛国戦線と「愛国的中立派」が正式に同盟し「国家政治協議会」となった。政治勢力に関して言えば、分裂した中立派が徐々に縮小していき、左派と右派の単なる付属物になっていった。
　第2次連合が完全に崩壊した、その罪はどこに求めるべきなのであろうか？ 1つには、第2次連合はシーホー・ランプータクン将軍の警察活動によって動きを封じられた上に、権力を意のままにしようとした右派軍の指導者たちの非妥協的態度によって土台を突き崩されたと言えるであろう。もう1つには、政治勢力の対立の深まりと、左派右派両派による中立派排除の決定に屈したということがある。左派右派がそれぞれの支援者の活発な支援と共に必死に追い求めた政治の到達点が、第2次連合の崩壊であった。国際的には、アメリカも北ベトナムも、ラオスの中立によって戦略的な利益を確保することを望んでいた。中立が幻想であることが証明された以上、ジュネーブ条約の遵守が軍事的優位を手放すことを意味するのであれば、両国ともそうする気はなかった。それゆえ両国とも、自分自身の目標のためにラオスの中立を崩壊させた——アメリカの行動は、北ベトナムの行動への対応であったのかもしれないが、北ベトナムより露骨であった。最後に、第2次連合は、ベトナムだけではなくインドシナ

91　ベトナムは後に、「ラオスにおける革命戦争勝利を決定づけた戦闘」に関与したと述べた。*Anti-US War*, p. 59.
92　ノーマン・ハンナは、ラオスを「背後の火種」とし、事実上、国家が分裂するのを認めていたアメリカと共産圏との間の「暗黙の了解」により、アメリカはインドシナが1つの戦場であることを認識できず、そのため結局は南ベトナムの「喪失」を招くことになったと論じている。N. B. Hannah, *The Key to*

全体の未来を決めるために、北ベトナムとアメリカの間で繰り広げられた意地と軍備の張り合いがエスカレートしたことの犠牲であったと言える。

Failure: Laos and the Vietnam War (Boston, 1987), pp. 56-73, 297-306.

第5章
戦争と革命　1964年〜1975年

　1962年のジュネーブ条約が調印されたその年のうちに、ラオス中立化はもはや取りうる選択肢ではなくなった。ベトナムでの戦闘は激化し、ラオスはますます第2次インドシナ戦争——南ベトナム、北ベトナムの国境を越えて拡大し、ラオスとカンボジア両国を消耗させた、というよりはほとんど破壊した戦争——に巻き込まれていった。内戦とクメール・ルージュがカンボジアに与えた損害と比べれば、最終的にラオスが被った損害はひどくなかったが、被害は長期化し、その衝撃はラオスの脆弱な社会構造と経済に大打撃を与えた。カンボジア以上にラオスは、アメリカと北ベトナムという戦争の主役によって何のためらいもなく利用された。ラオスの領土的統合は北ベトナムとアメリカの双方によって、革命と自由の名の下に、いとも簡単に踏みにじられた。革命も自由もラオスの大多数の人々にとっては大した意味を持っていなかった。敵対していた双方が帝国主義あるいは共産主義に対する英雄的な戦いとして描いていたものは、直接巻き込まれた人や難民となって逃げるよりほかなかった人にとっては、長く続く悲劇でしかなかった。戦争に巻き込まれることが比較的少なかったメコン河岸の町のラオ・ルムには、被害はすぐに及んではこなかった。

　この戦争中、ラオスは事実上、外国の支配下に置かれた3つの地域——最も重要なホーチミン・ルートを含むベトナム支配下の東部、メコン川に沿ったアメリカとタイ支配下の西部、道路建設集団が仕事をしていた中国支配下の北部——に分割されていた。ラオス王国政府とパテート・ラオの両地域で、ラオスの指導者は外国の支援者と足並みを揃えざるをえなかった。こうして、どちらの側においてもラオスの指導者は好むと好まざるとにかかわらず強力な外国勢力の道具となった。自分たちの戦いの延長としてラオスの領土を使用していた外国勢力は、ラオスの人々への影響については何の関心も示さなかった。

　ラオス王国政府の支配地域では、右派に見放された孤独な指導者スワンナプーマーが、単にアメリカが彼を必要としていたという理由でその地位に留まっ

ていた。ラオスの中立と独立というビジョンを持ち続けていたのはスワンナプーマーだけだったが、彼は結局のところ、アメリカが介入し、戦争に仕向けるのを制限する力を持ち合わせてはいなかった。名目上の国防大臣であった彼ではなく、アメリカ政府とビエンチャンのアメリカ大使館がそれを決めたのだ。[1] 経済力、軍事力の双方をアメリカに独占され、辞任こそ迫られなかったが、スワンナプーマーには事実上何の政治権力も残されてはいなかった。彼が首相の地位に留まっていたのは、アメリカの励ましに支えられ、自分が必要であるという確信に負うところが大きかった。しかし、スワンナプーマーは、アメリカの行動に抵抗すれば、いつでもより扱いやすい人物に取り替えられてしまうことを知っていなくてはならなかった。パテート・ラオの支配地域でも、状況はほとんど変わらなかった。ラオスにおける戦争の決断は、ベトナム人の最高軍事司令官によって北ベトナムでなされた。[2] パテート・ラオの指導者もラオス王国政府と同様に、経済的にも軍事的にも外国勢力に頼りきっていたので、ラオス王国政府がアメリカ人に頭が上がらなかったように、ベトナムの要求を拒絶したいと思っていたとしても、ラオスにおけるベトナム軍の存在やラオス領の使用を拒めるような状況ではなかった。

　1964年から1973年の10年間、ラオスは国家の歴史において最も激しい戦闘の下に置かれた。この時期、経済発展と近代国民国家の建設という最も重要な課題は、戦争による分裂と破壊の影に隠されてしまった。この戦争がもたらした苦しみはとりわけ少数民族に大きな影響を与え、現在まで続く負の遺産となった。アメリカがインドシナから撤退を始めた時、パテート・ラオはベトナム人共産主義者の強力な支えでその地位を強固にしていた。第3次連合政府が正式に樹立されたことは、単に、国の行政的分割状態を固定化し、最終的なパテート・ラオによる権力奪取を少しの間先に延ばしたにすぎなかった。ラオス王国から共産主義体制へという革命的変化の果てに、ようやく国家の再統一がなされたが、社会と経済の混乱と長期間にわたる人口流出というさらなる代償を支払うことになった。

1　Stevenson, *The End of Nowhere*, pp. 192, 199, 201, 208, 210.
2　M. Maneli, *War of the Vanquished* (New York, 1971), p. 185.

第5章　戦争と革命　1964年〜1975年

ラオスにおける戦争

　第2次インドシナ戦争の起源を探求することや、主な当事者たちがどのように戦ったのかを研究すること、それぞれの側の戦略的な動向の検証やその結果の解説は本書の目的ではない。我々の関心はむしろ、戦争がラオスへ及ぼした影響、つまりラオス人が戦争にいかに対応したか、そして戦争の長期的な影響とその意味するところは何であるかということにある。1964年に戦争が再び勃発してから1973年に停戦するまでの10年間、ラオスにおける戦争が実際どの程度拡大していたのかは、アメリカが故意にごまかしていたことによってほとんど外には知らされなかった。ワシントンの見解からすると、この戦争はラオスの中立状態を維持するために必要であった。しかしそれは、アメリカにとってラオスにおける戦争が常に二義的重要性しか持っていなかったからこそ可能なことであった。国務長官ディーン・ラスクの発言に忘れられない一節がある。「1963年以降、ラオスはベトナム野郎のイボにすぎなかった」[3]。そのため、アメリカと北ベトナムとの間の「暗黙の了解」は続き、効力を失っていたジュネーブ条約は依然として都合のいい建て前として機能し、その背後ではそれぞれの側がラオスで秘密戦争を展開していた。

　1964年5月はラオスに対するアメリカの空爆が始まった年である。その時までにスワンナプーマーは、パテート・ラオの北ベトナムへの依存が強まりラオスにおいてベトナム軍が増強されているという証拠がアメリカ大使館によって次々と明らかにされることに、ますます幻滅を感じるようになっていた。パテート・ラオが何かとこじつけて国際監視委員会（ICSC）との協力を拒んだのは、ベトナムという指導者にどのくらい依存しているのかをカモフラージュする必要があったからだということを、スワンナプーマーは理解した。パテート・ラオによって騙され裏切られたという思いと、共産主義から国を守りたいという願いから、スワンナプーマーは、アメリカが自分たちの都合で唱える、ベトナム共産主義との戦いが必要だという議論を受け入れる方向に傾いていった。こうした状況の下、彼はやむをえず、アメリカのジャール平原偵察飛行は対空射撃に応戦する戦闘能力を備えたジェット機の護衛が必要であるというアメリ

3　Quoted in Stevenson, *The End of Nowhere*, p. 180.

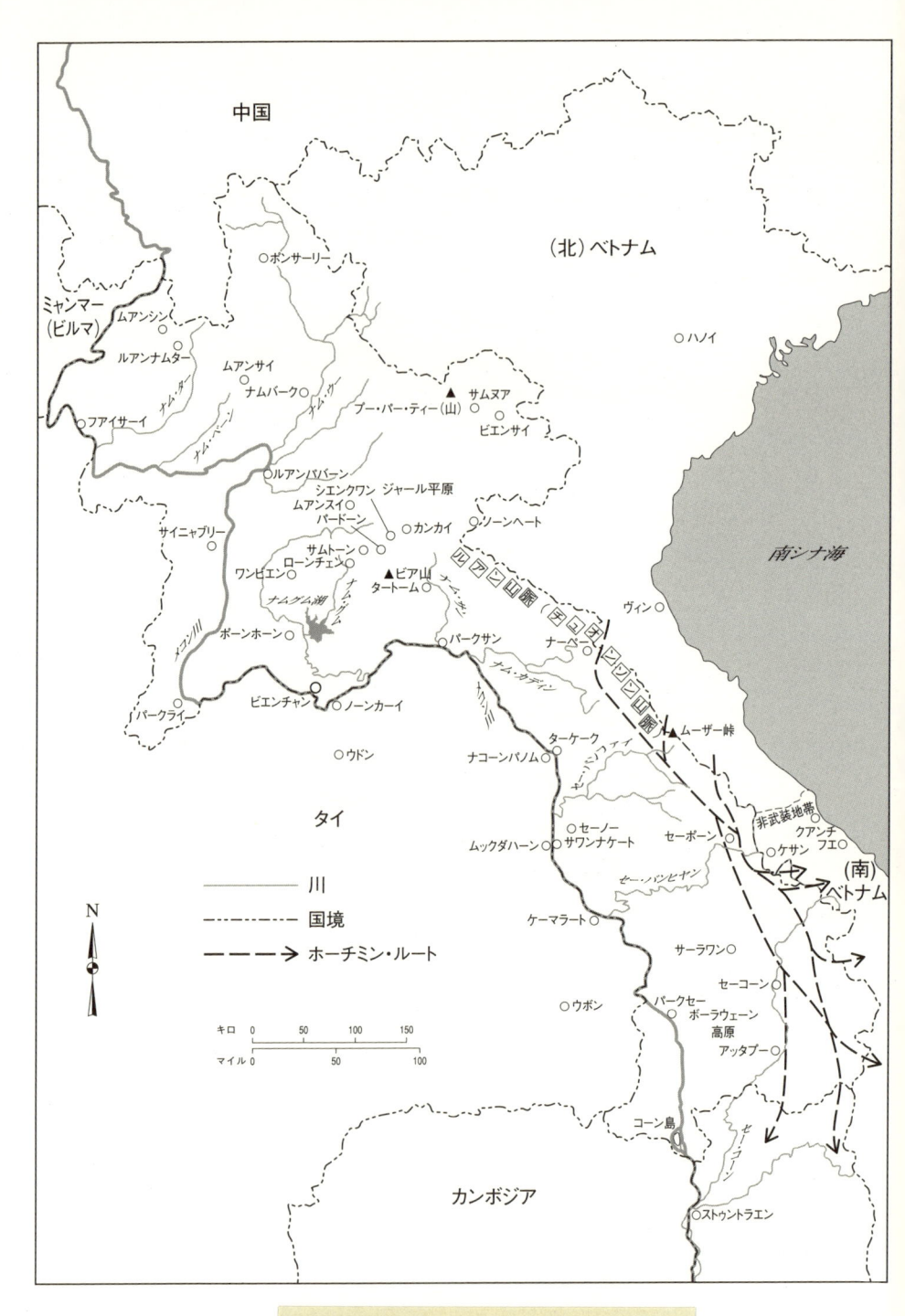

地図4　第2次インドシナ戦争時のラオス

カの主張に賛成したのであった。

　事態はエスカレートし、ラオス王国空軍のT-28プロペラ型戦闘爆撃機がパテート・ラオと北ベトナムを標的に爆撃を開始した。「愛国的中立派」、パテート・ラオ、北ベトナムの合同軍が、コンレーの中立派をジャール平原から追い払うために攻撃を開始した時、空軍はラオスの印のついたT-28爆撃機によって増強されていたが、その爆撃機を操縦していたのはタイの基地から飛び立ったアメリカ人とタイ人のパイロットだった。共産主義者の目標は、2年前にパテート・ラオと中立派の軍が共同で占領した領土を最大限取り戻すことだった。そして、これに関して彼らはほぼ完全に成功を収めた。空軍の支援にもかかわらず、コンレーは自身の司令部を放棄し、西へと退却せざるをえなかった。新たな戦闘は新たな外交活動の流れを生んだ。フランスと中国の双方がジュネーブ会談の再招集を求めたのに対し、ソビエトの威光を受けたポーランドは、第1段階としてラオス、ソ連、イギリスと国際監視委員会の3ヵ国を含む6ヵ国だけの会議を提案した。アメリカは、スワンナプーマーが要求した即時停戦と最近獲得した領土からのパテート・ラオ軍の撤退が実現しない限り、どちらの選択肢も拒否するとした。実際には、外交で解決するにはもう遅すぎたのである。共産軍は勝ち取った領土を手放す意志はなく、アメリカは自らの軍事力を使うほうを選んだ。

　空爆はさらに激化した。ジャール平原上空で2機のアメリカ機が撃ち落とされたことへの報復として、アメリカはロケット弾でパテート・ラオの陣地を攻撃した。一方、ラオス空軍のT-28爆撃機はパテート・ラオの司令部が置かれていたカンカイを攻撃した。中国人外交官1名が殺され、中国の代表団は大きな損害を被った。[4] アメリカの報復がラオス王国の許可なくなされたことに苛立って、スワンナプーマーはすべての攻撃をやめなければ辞任すると脅し、北京とハノイからの抗議に応えた。アメリカ大使館はスワンナプーマーとの関係修復に乗り出した。2日後、スワンナプーマーは「武装偵察」飛行と婉曲に呼ばれた攻撃の再開に同意した。それ以降1964年から1970年までの間にアメリカがラオスで行なった空爆はすべて、アメリカがジュネーブ協定を遵守している

4　5人以上の中国人が負傷した。中国は憤慨したが怒りを静め、北京はジュネーブ会談の再招集を求めた。C.-J. Lee, *Communist China's Policy Toward Laos. A Case Study* (Lawrence, Kans., 1970), p. 116.

という建前を保つため、このように呼ばれた。

　戦闘はジャール平原の西部と南部で一進一退の状況であったので、アメリカはT-28戦闘爆撃機よりもむしろアメリカ海軍と空軍のジェット機を使って、ラオスを通っているベトナムの補給路を空から絶つ計画を進めた。スワンナプーマーはこれに同意を与えたが、そのことは公表しなかった。[5]ラオス北部を標的にした「横転」作戦は1964年12月に正式に開始され、「鋼鉄の虎」作戦という名のホーチミン・ルートへの定期的な爆撃がそれに続いた。その年の内に、グアムから出撃したB-52爆撃機がホーチミン・ルートへの定期的な爆撃を行なうようになった。1970年2月にB-52が北部に展開するまでそれは続いた。

　ラオスへの空爆はパテート・ラオと北ベトナムのラジオでは細部にわたり放送されたが、アメリカ市民や議会には5年間も公に明らかにされなかった。アメリカによる爆撃の全容は、1969年、アメリカ上院の外交委員会で秘密の議会公聴会答申が明らかになって初めて公になった。[6]1973年はじめに停戦協定が締結され、やっと空爆が終わった時には、ラオスは戦争の歴史の中で最もひどい空爆の被害を受けていた。

　ラオスでの地上戦は2つの異なった段階で行なわれていた。1つは、国全体を2つの支配地域に分割していた比較的はっきりとした線に沿った戦いであった。それはラオス王国の正規軍とパテート・ラオ軍との戦いであり、戦略的な場所において戦闘はあったが、その他の場所においてはお互いに了解が成立していた。もう1つは「秘密戦争」であり、和解の余地のない冷酷な戦いであった。この「秘密戦争」はCIAから資金を与えられ、指揮されていた「秘密部隊」による戦いであり、主に北ラオスの山中、多くはパテート・ラオの前線より後方での戦いであった。1965年からはホーチミン・ルートに対する秘密の地上探索も開始されていた。空と陸双方の戦いは、ビエンチャンのアメリカ大使によって承認されていたものではなかったが、その協力や指導を受けており、ラオス政府や軍事司令官に相談あるいは通知するという最小限の制約さえなかった。

5　スワンナプーマーはアメリカの行動の詳細を知らされてはいなかった。Haney, 'The Pentagon Papers', pp.270-2.
6　シミントンの公聴会として知られている。　US Senate, Committee on Foreign Relations, *United States Security Agreements and Commitments Abroad: Kingdom of Laos, Hearings before the Subcommittee on United States Security Agreements and Commitments Abroad*, 91st Congress, 1st session, 1970.

第5章　戦争と革命　1964年～1975年

　アメリカにとって、ラオスにおける戦争の重要性は、ベトナムへのアメリカの介入と直接関わっていた。このことはすなわち、ラオスにおける戦略はラオスの紛争を解決しようとしてではなく、ベトナムにおけるアメリカの勝利に貢献するかどうかによって決定されることを意味した。そして、(北)ベトナムにとっても本質的に同じことが言えた。アメリカにとっても北ベトナムにとっても、ラオスの2地域が戦略的にきわめて大きな重要性を持っていた。それは南ベトナムへの潜入ルートであるホーチミン・ルートと、北ベトナムを脅かす基地としてアメリカが使用することをハノイが断固阻止しようとしていたジャール平原であった。空爆はその2つの重要な戦場を守るために行なわれていたが、地上戦は、ホーチミン・ルートに対するあまり効果のないゲリラ戦を別にすれば、北部に集中していた。

　戦争の激化によって最も被害を受けたのはラオス東部の住民――ラオ・トゥンやラオ・スーン（モン族やミエン族）、さらにシエンクワンのプアン族や中部ラオスの東側に居住するプー・タイ族などの山地タイ系民族――であり、圧倒的に山岳民族が多かった。CIAは、ボーラウェーン高原のラオ・トゥンを最初はホーチミン・ルートの見張り役として、後には攻撃部隊として徴兵しようとしたが、多くの死傷者を出し、ラオス王国政府への信頼を失わせる結果を招いただけであった。ホーチミン・ルートに沿って爆撃は激しさを増していたので、この地の村々はジャングル深くに避難せざるをえなくなった。北部では何万人もが戦闘により避難した。ジャール平原はほぼ1世紀前にシャムに略奪された時のように、すっかり人口が減ってしまった。パテート・ラオはゲリラ部隊を募り、訓練していたが、共産側の激しい戦闘の多くはベトナム軍が担っていた。それとは対照的に、アメリカは傭兵にお金を払って戦わせた。モン族の人々を襲った衝撃は非常に大きく、結局、モン族の社会構造は完全に崩壊した。村は遠く離れた山頂に移され、必要不可欠な食料供給を完全にエア・アメリカに頼るようになった。14歳の若さで少年は戦争に駆り出され、女性たちには子供を立派に育てることが託された――米が空から降ってくると信じ、戦うことしか未来のない子供に。

　戦闘が再開されてから最初の4年間は、定期的な戦闘パターンが展開された。乾季（11月から7月）に共産主義者が獲得したところを、機動力で勝っていたラ

オス王国軍が雨季に奪い返した。それでもやはりどちらの軍も戦略的に優位に立とうとした。こうして、1966年にはプー・クートとナムバーク峡の2ヵ所が主戦場となった。プー・クートはジャール平原の西の入口となっている丘で、3月に共産主義者の手に落ちた。ナムバーク峡はルアンパバーンから北東に約80キロのところにあり、1966年末にラオス王国軍によって占領された。しかしながら、ほとんどの戦闘は決着のつかないもので、不必要に相手を刺激しようとはしなかった。ジャール平原周辺では、唯一モン族ゲリラだけが1967年末までに「秘密戦争」において優位に立っていた。

　ベトナムとは異なる理由であるが、1968年はラオスにおける戦争の転換点とされている。南ベトナムでのベトナム共産軍のテト攻勢に対応して、アメリカはこれまで引き伸ばしてきた来るべき戦争終結のための交渉を開始した。しかし、ラオスの戦争には、ホーチミン・ルートとジャール平原という2つの重要な戦略拠点における軍事的優位を勝ち取ろうとして両者の戦闘が激化するという結果だけがもたらされた。テト攻勢で被った損害を補おうと南へ移動する北ベトナムの戦闘要員の数が増加するにつれ、ラオスにおけるホーチミン・ルートの防衛と拡大がいっそう必要になった。ベトナム軍はパテート・ラオ側の戦闘への関与も強め、戦略的に重要なナムバーク峡とジャール平原を取り戻して、ラオス王国軍に大打撃を与えた[7]。それに対するアメリカの対応は、それまでアメリカのジェット機が標的にすることを控えていたサムヌア、シエンクワン、カンカイの町を壊滅状態にするということであった[8]。どちらの行動も、お互いの「暗黙の了解」を破らないようにという相手への警告として機能した。ナムバーク峡はパテート・ラオの手の内に残ったが、共産軍がルアンパバーンに進撃してくるという恐れは1953年と同様に根拠がないということがわかった。

　代わりに、ベトナムとパテート・ラオの軍司令官は、バンパオの「秘密部隊」に関心を向けるようになった。フアパン県でゲリラの拠点となったモン族の村々は次々と潰滅状態になった。最も深刻な損害を被ったのは北ベトナムの国

7　*Anti-US War*, pp. 102-3. 負傷者は1000人に達し、2000人が捕らえられた。
8　あるアメリカ空軍の軍人が次のように回想している。「2日後、標的の都市も町も、本当に何も残っていなかったんだ」*New York Times*, 29 October 1972.

第5章 戦争と革命 1964年〜1975年

境から30キロ弱のところにある約2000メートルの高さの山、プー・パー・ティー(パー・ティー山)で、その頂上にはアメリカ空軍がレーダー誘導施設を建設していた。この施設が機能していた数ヵ月の間、プー・パー・ティーは最も重要なアメリカの前線基地であり、ここから北ベトナムへの爆撃と負傷したアメリカ航空兵のヘリコプターによる救出の両方の指令を出していた。この施設を破壊しようとする試みが何度もなされた。その中には旧式の北ベトナムの複葉機2機による爆撃が1回あったが、これは第2次インドシナ戦争中にアメリカ軍が空から攻撃されたただ1度の例であった。結局、1968年3月、ベトナムのゲリラ部隊がプー・パー・ティー山頂によじ登ることに成功し、モン族の守備隊員たちとアメリカの技術者たちを殺害した。アメリカは施設を空爆で破壊することでそれに応じた。[9]

プー・パー・ティーにこのように重要な軍事施設を作る決断がなされたのは、CIAとアメリカの軍事計画立案者の双方による政策変更を表していると言われている。そして、このことがアメリカの同盟者、モン族に悲惨な結果をもたらし、それは裏切り行為に等しかった。当初、アメリカの支援は、モン族がパテート・ラオによる共産主義の拡大から自分たちの山を守るためになされたもので、その裏では明確なものではないが自治が約束されていた。しかし、プー・パー・ティーに軍事施設が完成すると、北ベトナムはどんな犠牲を払おうともラオス北東部を手に入れることが戦略的に必要であると確信するようになった。その後、ラオス北東部の山岳地帯はベトナム戦争のもう1つの戦場となった。そこでは、ベトナム軍にアメリカの激しい空爆を浴びせるために型どおりの作戦が展開され、それにモン族がだんだん利用されるようになった。その結果、モン族の死傷者は飛躍的に増加し、彼らを戦争に引き入れるために当初用いられていた理由は忘れ去られた。[10] プー・パー・ティーを奪回しようとの試みはすべて失敗し、その他のモン族の重要な基地も失われた。士気は乱れ、モン族の指導者の中には西に向かってサイニャブリーへ逃げようとするものさえ現れた。

---

9 この重要な施設陥落についての地理的説明は以下の文献にある。J. Hamilton-Merritt, *Tragic Mountains: The Hmong, the Americans, and the Secret Wars for Laos, 1942-1992* (Bloomington, 1993), pp. 171-87.
10 R. Warmer, *Back Fire: The CIA's Secret War in Laos and Its Link to the War in Vietnam* (New York, 1995), pp. 236-42.

プー・パー・ティー陥落から3週間後、リンドン・ジョンソン大統領は北ベトナム北部への爆撃の部分的停止を発表した。その結果はすぐにラオスへの爆撃の激化となって現れた。毎日数百回も北ベトナムに出撃していた飛行機が、それに代わってラオスを直接標的にしたからであった。タイのウドンにある管制室から指令を受けたホーチミン・ルートへの爆撃が激しくなった。[11] 北部では、モン族のゲリラ基地への攻撃を緩和するためにフアパン県とシエンクワン県のパテート・ラオが標的にされ、激しく爆撃された。爆撃が非常に激しくなったために、パテート・ラオの指導者はビエンサイの鍾乳洞の奥深くに隠れ家を探さざるをえなくなった。彼らはそこから、ベトナム指揮下の地上戦に対してではなかったが、少なくとも彼ら自身の政治組織へは指示を与え続けた。[12] 幹部の徴募や訓練が最優先事項であった。新聞印刷所や衣服や鉄製の道具などの生活必需品を生産する小規模の工場までも地下に移した。あらゆる村が標的となったので、ジャール平原の村人たちは家を捨てて森へ避難し、本当に洞窟や洞穴の中で、できる限りのことをして生きた。パテート・ラオが力を注いだとはいえ、医療と教育面の被害は避けがたかった。農業は不発弾炸裂の恐怖の中、夜間にだけ行なわれた。[13] 何千人もの人が戦場から逃げ、国内難民の数は20万人にのぼって、その多くはCIAの航空会社エア・アメリカから物資の供給を受けなければならなかった。[14] 共産主義者の支配下にありながら唯一アメリカの空爆圏外にある地域では、中国軍の技術者が中国国境から北ラオスに至る道路網を建設中だった。建設は1962年1月にラオスと中国政府の間で調印された協定に従って行なわれており、これは中国を刺激しないようにとワシントンでなされた政治決定であった。[15]

11　G. Gurney, *Vietnam: The War in the Air* (New York, 1985), p. 217.; S. M. Hersh, 'How We Ran the Secret Air War in Laos', *New York Times Magazine*, 29 October 1972.
12　E. T. McKeithen, *Life Under the PL in the Xieng Khouang ville area* (Vientiane,1969), pp. 4-10, 26-7.
13　T. Decornoy, 'Guerre oubliee au Laos', *Le Monde*, 3-8 July 1968.
14　アメリカは、パテート・ラオ支配区から逃げてきた難民は「米にかかる税、賦役、徴兵」から逃れてきたのであると述べた。*Facts on Foreign Aid to Laos*, p.105. 難民の報告によれば、彼らが爆撃から逃れてきたことは明らかであった。Fred Branfman, *Voices from the Plain of Jars: Life under an Air War* (New York, 1972); 爆撃の激化と難民流入の増加との間の相互関係からも明らかであった。Embassy of the United States of America USAID Mission to Laos, *US Economic Assistance to the Royal Lao Government 1962-1972* (Vientiane, December, 1972), p. 2. この文献では、1963年から1968年にかけて難民はおよそ11万5000人であったのが、1969年から1972年にかけては2倍以上の30万人に達したと伝えている。
15　中国の道路網への爆撃を行なうかどうかについての議論は以下の文献を参照。G. M. Godley and J.

1969年の時点でアメリカは、パテート・ラオが次期アメリカ大統領リチャード・M. ニクソンの「特殊戦争の強化」と呼んだ戦いを行なっていた。ビエンチャンではタカ派のG.マクマトリー・ゴッドレーが大使を引き継ぎ、空爆を熱烈に指揮した。「秘密部隊」がラオス北部、南部で作られ、爆撃が強化された。それに対してパテート・ラオと北ベトナム軍は、ナムバーク峡とプー・パー・ティーにおける最初の勝利に続いて、南部でも順調に戦いを進め、サーラワン県とアッタプー県の県都は彼らに包囲されて孤立した。しかしながら、第4軍区司令官、パースック・ラーサパック将軍との暗黙の了解によって、どちらも占領はしなかった。ジャール平原では、このような融通は図られず、モン族の大きな犠牲のもとに激しい戦闘が続いた。モン族は彼らの得意とする小規模なゲリラ活動ではなく、血なまぐさい領域争いの戦闘に次第に利用されるようになっていった。1969年には、ラオス東部は事実上、アメリカのパイロットが余った爆弾を自由に落とせる自由爆撃地域となっていた。

アメリカ軍による爆撃が激化する中で、北ベトナムはパテート・ラオへの軍事的な干渉を増大させた。より多くのベトナム人「義勇」兵がラオスに入り、より多くのベトナム人「顧問」がパテート・ラオ軍強化のために割り当てられた。ラオスで活動している北ベトナム軍の数は、ホーチミン・ルートを南下する人員を含めないで、およそ4万人と推定された。この中の約2万5000人は道路や橋の建設、爆撃による破壊の補修、物資補給廠と野戦病院の運営といったホーチミン・ルート自体の維持のために割り当てられた。残りの1万5000人は北東部に配置された。パテート・ラオと「愛国的中立派」の軍は3万5000人、

St Goar, 'The Chinese Road in Northwest Laos 1961-73: An American Perspective', in J. J. Zasloff and L. Unger, eds., *Laos: Beyond the Revolution* (London, 1991), pp. 285-314.
16　ゴッドレーと彼の行動に対する痛烈な批判は以下を参照。C. Mullin, 'The Secret Bombing of Laos: The Story Behind Nine Years of US Attacks', *The Asia Magazine* 14/19 (12 May 1974), 6.
17　ラオスの軍人は米やその他の必需品を北ベトナムと交換していた。Soutchay Vongsavanh, *RLG Military Operations*, p. 54.
18　この攻撃に参加したモン族の4分の1が命を失った。*New York Times*, 13 November 1968.
19　Ministry of Foreign Affairs, Royal Lao Government, *White Book on the Violations of the 1962 Geneva Accords by the Government of North Vietnam* (Vientiane, 1969), p. 58. その他には、1750人のアメリカの文民、軍人に対して、ベトナム人4万5000人との推定もある。*New York Times*, 14 Aplil 1968. ブランフマンによればアメリカ人の数については、ラオス以外を拠点にして「秘密戦争」に関与した人、つまり空爆に従事した人も含めるべきであるとすると、その数は5万人にも及んだ('The President's Secret Army', p.78)。

一方ラオス王国軍とコンレーの中立派はそれぞれ約6万人と1万人と見られた。[20]第2軍区に散らばっていた「秘密部隊」の約4万人は、バンパオが指揮していた[21]（北部では1万人にのぼる中国軍が道路建設に従事していたが、前述のように中国からの報復を恐れて、アメリカ軍の爆撃の標的にはならなかった）。[22]

　1969年9月中旬、共産軍がアメリカの猛烈な爆撃にさらされて浮き足立ったので、バンパオ軍はジャール平原を奪回すべく電撃攻撃を開始した。大量の武器、装備、弾薬が捕獲されたが、勝利は長くは続かなかった。雨季の終わりに共産軍が新たな攻撃の準備を開始したので、まだ戦場から避難せずに残っていた約3万人のプアン族の人々が集められ、ビエンチャン近くの難民センターに送り込まれた。

　北ベトナムにとってジャール平原は戦略的に非常に重要であったので、バンパオの手の内に留めておくわけにはいかなかった。1970年初頭、初めてB-52爆撃機が使われたにもかかわらず、北ベトナム軍主体の合同軍はジャール平原全域を奪回した。「秘密部隊」が撤退すると、共産軍は攻撃を強めた。3月半ばには、彼らはローンチェンのバンパオ軍司令部とサムトーンの難民・行政本部が見わたせる高地（「スカイライン・リッジ」）を支配した。サムトーンは難民居留地の人々を含めると人口約4万人の事実上の町であった。何千世帯もがサムトーンを撤退すると、バンパオはローンチェンを守るために、タイ砲兵隊の支援を受け、自らの消耗した軍隊を再召集した。激しい空爆と砲撃でパテート・ラオとベトナムの軍隊は退却したが、モン族軍の被った犠牲も甚大だった。彼らは自らの家族を守るために戦ってきたが、何年にも及ぶ戦争で疲れきっていた。「秘密部隊」は、人員補充のために、タイの「義勇」兵に頼らざるをえなくなった。[23]

20　Department of State, 'Kingdom of Laos', Appendix 5, pp. 358-9.
21　*New York Times*, 26 October 1969. このうち、1万5000人は「正規軍」で、残りの2万5000人は予備役であった。R. Shaplen, 'Our Involvement in Laos', *Foreign Affairs* 48 (1970), 492. 兵士が逃亡したために軍隊が完全な兵力を保持していることはめったになかった。兵士の名簿には架空の名前が書かれており、そういう人の給料は上官の懐に入った。Houy Pholsena, 'L'Armée Nationale du Laos', PhD thesis, University of Aix-en-Provence (1971), p. 59を参照。
22　彼らのうち7000人は技術者からなる部隊で、3000人は（飛行機からの攻撃に対して配置された人も含めて）防衛のためであったと推定されている。
23　上院外交委員会開催前の公聴会によると、タイの「義勇兵」は約1万人に達し、アメリカは年に1億ドルを費やしていたが（*New York Times*, 8 May 1972）、その年の間に、2倍になった。US Senate,

第5章 戦争と革命 1964年〜1975年

　軍事行動は南ラオスでもますます激しくなっていった。1970年3月18日、ノロドム・シハヌーク殿下はカンボジアの国家元首を解任された。1963年と1964年に締結された合意の下で、シハヌークはベトナム共産軍が南ベトナムと国境を接するカンボジア領を使用することと、コンポンソム（シハヌークビル）の港に荷揚げされた軍事物資をベトナム解放民族戦線（ベトコン）へ送ることを許可していた。[24] しかし、シハヌークの後を継いだロン・ノル将軍の下で、2つの権利は取り消された。カンボジアが第2次インドシナ戦争に巻き込まれないようにとシハヌークが意図した左派寄りの中立は、アメリカとベトナム共和国（南ベトナム）との同盟に変わり、カンボジアは戦いに巻き込まれることになった。4月、約7万のアメリカと南ベトナムの軍隊がカンボジアに進攻した。同月、シハヌーク、スパーヌウォン、北ベトナム首相ファム・バン・ドン、南ベトナム解放民族戦線議長グエン・フー・トが、インドシナ人民首脳会議で一堂に会し、全員が「兄弟関係」と「共通の敵との闘争における相互支援」とを誓いあった。[25] アメリカ側ではベトナムから自国の軍隊を撤退させたいという願いが強くなっていたが、第2次インドシナ戦争は第1次インドシナ戦争と同様にインドシナ全土を巻き込んでいった。

　アメリカ・南ベトナム軍のカンボジア侵攻によって、ベトナム共産軍はさらにカンボジアの奥深く、あるいはホーチミン・ルートを戻ってラオス南部へと撤退せざるをえなくなった。ラオスにとってより重大なことは、カンボジアの体制が変化したことで南ベトナムの共産勢力への唯一の補給路としてホーチミン・ルートの重要性が増したことであった。そこで、南ラオスにおける共産側の支配を強固なものにするという決定がなされた。パテート・ラオ軍は、孤立していて防御にくいアッタプー県（4月）とサーラワン県（6月）の県都を占領した。雨季が明けると、北ベトナムはラオスを通して輸送する量を増やすことでカンボジアにおける補給路の損失を補おうとしたので、ホーチミン・ルートをめぐる戦闘は激化した。南ラオスの攻撃目標に向けての出撃数は平均して日

Committee on Foreign Relations, *Thailand, Laos, Cambodia, and Vietnam: April 1973: A Staff Report Prepared for the Use of the Subcommittee on US Security Agreements and Commitments Abroad*, 93rd Congress, 1st session (Washington, DC, 1973), p. 15.
24　Chandler, *The Tragedy of Cambodian History*, p. 140.
25　Phomvihane, *La Révolution Lao*, p. 31.

に200回に及び、その中にはB-52爆撃機による24時間連続爆撃も含まれていた。しかし、電子機器が巧妙にカムフラージュされた共産軍の位置を明らかにしていたにもかかわらず、求められていたほどの成果はあがらなかった。そこで1971年初めに、最初で最後のホーチミン・ルートを切断する地上戦が始まった。[26]

「ラムソン719作戦」は1月31日に開始された。2万人の南ベトナム軍がケサンからセーポーンへ9号線を西に向かって進撃した。そこは彼らが今まで一度も到達したことのない攻撃目標であった。そのことを前もって知らされていたスワンナプーマーは、すべての外国軍の撤退とジュネーブ条約の尊重を要求して型通りに抗議し、全土に非常事態宣言を出した。ラオス王国軍はさらに西の陽動作戦に駆り出されたが、戦闘には巻き込まれなかった。[27]この攻撃は「古典的な軍事的失敗、つまり作戦も貧弱、実行力も貧弱、そして貧弱な情報に基づいていた」と言っていいだろう。[28]3月中旬、多数の死傷者を出した後、ホーチミン・ルートを支配する北ベトナム軍を残したまま、南ベトナム軍は急遽撤退した。ある小冊子の中でパテート・ラオは勝利の栄光を得たと主張したが、誰もそれを信じなかった。[29]6月中旬、共産軍はボーラウェーン地域全域を占領したことによって「9号線－南ラオスにおける勝利」を確固たるものとした。

北部では一進一退の戦いが続いていた。タイの傭兵に支援された「秘密部隊」はジャール平原の一部を雨季攻勢で再び奪い取ったが、その年の末にはそのすべてを失った。ベトナム軍が戦車や新式の大砲を投入すると、ローンチェンのモン族やタイの兵士が間断なく攻撃を仕掛け、再び撃退した。この時までにアメリカの補給機は北ラオスだけで17万人もの難民（その80％はモン族）に食糧を空中投下していた。[30]何千人もの人々が愛する山を永久に捨て、ラオス王国政府

---

26 数は限られていたが、「数年間にわたって」、南ベトナム軍は追撃に夢中になりすぎてラオス領内に入っていた。*New York Times*, 19 May 1970.
27 ラオス人は作戦の進捗状況について知らされていなかったことに憤慨した。Soutchay Vongsavanh, *RLG Military Orerations*, pp. 61, 107.
28 S. M. Hersh, *The Price of Power: Kissinger in the White House* (New York, 1983), p. 307. それほどひどい評価を下していないものについては、K. W. Nolan, *Into Laos: The Story of Dewey Canyon/Lam Son 719; Vietnam 1971* (Novato, Calif., 1986), pp. 359-62. を参照。
29 *A Historic Victory of the Lao Patriotic Forces* (n.p., 1971). パテート・ラオにしてみれば、彼らの貢献もあることをベトナム人は知るべきであった。*Anti-US War*, pp. 134-6.
30 *New York Times*, 16 March 1971.

第5章　戦争と革命　1964年～1975年

の支配地に移ったが、パテート・ラオのところへ投降する人もいた。1972年までに、北ラオスでの戦争は、「秘密部隊」が被った大きな損失を補うためタイの「特殊ゲリラ部隊」の役割が増大したので、いっそう国際化していた。推定3万人ものモン族が死んだが、それはラオスのモン族人口の10％以上だった[31]。パリで和平交渉が行なわれていたのに、クラスター爆弾がばらまかれて月面のクレーターのようになったジャール平原周辺の山々では、依然として多くの人々が死んでいた。南部ではボーラウェーン高原がパテート・ラオの手中にあった。

　1973年の初めに停戦が発表された時、200万トン以上の爆弾がパテート・ラオ支配地域に落とされていた。これは、住民1人あたりでは2万トン以上になる[32]。その破壊は戦慄すべきものであった。パテート・ラオ支配下の約3500カ村のほぼすべてが、部分的にあるいは完全に破壊された。両陣営の死者の数は推測でしかないが20万人にのぼり、その2倍の数の人間が負傷した（この推測値は両陣営の死者のすべて、文民も軍人もベトナムとタイの「義勇兵」をも含めて、直接的あるいは間接的に戦争の結果亡くなった人を含んでいる。しかし、正確な数は不明である）。これはおそらく控え目な数値だろう。さらに同時期に75万人、ラオス全人口の4分の1が故郷から追い出され国内で難民となった[33]。これらは単なる統計数字であるが、個人の生活を襲った恐怖や精神的トラウマ、追い立てられ引き裂かれた家族、社会の分裂など、その衝撃は、はっきりと目には見えないが深い傷を与えた。戦争はラオスの山地民社会に耐え難い重圧をもたらし、ラオスの国家を弱体化させ、公共の道徳を破壊し、国民統合と国民和解という大義の実現を後退させた。では、この戦争によってラオスが得たものがあるとすれば、それは何だったのだろうか。

　アメリカによる爆撃は、ホーチミン・ルートの人や物資の流れを止めることはできなかった。多くの犠牲や英雄的行為にもかかわらず、「秘密部隊」はジャ

31　Warner, *Back Fire*, p. 350.
32　公表された数字によると、209万3100トンの爆弾がラオスに落とされ、その費用は全部で72億ドルであったと推定されている。Stan Sessar, A Reporter at Large; Forgotten Country, *The New Yorker*, 20 August 1990. でペンタゴンの資料を引用している。
33　これより数値の高いものもある。*New York Times*, 15 March 1971. 上院の小委員会では75万人から100万人とされた。

ール平原を数ヵ月間しか確保することができなかっただけではなく、攻撃目標設定と救援のための最も重要な設備が破壊されるのを防ぐこともできなかった。ベトナム軍は、ラオス領内の使用に対して大きな代償を支払うことを強いられた。しかし、ラオスで起きたことがベトナム戦争を決定づけたということにはならない。ラムソン719作戦の失敗が4年後の南ベトナム軍のクライマックス的な敗北の前兆となったことを除いては。

ラオスの苦境

　戦争はその社会の結束力を試すが、内戦はより大きな重圧を強いる。戦争はアメリカ人やベトナム人のものであったが、ラオス人にとってはラオスでの戦いは内戦であった。そこでは双方の側が、全く異なる理由のために対立していたより強大な力に操られていた。そして、どちらの側でも同盟相手の力が強すぎたため、ラオス人は従属者としての弱い立場に立たされてしまった。決定権はラオスの手中にはなく、ラオスの指導者はそこで展開する出来事をただ見つめるだけであった。しかし、パテート・ラオ側においては戦争が軍と党との関係を強化した(徴兵、組織化、宣伝活動を通して)のに対して、ラオス王国政府側では、政治的な対立や軍隊の指揮系統が地域別になっていたことが、既に脆弱であった国家の中央集権的な機能を弱体化させた。

　双方の軍隊の役割はこの戦争の10年間にそれぞれの側で変化した。パテート・ラオ側ではラオス人民解放軍[34]が党と一体化し、その一部となっていたのに対して、ラオス王国政府側ではラオス王国軍が政治の支配から事実上独立する方向に向かった。パテート・ラオの支配区では、ラオス人民解放軍が党、ナショナリズム、革命の名の下に少数民族の若者たちを動員し、訓練していた。そのことは社会統合と組織化の両面における力となっただけでなく、個人的な上

34　ラオス人民解放軍は1965年10月の共同会議後にパテート・ラオ軍と「愛国的中立派」の軍が「合体」してできた。Brown and Zasloff, *Apprentice Revolutionaries*, p. 94. パテート・ラオ軍の指揮官であったシンカポ・シコートチュンラマニーに代わって、カムタイ・シーパンドーンが指揮官となった。シンカポは、最高合同軍事委員会で中立派との関係を深めすぎたために1963年に降格されていた。この「思想修正キャンペーン」についてはChou Norindr, 'Le Néolaohakxat ou le Front Patriotique Lao et la révolution laotienne', doctoral dissertation, University of Paris, 1980, pp. 501-3. を参照。

第5章　戦争と革命　1964年〜1975年

昇の機会も提供した。大義は正しいという信念を持つことで報いられ、将来報われることが約束された。ラオス王国軍もまた社会的上昇の機会を提供した。多くが地方出身の若い士官たちは、権力と地位が約束されている職として、軍隊を選んだ。しかし、そこは同質性の高い集団であった。別組織の「秘密部隊」を除くと、ラオス王国軍の新兵募集はラオ・ルムの人々に限定され、民族的な統合という大義の発展には結びつかなかった。そして入隊動機は愛国的な義務感からではなく、ほとんど個人的な利益追求のためであった。

　2つの軍隊の最も異なるところは、それぞれの政権との関係であった。ラオス人民解放軍がラオス愛国戦線を通して活動していた党の権威を強めていたのに対し、ラオス王国軍は一貫してラオス王国政府の権威を衰えさせ、ラオスという国家を弱体化させた。プーミー・ノーサワン将軍の失脚と、軍の独裁者よりもスワンナプーマーを支持するというアメリカの決定によって、ラオス王国軍は強力な指揮官のいない状態になった。軍の参謀長ウアン・ラーティクンは、軍の統括よりも自身のビジネスにより強い関心を寄せていた。第2軍区のバンパオ将軍と第4軍区のパースック・ラーサパック将軍を先頭に、5つの軍区の司令官がそれぞれの任地で事実上の軍閥になっていた。[35] 郡レベルでは軍人が文官から権力を奪い取っていた。アメリカが意図したことではなかったが、この「軍閥主義」は各軍区の指揮官へ直接物と情報を与えることによりいっそう強固になっていった。スワンナプーマーと敵対していた地方の名家による同盟（パースック将軍はブンウム一族として知られていた）は、中央の国家権力をさらに弱めた。

　ラオス王国軍はラオス人民解放軍よりも指揮系統と規律が弱く、政治権力との関係がより問題を孕んでいただけではなく、汚職という非道徳的な文化も発達していた。モン族とコンレーの中立派が戦闘の矢面に立っていた時に、ラオス王国軍の上級将校たちは暇を見つけては自らの権力、利権争いを続けていた。その争いの中心はプーミー・ノーサワン将軍であったが、プーミーに忠実な将校たちがプーミーに敵対する者に対して向ける敵意の裏には、地域的・家系的な反目、そして利権争いがあった。右派と中立派の合同軍では、軍の再編にあ

35　F. Branfman, 'Presidential War in Laos, 1964-1970', in Adams and McCoy, eds., *Laos: War and Revolution*, pp. 223-5. 1971年7月の軍隊再編まで、地域指揮官の権力は維持された。.

たって上級司令官を任命する時に特に悶着が起きた。1965年1月、右派将校の一団が、軍内部の汚職と政治工作の禁止、兵士や公務員の待遇改善を要求して、ビエンチャンのラジオ局を一時的に占拠した事件の裏には、こうした緊張関係があった。スワンナプーマーが必死に危機を鎮めようとしたにもかかわらず、この事件は軍内部に極度の緊張関係をもたらした。プーミーに忠実なシーホー・ランプータクンの軍事警察とビエンチャン郊外チナイモーの第5軍区基地所属、クパシット・アパイ将軍指揮下の部隊の間で争いが起こった。後者が優勢になると、プーミーとシーホーはタイへ逃亡し、クパシットが首都の支配権を握った。[36] その後、プーミーの名で小規模の反乱がターケークとパークサンで起こったが、簡単に鎮圧された。シーホーの権力は、人々の憎しみを買っていた軍事警察が解体され、内務省の下にラオス国家警察軍が設立されるに及んでついに崩壊した。

　プーミー・ノーサワン将軍の失脚は、アメリカとタイからの支援を失ったためであった。タイの独裁者サリット元帥の死によって、プーミーは重要な軍事的財政的支援の源を失った。さらにスワンナプーマーが国防大臣の職に就任したことで、かつてのようにラオス王国軍のボスとして部下にバラマキを施すことができなくなった。妬み深い将校たちは彼のビジネスに物欲しげな視線を投げかけた。プーミーが逃亡した時、将校たちは彼の麻薬、売春、ギャンブル、金の密輸の帝国を分割しようと待ち構えていた。こうしてウアン・ラーティクン将軍は、ちょうど南ベトナムへアメリカ軍が投入されて麻薬の市場が急速に拡大していた時に、アヘン貿易とヘロインの製造を手中に収めた。ラオスと南ベトナム軍の将校たちは、ラオスから南ベトナムに入ってくる麻薬と金の密輸に密接に関わっていた。タイに木材を密輸したり、華僑の商売のコミュニティーに無理やり割り込んだりする将校もいた。右派将校の中には、軍事物資をパテート・ラオへ売りさばいている者までいた。将校たちの中でも位の高い者が若手将校に見せた貪欲さや腐敗の実例によって、シニシズムが広がり、士気は落ちて、軍の指導力を低下させることになった。戦争努力よりまず猟官であっ

36　プーミーは南タイに隠遁した。彼は1980年代初め、わずかの間反共抵抗勢力に名前を貸したが、1985年死去した。シーホーは1966年6月ラオスに戻ってきたが、逮捕され、伝えられるところによると逃げようとして射殺された。

第 5 章　戦争と革命　1964 年～ 1975 年

たので、規律は乱れた。1966年10月、アヘンの積荷をめぐる諍いから、ラオス空軍がビエンチャン郊外の軍事司令部を爆撃した。一方、中立派の権力闘争でコンレーはフランスに亡命した。

　しかしながら「アヘン戦争」として知られるようになった1967年の軍事衝突ほど、ラオス王国軍幹部が何を最優先しているのかをはっきり示すものはなかった。ウアン・ラーティクン将軍その他、アヘン取引に関与している人々、あるいは取引についてよく知っている人々へのインタビューに基づいて、アル・マッコイは次のように説明している。戦闘は、ビルマのあるシャン族軍閥が北タイを根拠地とする元中国国民党軍によるいわゆるゴールデントライアングルのヘロイン貿易独占を打ち破ろうとした時に起きた。生アヘンを積んだ隊商が、バーン・フアイサーイ近くのウアン将軍のアヘン精製所に持ち込むためビルマからラオスへ入ってこようとしていた。その隊商を待ち伏せして積荷を奪おうとしていたのが、旧中国国民党軍の兵士であった。ところが、国民党軍もラオスに入ってきた時、ウアン将軍は双方を爆撃し、自分の部隊を投入した。ウアン将軍はあっという間に勝利し、それ以後、彼はビルマアヘンを定期的に手に入れることが可能になった。さらに南ベトナムのアメリカ軍の間に精製ヘロインの需要が拡大していたことが重なり、北ラオスのヘロイン産業は成長したのであった。[37]

　政治面においては、戦争という状況にもかかわらず、普段通りの政治が行なわれていた。戦争のためにできなかった選挙を後から実施することは無理だったが、憲法改正によって、1965年7月に一部の地域で行なわれた選挙結果で臨時国民議会を開催することが可能になった。これは政治的成熟を示すような妥協的手段であった。様々に反共活動を展開する4つの日刊紙が煽り立て、政治論争は活況を呈していた。しかし、健全な政治文化という印象は誤解を与える。第2次連合の構造と、その見せかけだけの外観を支える必要性のために、ラオスの政治はがんじがらめにされていた。スワンナプーマー自身も政治の囚われ人であった。彼自身の地位でさえ、組織化された政党によるものでもなければ、もちろん自身のカリスマ性のない人柄によるのでもなく、ラオスの中立を取り繕うために彼は首相に留まらなければならないという、西側諸国も支持したア

---

[37] McCoy, *The Politics of Heroin*, pp. 296-308. この戦闘における負傷者は約200人であった。

メリカの決定によるものであった。それは、スワンナプーマーを追い出そうという目的のみにおいて結束していた右派の陰謀から彼を守っていたかもしれないが、国を苦境から救うために何か決定的な役割を果たすということにおいては無力であった。スワンナプーマーは風向きが変わるのを待ちながら、彼が勝ち取ろうとしているもの、即ちラオスの独立と中立を繰り返し口にすることしかできなかった。その間、国民議会や政府が何を決めたところで、戦争の成り行きには全く影響を及ぼさなかった。それゆえ1966年には、アメリカは1959年から1960年にかけてと同じようにラオスの政治日程を完全に支配した。

この10年間、なぜスワンナプーマーはアメリカの土俵で相撲を取っていたのであろうか？　言ってみれば、彼は絶望してあるいは嫌気がさして政界から引退し、フランスで快適なブルジョワ的生活を送ることもできたはずである。彼がラオスに留まっていたのは、ラオスの中立とその理想を持ち続ける必要性を心から信じていたからであり、国を導いていくビジョンと資質を持っているのは自分だけであると確信していたからでもある。スワンナプーマーは、ラオスのように小さく、弱く、戦略的な位置にある国にとって、中立とは、彼自身が指摘したように、「我々に課せられているのは、社会主義陣営の国々との間に1000キロにわたって続く国境線の存在が課した」追求すべき唯一合理的な外交政策であるということを誰よりもよくわかっていた。[38] 見せかけのお粗末なラオスの中立でも、完全に捨て去るよりはましであった。さらに、彼はベトナムの意図と影響力を深く憂慮していた。彼はもはやパテート・ラオを本来のナショナリストであるとは信じていなかった。ベトナムの力を食い止めなければならなかったのに、彼らはベトナムのお人よしの傀儡になってしまった。スワンナプーマーはラオスでアメリカがベトナムという標的に対して爆撃することを認めていた。外国軍が撤退すれば、爆撃は停止し、パテート・ラオとの政治的和解が求められる、と彼は強く心に思っていた。[39]

この戦争の10年間、スワンナプーマーのアメリカとの関係はけっして従属的なものではなかった。スワンナプーマーのやっかいなプライドは彼自身を一度ならず辞職へ追い込み、彼はアメリカ大使館との間にいくらかの距離を保と

38　Souvàma Phouma, 'Laos: le fond du problème', *France-Asie* 166 (March-April 1961), 1825.
39　Cited in Perry Stieglitz, *In a Little Kingdom* (Armonk, NY, 1990), p. 168.

第5章 戦争と革命 1964年〜1975年

うともした。彼はラオスにアメリカ地上軍を配備したらどうかという助言を拒否し、ホーチミン・ルートを遮断しようとした南ベトナムの試みを非難した。彼は一度たりとも中国と北ベトナムとの関係を閉ざすことはなく、パテート・ラオとの対話再開のための扉は常に開けてあった。アメリカ人は彼を必要としていただけではなく、彼の能力をも認めていた。スワンナプーマーは権力にも地位にも惑わされなかった。彼は愛国者であり、アメリカに依存していた政権において稀に見る誠実な政治家であった。

　アメリカのラオスへの介入はスワンナプーマーの誠実さを損なうことはできなかったが、ラオスの政治文化を蝕んだ。アメリカが戦争を指導したことは、ラオスの政治家がもはや国家にとって最大の課題であるこの問題に決定を下す立場になかったことを意味していた。彼らには富や地位といった個人的利益獲得のための政治しか残されておらず、奇妙なことに、首都にいながら戦争の現実から隔絶されていた。[40] 国が戦争についての政治的責任に向き合うことができなかったということは、増え続ける予算の赤字を減らそうとした政府に対して国民議会が示した反応によって明らかであった。増税、贅沢品への輸入関税によって歳入を増やそうとした動きが激しく非難されたのである。1966年9月、国民議会は次年度予算を否決した。スワンナプーマーはこの結果を不信任と捉え、選挙に訴えた。パテート・ラオだけが「非合法的、分離主義的、反動主義的である」と非難したが、戦時にもかかわらず1967年1月、選挙が行なわれた。[41] その結果は、せいぜいのところ、地方権力のバランスと有力な家系の影響力を前の国民議会よりもきっちり反映していたというところだった。しかしながら、彼らが国の政策に与える影響は限られていた。議員たちは、スワンナプーマーを首相の座につかせてラオスの中立という体裁を維持したいというアメリカの意向をよく理解していた。それは議論するまでもないことであったので、彼らは政府に黙々と従い、例によって収賄や税金逃れで私服を肥やすことに精力を傾けていた。

　1960年代末には、汚職はラオス社会の隅々にまで広がった。戦争によって、

40　こうした立場に対するニュイ・アパイのいくらか悲壮感のある弁明が以下の文献に載っている。Stieglitz, *In a Little Kingdom*, pp. 78-80.
41　*New York Times*, 28 November 1966. ラオス愛国戦線はジュネーブ条約まで戻ることをことあるごとに要求した。*Impérialism Américain: Saboteur des Accords de Genève de 1962 sur le Laos* (Zone libérée Lao, 1967).

メコン河岸の街は繁栄していると錯覚するような雰囲気が漂っていた。錯覚というのは、それがほぼすべてアメリカの軍事費に頼っており、そのかなりの部分が個人の懐に消えていたからである。ラオス予算の大半は軍事費で占められていたが、都市開発、農村振興計画、社会基盤整備、経済発展2ヵ年計画のうちの保健、教育分野にもいくらかは割り当てられた。ビエンチャンでは、道路が舗装され、排水溝が掘られ、初めて信号機が取り付けられた。こうした計画は手数料の徴収やピンハネをする絶好の機会であった。アメリカの援助に頼って豊かになっていることは、路上にあふれるバイクや一般消費の拡大からも明白であった。電話がビエンチャンとルアンパバーンの間でつながるようになり、メコン委員会[42]の支援の下、ナムグム・ダムで仕事が始まった。法外な価格で外国人に貸し出すための新しい家がどんどん建てられた。産業分野においても、主として中国人の個人投資によって、食品加工、金属細工、薬品製造の工場が建てられた[43]。1969年、政府は大規模事業への投資を呼び込むための新5ヵ年計画（ナムグム・ダムの事業とその他の2つの小規模水力発電計画を含む）を明らかにした。その計画は、公務員の増加（1万6000人にまで）、教育支出（総予算の15％まで）と保健関連支出（5％まで）の増加をも盛り込んでいた。しかし、見積もりも見通しも楽観的だったが、歳入と歳出の不均衡、輸出と輸入の不均衡が続いていることは、国家経済の実態と外国援助への依存度を明らかに示していた[44]。ラオス王国政府は、経済だけではなく、軍事でも政治でもアメリカに依存していた。

　職と住居を求めて困窮した難民が流入したことを除いては、戦争はメコン河岸の街に深刻な損害は与えなかった。ターケークは近郊にまで敵が迫り、ルアンパバーン空港は臼砲で砲撃されたが、パテート・ラオが都市でテロ攻撃を仕掛けることはなかった。戦争による破壊はほぼ完全にパテート・ラオ支配地区

42　（訳註）1957年3月、ECAFE第13回総会で採択されたメコン調査に関する勧告に基づき、同年9月設立された「メコン河下流域調査調整委員会」の通称。タイ・ラオス、カンボジア、旧南ベトナムをメンバーとし、メコン水系および流域に関する基礎的データの蓄積、メコン下流域開発のマスタープラン作成や各国政府によるプロジェクトの策定、評価、実施の支援などを行なった。白石昌也「第3章 ポスト冷戦期インドシナ圏の地域協力」磯部啓三編『ベトナムとタイ——経済開発と地域協力』大明堂、1998年、42頁。
43　J. Lejars, 'Situation industrielle du Laos et rôle des forces externes', *Tiers Monde* 13 (1972), 624-9.19の新しい工場が1967年から1969年の間に建設された。そのうち17は中国人が所有していた (p. 629)。
44　Commissariat Général au Plan, *Plan Cadre 1969-1974: Programme Annuel de Realisation 1970-1971* (Vientiane, 1970).

に集中していた。しかしながら、絶え間のない空爆と貧困にもかかわらず、パテート・ラオはその地に実効のある統治を実行し続けていた。空爆が始まる前から予定されていた計画には、農業の部分的集団化、識字運動、4年間の初等教育と、教師、行政幹部、保健師の育成が含まれていた。政治教育はもちろん最優先され、村人は年齢と性別(女性、若者)によって、また職業(農業、教職、行政職)によって「組合」に入れられた。[45] アメリカとビエンチャン政府を非難するために、定期的に集会が開かれた。革命的な歴史記述がパテート・ラオにすべての民族の抵抗運動としての形と意味を与えた。一方、革命的な政治文学は、恋愛においても戦いにおいても、ラオス愛国戦線のゲリラ隊員が自国をアメリカ人に売った者たちに対してどれほど勇敢に勝利したかを描いた。

1969年9月のジャール平原再奪還と戦争難民の問題は、パテート・ラオの行政手法と彼らの導入した変化について洞察させてくれる好例である。特に、以下の2つの変化が注目に値する。1つは、村や郡の首長による従来の統治のヒエラルキーに、ラオス愛国戦線代表者の政治的ヒエラルキーを加えたことである。代表者たちは地域での人望と影響力、政治的貢献と活動の両方を含む基準によって選出された。この政治的ヒエラルキーは、ラオス人民党の正式な路線を宣伝することと、地方の状況を党中央に知らせるという2つの役割を持っていた。2つ目は、連帯の意識を高め、革命の大義へ貢献させるため、ほとんどの共同体がつらい体験を共有することにより強まった伝統的な互助関係を利用したことである。米への税でさえも、連帯の意識を高め革命の大義へ貢献させる方向に作用した。各村から順番に徴兵されていたラオス人民解放軍の兵士を養うために、収穫の15％ほどが徴収されていた。

しかしながら、パテート・ラオ支配地区への空爆が激しくなるにつれ、あちこちで社会構造は分解し始めた。他に爆撃する所がなかったので、支配地区の村々がアメリカの爆撃機の対象となり、何千人もの人々が山の奥深くに逃げるか、難民となって溢れ出した。残った人々は、空から降ってくる死の雨を絶えず恐れながら、先のわからない生活を送らざるをえなくなった。ここで特筆すべきは、振り返ってみれば、こうした状況の中で、よくもパテート・ラオの組

45　G. Chapelier and J.van Malderghem, 'Plain of Jars: Social Change under Five Years of Pathet-Lao Administration', *Asia Quarterly* 1 (1971), 61-89.

織力と宣伝力が革命的団結と反帝国主義ナショナリズムの意識を覚醒させ維持し続けたということである。ラオスの歴史上初めて、すべての民族が、フランス植民地主義に対する一連の少数民族反乱に起源を持つ国家的な独立闘争に結集した。ラオス人の同志とともに戦い、死んでいったベトナム人は、首尾よくラオスの友人かつ守護者として描かれるようになった。アメリカは悪魔のような敵であった。

和平への道のり

　軍事的圧力が強まったことに対するパテート・ラオの反応は挑戦的であった。1968年10月末、ラオス愛国戦線は第3回全国大会を開催した。12項目からなる政治綱領が発表されたが、その要点は「アメリカ帝国主義者の侵略」に対しての国家統一、「連合政府」形成、そして総選挙実施を求めるものであった。[46] アメリカによる北爆の全面停止とベトナム戦争終結へ向けての交渉開始と時を同じくして出されたこの政治綱領は、王制と仏教の尊重を含む穏やかな調子であり、ラオスにおいてもこのことを基礎に同じように問題を解決したいという意図を示しているようであった。スワンナプーマーは政府とパテート・ラオによる会談を再要請してそれに答えたが、ニクソンの「特殊戦争の強化」の前にその主導権は失われた。[47]

　スワンナプーマーはけっして己の信念を曲げなかった。つまり、北ベトナムがラオスから軍を撤退しさえすれば、ラオスは自分たちの問題を解決できると思っていた。[48] しかし、1969年は不幸な年であった。パテート・ラオはスワンナプーマーを「裏切り者、譲歩主義者、侵略者アメリカの腰巾着」と非難した。ジャール平原中立化の提案は拒否された。パテート・ラオ側にすれば、紛争

---

46 'Political Progrm of the Neo Lao Haksat', in Brown and Zasloff, *Apprentice Revolutioaries*, Appendix A3, pp. 291-6.
47 （訳註）1968年3月の北爆の一部停止に続いて、10月、アメリカは北爆の全面停止を宣言、さらに（戦争終結へ向けて）アメリカ、ベトナム民主共和国、ベトナム共和国、解放民族戦線の四者会談を提案した。石井米雄、桜井由躬雄編『東南アジア史Ⅰ大陸部』山川出版社、1999年、458-9頁。
48 先にベトナム軍が撤退することは、スワンナプーマーにとってラオス問題解決の必須条件であった。反対にベトナムは、スワンナプーマーがアメリカへのホーチミン・ルート爆撃許可を取り消しさえすれば、1969年までには解決を支援しようとしていた。Shaplen, 'Our Involvement in Laos', p. 486.

第5章　戦争と革命　1964年〜1975年

解決のためにはアメリカの全軍事行動停止が先であり、ラオスからのアメリカの撤退がそれに続かなくてはならなかった。そうなって初めて1962年のジュネーブ条約に基づいて、「現状」を考慮に入れた新政府が設立されるのであった。[49] 言い換えれば、両者の交渉（「3派」での話し合いが提案されたが）によって、強力になりつつあるパテート・ラオと「愛国的中立派」の軍事状況を反映して、彼らの代表を加えた連合政府が再び設立されなければならないということであったが、それもアメリカが撤退してからの話であった。パテート・ラオはこの前提条件をけっして引っ込めなかった。1970年3月、ラオス愛国戦線の中央委員会は自分たちの要求を「平等と国民和解の原則に基づいた」政治的解決のための「平和5原則」にまとめた。スワンナプーマーは、すべての外国軍の撤退を実現するとの提案でそれに応じた。にもかかわらずスワンナプーマーは、人口の多い地域から北ベトナム軍が撤退すれば、北ベトナムが引き続きホーチミン・ルートを使用することを認めてもいいとほのめかしていた。[50]

しかし、カンボジアではシハヌークが打倒され、再び戦争が起こった。1970年と1971年前半の軍事的出来事（パテート・ラオによるアッタプーとサーラワンの占領、ラムソン719作戦の失敗）は、スワンナプーマーに新たな政治的重圧を課した。右派の中で、とりわけ南部から、中立の継続とパテート・ラオとの交渉を準備していることに対してスワンナプーマー批判が沸き起こった。これは、ブンウムによって画策されたことであった。スワンナプーマーはこのような批判に対抗しようと、ブンウムの甥であるシースック・ナチャムパーサックを自分の代わりに国防大臣に任命して日々の軍事的指揮を任せ、実質的にスワンナプーマーの代理人かつ後継者としたが、このことは、有力な一族、特にサナニコーン家の嫉妬と対抗意識をいたずらに燃え上がらせた。[51] シースックは、地方の司令官の権限を縮小し、軍の機能の効率を高め、汚職を抑えるために、ラオス王国軍の上級将校を再組織化することに自身の新しい権力を使用した。彼が部分的にではあれ成し遂げたことは、政府内での南部出身者の影響力を実質的に増

49　1969年7月10日のパテート・ラオ放送。Cited in Brown and Zasloff, *Apprentice Revolutionaries*, p. 95.
50　ソップサイサナ殿下の言及。Chao Sopsaisana, 'Laos After Viet Nam', *Pacific Community* 1/4 (1970), 712.
51　A. J. Dommen, 'Lao Politics under Prince Suvanna Phouma', in J.J.Zasloff and A. E. Goodman, eds., *Indochina in Conflict: A Political Assessment* (Lexington, Mass., 1972), pp. 84-7.

大させることになり、それは国王がこの10年間で初めてラオス南部を訪問したことで、さらに強まったかのように思えた。しかし、このように国家が危機的な時でさえ、右派がまとまっているように見えたのは錯覚で、依然汚職文化は蔓延していた。

　1970年代はじめには、ラオスは、戦争と自らが生んだ汚職にうんざりだという国になっていた。それ以前の10年間の出来事、特に国家主権を喪失したことは、人々を幻滅させ、政治と政治家両方への信頼を失わせた。民衆の反応は2通り、個人の楽しみの追求という形での現実逃避と、国に起きていることに対しての怒りであった。一方は感傷的もしくは喜劇的な逃避主義の形をとり、もう一方は社会批判の形をとったが、どちらにしても、突然大衆文芸が花開く結果となった。前者はタイや南ベトナムで出版されていた大衆小説や短編と同様、報われない愛を語ったり、うまくいかない計画を笑ったりするもので、後者は社会正義や当局の汚職というテーマを追求し、ラオスの若者が政治へ関心を向けることに貢献した。[52] パテート・ラオの出版物とは異なり、どちらも戦争遂行の決意や支援を促すものではなかった。

　特に若い知識人の間で政治指導者の質に対する不満が広がり、彼らは1972年1月の国会議員選挙で戦うために独自の政党を設立した。彼らは票を買わなかったにもかかわらず（票の操作に代わって、票を買うことが選挙に勝つための有力な手段となっていた）、59議席中3議席を勝ち取った。前議員で再選されたのはたった18名で、その他の者は議員として擁立するにはあまりにも汚職まみれで、信用されていなかった。しかし、彼らに取って代わったのも、少数の誉められるべき例外を除いては、地方の有力な一族か軍事指導者に推挙された人たちであった。彼らは、組織され、主義主張を持った政党を代表しているわけでも、国の将来に関するビジョンを提示しているわけでもなかった。実際、ほとんどの新人議員は、国家の危険な状況よりも職に伴う役得に興味を持っていた。彼らのほとんどは売買収された者であり、これはサナニコーン家が仕組んだことであった。彼らは多数派ではあるが反スワンナプーマーで寄せ集められたまとまりのない集団で、首相への国際的支援が揺らがないことが明らかになると、

52　Saveng Phinith, 'La littérature lao contemporaine' in P.-B. Lafont and D. Lombard, eds., *Littératures contemporaines de l'Asie du Sud-est* (Paris, 1974), pp. 35-7.

第5章 戦争と革命 1964年～1975年

たちまち瓦解した。

　北ベトナムとアメリカの和平会談は進展がないように見えたが、1972年はアメリカ大統領選挙の年であり、和平会談の進展によってリチャード・ニクソンの再選が確実になるのでありさえすれば、何らかの合意に達しそうであった。したがって、反スワンナプーマーの動きというのは、和平合意よりも権力をめぐる政治的駆け引きが優先されたからだと見るべきである。それが失敗したことで、政治家たちの意見はばらばらになり、右派の結束は弱くなった。対照的に、ビエンサイの鍾乳洞ではパテート・ラオが密かに権力奪取に向けて、次の段階の準備に余念がなかった。1972年2月、ラオス人民党はここで秘密裏に、来るべき交渉の戦略を練るために第2回党大会を開いた。党の名称はラオス人民革命党へと変わり、カイソーン・ポムウィハーンが書記長として承認されて、7人の政治局員が中央委員会の24人の委員とともに選出された。ラオス愛国戦線の平和5原則が承認されただけではなく、平和が達成されたら取るべき政治方針も秘かに決定された。大衆向けに、戦争にあきあきした人々に訴えかけようと、平和・独立・中立・民主主義・再統一・繁栄というラオス愛国戦線の目標が定められた。右派の特徴である私利私欲のための汚職および分裂と、パテート・ラオの明確な公約および結束という対比は、それだけで強いメッセージとなった。

　1972年7月、スワンナプーマーは、ラオス愛国戦線が2年前に和平交渉再開のための基点として提示した5原則の提案を正式に受け入れた。それは状況を変え、そっぽを向いていた両者の間に橋をかけることになった。1ヵ月後、ビエンチャンで双方がついに顔を付き合わせて会談を行なうことになった。しかしすぐに、双方の代表団のプロ意識、能力、何にもまして根性の違いが明らかとなった。会談がほとんど進展しなかったので、双方が相手は誠意を持って交渉していないと非難した。ともに、相手を支援している外国軍を先に撤退させることを交渉の前提条件として要求していた。9月下旬に双方がすべての前提条件を引っ込めたが、両陣営とも、ラオスの停戦はベトナムにおける和平交渉がまとまらない限りありえないことをよく理解していたので、形だけのシャドーボクシングを続けていた。パリで北ベトナムの代表団長レ・ドク・トがアメリカ国務長官ヘンリー・キッシンジャーに「ハノイはベトナムでの停戦から30

日以内にラオスに停戦をもたらすであろう」と確約した時、彼はラオスとベトナムの関連性をじっくり説明した。[53]

　1973年1月23日、ついにアメリカと北ベトナムとの合意が発表され、ラオス内のそれぞれの陣営に対して、交渉をまとめるようにという圧力がかかった。アメリカの飛行機は交渉における点数稼ぎのために、ラオスの共産主義者の支配地区に爆撃を続けた。平和と国民和解の回復のためのこの協定は、重要な政治的相違点を解決してはいなかったが、レ・ドク・トが約束したとおり、1ヵ月以内に両者が歩み寄って停戦が調印された。その年の中頃までには小競り合いもだんだん減っていった。国家の歴史で最も壊滅的な10年に及ぶ戦争の後に、やっとラオスに平和が訪れた。タイ軍は撤退し、「秘密部隊」の残党はラオス王国軍に統合されたが、憎しみは消えなかった。

　1964年から1973年までの第2次インドシナ戦争の悲惨さは、ラオス全土を隈なく覆っていた。しかし、戦争の負荷は一様ではなかった。最も影響を受けたのはラオスの少数民族であり、ラオ・スーン、特にモン族に他ならなかった。ラオ・トゥンもまた北ラオスや南部のボーラウェーン地域で大きな被害を被った。[54] ラオ・ルムの被害は最も少なく、指導者の多くは大いに得をした。息子や父親たちは戦争に行ったが、政府の支配地域にあったメコン河岸の街や村に残されていた家族の生活は、戦争とはほとんど無縁であった。ビエンチャン郊外、ルアンパバーン、パークセーの軍事施設に対するゲリラからの襲撃はめったになかったので、すぐに忘れられた。共産主義者がバーン・フアイサーイ、ターケークやパークサンを攻撃するという恐怖が一時的なパニック状態を生じさせたが、タイへ川を渡って逃亡した人々もすぐに戻ってきた。

　ラオスにとって悲劇だったのは、ラオスのいかなる権力も戦争を制御することができなかったということである。ラオスの両陣営は、ラオスの国や人よりも自分たちの利益が大切な強い国家の道具としての地位に貶められた。アメリカと北ベトナムは双方とも、一貫して、お互いがラオスでしていたことを棚上げにしてきた。ほとんどの人、とりわけラオス人はだれも欺されなかったが、

53　H. Kissinger, *Years of Upheaval* (London, 1982), p. 10.
54　モン族は少なくとも10人に1人が死んだ (T. N. Castle, 'Alliance in a Secret War: The United States and the Hmong in Northeastern Laos', MA thesis, San Diego State University, 1979, p. 91)。しかし、他の民族集団については利用できる統計がない。

第5章　戦争と革命　1964年〜1975年

まさにそのいかさまこそが国家の独立と国際的な地位を貶めたのであった。1962年のジュネーブ条約によって与えられた、ラオス中立に対するすべての国際的な保障は、最終的な政治解決のための道筋は開いていたが、ラオスの国を守ることに対しては何の役にも立たなかった。パテート・ラオは、南ベトナムやカンボジアのように、現政権に対抗する政府を樹立しようとしたことは一度もなかった。

　戦争はしばしば経済を活性化させる。しかし、この10年間に5億ドルものアメリカの経済援助がラオスに流れ込んだのに、個人投資を刺激したりインフラの発展につながったりすることはほとんどなかった。いわゆる開発援助のほとんどは、実際には、戦争被害者への医療や生活必需品の支給、航空機による物資供給や輸送、大量の難民への緊急援助など、USAID（アメリカ国際開発庁）局長がリストにあげる「戦争関連活動」に使われた。[55] その他の援助は、キープの価値を支えるための外国為替操作基金を通して経済を安定させたり[56]、毎年の予算の赤字を補塡して「政府の最低限の業務」を維持したり、保健・教育分野を主とする「社会基盤」を整備したりするもので、リストの最後に経済発展を促すための方策が挙げられた。[57] 1人あたりのGNPは50ドルから70ドルに上昇したが、けっして均等に配分されたわけではなかった。「貨幣経済化されていない村の経済」（全人口の80％）の平均は「貨幣経済化された分野」の3分の1にも満たなかった。[58]

　最も賞賛に値する成果は保健と教育の分野においてで、病院の建設とラオス語で教えるファーグム技術学校がその代表であった。農業は戦争の被害を受けた。1965年に設立された農業開発機構は、新品種を導入したにもかかわらず、100万トンの米（1965年より3分の1の増加）を生産するという目標を達成できなかった。実際、ラオスは年に450万ドルに相当する米を輸入しなければならなかった。産業は未発達なままで、地元の工場でソフトドリンク、タバコ、プラス

55　US Embassy, *Facts on Foreign Aid to Laos*, pp.121-4.
56　（訳註）1964年1月のキープ切り下げ時に、ラオスの通貨を安定させるため、アメリカ、イギリス、フランス、オーストラリアがそれぞれ資金を拠出して設立した。翌年以降、日本が資金拠出国に加わった。1975年、USAIDがラオスから撤退すると、アメリカはこの基金の終了を決定した。M. Stuart-Fox, *Historical Dictionary of Laos* Third Edition, The Scarecrow Press, Inc., 2008, pp.107-8.
57　Memo of 3 March, 1970, quoted in Branfman, 'Presidential War in Laos,1964-1970', p.259.
58　年間180ドルに対して55ドルであった。*Facts on Foreign Aid to Laos*, pp.73-4.

チック製品、何種類かの薬品といった簡単な手工業製品を作っているにすぎなかった。その他のものすべては輸入に頼っていた。錫鉱業は1971年に1500トンを精製し、生産が最高値に達したが、その後は衰えた。その他の重要な輸出品は唯一木材と森林産物であった。民間企業を援助する貸し付けは、6つの企業に対して合計50万ドル以下であった。一方、1962年から1973年にかけて開発事業へ注ぎ込まれた援助は1500万ドル強で(アメリカによる総援助費の2.8%)[59]、そのほとんどはナムグム・ダム計画に使用された。アメリカの援助は主として経済発展のために使われたのではなく、「経済的・文化的・政治的支配」のために使われたと結論づけるのが妥当である[60]。

　アメリカのそうした支配を可能にした手段こそがラオスを傷つけた。フランス人同様、アメリカ人もラオス人のことを魅力的で礼儀正しく繊細であると思い、多くのアメリカ人がラオスに魅了された。しかし、だからといってアメリカ人がラオス人に対してフランス人とは異なった扱いをしたわけではなく、アメリカ人もラオス人を無能で怠け者で子供っぽい人々として扱った。そのために、増長したアメリカ大使館が政治の権力を奪い、USAIDが作った、ラオスの政治機構と並立するような機関が、効率と必要性の名の下に、行政の権力を奪った。このことは、ラオス国家の政治構造そして官僚機構を侵害し、弱めるという結果をもたらした。アメリカが戦争の支援に力を集中させている時、ラオス政府は自分たちの力がばらばらにされていると感じた。重要な業務はUSAIDの管轄となり、そこで働いているラオス人職員はラオスの上級官僚よりも給料が良かった。アメリカの援助は、ある報告書の言葉を借りれば、「国家の務めを肩代わりしている[61]」のであった。ラオスの行政機構と並立したUSAIDの行政機構は、ラオスの官僚機構を強化するどころか、弱体化させ、分裂させ、目的意識と責任感を失わせ、これから先の試練に取り組んでいくための準備さえもできなくさせた。

　ラオス社会に対するアメリカの影響は弊害だらけであった。20年間の急激

59　たとえば、1970年には全部で5250万ドルの援助のうち、開発に向けられた援助は280万ドルであった。*Facts on Foreign Aid to Laos*, p. 151.
60　J.-P. Barbier, 'Objectifs et résultats de l'aide économique au Laos: une évaluation difficile', *Tiers Monde* 16 (1975), 352.
61　Quoted in Barbier, '*Objectifs et résultats de l'aide économique*', p. 336.

第5章　戦争と革命　1964年～1975年

な変化の中でラオス社会はより洗練され、複雑になり、近代化されたが、それ以上に道徳的にだらしなくなり、物質主義的で快楽主義的になり、汚職がはびこった。社会の流動性に通じる道が、軍隊や官僚、ビジネスの場で、あるいはアメリカ人のために働いたり、教育や留学の機会を利用したりすることで、大きく開けた。こうして、まだ少数だったが、ようやく増えてきた教育を受けた階層を中心として、市民社会が発展する基礎が築かれつつあった。ビジネスや雇用における縁故主義はラオス文化に深く根づいてはいたが、能力や技術も大切にされるようになりはじめた。そして、このことが伝統的なエリートの地位を弱め、庇護者としての力を制限しはじめていた。もちろんそのような変化は緩慢で部分的であり、農村社会や男女関係にはほとんど関係なかったが、どうやらラオスの都市社会の構造にわずかな影響を及ぼし始めたようだった。

　ほとんどの変化はビエンチャンやその周辺で起こった。ビエンチャンには全産業投資の90％もが集中していた。都市の発達は急速であった。アメリカの援助による戦時下の繁栄に引き寄せられて、戦争の影響のある地域からだけではなく、東北タイからも移住者がやってきた。ビエンチャンの人口は1943年に2万3000人だったが、30年後には17万5000人に増加した。[62] 人口の移動は農村部にも影響を与えた。1970年代初頭までに「移住村」がビエンチャン平野の周辺部にいくつも作られた。1971年だけで、さらに3万5000人の難民がビエンチャン県に流れてきた。新しい土地が開けていたといっても、こうした人口流入は土地への圧力を高めた。その結果、新興の富裕層が優良な農業地を買い上げ、限定的にではあるが地主制度が出現した一方で、土地なし労働者は季節労働に従事するか、ビエンチャンで底辺の臨時雇用となってしまった。[63]

　憂国のラオス人は、近代化の過程に伴って伝統的な道徳心や文化が、特に若者の間で衰退しているということを心配していた。農村、特にビエンチャン平野の農村では経済的な競争が伝統的な協力関係に取って代わり、個人の富の蓄積が宗教的な徳を積むことよりも優先されるようになった。町では放縦と贅沢な暮らしがより顕著であった。ビエンチャンでは多くのナイトクラブが繁盛し、

62　Barber, *Migrants and Modernisation*, p. 398.
63　Grant Evans, 'Land Reform in the Lao Revolution', in A.Butler, ed., *Proceedings of the International Conference on Thai Studies* (Canberra, 1987), vol. 3, part 2, pp. 461-2.

外国人ばかりでなくラオス人の新富裕層の欲望をも満たしていた。そこではエリートの息子たちが、1晩で労働者の1ヵ月分の賃金を超えてしまうほどの輸入ビールを飲んでいた。売春がひろがり、農村、都市、そして東北タイからも女性がやってきた。ギャンブルはカジノばかりでなく寺院でのお祭りでも盛んに行なわれ、お祭りでは、ラオスの古典的なゆっくりとしたダンス、ラムウォンの代わりに、だんだんタイや西洋の速い、ビートのきいた音楽が演奏されるようになった。お祭りは個人的な裕福さを自慢する機会となり、宗教面や共同体における重要性は小さくなった。政府は栽培も売買も制限していたが麻薬が蔓延し、数多くのラオスの若者が中毒になって、汚らしいバーで西洋のヒッピーたちと無為な時間を過ごしていた。[64]

感じやすい人たちにとって、そうしたことは恥であり、民族の体面にかかわるものだった。[65] 仏教僧はラオスの伝統的な価値観への回帰を呼びかける説教の中で、暗にアメリカの影響を非難した。それはパテート・ラオにより幾度となく繰り返されたテーマであり、その目標と理念は都市の若手エリート層の身勝手な生活スタイルの対極にあった。そして、彼らの革命への献身は面白いことにサンガの禁欲的な戒律と通じるところがあった。[66] しかしながら、寺院は、増大する一般社会の富から得た金で本堂や僧坊を新築し、仏像や壁画の製作を依頼していた。こうした寺院美術の多くに見られる粗雑さほど、この時代のラオスの美術的文化の貧困を表すものはない。

メコン河岸の町々、特にビエンチャンでは建築ブームが起こり、古きフランス植民地時代の中心街の外に、コンクリートの大邸宅や学校、会社が作られた。中国人商業地域では、日本のバイクからフランスのコニャック、スイスのチョコレートまで、様々な種類の日用品を売っていた。市場には地元のものやメコン川を渡ってきたタイの商品があり、その中には最新の家電類も含まれていた。アメリカ、フランス、タイ、そして中国の映画を上映している映画館もあった。

---

64 1972年以降、特にヘロインが簡単に手にはいるようになった。J. Westermeyer, *Poppies, Pipes, and People: Opium and Its Use in Laos* (Berkeley, 1982), pp. 156-63.
65 Amphay Doré, *Le Partage du Mékong* (Paris, 1980), p. 67.
66 ディヴィッド・チャンドラーもカンボジアのクメール・ルージュ、特にポル・ポトについて似たような点を指摘している。*Brother Number One: A Political Biography of Pol Pot* (Boulder, 1992), pp. 80, 182を参照。

外国の大使館や外交施設、いかがわしい通り、寺院、混雑した道路や商業生活を見る限り、ビエンチャンは少なくとも国家の首都らしい雰囲気があった。制服に身を包んだ兵士を除けば、その国が戦時下にあるということを示すものはほとんどなかった。しかし、ビエンチャンの繁栄は戦争、殊にアメリカの存在によるものであった。戦争が終わりを迎えるにつれ、戦争が刺激したバブル経済は崩壊し始めた。しかし、目の前の政治の展開ばかり追っていた人々の目にはこの崩壊がはっきりとは映らなかった。

第3次連合とパテート・ラオによる権力奪取

　1973年2月、停戦協定が調印された。停戦協定では、30日以内の暫定国民連合政府と国家政治諮問評議会の設立[67]、暫定政府が成立してから60日以内のすべての外国軍撤退と軍事施設の撤去が規定された。どちらの期限とも非常に楽観的であった。停戦協定の議定書がまず協議されるべき課題で、9月になってやっと調印にこぎつけた。その間、停戦協定で認められていた通りに、両派は各々の地域の支配を続行し、国政選挙が実施されるまで、国の事実上の分割状態は続いた。

　国際的な支援にもかかわらず、議定書を巡る話し合いは長引き、難航した。パテート・ラオは、アメリカがインドシナから抜け出したいと思っているのがあまりに明白だっただけに、強い立場から交渉に臨んだ[68]。停戦協定ではベトナム軍の存在について言及されなかったが、特にラオスの南部と東部にその多くが居残っていた。サナニコーン一族と軍によって構成されていた右派は、ベトナム軍の存在と不確実な将来を懸念して、スワンナプーマーを批判した。8月、前空軍将軍のタオ・マーが彼の支持者たちとともに亡命先のタイからビエンチャンに戻ってきて、パテート・ラオに便宜を図りすぎるとスワンナプーマーを批判していたラオス王国軍将校を結集しようとした。だが、再びアメリカが背後からスワンナプーマーを支えた。24時間以内にその企ては潰され、首謀者

67　パテート・ラオが承認していなかった現存の国民議会については何の言及もなかった。
68　アメリカの主たる関心は、パテート・ラオに捕まった捕虜（6名）とラオスでの行方不明者名簿に載っている軍人（311名）にあった。*New York Times*, 1 January 1973. 停戦が宣言されたとき、CIAの構成員を除いて81名のアメリカ軍人がラオスで死んでいた。*New York Times*, 25 July 1973.

は殺された。[69]この最後の企ての失敗により政治的な抵抗勢力は消えうせ、スワンナプーマーは議定書への支持を取り付けることができた。

　議定書に、暫定政府と国家政治諮問評議会（以下「評議会」と略す。訳者）の構造・構成・機能、ビエンチャン市とルアンパバーン市の中立、これらの規定を実行する委員会設立の条項を含んでいたことが注目に値する。スワンナプーマーは首相の座に残り、12の大臣職が均等に両派に分けられた。各大臣には相手側から副大臣がつき、主要な問題は両者一致の上決定することが定められた。評議会は42人（両派から16人ずつと両派の同意を得た10人）で構成され、政府と同等の地位を持っていた。ビエンチャンとルアンパバーンの治安は、両派から派遣された同数の軍隊、警察によって維持された。両派から各7人の委員が選出されて、停戦協定実行のための合同中央委員会が設立され、両派の管轄地域の境界線を引き、外国軍撤退の監視をすることになった。新しい国民議会のための全国レベルの選挙を「できるだけ早く」行なうことが取り決められ、その後に正式な政府が設立されることになった。

　暫定政府の編成は、ラオスの政治勢力のバランスにおいて生じた変化を如実に示していた。影響力を増したパテート・ラオは閣僚の半数を占め、両者による合意の原則のおかげで、政府の全決定に拒否権を持てることになった。その上、パテート・ラオは行政の中心地と王都の両方に重要な足がかりを得たが、自身の支配地域においては右派に互換的な権利をいっさい認めなかった。議定書調印の日まであと数日となった時、パテート・ラオの治安維持軍と役人がビエンチャンに到着し始めた。もう1つの重大な変化は中立派の消滅であったが、実際には、中立派はスワンナプーマーひとりになっていた。彼は、自分が祖国に必要とされているという信念を持ち、第1次、第2次連合をモデルに第3次連合を主導したが、それは敵対する両派をまとめていくのに必要な中心がなかったので、最初から先が見えていた。その上、スワンナプーマーはもはや若い時の力を持ち合わせてはいなかった。彼は年老いて、疲れ、孤独であったが、戦争によって状況はより悪化していたにもかかわらず、国民和解という理想を

69　タオ・マーの乗った飛行機が攻撃を受け墜落した後、彼は逮捕され、クパシット・アパイ将軍の命令により死刑にされた。共謀者のブンルート・サイソーンはタイへ逃げた。Norindr, *Histoire Contemporaine du Laos*, pp. 529-31; N. Peagam, 'Laos Shrugs off a Five Dollar Putsch', *Far Eastern Economic Review*, 27 August 1973.

第5章　戦争と革命　1964年〜1975年

頑固に追い続けていた。

　暫定政府編成の協定だけではなく、外国軍の撤退も長引いていた。1973年末までにアメリカ軍の数は減り続け、タイの「義勇兵」も半数以上撤退したが、北ベトナム軍の数が減っていることを示すものはなかった。事実、停戦以降もホーチミン・ルートでの活動は着々と進行しており、ホーチミン・ルート自体も拡大していた。アメリカの偵察飛行が続いていたにもかかわらず、ラオスへの侵入は増えていたのである。また、2万人もの中国の工兵隊が北ラオスにとどまっていた。1974年6月4日の全外国軍撤退の最終期限が来た時でさえも、ベトナム人と中国人は依然としてそこにいた。ラオス国内にとどまっていたアメリカ人はまだ数百人いたものの、アメリカの文民と大使館員、タイの軍人は撤退した。

　2つの都市を中立化するのに6ヵ月かかり、それから第3次連合政府が宣誓式を行なった。パテート・ラオ派遣団のために仮の住居が建てられた一方で、右派の警察や軍隊の余剰人員は配置転換を余儀なくされた。[70]治安状況が問題ないと判断してから、パテート・ラオの上級幹部たちがビエンチャンにやってきた。スパーヌウォンの到着は人々から大歓迎を受けた。数日後、内閣の構成について合意に達し、暫定政府と評議会が宣誓式を行なった。スパーヌウォンはパテート・ラオ側の副首相になるであろうと予想されていたが、その地位をプーミー・ウォンウィチット（兼外務大臣）に委ね、代わりに評議会委員長になることを選択した。この駆け引きは見事だった。評議会が政府と同等の地位を享受していたので、スパーヌウォンはスワンナプーマーと同等の地位を要求したのであった。また、評議会がルアンパバーンで開催された際には、スパーヌウォンは王族としての影響力と権威を用いて、評議会委員を自分の意向に沿うように仕向けることができた。評議会の政治的役割の可能性を過小評価していた右派は、しっかりした政策も持たず、まとまりにも欠ける二流の官僚たちを評議会委員に指名していた。それとは対照的に、パテート・ラオはスパーヌウォンの指示通りにした。

70　協定により、ビエンチャンの治安維持については両派から1000人の警察官と1200人の軍人を出すことになった。ルアンパバーンについてはその半数であった。'Laos: Protocol Agreement to the Ceasefire', *Australian Foreign Affairs Record* 44/10 (October 1973), 674-87.

大方の予想に反し、両派一致の原則であったにもかかわらず、政府は合理的かつ効果的に機能した。各省に4、5人の役人しか送りこんでいなかったパテート・ラオの存在は小さいままであった。プーミー・ウォンウィチットは就任当初の閣議で、各省の日常的業務は「これまで通りに行なわれる」ことを明らかにした。[71] 両派からなる合同代表団は援助を得るために西側諸国、共産圏の双方と接触した。パテート・ラオは外国為替操作基金に通貨安定のための支援を要請した。しかし、こうした動きは暫定政府内部から出ていたのではなく、パテート・ラオが政治的主導権を握る評議会から出ていた。

5月に行なわれた第1期評議会の開会式 (会期6ヵ月) において、スパーヌウォンは「祖国建設のための18項目」と「政治の自由を保障する暫定10原則」を定めた憲章を提出した。18項目のうち12項目は国内の政策に関するもので、6項目は外交に関するものであった。全体的にその文書は穏健で自由-民主主義的であった。王制と宗教は認められていた。民族、両性の平等とともに、民主的権利、自由、民主的な選挙制度が高らかに述べられていた。外国の「退廃的文化」は排除されるべきものであった。経済発展は混合経済[72]においては第1に農林業に基づかなければならず、国家が過度に大きな役割を果たすべきではないとされた。外交政策に関しては、ラオスの独立・統一・中立・領土保全が強調され、すべての資金源からの紐付きでない援助を求めた。暫定10原則も同様に、ある程度の言論の検閲を認めることと政治的結社に制限を加えることを除いては、論争になるようなものではなかった。2週間の議論の末、スパーヌウォンが促して、両方の文書は評議会において全会一致で承認された。

パテート・ラオは評議会を強力な政策決定機関としていく一方で、既に選出されていた国民議会に合法性を認めることは拒否した。政府は立法を、憲法で定められたように国民議会で批准するのではなく、国王の布告によって批准するということに同意した。しかし、パテート・ラオは新しい国民議会のための選挙を行なうことを急いでいるようには見えなかった。権力と特権が失われた

71　M. Brown and J. J. Zasloff, 'The Pathēt Lao and the Politics of Reconciliation in Laos, 1973-1974', in J. J. Zasloff and M. Brown, eds., *Communism in Indochina: New Perspectives* (Lexington, Mass., 1975), p.265.
72　(訳註) 経済体制としては資本主義市場経済であるが、国営企業、政府開発事業、財政による所得再配分など政府の経済介入が強まった結果、民間部門と公共部門が混在するようになった経済。金森久雄、荒憲次郎、森口親司編『有斐閣 経済事典』第4版、有斐閣、433頁。

第5章 戦争と革命 1964年～1975年

　ことに怒った憤懣やるかたなき議員たちが国民議会の建物を占拠した時、スワンナプーマーは国王による国民議会の解散を提案した。このことと南ベトナム、カンボジアの革命政権の承認をめぐり内閣で起こった激しい論争が、スワンナプーマーに悲劇となって襲いかかった。翌日、彼は心臓発作を起こし、政府内だけではなく国際社会も狼狽した。6ヵ国から17人もの医師が彼の病床に集まった。スワンナプーマーは回復したものの、フランスで3ヵ月間療養することを勧められた。

　スワンナプーマーがいない間に、政府は膨れ上がった赤字とインフレによって引き起こされた経済危機に直面した。戦後の再建と避難民保護のための費用は増大していたにもかかわらず、歳入は金市場の暴落のために減っていた。[73]しかし、キープの切り下げは免れた。行政は通常通り行なわれ、経済計画省は「1975年から1985年にかけての経済再建発展10ヵ年計画」の概要を作成した。それは3段階に分けられており、最初の2年間は「戦争の痛手からの回復」、次の3年間は農業自給の達成、兵士の除隊、軽工業の発展をめざし、次の5年間は国家の自然資源を開発し近代経済の基盤を作るというものであった。[74]しかし、いくつかの省、特に国防省において、明らかに緊張が高まっており、スワンナプーマーの帰国がいくらか救いとなった。

　1974年末から75年初頭にかけ、2つの不安要因が政府の権威を脅かした。12月、ラオス北部で「秘密部隊」から除隊した数百人の反乱兵がフアイサーイの県都を占拠して、1971年のアヘン栽培禁止令の廃止を要求した。この反乱は、武器が流出している地域の治安が悪化していることを知らせるものであった。さらに、学生や労働者の暴動が増したことは社会不安の前兆だった。第3次連合政府の構成は伝統的な権威の紐帯を弱めており、多くの政治組織や政治結社の出現を促した。デモもストライキも、ラオスではそれまでほとんど知られていなかったが、汚職や劣悪な労働条件に抗議するために行なわれるようになった。ラオス学生同盟とラオス労働者組合連合が抗議行動のための調整機関として機能した。社会不安が増大する脅威に直面して、スワンナプーマーは1975

---

[73] 1967年ラオスは72トンの金を輸入した。そのうち8.5％が税として政府に納められた。これが全税収入の40％以上を占めた。金はその多くがサイゴンの闇市に流れた。McCoy, *The Politics of Heroin*, p. 250.

[74] 'The First 10 Year Plan for Economic Reconstruction and Development 1975-1985', ロネオ複写。

年1月、すべての集会とデモを禁止することの必要性を認めた。しかし南部では、メコン河岸の主要都市を「解放」するための準備として、政治的情宣活動が続いていた。

1975年4月半ば、共産軍がカンボジアと南ベトナムへ勝利の入城を果たした時、ラオスではジャール平原西端の支配権を奪おうとパテート・ラオ軍が戦端を開いた。パテート・ラオの部隊が13号線を南下してビエンチャン方面へ進み、カーシーを占領すると、共産軍の攻撃はカンボジアと南ベトナムでの出来事と同時に進行しているのだという恐怖が広まった。しかしパテート・ラオ軍はローンチェンのバンパオ司令部への供給ルートを遮断したのに満足して、それ以上前進せず、攻撃体勢を整えたまま脅威を与え続けることを選択した。

1975年4月17日、プノンペンがクメール・ルージュの手に落ちた。そして2週間後、ベトナム人民軍の戦車がサイゴンに入城した。このことを知ったラオスの右派政治家や軍人は戦々恐々とした。もはやアメリカはインドシナにおいて共産主義者の勝利を阻止しようと軍事介入するつもりはなかった。事態は壊滅的なことになっていた。パテート・ラオは、ベトナムとカンボジアでの出来事によって生じた、ラオス人民革命党書記長カイソーン・ポムウィハーンが言うところの「ラオスの革命にとってまたとない好機」を捉えて、政治的攻勢を強めた。[75] パテート・ラオ放送を通して右派非難の攻撃が続き、平和を求める学生と労働者からなる21の新団体はよく統制の取れたデモを実施し、その回数は増えていった。彼らの第1の標的はサナニコーン一族、アパイ一族、ナチャムパーサック一族といった有力な右派政治家一族であった。メーデーの大集会において、1万人のデモ隊が彼らへの「懲罰」を要求した。5日前にブヌム・ナチャムパーサックの弟であるブンオムが、明らかに政治的な理由ではなかったが、暗殺されたことも、右派政治家の不安を高めた。こうして、パテート・ラオの指導者たちが行政権を奪取するのに「完全に機が熟した」と認識する状況となった。[76]

数日後、生命の危険を感じ、またよく組織された抗議の波の高まりを見て、3人の右派大臣（シースック・ナチャムパーサック：国防、ゴーン・サナニコーン：財務、

---

75 Phomvihane, *La Révolution Lao*, p. 39.
76 *Documents sur le 25e anniversaire de la fondation du Parti Populaire Révolutionnaire Lao* (Vientiane, 1980), p. 9.

カムパイ・アパイ：財務）と2人の副大臣が辞任し、ラオスから逃げた。ラオス王国軍の数人の将軍が彼らに従い、その中にはビエンチャン地区司令官のクパシット・アパイも含まれていた。5月14日、バンパオは憤って司令官を辞め、家族とともにローンチェンからアメリカのC-130機で直接タイに逃亡した。数千人のモン族がウボンの仮設キャンプに避難させられたが、この時メコン河岸の町から大量の人口流出が始まっていたのである。ラオス人だけではなく、中国人やベトナム人もメコン川を渡ってタイに行きはじめた。対岸のタイに親族のいる人や外国のパスポートを持っている人は自由に移動したり滞在したりすることができたが、それがない人は難民として収容された。

パテート・ラオと協議を進める中で、スワンナプーマーは暫定政府の崩壊と内戦の再開を何とか食い止めようとした。亡命した大臣たちの代わりに任命されたのはパテート・ラオにとって好ましい人物であった。一方、国防省は一時的にパテート・ラオ側の副大臣であるカムウアン・ブッパー将軍の指揮下に置かれた。彼はスワンナプーマーの同意を得て、即座にパテート・ラオの権力奪取に反対しているラオス王国軍の無力化にとりかかった。士気を喪失した軍司令官たちは、彼らの支配地区に入ってきたパテート・ラオ軍に逆らわないように命令された。[77]

スワンナプーマーは、パテート・ラオの権力奪取への道を助ける役目を果たしたという理由で、最初は生命の危険を感じて逃亡を余儀なくされた人々から、後には難民から、厳しく批判された。確かに、彼が軍司令官たちにパテート・ラオの侵攻を食い止めろという命令を出さなかったことや、カムウアン・ブッパーを国防大臣代理に任命したことは、パテート・ラオの権力奪取を助けることになった。しかし、その時スワンナプーマーが最優先したのは、それ以上むだな生命が失われるのを防ぐということであった。彼は将軍たちと同様に、アメリカからの援助はこれ以上期待できないことをよく知っていた。[78] さらに彼は、何よりも和解が必要だと確信していた。彼が誤っていたのは、政敵も彼の信念を共有しており、第3次連合が続くと信じていたことであった。ところがパテ

---

77 Oudone Sananikone, *The Royal Lao Army and US Army Advice and Support* (Washington, DC, 1983), p. 168. を参照。パテート・ラオは既にいくつかのラオス王国軍の駐屯地で暴動を起こしていた。A. Dommen, 'Communist Strategy in Laos', *Problems of Communism* 24 (1975), 62.
78 義理の息子との会話ではっきりとこのように述べていた。Stieglitz, *In a Little Kingdom*, p. 211.

ート・ラオは、ベトナムやカンボジアで彼らのイデオロギー上の同志たちが成し遂げたような完全な勝利を求めていた。そしてそれは、単に権力を手に入れるということではなく、社会革命を意味していた。スワンナプーマーはまたも、彼自身の政治家としてのビジョンは彼が頼りにしていた人々とは共有されていないということを知ることになる。

　1975年の革命の年におけるパテート・ラオの最終的な勝利については、まだ語られていないことが多い。ビエンチャンで起こったことのみに注意を払うと、全体を見通すことができなくなってしまう。地形的な問題と情報伝達の困難さから、革命組織は必然的に地方分権で、各地方の司令官が主導権を握っていた。地方都市では右派官僚やアメリカを非難するデモが起こった。ルアンパバーンやサワンナケートではUSAIDの事務所や施設が占拠され、アメリカ人職員が自宅軟禁下に置かれた。地方行政権を手に入れ、パテート・ラオ軍を迎え入れるために、人民革命委員会が急いで作られた。5月末までに、パークセー、サワンナケート、ターケークを含めてほとんどすべての南部ラオスの町が平和的に「解放」された。パテート・ラオは6月初旬にルアンパバーンに入った。

　ビエンチャンでは、右派で最も影響力の大きい一族の権威が失墜し、ラオス王国軍が武装解除されたので、ラオスにおけるアメリカの影響力のシンボルUSAIDに注目が集まった。5月20日、USAIDのラオス人職員を含む数百人のデモ隊がビエンチャンのUSAID構内を占拠した。延々と続いた交渉の末、6月末までに全USAID職員を引き上げることにアメリカが同意すると、ようやくデモ隊も引き上げることに同意した。それでも、およそ800人のアメリカ人がラオスからの撤退を開始すると、政府はアメリカの援助継続を要請した。人々の抵抗の動きは明らかにパテート・ラオの工作員によって画策されているが、政府の人間は、すべての経済援助が停止されたら、この国の脆弱な経済はどんな危険なことになるか理解していると言いたかったのである。[79]他のアメリカの施設の占拠も続き、デモ隊は、ラオスを離れるアメリカ人が個人や家族の所有物を持って出国することを拒否した。パテート・ラオ閣僚は占拠を終わらせようと交渉し、関係修復を試みたが、こうした出来事はさらに関係を悪化さ

79　1975年の会計年度において、アメリカからの経済援助は3200万ドル、軍事援助は3000万ドルであった。*New York Times*, 26 May 1975.

せた。USAIDは合意通りに閉鎖され、アメリカ大使館の職員は22人に減った。自尊心を傷つけられ、アメリカは外国為替操作基金への分担金も含めてラオスへの全援助を停止すると発表した。

政治的危機は、すぐさま商業・金融部門に跳ね返った。商店が閉じられ、棚から商品が消えた。国の富裕層の多くは国を去り、人々は金を溜め込みはじめて、キープの価値が急落した。5月末までに、米ドルに対するキープの価値は80％も下がり、インフレは続いて50％にも達した。[80] 西側諸国からの援助は限定的に続いていたが、アメリカの援助停止による不足分のほとんどは共産圏からの援助で埋め合わせなくてはならなかった。アメリカの推測によると、10月には約500人のソ連の技術者や顧問がラオスにいた。

ラオス人民革命党が国民生活のすべての面を統制すると明言したその時、政治の最前線においては、パテート・ラオによる権力奪取への「準合法的な[81]」歩みが続いていた。官僚制度は、人民による上級官僚の告発という手段による「浄化」を受けなければならなかった。上級官僚の中には「人民法廷」で汚職の罪で糾弾された人もいたし、自己批判を強いられた人もいた。全国で人民革命委員会が、物価、資産の処理、個人の移動を統制する新しい命令を出した。

右派の指導的一族や有力な中国人の企業家集団が自らと国の将来に不安を感じて逃亡したが、官僚制度の主力であった教育を受けた中産階級のほとんどは国に留まり、パテート・ラオに協力することを選んだ。一般的には、ほんのわずかの有力な右派政治家や将軍たちがパテート・ラオの報復の標的となるだけであり、その他の人々は処罰の対象外となるであろうと信じられていた。この考えは、31人の有力右派の被告全員がタイへ逃亡中に行なわれた公開裁判で、より確かなものとなった。31人のうち6人に死刑、残りの者には長期の禁固刑が宣告された。[82] それにもかかわらず、ラオスに残った人たちはほとんど、仏教

---

80 *New York Times*, 26 May 1975. この時までに国全体の富の25％が金に換えられたと推定されている。
81 'The Communist Seizure of Power in Laos', in Stuart-Fox, ed., *Contemporary Laos,* p. 32でマッカリスター・ブラウンが用いた言い方。ブラウンは、ラオスにおける共産主義者による権力奪取は、1957年の初期にアメリカの軍人が第1次連合に反対したことと重ねあわせると、チェコスロバキアと似ていると論じている。McAlister Brown, 'Communists in Coalition Government: Lessons from Laos', p.41; A. Dommen, 'Lao Nationalism and American Policy, 1954-9', p. 257; both in Zasloff and Unger, eds., *Laos: Beyond the Revolution.*
82 J. Everingham, 'Vientiane's Trial of the "Traitors"', *Far Eastern Economic Review*, 3 October 1975.

の教えによってラオス流の国民和解が達成されると信じていた。戦争は終わった。そして、パテート・ラオが勝利した。政治的秩序は変化するはずであるが、よりよく変化するはずであった。なぜなら、パテート・ラオは汚職が少なく、より献身的で、より勤勉であると信じられていたからである。さらなる耐乏生活が要求されるであろうが、それは受け入れられることであった。なぜなら、この国はどんな方法であれ、とにかくこれまで生き延びてきたのだということが広く認識されていたからである。教育を受けたラオス人のほとんどは、18項目で規定された大まかな路線に沿って平和で繁栄した国を作るために協力することを選んだ。結局のところ、そのように言われなかったとしても、彼らは、自分たちの歴史と民族への深い誇りと自分たちの国への愛を持つラオス愛国者で、それらがイデオロギーを超えていたのであった。

　軍人、警察官、文民の多くが政治再教育への参加を指示された時、進んで参加したのは、パテート・ラオと協力する用意ができていたからだという説もある。彼らが再教育は長くは続かないであろうと信じていたことも、そうした行動のもう1つの要因であった。たいていの男性は――再教育に連れていかれたのは男性だけだった――せいぜい数週間のことであろうと思っていた。上級軍人や上級官僚たちがパテート・ラオ支配区のサムヌアへ行かされた時でさえ、彼らや家族はせいぜい数ヵ月のことであろうと思っていた。機を捉えてタイに逃亡した人は相対的に少なかった。7月になると、送り込まれる人がどんどん増えていった――少佐以下の中級軍人や下級官僚は彼らの上司とは別のキャンプへ入れられた。

　パテート・ラオからすれば、上級官僚を政治的再教育のために拘禁することは、ビエンチャンやルアンパバーンといった行政の中心に残存していた敵対勢力の支配を取り除くために必要不可欠な前提条件であった。なぜなら、パテート・ラオはごくわずかの訓練を受けた幹部たちに頼るほかなかったからである。こうして国家の権力構造はほとんど破壊され、政治の変化を求めて作られた連合を解体しようとする政治の動きが加速化されることになった。8月18日、中立化されていたルアンパバーンの行政が人民革命委員会の手に握られた。国王は無傷のまま王宮に残された。5日後、20万人と推定される群集がパテート・

ラオの演説を聞くために集まり、ビエンチャン「解放」のシンボルとしてサムヌアからやってきた50人のパテート・ラオ女性兵士を歓迎した。演説はお祭り的な雰囲気で行なわれ、「アメリカ帝国主義の死」を詰め込んだ棺桶が儀式のように燃やされた。[83]

　ビエンチャンの新しい行政当局は町をきれいにすることから手をつけた。ラオス愛国戦線の指導下にあった地区委員会は、女性と若者の団体を組織化して、多くの仕事に取りかかった。元ラオス王国軍兵士は労働者集団として働くことになった。役所の壁は白く塗られ、家は修理され、道路は清掃された。有害な西洋の影響は非難された。女性はもはやジーンズを履くことは許されず、若者の長髪も許されなかった。個人的な行動も監視されるようになり、新聞は検閲されるようになった。前体制を批判し変化を説明する政治集会が頻繁に開かれるようになった。10月12日、1945年ラオ・イサラによってラオスの独立が宣言されてから30回目の記念日に、ビエンチャンのタート・ルアンで、ビエンサイにいた共産主義の指導者たちも集まって人民による祭典が祝われた。それは「30年に及ぶ闘争」の終結を象徴していた。共産主義者の権力奪取における最終的な行動が残るだけになった。

　1976年4月1日に新国民議会のための選挙が予定され、スワンナプーマーはその時に政治から引退するつもりであると表明した。これは、少なくとも第3次連合の枠組みは保持しようとしていたことを示している。しかしながら、その月の間にビエンサイで会合を行なっていたラオス人民革命党の指導者たちは明らかに心変わりしていた。11月、区（ターセーン）と郡（ムアン）の2つのレベルで一連の選挙が行なわれた。投票は秘密投票で、18歳以上のすべての人に強制された。すべての候補者はラオス愛国戦線による承認が必要であった。村落レベルでは人民委員会が既に村長の任務を掌握していた。この選挙は、選出された人民行政委員が任命されていた郡長や市長に取って代わろうとするものであった。すべてのレベルにおいて、並行して存在した党委員会の密接な管轄の下、行政委員会が決定を下した。実際、多くの場合、人民行政委員会議長と党書記はその時もそれ以後も同一人物であった。この段階においても、翌年4月の国民議会選挙に向けて必要な準備をしているという印象が強かった。

83　J. Everingham, 'The Pathēt Lao Make It Official', *Far Eastern Economic Review*, 5 September 1975.

11月の最後の週、ビエンサイで、評議会と暫定政府の特別合同会議が招集された。26日、ビエンチャンの国立競技場で「新しい人民民主主義体制」の成立を求めるよく組織化された集会が開かれた。その2日後、王制とスワンナプーマー政権を非難するデモが起こった。評議会と暫定政府がこの状況について話し合い、王制を廃止し、正当な共産主義人民共和国を作るという、既に党の指導の下に決定されていたことが承認された。スワンナプーマーとスパーヌウォンがすぐにルアンパバーンへ向かい、そこでシーサワンワッタナー国王に退位を要求した。国王は威厳と諦念を持ってこれを甘受するしかなかった。退位の詔書の中で国王は王領と王宮を国家へ引き渡した。[84]

　国王退位の詔書を携えると、スワンナプーマー、スパーヌウォン、前皇太子のウォンサワンは次にビエンチャンに向かい、そこで、慌しく招集された秘密の全国人民代表者会議に参加した。それは違憲で代表性もなかったが、1975年12月2日、正式に国王の退位を認め、6世紀に及ぶ王制を終わらせて、ラオス人民民主共和国の成立を宣言した。

　なぜラオスの革命運動は勝利したのであろうか？　ラオスの大部分は人口が少なく、農民は一般的に生活を維持するのに必要な土地を十分所有していたのだから、土地改革を約束して、搾取されていた小作農を動員したということではない。パテート・ラオが低地ラオ人に対して訴えかけたのは、ナショナリズムと独立、そして退廃的なアメリカの影響からラオス文化を守ろうということだった。しかし、都市の蜂起は、現存していた政府が完全に消滅した最後の瞬間まで起きなかった。それは、市民による抵抗運動がクライマックスに達したものではなかったからである。ラオスの数少ない知識人層はラオス王国政府に批判的ではあったが、完全に見捨てたわけではなく、彼らの中でパテート・ラオ側についたものはごくわずかであった。王制も、仏教はなおさら、正当性を失わなかった。確かにパテート・ラオが、不満を持っていた山岳少数民族に、民族の平等と文化的差異の尊重に基づいた新しい国家の政治秩序の中に入ってもらうと約束したことは効果的であった。しかし、ベトナムの支援がなければ、この程度の革命的動員と政治的圧力ではおそらく限界があったであろう。革命運動におけるパテート・ラオの結束、規律、献身がそうであったように、ラオ

84　*New York Times*, 2, 3 and 4 December 1975.

第5章　戦争と革命　1964年〜1975年

スの国家としての弱さもまた、特に最終的な権力奪取において、1つの要素であったことは確かである。しかし、ラオス革命の成功は、結局、第2次インドシナ戦争という独特の状況下での外部勢力による支援によって決定されたものであった。サイゴンへ共産軍が勝利の入城を果たしたことは、アメリカが支援していたすべての国を道づれにしたアメリカの敗北である、と多くの人が思った。厭戦と国民和解への希望が後に残った。最終分析はこうである。ラオス革命が成功するいくつかの条件を作ったのは、アメリカとベトナムという外国の干渉と戦争の衝撃であった。それは、共産主義に共鳴するごく少数のエリートは懸命になって求めたが、共産主義など名前しか知らないというラオスの大衆は望みもしなかった結末であった。

　低地ラオ人に対して戦争は、伝統的価値観への挑戦、社会的混乱、急速な都市化をもたらした。戦争が下火になり、アメリカの撤退が差し迫っていることが明らかになってようやく、内戦の終結が緊急の課題となった。ラオス人は、外国軍さえ撤退すればラオス人同士妥協しあえるという確固とした思いがあったために、以前の連合政府の状態に戻すことでその事態に対処しようとした。しかし、その前提となるのは人々の利害と（仏教的）価値が共通だということだが、それは必然的に、宗教的に認められた社会的あるいは階級的ヒエラルキーを受け入れることを伴う。そのような利害や価値はもはや共有されていなかった。戦いが激しくなるにつれ、いかに巧妙にカモフラージュされていたとはいえ、イデオロギー的な分裂は深まった。穏健な内容の18項目は単に衝立の役割を果たしていたにすぎず、その背後で、指導的な役割を果たしてきた一族の精神的な名声と社会的な力の基盤を破壊することに的を絞った政治的動員が図られていた。第3次連合が成立してからこの動きは着々と進んでいたが、1975年初頭の出来事により、革命のイデオロギー的言説は新たな勢いを増し、新たな支持者を得、集団行動という表現手段を見つけた。革命は、壊れた秩序を作り直し、失意から立ち直らせ、新たな団結をもたらし、政治的社会的問題を迅速に解決してくれる変化の隠喩として、人々に訴えかけた。エリート支配層は、自分の利益ばかり追求していた汚職まみれの年月の中で権威構造が致命的に弱体化しており、革命側に対抗するにはあまりにバラバラで優柔不断であった。だめだったのは官僚だけだはなかった。アメリカの指示によりタイから革命軍

に対するレジスタンス軍が補充されることになっていたが、その兵力は十分ではなかったので、軍内部でも戦意が落ちていたのであった。

　第1次連合の崩壊から17年後に革命が成し遂げた1つのこと、それは国家の統一を回復したことであった。独立がもっとおぼつかないものであったなら、統一はまだ強いシンボルにとどまっていただろう。何よりも人々が望んでいたことは戦いの終結であった。多くの人は、外国の干渉さえなければラオス人はラオス人とはけっして戦わないと信じていた。戦争はラオス人の非妥協的態度、あるいはどうしようもない政治的な憎しみゆえに起こったのではなく、外国勢力が彼ら自身の目的のためにラオスの領土を使用したからで、ラオス人はどちらの側につくかの選択を強いられたのである。しかし、最終的に和解を阻んだのは外国の圧力ではなく、革命家によって信奉されていたマルクス主義という外国のイデオロギーであった。革命家にとって和解とは、権力闘争における戦略に他ならなかった。この17年間の歩みの中で、真の中立を求める声はほとんど聞かれなくなった。右派も左派も、個人の富にせよ権力の誘惑にせよ、それぞれの利益を求める中で、急激に変化していく状況をひたすら利用した。そしてとうとう戦争が終わりを迎えた時、個人や家族間の分裂、政治的支配地区の分裂が解消されたのは、和解のための話し合いとその過程を通してではなく、一方の側の他方への勝利によってであった。勝利したのはパテート・ラオで、彼らの復讐は、政敵を投獄し、共産主義体制を成立させるという形をとったのである。

　ラオス人民革命党の指導者たちがマルクス主義に傾倒していたことや戦時下での経験の影響を考慮すると、彼らが他の手段を取るべきだった、あるいは取ることもできたであろうと考えるのは現実的ではない。結局、彼らは30年の大部分を悲惨な状況のもとで闘い、ようやく権力を手に入れたのである。彼らは、第1次連合では、自分たちの役割とその崩壊に対する非難をアメリカ、右派と平等に受け入れた。第2次連合政府の崩壊と中立派の排除は、それぞれ強力な支援者に操られた右派と左派双方のたくらみによるものであった。しかし、第3次連合の終結に対する非難はもっぱら、ベトナムの同志に助言を受けたパテート・ラオに向けられた。その結果、希望と信頼が壊され、国家が統一と和

解を必要としているまさにその時に新たな分裂の道が開かれた。

3つの連合政府すべてにパテート・ラオが参加していたことは、ラオスの共産主義者が書いているように、政治権力を得るための賢い包括的戦略の一部であったと説明することができる。[85] しかし、結果が異なっていた可能性は十分にあった。パテート・ラオの共産主義指導者たちは明確なイデオロギー的目標を追求することに専心していたが、地政学的な状況が違っていたら、3つのうちいずれかの連合政府がもっと長く続いていたかもしれなかった。実際、1975年8月から10月までの数週間、第3次連合政府を潰すかどうかという決定が宙に浮いていた観がある。[86] その頃、ラオス王国軍は既に戦闘部隊としては崩壊していて、国家全体がパテート・ラオの手中にあった。行政組織や政府機構も同様であった。選ばれた何人かが裁判にかけられて刑を言い渡され、まだ他にも狙われている人がいた。支配者層エリートたちは逃亡してしまったか、再教育を受けていた。ラオス人民革命党は既に実質的に権力を掌握していたのである。もしラオス人民革命党が形だけでも連合政府を継続することに満足していたら、18項目に従っていたら、少なくとも中級軍人や官僚に対しては再教育期間の約束を守っていたなら、和解は可能だったかもしれない。実際には、ラオス人民革命党は権力を失うのを恐れ、またベトナムをモデルにしたマルクス主義革命を実現することにイデオロギー的に必死になっていたために、国家の領土的統一は達成したものの、多くの人が望んでいた国民和解の可能性は逃してしまった。その結果、前政権に勤めていた教育を受けた階層の信頼を失い、必然的に多くの人がタイに渡って、人口流出を招いた。これは非常に大きい問題で、再建を進めていくための国家の能力だけでなく、独立そのものまでも危うくするものであった。振り返ってみれば、第3次連合政府をなくすという決断は、ラオス革命の勝利というよりは、ラオス現代史の中で最も悲劇的な時期にラオ

---

85 Phomvihane, *La Révolution Lao*, pp. 99-102, 116 を参照。ポーランドの外交官も認めているようにこれは非常によく考えられた方法であった。Mieczyslaw Maneli, *War of the Vanquished* (New York, 1971), p. 190.
86 スパーヌウォンがフランス人教師に、数年早く勝利してしまったと語ったことが報告されている。カイソーンは「我々の準備は万全でなかった」ことを認めている。*La Révolution Lao*, p. 129. ラオス革命についてのさらなる議論は以下を参照。M.Stuart-Fox, 'The Lao Revolution:Errors and Achievements', *World Review* 16 (1977), 3-15; 'Reflections on the Lao Revolution', *Contemporary Southeast Asia* 3 (1981), 41-57.

スが自らに放った最後の一撃であった。

第6章
ラオス人民民主共和国

　1975年12月2日、ビエンチャンで開かれた全国人民代表者会議において、立憲君主制から共産主義の人民共和制に体制が移行したことと、将来の政治的、社会的、経済的な発展の方向性がはっきり示された。ラオス人民革命党にとってこの会議は、党の「先見の明のある」指導力によって、政治権力獲得のための「30年に及ぶ闘争」がラオスで成功裡に終結したことを確認するものであった。また、この会議では、革命の「民族民主主義」的段階の終了と、「労働者階級による独裁」の開始により「社会主義へ移行」することを明らかにした。[1] こうして、この会議は、党の指導者と会議の代表者に対しては祝意を表しつつ、目の前に横たわっている課題に立ち向かう覚悟を新たにする機会となった。

　新政権は共産圏からだけではなくアメリカやその同盟国も含む広範な国際的承認を得た。ビエンチャンのアメリカ代表は代理大使という地位に格下げとなったが、ベトナムやカンボジアのように関係が完全に壊れてしまったわけではなかった。ベトナムとの緊密な連帯は、上級幹部からなるラオスの党代表団がハノイを訪問して「労働者階級の崇高な国際主義精神により、ベトナム軍がラオス革命に対して果たした非常に貴重な貢献」を大げさに感謝することで、いっそう強調された。両国は、党と国家間の全方面における「団結と長期の協力」をさらに強化することを約束した。[2]

　ラオスの新政権の優先事項は、ラオス人民革命党による政治権力の専有を確立することと、現実に存在しておりかつ誇張されてもいた内外の脅威から政治権力を守ることであった。新政権は歴史的な連続性と国民統合を強調すること

1　*Documents du Congrès national des Représentants du peuple* (Vientiane, 1976). この文献の英語訳は *Documents of National Congress of the People's Representatives of Laos* (New Delhi, n.d. [1976]). ラオス革命を指導したラオス人民革命党の役割についての最も良い概説は *Documents sur le 25è anniversaire de la fondation du Parti Populaire Revolutionnaire Lao.* 特に pp. 13-14.
2　Département de Presse, Ministère des Affaires Étrangères, 'Documents de la politique extérieure', *Bulletin de Nouvelles*, 26 April 1983, pp.1-12. 特に p. 9.

により正当性を主張したが、国民和解をもたらすことには失敗した。大部分は新政府の政策の結果ということになるが、結局ラオスの人口の10％が海外に新天地を求めた。農業の集団化を試みた後、工業と商業を国有化したのも時期尚早で、ともに痛手となった。集団化政策は、食糧生産の減少から、4年間で中止され、10年間で、まず商業と金融部門において市場の力に頼るやり方に戻った。この2つの変化は党によって支持され、1991年憲法で法的効力を与えられた。しかし、政治的な自由化には結びつかなかった。かつてのソ連や東欧では共産主義が崩壊したにもかかわらず、党は一党独裁政権が市場経済を支配するという中国式モデルを採用して、自身の崩壊を防ごうとした。その中国式モデルというのは、国内的な不満が相対的にないことと外部から継続的な支援があることによって可能となるもので、ラオスが次第に東南アジア地域に統合されていくにつれ、そのどちらも保証はあやしくなった。

体制の変化とその正当性

　勝利の幸福感に浸っているまさにその時でも、ラオス人民革命党指導者の一部は目の前に横たわっている課題の重大さ、これから遭遇しそうな問題に気づいていなかったわけではない。彼らの目標は、しばしば述べるように「資本主義の発展段階を通らずに徐々に社会主義に移行する[3]」というもので、マルクスなら賛成できないにちがいないものであった。党は、ベトナムのマルクス主義から持ち込まれた理論的説明である「3つの革命」を同時に実行することによって、その実現が可能であると信じていた[4]。人民革命党書記長、カイソーン・ポムウィハーンは、3つの革命とは生産関連の革命、科学技術の革命、イデオロギーと文化の革命であると説明した。この3つの中で、生産関連の革命は、将来構築されるはずのラオス社会主義の経済基盤を形成するための「道案内」であった。科学技術の革命は、資本主義を通らず近代的工業経済を生み出すために不可欠な技術移転を行なうので、こうした変化への「鍵」であった。最後

3　たとえば、Foreign Broadcasts Information Service, *Daily Report. East Asia*（以後FBISと略す）, 24 March 1976.
4　A. Doré, 'The Three Revolutions in Laos', in Stuart-Fox, ed., *Contemporary Laos*, pp. 101-15.

のイデオロギーと文化の革命は、イデオロギー的に社会主義を実践する社会主義者のラオス人男女を養成し、ラオス社会とラオス経済をあるべき社会主義の形へと移行させるために、常に他の2つに「先行」すべきものであった。[5]

　これらは、党の指導力のもとになるイデオロギー的信念であった。社会主義への完全な移行は明らかに時間がかかり、困難に直面するだろうが、必要な手段は、党が行使する「人民民主主義独裁」と、完全に巣立ちをした「人民民主共和国」という政治構造の形で手に入れていた。この両方ともソ連をモデルにしたものであった。

　党は1972年の第2回党大会で、既にその「歴史的役割」を果たす用意をしていた。この党大会では、第3次連合政府形成に導くための戦略だけではなく、社会主義への移行を達成するためのより大きな戦略に対しても合意形成がなされていた。組織面では、以前はかなり場あたり的な構造だったが、「政治局[6]」、党の日常業務を扱う「書記局」、宣伝活動、調査、管理、そして幹部のイデオロギー的訓練などの業務に関するいくつかの「特別委員会」、それを統轄する「中央委員会」によって構成されるようになった。そしてまた、党組織が各行政級（県・郡・村）[7]や、軍、大衆組織（ラオス愛国戦線、女性、労働者、若者の組織）[8]の中に形成された。実際、カイソーンが第2回党大会を国家の歴史の中で「最も重要な出来事の1つ」であり、「我が党の政治的、組織的な成熟」を示していると特徴づけるだけの理由はあった。[9]

　党の中央機関の構成員は1972年にはすぐに明らかにされなかったが、1975

5　Phomvihane, *La Révolution Lao*, pp. 200-10.
6　（訳註）ラオス人民革命党の最高権力機関。政治局員は名目的に党大会で選出される中央委員会によって選出されることになっているが、実際は、党内の序列によってあらかじめ決定されている。M. Stuart-Fox, *Historical Dictionary of Laos*, Third Edition, The Scarecrow Press, Inc., 2008 p. 44, pp. 267-8.
7　（訳註）ラオスの行政級は県（クウェーン）、郡（ムアン）、村（バーン）に分けられている（フランス植民地期、ラオス王国政府期は10から20の村をまとめた区（ターセーン）という行政級があったが、ラオス人民民主共和国成立以降、廃止された）。M. Stuart-Fox, *Historical Dictionary of Laos,* Third Edition, The Scarecrow Press, Inc., 2008, p. 336.
8　（訳註）ラオス愛国戦線は、1956年1月、ラオス人民党（現在のラオス人民革命党）の指導の下に結成された民族統一戦線。この統一戦線組織内に女性、労働者、若者などを対象とした様々な大衆組織が作られた。ラオス人民民主共和国成立後は、ラオス愛国戦線はラオス建国戦線と名称を変え、それぞれの組織もラオス女性同盟、ラオス人民革命青年同盟などとして現在も活動を続けている。M. Stuart-Fox. *Historical Dictionary of Laos*, Third Edition, The Scarecrow Press, Inc., 2008, pp. 175-6, 178-80, 189-92.
9　Phomvihane, *La Révolution Lao*, p.36.

年の機会を捉えて発表された。政治局は7名のままで、序列順にカイソーン・ポムウィハーン、ヌーハック・プームサワン、スパーヌウォン、プーミー・ウォンウィチット、カムタイ・シーパンドーン、プーン・シーパスート[10]、シーソムポーン・ローワンサイ[11]であった。スパーヌウォンとプーミー・ウォンウィチットの2人を除いて書記局にも属していた。一方、中央委員会は拡大し、21人の常任委員と6人の非常任委員で構成されるようになった。この少人数の指導者集団は1975年12月に作られた政府組織の構成に責任を持ち、「全国人民代表者会議」からしかるべき承認を受けた。

　理論的には新生ラオス人民民主共和国の最高立法府は「最高人民議会」であった。しかし、実際には、それは完全に党に従属していた。45名の構成員は、選挙が開かれるまでの間、スパーヌウォン議長の下で暫定議会を構成するために、全国人民代表者会議により指名された[12]。名目上は議会に対して責任を負うが、実際には政治局にのみ責任を負うのが、閣僚会議であった[13]。閣僚会議はカイソーンが首相となり、主として12名の大臣と2名の国家委員会委員長、それに中央銀行総裁で構成された。4名の影響力の大きな無任所大臣が首相府の運営に責任を持っており、このことは、やむをえなかったことではあったとしても、カイソーンの手中に権力が集中していたことを証明していた。

　党の見解としては、党が率いて戦った「人民戦争」で勝利したことによって、党の支配権は正当化されていた。しかし、前国王のサワンワッタナーを国家主

10　（訳註）1920年、サワンナケート県に生まれる。ラオ・イサラ運動に参加し、ターケークの戦いで破れた後、東部抵抗委員会に参加した。1950年にはインドシナ共産党員となり、ベトミンとともに、ラオス・ベトナム国境でゲリラ活動を行なった。1972年の第2回党大会でラオス人民革命党政治局員となった。1975年の革命後は外務大臣を務め、1991年の第5回党大会後、引退した。1994年死去し、国葬で葬られた。M. Stuart-Fox., *Historical Dictionary of Laos*, Third Edition, The Scarecrow Press, Inc., 2008, pp.263-4.

11　（訳註）1916年、ボーリカムサイ県に生まれる。黒タイ族。フランスのラオス再占領への抵抗闘争に参加し、ビエンチャン・ボーリカムサイ地区のラオ・イサラ軍を率いた。1950年にはインドシナ共産党員となり、1956年にはラオス愛国戦線の中央委員に選出された。1972年の第2回党大会でラオス人民革命党政治局員となり、1975年の革命後は最高人民議会の副議長を務めた。1982年に党の書記局から、1991年に政治局から引退した。1993年、死去。M. Stuart-Fox. *Historical Dictionary of Laos*, Third Edition, The Scarecrow Press, Inc., 2008, pp. 307-8

12　副議長はシーソムポーン・ローワンサイ、シートン・コムマダム、ファイダーン・ローブリヤオ、カムスック・ケーオラーで、山地タイ人、ラオ・トゥン、ラオ・スーン、ラオ・ルムの各民族集団を代表していたのは偶然ではない。*Documents of the National Congress*, pp. 27-9.

13　（訳註）内閣のこと。

席(大統領)顧問に、そしてスワンナプーマーを政府顧問に任命することで、王制から人民共和制への移行に伴う急激な変化を緩和させるための努力もなされた。前皇太子のウォンサワンは最高人民議会の構成員に任命された。前政権の指導者たちは、こうして、彼らの威光と人気を新政権に付与するために利用された。ルアンパバーン王家の王子であるスパーヌウォンが新生共和国の国家主席の地位に就任したこと、そしてほんの少し歌詞を変えただけの前政権と同じ国歌と、ラオス王国政府の旗(頭が3つある象の図柄)に代わって前ラオ・イサラ旗の採用が決定されたことで、さらに継続性が強調された。[15]

全国人民代表者会議での演説でカイソーンは平和、独立、民主、統一、繁栄、そして社会的進歩を唱え、少数民族、僧、知識人、海外にいるラオス人を含めて社会の各分野の人々に新政権への完全な支持を求めた。行動綱領においても、「すべての階層の人々、すべての民族、すべての市民」による挙国一致と全人民の動員の必要性が強調された。革命の防衛と近代的社会主義経済の構築の2つが、これらの語句の中にこそ表現されてはいないが、最優先されていたのは既に明らかで、この後、何年にもわたって繰り返し言及されるテーマであった。

全国人民代表者会議で初めて党の指導体制の全貌が明らかになった。おおまかに言うと、党の低地ラオ人の指導者は2つのグループに分けられた。1つは長年外部との交渉において重要な役割を果たしてきた人たち——活動的で尊大なスパーヌウォン、眼鏡をかけていて貴族的なプーミー・ウォンウィチット、そしてやや小物になるがスック・ウォンサックなどのグループである。この人たちは貴族出身か、前政権において有力な家系の出身者であった。彼らはフランス語で教育を受け、ラオス王国政府の交渉者と同等に会談することができた。もう一方のグループは、ベトナムとの密接な協力の下にゲリラ闘争を指揮してきたが、これまで表に出ることのなかった党や軍部の人々で構成されていた。彼らの多くは貧しい出身で、高い教育は受けておらず、闘いの年月の中で自ら

---

14 (訳註) 1975年以降、日本では大統領と表記されてきたが、近年、中国やベトナムと同様に国家主席と表記されることが増えてきたため、本書では、国家主席に統一する。
15 パテート・ラオの政治権力の正当性についてのより詳細な説明は以下の論文にある。M. Stuart-Fox, 'Marxism and Theravada Buddhism: The Legitimation of Political Authority in Laos', *Pacific Affairs* 56 (1983), 428-54. またこの章で記述することは以下の文献にも詳しい。M. Stuart-Fox, *Buddhist Kingdom, Marxist State: The Making of Modern Laos* (Bangkok, 1996).

の能力を証明していった人たちであった。このグループが、独占的にではないが、ほとんど権力を握っていた。その中で指導的人物はまずカイソーン・ポムウィハーン党書記長で、彼は鋭い知性と強い意志を持つ元法学部学生である。もう1人はカイソーンの代理を務めていたヌーハック・プームサワン。彼は貧しい農民出身で、かつてはトラック運転手であった。両者とも中部ラオスのサワンナケート出身で、カイソーンは父親がベトナム人であり、またヌーハックはスパーヌウォンと同様にベトナム人と結婚したので、共にベトナム人との関係が深い。このグループにはほかに、ラオス人民解放軍司令官のカムタイ・シーパンドーン、外交問題のスポークスマン、プーン・シーパスート、党組織の責任者サーリー・ウォンカムサオがいた。

　この指導体制の特筆すべき点は、その息の長さと結束力にあった。粛清や降格もあったが、党に取り返しのつかないような分裂を与えることはなかった。[16] 指導層の間の不和よりも深刻だったのは、指導者層の間の格差であり、党や、党ほどではないが軍においても、上層部のラオ・ルムが幅をきかせすぎていることであった。下級幹部の多くはラオ・スーンやラオ・トゥンの少数民族出身で、モン族のファイダーン・ローブリヤオや、伝統的なラオ・トゥンの首長シートン・コムマダムのような指導者は、党内よりはラオス愛国戦線で活躍して名をあげた。少数民族の幹部はよく鍛えられ勇敢ではあったが、教育を受けていなかった。それゆえに彼らが革命運動に果たした重要性や数々の武勲は党での階級には反映されなかった。[17]

　30年に及ぶ闘争が最優先事項であったが、1975年になると、党は省庁、各部局、そして技術的要件の揃った近代国家を統治するという任務に直面した。これは、最もよく組織され、最も見通しの優れた革命運動でも難しい挑戦だったであろう。事実、パテート・ラオの思慮を欠いた政策と彼らに根強く残っていた偏執的な考え方により問題はいっそう難しくなった。行政的手腕のある者が情けないほど不足していたにもかかわらず、党はこれまで相手にして戦ってきたラオス社会の変革を性急に推し進めてしまった。多くのラオス人は変化を

16　たとえば、Chou Norindr, 'Le Néolaohakxat', pp.501-5. を参照。
17　ファイダーンとシートンは、後にカイソーン、スパーヌウォンと並んで4人の「革命英雄」とされたが、党中央委員会に入ったことはなかった。

期待し、変化への準備もできてはいたが、新政権はあまりに権威主義的に、あまりに速く、またいっぺんにあまりに多くの分野の改革を進めてしまった。すぐに行政と経済の両方をコントロールしたいという彼らの理解しがたい欲求は、国民和解ではなく、不信感、国家機能の麻痺、経済崩壊を招いた。第3次連合の時は、各省庁や部局ではラオス王国政府の既存の官僚たちと仕事を行なうことに不満はなかったが、今度は経験に乏しい幹部たちが代わりに配属され、イデオロギー的に認められないと非難された職員を追放する役を勤めた。

　ほとんどの上級官僚は、政治的な再教育のため既にビエンサイに送られていた。[18] 残った下級官僚は、新しい政治の正当性や前政権の政策を批判する、止めどもなく続く会議に出席することを命じられた。それは急速に、無節操な日和見主義者たちが過去を清算し、自分の利益を得るために、他者の批判および自己批判を行なう場となった。党は比較的短期間で再教育プログラムは終わると約束していたが、上級官僚や軍人は帰ってこなかった。ほかにも、逮捕され、彼らのところへ送られる人もいて、恐怖と疑心暗鬼が高まり、ほとんどの省庁の仕事がほぼ完全に停止しただけではなく、残って国に仕えようと思っていた多くの人々をタイへ逃亡させることになった。こうして、以前の分裂状況がそのまま続くことになったために、ラオス王国体制で働いていた人が本質的に持っていた愛国主義的な感情を新生ラオス建設という大義の下に利用する機会が失われた。1976年の間中ずっと難民の流出は続いた。公務員や技術者の家族の流出は、国家が必要としていた訓練を受けた人材の正真正銘の損失であった。[19]

　他の政策もまた人々の不安を駆り立てた。ソ連による数百万ルーブル規模の援助は、西側諸国による援助停止のほんの一部分を埋め合わせたにすぎなかった。急激なインフレによる経済崩壊に直面して、政府は米と生活必需品の価格を固定し、食料と物資の流通を制限することで、物価と闇市を統制しようとした。6月の貨幣改革では、以前のキープ貨の運用を廃止し、切り下げた「解放キープ」の運用を開始したが、貨幣の流通量を減らしたにもかかわらず、インフレ削減には何の効果もなかった。個人の移動も制限された。通行許可証がな

18　（訳註）ビエンサイはフアパン県サムヌアから東に約30キロのところ。第5章249〜250頁を参照。
19　国連の数字によると、1976年、難民としてタイにやってきた低地ラオ人は2万人に達し、1978年には倍以上になった。UN High Commissioner for Refugees, 'Indo-Chinese Refugees and Asylum Seekers in Thailand: As of 31 May 1991' (Bangkok, 1991), p. 1.

ければ主要な都市から出られなくなり、道路を封鎖していた字も読めない者の多いパテート・ラオ兵によってチェックされた。不動産は調べられ、商業が一時停止されたため、残っていた中国人とベトナム人の大半は荷物をまとめ、出ていった。1976年中頃までに、ビエンチャンに住んでいた2万人の中国人と1万5000人のベトナム人の半数が、資産を金(きん)に換え、身に付けて去った。[20]その後には板を打ち付けて入口を塞いだ店が残され、ビジネス街には見棄てられ荒れ果てた雰囲気が漂よった。

　個人的、経済的な統制に加えて、人民をイデオロギー的に「進歩的な」方法で動員する試みがなされた。この時には、独立した出版社はすべて閉鎖され、情報は党によってしっかりと管理されるようになっていた。農民や都市住民は、共産主義者が「30年に及ぶ闘争」を説明し、前政権への批判が延々と繰り返される会議(「セミナー」から派生した「サマナー」というラオス語で知られる)への出席を強制させられた。公務員は町の清掃、排水溝掘り、公共建築物の漆喰塗りなどの仕事に参加すること、そして可能な土地すべてで――アパートの上の屋根においても――野菜を栽培し、鶏やアヒルを飼育することを奨励された。おそらくこれは、深刻な旱魃によって悪化した食料不足を補うためであったが、困難に立ち向かう団結の精神を涵養する役割も果たした。

　サマナーは人気がなかった。たいていは人々が1日働いた後の夕方に開かれた。参加者はわずかな過ちや熱烈に新政策を支持しなかったがゆえに批判の的になることを恐れた。当初、政権は、仏教と社会主義の類似性(どちらも貧しい人や搾取されている人への思いやりを持ち、苦しみを終わらせることを求めている)を主張し、伝統的な価値観や道徳心に立ち返ることを訴えるために、パテート・ラオの大義に共感を寄せていた若い僧の支援を求めた。しかし、徐々に仏教に対する抑圧は強まり、サンガを党の組織の下において威信を貶めたり、乏しい経済資源を無駄にするだけだと仏教儀礼への参加を妨げたりした。僧はもはや朝の「托鉢」で信者から提供される食べ物に頼るべきではなく、生活のために働き、自分自身の食べ物を作り、教育や伝統医学の形で社会に役立つ仕事をすべきであると告げられた。その結果、多くの僧が還俗した。[21]

20　R. Shaplen, 'Letter From Laos', *New Yorker*, 2 August 1976, p. 73.
21　M. Stuart-Fox and R. S. Bucknell, 'Politicization of the Buddhist Sangha in Laos', *Journal of Southeast*

そうしたことより人々に人気のあった大衆動員事業は、識字率向上を目的としたプログラムであった。学生、僧、読み書きのできる人は誰でも、読み書きのできない人を教えるために派遣された。すべての村で成人に識字授業が行なわれ、少数民族に対しては、ボランティアの人が唯一の国家の公用語であるラオス語の読み書きを教えに行った。「30年に及ぶ闘争」を支援した少数民族の生活水準を改善するというパテート・ラオの誓約を果たすために、僻地の村では現地調達できる材料を使って学校や診療所（応急手当をする程度のものではあったが）が建てられた。政府の言によれば、非識字率はキャンペーンの最初の1年間で人口の60％から40％に減少した。[22]一方、政治に最も関与した学生たちは、勉強のために社会主義国に派遣された。既に西側諸国で勉強していた学生には、各自の課程を修了し、帰国して新政権に仕えることが奨励された。理想に燃えて、その通りにした学生もいた。

　サマナーでの批判の主な対象は、アメリカと、前政権下でそのアメリカの有害な影響に助長された退廃的で腐敗した生活スタイルに関するすべてであった。アメリカ文化情報局の図書館が閉鎖されただけではなく、アメリカの書物、実際には英語で出版されたすべての本が、内容はどうであれ、図書館から撤去された。ドンドークにある大学の図書館でさえも、そうした措置がとられた。[23]アメリカの音楽、踊り、服装、髪型、そして性的寛容さは非難され、禁止された。麻薬中毒者や売春婦を含む2000人もの最も「文化的に汚染された」人々は、集められて、ナムグム・ダムの貯水湖の中にある、1つは男性用、もう1つは女性用の2つの島へ社会復帰のために送られた。キリスト教は西洋の影響を伝達する手段であると非難され、ラオスの市民が外国人と接触することは好ましくないこととされた。当初は、おそらく共産圏からの顧問の娯楽のためにビエンチャンではナイトクラブやバーがわずかに開いていたが、許されていた踊り

Asian Studies 13 (1982), 60-80. 世俗の人は「徳を積む」機会を失ったためにこうした制約に対して不満を覚えた。
22　M. Brown and J. J. Zasloff, 'Laos 1976: Faltering First Steps Towards Socialism', Asian Survey 17 (1977), 110.
23　（訳註）ドンドークはビエンチャン郊外の地名。1975年以前から教員養成のための大学があり、1975年以降は、ビエンチャン教員養成大学となった。1995年、ビエンチャン教員養成大学を含む3つの大学と8つの高等教育機関を統合し、ラオス国立大学が設立された。それに伴いドンドークは6つのキャンパスのうちの1つとなった。文学部、社会科学部、教育学部、法律・行政学部、経済経営学部などがある。

はラオスの伝統的なラムウォンだけで、独身で相手になってくれる女性はいなかった。

　西洋の汚染された文化に取って代わったのは、純粋なラオスの社会主義文化であった。伝統的なラオス文化は仏教と深く結びついており、サンガに対する新政権の態度は控えめに言ったとしても矛盾するものだったので、ラオスの社会主義文化とはどのようにあるべきなのかという疑問が残った。社会主義リアリズムが望ましい芸術様式で、新しい社会主義国家ラオスの建設を大衆に熱心に説く大型の看板がこのスタイルだった。バーシーは、社会主義国からの代表団訪問を歓迎する儀礼として認められた。一方、国立舞踏学校のレパートリーには、少数民族の民族舞踊が加わった。短編小説と大衆演劇では、もっぱら英雄的な「30年に及ぶ闘争」が強調された。

　経済的な面では、タイが国境を再び開いたにもかかわらず、主に輸入制限と政府による商工業国有化の動きのために物不足が続いた。経営者が国内に留まっていた民間企業の中には半官半民の企業になったところもあったが、ほとんどの民間企業は国のものとなった。輸送と小売業は、国営化されるか、厳しい統制下に置かれた。商品の輸入は国営の貿易会社の独占となった。生活必需品と特定食品が国営店で販売された。外国の石油会社は撤退させられ、ガソリンは輸入コストを削減するための品目の1つとして配給になった。これらの方策はすべて、社会主義国家の中央集権的な政策に資するものであった。

　前ラオス王国軍と警察の規模、そして使用可能だった武器の量からすれば、全体的に政権交代は非常に平和的であったが、1976年前半には、武装勢力が待ち伏せし、パテート・ラオ軍と戦火を交えるという事件がいくつか起こった。南ラオスでは、元パテート・ラオ軍人の指揮下にある反乱軍が、革命は「北ベトナムによるラオス併合」であると非難し、抵抗のために武器を取った。[25] 1976年2月、反乱組織は「ラオス民族革命戦線21/18」と名乗り、1973年2月21日のビエンチャン協定と第3次連合政府で合意された18項目の厳守を要求した。21/18戦線は、王制が終結し共産主義政権が成立したことに不満を抱いている

24　（訳註）米や塩など、国営店で販売するいくつかの基本的な食品のこと。ラオス人民革命党は、食料価格を統制するためにそれらの食品を買い上げたが、価格が人為的に安く設定されていたので、農民は収穫物を売るのを嫌がった。著者、M. Stuart-Fox氏のご教示による。

25　Agence France Presse, Bangkok, 2 February 1976 (FBIS, 3 February 1976).

中立主義者そして元パテート・ラオにまで訴えかけようとしたが、右派有力者が後ろにいるのは明らかだった。彼らは、橋を吹き飛ばし、ラオス国営ラジオ局とソビエト大使館の敷地に手榴弾を投げ込むという派手なことをやった。

それに対し政府は安全対策を強化し、人々に警戒を怠らないよう求め、多くの「治安部隊」を配置した。国民は頻繁に身元確認を求められ、夜間外出禁止となった。メコン河岸では「破壊工作員やテロリスト」がタイから侵入するのを防ぐために、定期的なパトロールが行なわれるようになった。1976年中頃になると、こうしたやり方に効果が現れた。ビエンチャンとバンコクの関係は、タイ外務大臣の訪問で改善された。ラオスの反政府勢力の指導者は、仲間が7人逮捕され、一連の手榴弾攻撃と破壊行為で裁判にかけられた後、特にラオス国内で支援者を募るのが困難になったことを認めた。公開裁判のあと、3人に死刑が宣告され、その他の4人は長期の懲役刑を受けることになった。1976年末、政府は少なくともビエンチャン地域においては「敵の全計画を粉砕した」ことを誇らしげに発表した。[26]

しかし、そう宣言するのは早すぎた。新政権誕生1周年記念のお祝いは、カイソーン暗殺計画の発覚によって台無しになった。党の上級幹部は、ビエンチャン郊外の警備が厳重で安全な以前のアメリカのコンパウンドに引きこもった。[27]そこで彼らは、一握りの最高位のベトナム人顧問とともに、一般市民と交わることのない日々を過ごした。党の上級幹部がこのように人々から孤立した生活を送るというのは、政権の防御的な体質と自信のなさ、そして以前の敵への不信感の表れであった。秘密主義にとりつかれ、誰かわからない「社会主義の敵」からの防衛を人々にひんぱんに警告したことによって、恐れと疑念が生まれ、それは相互の信頼を突き崩し、人間関係を破壊した。

不安と恐怖の入り混じったこの状態は難民の流出が続く大きな原因となった。差別や生活水準の低下から、国を出る人もいた。1976年から1977年にかけては、なおも僻地のキャンプで政治再教育を受けていた数千人にも及ぶ前政権の軍人、警察官、官僚の家族は、生き延びるために個々の所持品を売らざるをえ

26　Radio Viang Chan, 15 November 1976（FBIS, 16 November 1976）.
27　（訳註）革命前、ビエンチャンの中心部から約6キロ離れたところに、USAIDのアメリカ人職員用住宅があった。

なかった[28]。早く解放するという約束は実行されず、政府に対する人々の信頼はさらに低下したため、何も売るものがない人々は望みを捨て、タイで難民資格を得た。彼らの去ったあとにパテート・ラオ側の家族が住み、メコン河岸の町の社会構造に多様な民族が入り混じることになった。

　農民は生産を控えることで税金と市場の統制に対応した。国営店の特定食品でさえ品薄となり、党員や政府の役人しか手に入れることができなくなった。1976年の中頃になると、経済破綻と国民の不満の高まりによって、政府は厳しい統制をいくつか緩めた。生産物を市場へ持っていきやすくなった。事実上禁止されていた「無駄な」お祭り（ブン）の禁止が解かれた。ビエンチャンでは西洋式の服装も許されるようになった。革命のスローガンをがなりたてていた拡声器の音も小さくなった。しかし、締め付けを緩めることを地区や地方の幹部に納得させるのは容易ではなかった。地方のゲリラは最初から、党の中央組織とあまり関わりを持たずに自分たちの「革命」を行おうとしていた。事実、地方の官僚は彼らが新たに獲得した権威が脅かされることを嫌ったので、地方分権が新体制の特徴となった。党指導者たちの訪問は歓迎されたが、彼らが帰ってしまうとその命令が無視されることが多かった。

　政府の歳入は増えたにもかかわらず、1976年9月、政府は米とその他の穀物で納付する評判の悪い累進課税を導入した。これは、労働交換を通して農民の間に伝統的な協力関係を強め、農業集団化への第1歩にしようとしたものであった。農業集団化は、農民を自然の気まぐれさから解き放って、農業の機械化によって生産高を上げるという理由からだけではなく、そうしなければ地方の資本主義を根絶することはできないというイデオロギー的な恐怖もあって、必要不可欠であると考えられていた[29]。しかしながら、集団化を嫌がったのは富裕農民だけではなく、伝統的な自営農民もそうだった。1976年末までに、政府は、

28　4万人から5万人が再教育キャンプに拘留されたという報告はおそらく大げさであろう。*New York Times*, 11 November 1976, 3 May 1977. を参照。ビエンサイの5ヵ所のキャンプに入れられた人々は1500人以下であった。南部でも同じくらいの数であったとすれば、警察の幹部や少佐以上の軍人を含めても3000人であったであろう。以下の文献に名簿が載っている。Joanna C. Scott, *Indo-China's Refugees: Oral Histories from Laos, Cambodia and Vietnam* (Jefferson, NC, 1988), pp. 269-305. 下級軍人や役人の数はこの10倍であるので、期間の長短はあったにせよ、1976年、1977年に拘留された人は3万人というのがおそらく指標となる数字であろう。

29　G. Evans, *Lao Peasants under Socialism and Post-Socialism* (Chiang Mai, 1995), pp. 17-19 を参照。

13県のうち9県の、主として以前の「解放区」で、数千の家族だけが何らかの形で農業集団化を実施していると報告した。それは、生産の社会主義化を焦る党のイデオローグたちにとってはあまりに遅いペースだった。

　1976年は、カイソーンの言葉によると「非常なる困難に満ちた危機的な試練」の年であったが[30]、新政権はいくつかの成果も公表した。何万人もの国内難民が故郷に戻り、耕作されていなかった土地が耕されるようになった。輸入される原材料の不足のために量は減少したが、いくつかの産業で再び生産が開始された。1977年のはじめになると、党は社会主義建設の次の段階へ進むのに十分な自信を得た。中央委員会第4回総会において、とりわけ党の「指導的役割」の強化、「労働者と農民の連帯」の強調、「社会主義的生産様式」の強化により、「すべての分野における社会主義への移行に着手する」ことを目指した政策を推進することが決定された[31]。党の指導部にとって、新しい社会主義国ラオスを早急に建設していくことに挑む幸福感は、訓練を受けた幹部の不足や経済的不安による様々な問題を打ち消して余りあった。

国家防衛と社会主義建設

　新政権にとって、国内外の安全保障は依然として差し迫った問題であった。南部では、反政府勢力（クーサート）がまだタイからやってきては、乗り物を襲ったり、反共宣伝を行なったりしていた。しかし、反政府運動自体は分裂していて、タイやフランスに亡命したラオス人を代弁する新しい組織が生まれていた。北部のビア山周辺では、ラオスに残っていたモン族の元CIA「秘密部隊」のメンバーの中から生まれた反政府運動が1976年から1977年にかけて猛威をふるい、こちらのほうがずっと深刻になった。

　モン族は、神王の統治になるモン族の独立王国を建国するという現実味のない希望を抱いて、あるいは単にパテート・ラオの行政的支配への抵抗のために戦った。前者は、神の子（チャオ・ファー）として知られる救世主が現れること

30　Cited in N. Peagam, 'Kaysone's Critical Year', *Far Eastern Economic Review*, 17 December 1976.
31　Y. Mikhéev, *Les débuts du socialisme au Laos* (Moscow, 1985), pp. 44-5.

を待望する運動の信者であった。[32]両グループは盛んに、軍用トラックを待ち伏せしたり、ビエンチャンとルアンパバーンを結ぶ国道13号線沿いにあるワンビエン北部のパテート・ラオ基地を攻撃したりした。1977年3月、右派の反乱部隊が、ルアンパバーンの南50キロほどのところにあるナーン郡の村を制圧し、一時的に占拠した。ラオス側のクーサートがモン族の反政府軍と手を結び、前国王を奪って、全国的な反乱に発展させるのを恐れた政府は、ウォンサワン皇太子を含む王室一家を拘束し、ベトナム国境に近いビエンサイに幽閉した。[33] 1977年11月、雨季が終わると、モン族の反政府軍を壊滅させる作戦が開始された。パテート・ラオの勝利とともにラオスから撤退していたベトナム軍が再び戻ってきた。ラオスとベトナムの連合軍は反乱軍を粉砕するために大砲を使い、空爆を加えたので、何百人、おそらく何千人ものモン族が命を落とした。何千人ものモン族難民がタイへ向かったが、その途中すさまじい苦しみを味わわされた。1975年に去った人々も含め、最終的にモン族の全人口の3分の1が国を出た。[34]

1976年10月、タイでは、軍事クーデターによって、民主的に選ばれた穏健な政府が倒され、軍支配の強い反共の政権に替わった。それにより、安全保障問題が悪化した。タイの地方軍指揮官が「敵の傭兵やスパイ、亡命ラオス人の反動主義者」[35]を再び支援し始め、タイ・ラオス国境では小さな揉め事が多発して、緊張が高まった。タイ人がタイに対する共産主義者の陰謀についてほのめかすと、ラオス国営ラジオはラオス政権転覆をたくらむ「挑発」であると憤り、タイを非難した。[36]

1977年7月、25年間の友好協力条約が調印されたことにより、ベトナム社

32 G. Y. Lee, 'Minority Policies and the Hmong', in Stuart-Fox, ed., *Contemporary Laos*, pp. 212-5.
33 J. Everingham, 'Royalists rankle the regime', *Far Eastern Economic Review*, 25 March 1977. 政権は何ら正式な声明を出さなかったが、1978年、国王と皇太子が明らかに拘留下で死去した。一方、カムブイ妃は1981年12月まで生きた。P. Delorme, 'Le destin tragique du diernier roi du Laos', *Historia* 497 (May 1988), 94-101. を参照。
34 W. C. Robinson, 'Laotian Refugees in Thailand: The Thai and US Response, 1975 to 1988', in Zasloff and Unger, eds., *Laos: Beyond the Revolution*, table 9.1, p. 236. ビア山地域から逃げた8000人のモン族集団のうちタイにたどり着いたのは、たった2500人であった。Lee, 'Minority Policies and the Hmong', p. 214.
35 Radio Viang Chan, 11 January 1978' (FBIS, 12 January 1978)で使われた表現。
36 タイ東北部のイサーン地方を「取り戻す」というラオスのいい加減な話を、タイ人は確かに気にしていた。実際、こうした意図は、ベトナムとの「特別な関係」があることにより正当化されやすかった。Doré, *Le Partage du Mékong*, p. 216.

会主義共和国との関係は、正式に「特別な関係」として知られるものになった。この条約の中で両国は、帝国主義や外国の反動主義勢力に対抗し、両国の「防衛能力を強化する目的のため、緊密な協力関係を維持する」ことを誓った(第2条)。それにより、ラオスにベトナム軍が駐留するための法的根拠が与えられた。両国は、幹部養成を含む広範な分野において「社会主義的な協力関係を強化する」ことに合意した(第3条)。科学的交流、技術的交流、文化的交流、すべての発展が謳われた。この協定には、3つの秘密議定書が付けられていた。それは、共同防衛協定、ラオス・ベトナム間の国境線再確定合意、ベトナム人顧問の受け入れを含む1978～80年度のベトナムからラオスへの経済援助の3つであった。それから数年の間に、何十もの付属協定が調印され、それは財政援助から通信、輸送、農業、教育、情報交換に至るあらゆる分野に及んだ。「特別な関係」の構造は、このように広範囲かつ細部にわたり、ラオスの国民生活のすべてに及んでいた。[37]

ソ連との関係も緊密になった。何百人ものロシア人専門家がアメリカ人の援助担当者と入れ替わった。ソ連の援助はアメリカの援助ほど気前良くはなかったが、ラオス人民民主共和国への外国からの全援助の約3分の2を占めていた。ベトナムの場合と同じように、ソ連とラオスは党、国家、軍、「友好」代表団を定期的に派遣しあった。ラオスの指導者は、ことあるごとに、疑いの余地なく共産圏の指導者と目されていたソ連との「緊密な連帯と全方面に及ぶ協力」を強調した。ソ連の援助は、今はもうない外国為替操作基金が行なっていた見返り資金に代わる財政支援と、ビエンチャンの電話設備敷設、インフラ整備、病院建設などのプロジェクト支援の両方であった。[38] ソ連の軍事援助は特に空軍に集中し、軍に重火器と通信設備を提供した。ソ連のパイロットが、輸送機やヘリコプターを操縦した。

こうした共産圏からの援助にもかかわらず、経済状況は改善されなかった。タイは貿易制限を課し、航空機の燃料からセメント、自転車、薬などあらゆる

---

37 M. Stuart-Fox, *Vietnam in Laos: Hanoi's Model for Kampuchea* (Claremont, Calif., 1987)を参照。ベトナム人がいくらそう見せないようにしても、ラオス人は両国の関係において彼らがどれほど恩着せがましいかわかっていた。数人のラオス人上級官僚への個人的なインタヴューによる。
38 (訳註) ラオス国内の通貨および金融の安定など、国内経済の再建のために、国内財政に組み込むことのできる資金援助。荒憲治郎ら編『講談社経済辞典』講談社、1980年、1125頁を参考にまとめた。

ものを含む、いわゆる「戦略的物資」237項目のラオスへの輸出を禁止した。それを代替するベトナム経由の道は、はるかに遠く、舗装状態も悪かった。以前の根絶計画がつぶれたのでマラリアが再流行した。1976年の旱魃はロケット祭り（ブン・バンファイ）で性的表現を用いて豊穣を象徴する慣例が禁止されたために起こったと非難の声が広がったため、政府は禁止を緩めたが、次の年の旱魃は国中の収穫量を減少させた。インフレは不十分な政府の役人の給料に食い込み、130の国営店の品不足によりさらに事態は悪化した。政府は国連に、不足を補うため米10万トンの寄付を要請せざるをえなかった。政権の2周年記念パレードでさえ、倹約のため中止された。

　また、当時、政権にとっての懸案は、共産圏内の緊張——ソ連と中国の間で、さらに近隣のベトナム、カンボジア間で——が高まっていたことであった。ラオス人にとって、中国とソ連の間で均衡を保つことはベトナムとカンボジアの間で均衡を保つことよりも簡単だった。中国の援助はありがたく受け入れていたが、北部と北西部に集中しており、ソ連あるいはベトナムの援助プロジェクトの場所からは離れていた。ラオスを中国南部に結びつける北部の道路網建設が続いており、北京はラオスの輸入需要を緩和するために無利子融資を提供し、中国が領事館を作ったウドムサイでは織物工場が稼動し始めた。

　ラオスはベトナムとカンボジアとの関係に関しては中立を保とうとしたが、ベトナムとの協定があって、簡単なことではなかった。1977年にベトナム・カンボジア間で国境紛争がエスカレートし、プノンペンのクメール・ルージュ政権はハノイとの外交関係を断絶した。1977年12月、スパーヌウォンはプノンペンを公式訪問して必死に両者を調停したが、何の成果も得られなかった。クメール・ルージュの指導者は、ラオスがベトナム軍に領土使用の許可を与え、カンボジアに対して敵対的行動をとったと非難した。ビエンチャンは前者に関しては否定しなかったが、後者は否定した。[39]

　1978年はじめまで、国内の安全保障に関してはあまり不安がなかった。実際、前王国軍将校や上級官僚はいまだに拘留キャンプにいた。タイに逃げた者の多くは、アメリカ、フランス、オーストラリアなどの第三国に出国した。バンコ

39　後にラオス人のスポークスマンは、1979年のカンボジア侵攻の際にラオス駐留ベトナム軍が派遣されたことを認めた。*New York Times*, 23 March 1979.

クでは、より穏健な軍事政権が権力を掌握したという変化があった。1978年3月、ラオスとタイは両国の関係を改善し、メコン川を「真の平和と友好の川」にするとした1976年8月の合意を再確認した。クーサートの活動は鎮静化し、モン族の反政府活動はほとんど壊滅させられていた。都市の中間層の多くがいなくなってしまったということでさえ、反政府活動の潜在的な原因を取り除くのに好都合だと考えられた。こうして、ラオス経済は社会主義の次の段階へ移行するのに好ましい状況になった、と党は考えるようになった。

3月初旬、最高人民議会と閣僚会議の合同会議において、カイソーンは、ベトナムやソ連と同時に第1次国家5ヵ年計画を発表することになる1981年までの3ヵ年経済発展暫定計画を発表した。暫定計画には、「3つの基本的政治目標」があった。それはすなわち、国内的にも国際的にも団結を強化すること、国防を強化すること、そして、「社会主義的生産関係」を発展させることによって経済の社会主義への移行を推進することであった。これらの目標は、カイソーンの言う「東南アジアにおける社会主義の前線基地」となったラオス人民民主共和国に対するアメリカの「きわめて巧妙、邪悪、反革命的な、二面性のあるキャンペーン」に真っ向から対抗して実行されるべきものであった。それゆえ、3ヵ年計画の成功には、ラオスにおける社会主義の未来だけでなく、他地域への社会主義の拡大もかかっていた。

この英雄的な未来像を追求する時に、農業と林業はその後に続く工業発展への基礎となるべきものであった。「深遠なる革命的改革」が地方で必要とされている、とカイソーンは聴衆に話しており、「個人生産から集団的生産へと急速に転換する」ための機は熟していた。党は、集団化により食糧生産の自給自足が達成され、地方での党の支配が強化されるであろうと考えていた。それは経済状況を改善し、国防に貢献するはずであった。

集団化キャンペーンは、1978年6月初旬、カイソーン自身が先頭に立って始めた。理論上では、農民に集団化による生産の利点を納得させる時間を与える

40　Kaisôn Phomvihān, Report to the Joint Session of the Supreme People's Assembly and Council of Ministers, 2 March 1978, 1978年3月6日のビエンチャンラジオ放送 (FBIS, 17 March 1978)。pp. 22, 6.
41　Kaisôn, Report, 2 March 1978, p. 31.
42　国内決定に対する国際的な包囲網がよりきつくなっていたため、このタイミングで指示が出されたのであるとグラント・エヴァンズは論じている。Evans, *Lao Peasants*, p. 49.

ために、漸進的な方法が適用されることになっていた。集団化に参加するかどうかは任意で、土地と基本的な生産手段（水牛、鍬など）は共同の財産であったが、家財道具は個々の家族の財産とされるというものである。しかし、実際には、熱狂的な幹部が農民の意思に反して参加を強制した。政府は10月までに集団化によって作られた共同組合は総計「800以上」にもなると発表し、それは人々の「革命への意気込み」の証拠だと述べた。12月までに共同組合は「1600を超え」、1年後にその数は2800にもなった。[43]

不満はすぐに噴出して、広がった。土地の所有は、それに先立つ再配分計画で保証された限りでは比較的均等だったのだが、所有地が不公平に変えられてしまったので、農民たちが等しく自分たちの共同の財産として所有しようという気にはなれそうもなかった。多くの人々は、子供に譲る予定である土地を失うという取り返しのつかない事態になることを恐れた。また、集団化はすべての私有財産廃止への最初の1歩にすぎないと思っている人もいた。幹部としてふさわしい人材が不足していたので、このような見当違いの危惧が生じたのであった。さらに、資源が限られていたために、国は約束していた技術的、財政的援助を実行できなかった。

農民の抵抗は様々な形で現れた。消極的な非協力という形から、共有財産にしないために収穫したものを捨てたり、家畜を殺してしまったり、さらにはタイへの移住というのもあった。1978年の終わりには、落ち込んでいた生産が大洪水によってさらに悪化した南ラオスから何千人もの農民が逃げた。国防を強化するどころか、集団化は反政府運動を再び勢いづかせた。運動は人々の不満につけこんで、政府の信頼を傷つけ、仲間を増やした。

1978年には、集団化に対する抵抗の高まりが懸念されたが、それに劣らず、ベトナム・カンボジア間の関係の悪化と、それが中国との関係において持つ意味にも、頭を悩まされることになった。[44]ベトナムとソ連の圧力が強まったので、最初ある程度中立を維持しようと考えていたがあきらめざるをえなくなった。7月、カイソーンは、自分が信用していたものがラオス人民革命党を分裂させ

---

43 *Khaosān Pathēt Lao, Bulletin Quotidien*, 28 November 1978; Kaisôn, Sixth Resolution, p. 1, February 1979 (Joint Publications Research Service, South and East Asia, 808 of 19 March 1979); Kaisôn, Seventh Resolution, 26 December 1979 (FBIS, 18 January 1980) を参照。

44 Kaysone Phomvihane, *Selected Speeches and Articles* (New Delhi, 1978), p. 61.

第6章 ラオス人民民主共和国

るための中国の企てであったことに怒り、中国指導部を「国際的な反動主義」というベトナムがよく用いる言葉で公然と非難し、中国はラオス北部で少数民族間に紛争の種をまいたと責めた。この時、ラオスはベトナム側につくことを明らかにしたのである。中国は、援助計画を調整するための中心地であったウドムサイでのミッションを打ち切るよう求められた。数週間にわたって、上級幹部たちにベトナム側へつくという決断に至る説明とその正当性を説くための会議が開かれた。しかし、その決断は党内部においてさえ広く合意を得ることができないだろうということは、スパーヌウォンの不用意な発言からも、反中国キャンペーンの継続と党員を何名か粛正する必要性が生じることからも、想像がついた。[45]

1978年の終わりになると、国防と経済状態が再び悪化した。中国が秘密裏にラオス北部の反政府反乱を支援しているという報告によって、政府は政治再教育キャンプをポンサーリー県からベトナムとの国境付近のビエンサイに移すよう指示した。一方、南では、ラオスとカンボジアの国境で特に緊張が高まった。集団化への反発はタイを基地とした抵抗勢力によって利用されることが多くなった。そして、米の収穫量はまたしても10万トン以上が不足した。[46]

1978年12月25日、ベトナム軍はポル・ポトのクメール・ルージュ政権を打倒するためカンボジアに侵攻した。その2週間後、ラオスは、ベトナムが支援するカンボジア人民共和国を正式に承認した最初の国になった。3月、スパーヌウォンはプノンペンを公式訪問し、その間にベトナムの支援するカンボジア新政権と協力協定を締結した。この協力協定は、ラオスとカンボジアがベトナムと調印した条約ほど包括的なものではなかったが、明らかにベトナムを盟主としたインドシナ3国の新たな「連帯」の基礎を実質的に完成させた。[47]

1979年2月、中国はベトナムのカンボジア侵攻に対してハノイを「懲罰」するために北ベトナムへ侵攻したが、それはラオスには波及しなかった。しかしその侵攻の余波で、ラオスと中国の間にはいっそう緊張が高まった。ビエンチ

---

45 M. Stuart-Fox, 'Laos: The Vietnamese Connection', in L.Suryadinata,ed., *Southeast Asian Affairs 1980* (Singapore, 1980), pp. 191-209を参照。
46 Nayan Chanda, 'Laos : Back to the Drawing Board', *Far Eastern Economic Review*, 8 September 1978.
47 ラオス・カンボジア間では、経済、文化、科学技術分野での協力協定は締結されたにもかかわらず、両国とベトナムを結び付けているような友好協力条約は締結されなかった。FBIS, 26 March 1979.

ャンはすぐに北京を非難することはなかった。しかし、ラオス当局は、やや遅きに失した感はあったものの、中国はラオスとの国境で軍隊を増強しているというソ連とベトナムの非難に同調し、次いで中国に全援助を凍結するよう要請した。この年の後半には、ラオス政府は中国の外交官の数をアメリカに許したのと同じレベルの12人にまで減らすよう要請した。これに対して中国は、中国への「非友好的行為」であるとラオスに警告を発し、中国はタイの難民キャンプのラオス人難民1万人を受け入れる用意があると発表した。ビエンチャンでは、中国がラオスの青年を集めて北部で騒乱を起こさせるのではないかということが、中国がバックにいてラオスをベトナムの支配から解放することに専心しているという「ラオス社会党」[48]のはっきりしない存在と共に、強い関心を集めていた。[49] その後、ラオス人民革命党内から親中国分子と疑われる人物たちが粛清され、多くの官僚も中国へ逃亡してしまった。[50]

中国とラオス・ベトナムの関係が非常に悪化したことで、ラオス・ベトナム両国は東南アジア諸国連合（ASEAN）との関係改善を模索するようになった。ラオスは急いでタイに交渉を申し込み、それは、1979年1月、ちょうどベトナム軍がカンボジアを侵攻している時に、タイのクリエンサック・チャマナン首相がビエンチャンを訪問するという形で実を結んだ。そのお返しに4月、カイソーンがバンコクを訪問すると、互いの領土保全と主権の尊重、反政府活動の鎮圧、貿易の振興によってメコン川流域に「平和地区」を創設することに合意する共同声明を再度発表するという結果になった。また、完成したばかりの第2期ナムグム水力発電事業による電力の輸出価格についても合意した。[51] しかし、

---

48 （訳註）ラオス社会党は中国南部に拠点を持っていたと言われているが、1979年から1980年にかけて中国・ラオス関係が悪化した際に、それまではっきりとしなかった存在が明らかになった。反ラオス人民革命党のマルクス主義者によって構成されているとされ、フランスに拠点を移したが、その地で間もなく消滅した。M. Stuart-Fox, *Historical Dictionary of Laos*, Third Edition, The Scarecrow Press, Inc., 2008, pp. 190-1.
49 その当時わかった範囲での中国の意図については、M. Stuart-Fox, 'Laos in China's Anti-Vietnam Strategy', *Asia Pacific Community* 11 (1981), 83-104を参照。
50 伝えられるところによると、親中国派の陰謀は1980年中頃に露見し、約500名の官僚と党員が逮捕された。*New York Times*, 21, 22 October 1980. そのうちの大半はその後政治的再教育を受けた後に釈放されたが、党の指導者は、党を分裂させようとした中国の陰謀と彼らが見なしたことに対し、ひどく憤った（党員へのインタヴューによる）。
51 （訳註）1971年12月、ナムグム・ダム第1期工事が完了し、3万KWの発電が可能になった後、1975年から1979年にかけて第2期工事が行なわれた。その結果、11万KWの電力設備となった。堀博

ベトナムのカンボジア占拠に対するタイの態度が厳しくなり、ASEANがベトナム軍の撤退を要求することに踏み切ると、メコン川流域の緊張は緩和するどころかむしろ高まってしまい、ラオス政府は今まで以上に孤立して、ベトナムに頼るようになった。

再考

　1979年半ばになると、国家が直面している困難は非常にはっきりしてきた。過去2年間の出来事は、政権の安全を確立し社会主義的生産様式を拡大するという国家目標のどちらにも有利に働かず、実際はまさにその逆となっていた。ベトナムによるカンボジア占領は、中国とタイのベトナムへの敵対心を高める結果となった。中国とタイには、ラオス国内の反乱を支援することによってラオス政府を動揺させるという手段があった。ラオスの治安部隊は全く無力で、屈辱的ではあったが、3万人ほどのベトナム軍に頼らなくてはならなかった。それゆえ、クーサートの宣伝を弱めるためだけであったとしても、国内の不満を最小限に抑えることがどうしても必要だった。2月、党は以前のラオス愛国戦線に代わって国家建設のための新しい戦線を結成した。[52]その任務は、「国家の団結」のためにすべての「愛国的勢力」を統一し、国家を建設し防衛するために人民による「共同的支配」を推し進め、「3つの革命」[53]を達成することであった。[54]しかし、少なくとも地方においては、不満の主な原因は集団化の進行であり、戦線はそのことについては何も言及していなかった。

　1979年初頭になると、ラオスが加盟していた国際通貨基金だけではなく、ソ連とベトナムの顧問も政策の変更を迫った。7月、政府は突然集団化の即刻停止を発表した。さらに、おそらくは強制的に集団化に参加させられていた人たちは、そこから抜ける自由を与えられた。集団化失敗に対する責任は正体不明の「敵」に向けられ、「敵」の実質的存在が以下のように公然と認められた。

『メコン河　開発と環境』古今書院、1996年、167-8頁。
52　（訳註）ネーオ・ラオ・サーンサート（ラオス建国戦線）のこと。
53　（訳註）256-57頁参照。
54　*Les principaux documents importants du Congrès du Front* (Vientiane, 1980), pp. 34-45.

農民を含め人々は落胆し不満を感じている。農業をやめて他の職に就いた人もいれば、家畜を売ったり、ひそかに殺したり、他国に逃亡した人もいた。こうしたことは、現在、緊急の課題となっている。もしも早急に効果的かつ効率的に解決されなければ、すぐに長期的な危機が生じることになるであろう。それは、生産活動や人々の生活状況に影響を与える経済的危機となるばかりでなく、政治的危機ともなるであろう。敵はそれを、混乱を招き、人々の支持を得、我々に困難をもたらすために利用するであろう。[55]

集団化計画の中止は党が政策を真剣に再考しようとしている現れであった。変化のはずみとなったのは、党自身の国内情勢に対する判断だけではなく、外国からの助言や先例であった。9月にベトナム共産党がベトナム南部でより自由主義的な経済改革を実行することに決めたことで、資源不足のラオスにおいて集団化を実行することの効果を疑っていたソ連の懸念はさらに強くなった。ラオスにおける方向転換の最初の徴候は、12月初旬に100対1のレートで「解放キープ」が新たな「国立銀行キープ」に替わったことであった。国立銀行キープ10キープがアメリカドル1ドルに値するという新たな公定為替レートは、キープを自由主義市場にリンクさせることで実質的に通貨を切り下げた。

12月後半、カイソーンは第7決議として知られるようになる決議を発表した。カイソーンは、これまでを振り返り、ラオス経済は発展の現段階においては、現実に次の5つの異なる分野からなるとした。それは、小規模な生産者（農民・商人・職人）の「個人経済」、農業の集団化の集団経済、資本主義経済（現在も営業しているわずかの民間企業）、国家と民間資本の合弁企業経済、国家経済（国営企業、国営貿易社、国営農場）であった。さらに、貨幣経済の外に自給自足の分野が存在していた。カイソーンは、生産力が増大しない限り、形だけ社会主義的な生産関係の構造を作っても無駄だと述べた。1920年代前半のソ連でレーニンが「新経済政策」として知られるようになった政策に立ち戻った時以上に、現状でラオスが資本主義を飛び越えて進むことは期待できなかった。

55　Cited in N. Chanda, 'Economic Changes in Laos, 1975-1980', in M. Stuart-Fox, ed., *Contemporary Laos*, p. 124.

レーニンは、以下のように指摘した。経済がいまだ5つの分野[ママ]から構成されており、迂回期間の最初の段階にある状態では、どんな党であっても人々の物々交換や取引行為を禁じるような政策を実施するのは適切でないどころか、実際ばかげている。党によるそのような政策の実施は自殺行為である。ばかげているというのは、こうした政策は経済分野でうまく実施することができないからであるし、自殺行為であるというのは、いかなる党でもそのような政策を実施しようとすれば、結局は破産するだけだからである。[56]

　けれども、もし資本家が国家の「エージェント」として働くことを許されるのであるならば、国家は後に社会主義へ移行するための準備として生産力を強化するために、私有経済の「肯定的な一側面」を使うこともありうる、とカイソーンは発表した。さらに、資本主義は将来、単に許されるというだけではなく、奨励されることになるだろう、とほのめかした。「国によって任命されたほぼすべての工場長は経営経験がない」とカイソーンが認めたように、民間の起業家が工業、建設、輸送、貿易において政府との合弁企業に投資することが歓迎されるようになるだろう。[57] 農業の集団化を推し進める必要性について一応口だけでは語っていたが、地方政策が実際に変化することは、1週間前に発表された農産物の自由市場を設立するという「貿易規則」において既に明らかになっていた。そこには輸出用商品作物は除かれていたが、米は含まれていたのである。商品の自由流通に関する統制はすべて廃止された。国家による米の買い上げ価格が市場価格に近く上がったため、生産が促され、タイへの密輸が減った。そして、新たなこれまでより低い農業税が導入された。すぐに結果は現れ、1980年の米の生産量は16.5％増加した。[58]

　経済改革の範囲は予想された以上に大きかった。商品の価格を決定するのは市場になっただけではなく、3年先まで設定されていた経済の社会主義的経営

56　Kaisôn Phomvihān, Seventh Resolution, 26 December 1979 (FBIS, 18 January 1980), p. I/30.
57　Kaisôn Phomvihān, Seventh Resolution, FBIS Supplement, 8 February 1980, p. 12.
58　G. Evans, 'Planning Problems in Peripheral Socialism: The Case of Laos', in Zasloff and Unger, eds., *Laos: Beyond the Revolution*, p. 102.

システムのすべてが根本的に修正されることになった。経済決定における脱中央集権化と共に、「価値と有用性」に基づいた「バランスが良く、儲かる経営」という新しいシステムの登場が予知された。依然として続いていた地域主義という現実は、県に近隣諸国と直接貿易する権限を与えることで認められる形になったが、そうした動きは汚職への道を開いた。さらに、党幹部の独断的権限を抑えるために行政と党の改革が行なわれた。新しい党幹部養成に力が注がれ、思想面での訓練を強化する努力がなされた。

　しかしながら、タイとの関係悪化によって、経済改革推進という望みは打ち砕かれた。カンボジア、ラオス両国へのベトナム軍駐留に関してタイは敏感になっており、些細な国境紛争に大げさな反応を示した。1980年6月、バンコクは「ラオスは連中に操られて指示通りに踊っている」と非難して、再び一方的に国境を閉鎖した。ラオスはそれに対し、「タイの反動主義者たち」が「北京の反動主義的支配政党」の政策の手先となっていると非難した。結局、2ヵ所の国境検問所が再び開かれたが、政府は、将来のタイによる封鎖を回避するために、石油のパイプラインとダナンからサワンナケートまでの全天候型輸送路を作ることを決めた。しかし、どちらの計画も資金不足により建設は遅れた。

　ラオス・タイ関係の悪化は、カンボジアにおける緊張の高まりを反映していた。1980年までに、ソ連とその同盟国によって支援されたインドシナ3国と、カンボジアの抵抗勢力を支援する国々——タイを中心としたASEAN諸国、中国、アメリカ——との間に、明確な線が引かれるようになった。[59] その後の8年間、ベトナム軍がカンボジアとラオスから完全に撤退するまで、カンボジアをめぐるこの線引きが国際情勢を決定し、ラオス政府はその中で国家利益を追求せざるをえなかった。半年ごとに開催されるインドシナ3国の外相会議においても、1983年2月にビエンチャンで開催された各国政府首脳による初の「首脳会議」においても、ラオスはプノンペンで政権を守っているというベトナムの立場を忠実に支援した。

　この国際的な線引きにおいてビエンチャンの無力ぶりは非常にはっきりして

59　カンボジアの抵抗勢力の3派とは、タイ経由で中国から武器と物資を補給されていたクメール・ルージュ、シハヌークの支持者、ソン・サン元首相によって率いられていた右派のクメール人民民族解放戦線であり、後の2派はASEANとアメリカから支援を受けていた。

いたが、インドシナ3国の中でラオスは政治的にも経済的にも被った影響が最も少なかった。ラオス人民民主共和国と外交関係を断絶した国はなく、国際援助において通商禁止措置を受けることもなかった。アメリカは、第2次インドシナ戦争の間にラオスで行方不明になったアメリカ人（大部分はラオス領土上で撃ち落とされた飛行機の乗組員）について1人残らず説明するように要求し続けていたが、世界銀行やアジア開発銀行のような国際的な融資機関がラオスに対して融資することを妨げはしなかった。しかしアメリカは、ラオス北部のモン族反乱者にいわゆる「黄色い雨[60]」と呼ばれる化学薬品が使用されたと言い立て、国際的な抗議を結集させた。しかし、この時、調査の結論は出ず、後にアメリカははっきりした証拠はなかったことを認めた[61]。

　中国との関係は冷え切ったままであったが、ラオスは北京に対していかなる脅威も与えなかったので、中国当局は鷹揚に構えていた。1983年には、北京は、ラオス社会党と派閥化したラオスの抵抗運動[62]への支援を見直し始めていた。というのも、カンボジアに対する国際的な圧力が高まることでインドシナにおけるベトナムの「覇権」が弱まるのを待ったほうがよいと判断したからである[63]。ラオスのメディアはカンボジアやベトナムに対する中国の政策への批判を形式的に表明してはいたが、「反動的な北京の党」という誇張された非難は現実を反映していなかった。ラオス・中国間の国境における緊張は解けていき、伝統的な交易がすぐに再開された[64]。タイとの関係だけが依然として懸案であった。

　1981年、ラオス人民革命党はベトナムやソ連と同様の第1次経済発展5ヵ年計画に同時に着手した。しかしながら、経済基盤は、とても胸を張れるような状態ではなかった。第7決議で導入された変化のおかげで中間の3ヵ年計画に

60　(訳註) ラオス北部のモン族反乱者鎮圧のため、ラオス人民民主共和国政府が、黄色い粉末状の化学薬品を使用したと言われたことから、このように呼ばれるようになった。M. Stuart-Fox, *Historical Dictionary of Laos,* Third Edition, The Scarecrow Press, Inc., 2008, pp. 389-90.
61　J. Guillemi and M. Meselson, 'Yellow Rain: The Story Collapses', *Foreign Policy* 86 (1987), 100-17. 最も良い研究は次のものである。G. Evans, *The Yellow Rainmakers: Are Chemical Weapons Being Used in Southeast Asia?* (London, 1983).
62　中国はラオスの抵抗運動の派閥主義や規律に欠けている点に気づいた（1985年11月、パリで行なったコンレー将軍へのインタヴューによる）。
63　1985年8月24日、著者がビエンチャンで行なった当事者である中国人へのインタヴューにより明らかになった。
64　M. Stuart-Fox, 'Laos in 1983: A Time of Consolidation', in P.Thambipillai, ed., *Southeast Asian Affairs 1984* (Singapore, 1984), pp. 188-9.

おいては全体的な失敗にはならなかったが、ほとんどすべての目標を達成できなかった。政府の歳出は総歳入の2倍に達しており、予算の赤字は国家が外国の開発援助に大幅に依存していることを強調するばかりだった。中でも輸出（主にタイへの電力と木材、そして社会主義国へのいくらかのコーヒーとアヘン）は輸入額の半分以下であった。[65]

 5ヵ年計画は、農業、工業両分野での生産を増加させるというものであった。一見したところこれは大きすぎる目標ではないようだが、経済状態を考えると、実質的には達成不可能であった。結局ほとんどの目標が達成できなかったのは、この計画が外国の援助に頼りすぎていたためと、有能な人材が不足していたためであった。一方、既にフランス、アメリカ、オーストラリアに定住していた親類の話に心を動かされ、技術者や公務員が、政治的な理由というよりは経済的な理由でタイの受け入れ施設を探し続けていた。1976年から1981年の間に外国（ほとんどはベトナム）に勉強のため送られた「1万人近い」学生や労働者は、十分に教育を受けていないか、途中で戻ってきたかのどちらかであった。また、意思決定機関は依然中央であり、些細な技術的問題でさえそれぞれの大臣にまで上げるという状態だった。有能な人材の欠如と貧弱な行政機構のため、比較的低いレベルの国際援助（年間約9500万ドル程度）でさえ使いこなすのが困難であった。こうしたことで、第1次5ヵ年計画で期待された成果を実現することはできなかった。

党改革

 1982年、ラオス人民革命党は第3回党大会の開催に十分自信を持ってのぞんだ。秘密裏に行なわれた第2回党大会から10年が過ぎた4月末、ビエンチャンで4日間にわたって開催された会議ははるかに開かれたものだった。党の指導者と訪問する代表団の安全を守るため、11時以降の夜間外出禁止令、ビエンチャンへの出入りの制限などを含む厳しい措置がとられた。最終的に228名の代表（相変わらずのジェンダーと能力のアンバランスを反映して、208名の男性と20名の女

---

[65] International Monetary Fund, *Lao People's Democratic Republic-Recent Economic Developments*, SM/80/174, 22 July 1980.

性)が国の各地域から参集した。ソ連とベトナムを筆頭に16ヵ国の友好代表団が出席した。フランス共産党は西側諸国からの唯一の代表団であった。中国は代表団を送らなかった。

　党大会の政治報告の中で、カイソーンは1975年以降の失敗を認めたが、それを「主観主義と過度の単純化」のせいにした。党の幹部は新しい党の路線と政策をしっかりと理解するよう求められた。経済については、後に工業が発達するための「基盤」を作るために農業と林業が優先され、より漸進的な方法をとることが承認された。ラオス、ベトナム、カンボジア間の特別な関係に基づく「軍事的連帯」と「全面的協力」は、ソ連との「連帯と全般的協力」と共に、ラオスの外交政策の中心として歓迎された。ラオスで働く2000人ものソ連や東欧の顧問、技術者がもたらす影響の大きさとソ連の軍事的経済的援助のレベルを考慮して、より古くからのベトナムとの関係を表す表現には慎重に言葉が選ばれた。党員への演説で、カイソーンは政治的、理論的な訓練と「組織的な任務」を改善する必要性を強調した。演説の中で、1975年に獲得した「新しい解放区」により多くの党細胞を作り、「行動が模範的ではない」幹部を粛清するようにと要求したことは、低地ラオ人の間で党は依然として人気がないことと汚職が増えていることを遠まわしに述べたのであった。初めて、党員の正式な数が発表された。1972年の第2回党大会の時、党員は2万1000人であったが、3万5000人に増加した。しかし、まだ人口のたった1%にすぎなかった。

　党大会では、以前から党を率いていた7人が政治局員に選出された。書記局は6人から9人に増員され、中央委員会は2倍以上になった。少数民族の委員も、人口の比率よりはずっと少なかったが、増えたことは増えた。しかし、ラオ・ルムの委員の中には山地タイ系民族、プアン族、ルー族も含まれていた。古参のインドシナ共産党員は15名で、90%の党員はマルクス・レーニン主義学習の中級もしくは上級コースに学び、上級コースはベトナムのグエン・アイ・コ

66　Ministry of Foreign Affairs, LPDR, 'Political Reporting [sic] of the Central Committee of the Lao People's Revolutionary Party presented at its Third Party Congress by Comrade Kaysone Phomvihane, General Secretary, Vientiane, 27-30 April 1982' (Viang Chan, n.d.).
67　'Rapport sur les amendements à apporter aux statuts du Parti Populaire Révolutionnaire Lao', *Khaosān Pathēt Lao, Bulletin Quotidien,* 1 May 1982, p. 1.

ォック高級党学校で学んだと伝えられる[68]。中央委員会委員に昇進したのは、党県支部の書記8名、将軍8名、大臣あるいは副大臣7名であり、県、軍、政府間の均衡がよく保たれていた。その他の人は、党や大衆組織で地位を確立している人であった。女性の数は1名から4名に増えた。[69]

　9月、政府機構が第3回党大会での決定に従って改造された。以前は12の省と3つの国家委員会であったのが、15の省と5つの国家委員会に増えた。3つの新しい省はいずれも経済と関係があったが、これは経済発展と5ヵ年計画遂行に与えられた重要性をよく示している。2つの新しい国家委員会は、退役軍人と社会保障、そして宣伝、出版、ラジオ、テレビを扱うものだった。

　政府機構の再編成によって、3つのレベルができた。最上位は閣内内閣で、各省に対して広く責任を持つ、首相と5人の副首相で構成された。この閣内内閣は政策の指針を策定し、各分野に指示を出す。ヌーハック・プームサワンは経済、サーリー・ウォンカムサオは計画立案、プーミー・ウォンウィチットは教育・文化・情報、カムタイ・シーパンドーンは国防・治安、プーン・シーパストは外交が担当であった。第2のレベルは19名の大臣と国家委員会の委員長で構成されており、各々の省について責任を持っていた。そして第3のレベルは80余名の副大臣や副委員長から成り、その多くは専門的知識や西欧での研修経験を持っていて、特定の行政の任務と決定を指揮した[70]。

　第3回党大会で生じた変化により、最高指導者たちの内部の力関係がはっきりしてきた。最も注目すべき昇進を果たしたのはサーリー・ウォンカムサオで、中央委員会の序列第8位、計画立案担当の副首相となった。したがって、多くの人々が彼をカイソーンの最も有力な後継者と見なすようになった。もし1991年1月に心臓発作で突然死ななかったら、そうなっていたはずである。さて、得をしたのは、軍である。4名の国防副大臣全員が中央委員会の常任委員となり、内務省を含むその他の4省が元軍人に委ねられた。一方、有力な党県支部書記を中央委員会の常任委員に任命したのは、地方分権という実態を現実

68　(訳註)党の幹部養成機関。現在のホーチミン国家政治学院。
69　'Résultats des élections aux organismes de direction suprême du Parti', *Khaosān Pathēt Lao, Bulletin Quotidien*, 1 May 1982, pp. 17-19.
70　この重要な変化についての全分析は、以下の文献を参照。M. Stuart-Fox, *Laos: Politics, Economics and Society* (London, 1986), pp. 62-3, 72-8.

的に認識していた以上に、地域の指導者を中央の権力構造に組み入れる必要があると判断したためであった。

1983年は党の組織化と強化のために多大な努力がなされた。いたる所で、人々は「党の建設に積極的に参加する」ことを奨励された。カール・マルクス没後100周年も含め、すべての記念日で同じテーマが奏でられた。マルクス・レーニン主義の学習コースが教師、女性、その他の団体向けに開かれた。『パサーソン（人民）』と改名した党の機関誌をもっと簡単に手に入れられるようにし、発行部数を増やそうとしたが、あまり効果は上がらなかった。盛んに宣伝したにもかかわらず、マルクス・レーニン主義は大部分のラオス人にほとんど受け入れられなかった。政治よりは面白みがあったのが『ワンナシン』という月間の文芸誌で、この雑誌には読者からの韻文や散文の投稿が掲載され、活気のあるページを作っていた。

1983年に初めて、「ラオス女性同盟」と「ラオス人民革命青年同盟」の総会が開かれた。女性同盟の総会は3月に開かれ、カムペーン・ブッパーが議長に選出され、カイソーンは社会主義革命において女性解放がいかに重要かということを話した[71]。しかし、その話は、男性党員に語られたほうが良かったであろう。なぜなら、革命後もラオスでは家父長制、男性優位の社会が続いていたからである。ラオス女性同盟が急激な変化を望んでいないことは、「良き妻、良き母、良き市民」になることが女性の務めであるという「3つの良きこと」を是認していたことから明らかであった[72]。青年同盟の総会は4月に開かれ、カイソーンの妻であるトーンウィン・ポムウィハーンのために公開討論会が催された。彼女は既に党中央委員会の常任委員であり、青年同盟の初代副議長に選ばれた（2年後には議長となった）。青年同盟は245団体を代表する11万5000人の会員を擁し、「3つの革命」を実行するための闘争において「前衛部隊」となることが奨励された。

---

71 'Allocution du Camarade Secretaire General Kaysone Phomvihane au 1er Congrès National de l' Union des Femmes Lao', *Bulletin de Nouvelles* (Viang Chan), no. 45, 24 April 1984. ラオスの共産党政権において、最初の10年間、党中央委員会には女性が4人いただけであり、大臣や副大臣の地位に就いた女性はいなかった。

72 Mayoury Ngaosyvathn, *Lao Women Yesterday and Today* (Vientiane, 1993), p. 105. ラオス女性同盟も人口増加のため避妊を禁止した党の考えを是認していた。

国内改革を推進するという党の良心を傷つけたのは、1980年代半ば、ラオスの政治文化に深く刻み込まれていた縁故制度の復活であった。縁故は党内で、官職の任命や昇進という形をとるようになった。有力な指導者と関係の深い人々には、早い昇進が約束されるようになった。それほど関係の深くない中級幹部は、政治的あるいはイデオロギー的な判断で派閥に属するのではなく、党の上級幹部と同じ縁故のネットワークに身を置こうとするようになった。重要な縁故によるネットワークは、特に経済的利益を確保できる人々——ヌーハク・プームサワンやサーリー・ウォンカムサオのような力のある経済大臣のところに結びついた。契約、輸出入の許可、新事業への投資認定などは、すべてこのような関係により容易になった。[73]

　このような縁故によるネットワークは党の外にも広がった。ビエンチャンに留まっていた以前のラオスのエリートたちは、第7決議で発表された政策の転換によって生じた政治的経済的により自由な風潮を利用して、当然のごとく、党の幹部——それも血縁や結婚によるつながりがある、以前同じ学校に通っていた、同じ経験を共有した、同じ郷里であったなどという人々から、投資を促進するための保証と援助を求めようとした。市場向きの技術や投資資本のある人は、個人、家族、仕事上の付き合いなどを基にして、党の指導者たちとの関係を発展させた。それゆえ、有力な党の指導者は党自体を超えて拡大した影響力と義理のネットワークを作り上げた。それは、前政権下のエリート一族が作った縁故社会を彷彿させた。このような縁故による関係は、前政権下の裕福で力のある特定の一族が経済的さらには政治的影響力を再び確立することを可能にした。

　縁故によるネットワークの発達とともに、1980年代の新しい経済の動向は新たな汚職の機会を生み出した。経済投資を促して親族を援助してもそれは国のためだという言い方もできるかもしれないが、「贈り物」が渡され、その見返りが支払われた時には、それは贈収賄や汚職ということになる。1983年3月、公にはされなかったが、2名の副大臣が逮捕された。噂によると、ある外国とのビジネス上の取引に関しての汚職ということであったが、より確からしい理

73　M. Stuart-Fox, 'Politics and Patronage in Laos', *Indochina Issues* 70（October 1986), 2-4.を参照。党員はこの文献の出版が気にくわなかったようである。著者には2年間、ラオス入国ビザが発給されなかった。

由は2人とも党の決定に批判的であったということである。2人とも前政権下の官吏であり、フランスで教育を受けていた。さらに副大臣に任命されたことで他から恨みを買っていた。下級官僚の逮捕がそれに続いた。みな裁判にかけられ有罪となったが、それらの出来事は、行政上の違反行為や不正な行ないがあったからというよりも、党内の妬みが関係しているようであった。1984年の半ば、法的に有効な手続きというよりは、むしろ政治的圧力の結果として、「特別法廷」が開かれ、他の逮捕者と共に両副大臣の釈放が命じられた。何の説明もないまま、全員が元の地位を回復した。このような出来事によって汚職が下火になることはなく、また官僚が主導権を取るようにもならなかった。[74]

1984年、さらに4名の副大臣が様々な罪で逮捕された。それは、党に批判的な活動（政府の外国人に対する経済政策を批判）、虚偽の告発で何人かを逮捕させた、明らかな汚職（タイの商人から、新品というよりはむしろ新品同様に修理した重機を違法だと知りつつ黙って受け取った）という罪であった。多くの下級官僚が再び拘留された。裁判は秘密裏に行なわれ、判決は犯した罪と同程度、家族の縁故の有無と有力者の影響力に左右された。こうするより他なかったのだとしても、このような裁判手続きは、憲法を基盤とした法制度というよりは、政治的影響力の大きい「人民法廷」に基づいたようなもので、法制度の不備をさらけ出していた。[75] スパーヌウォンを議長とした「憲法制定委員会」が最高人民議会の特別委員会として設立されていたが、1984年まで何の報告もなされなかった。ただ、1984年にはこれまでなされた事を検証し、「社会状況を調査、把握する」2つの小委員会が設立された。しかし、政権が最終的に憲法を制定するまでにさらに7年かかった。

その間、汚職を抑え、民間の貿易や投資を奨励することを目的とした法が制定された。政府は背任行為があることを認め、禁止すべきこととして、密輸入、不当利益、独占、党路線への不服従、国家財産の猫ババ、脱税、農民に国にではなく私的に作物を売るよう強要すること等を挙げた。外国貿易に関して厳しい通貨管理が導入された一方で、海外のラオス人からの送金を促すため、1ド

74　ラオス人インフォーマントへのインタヴューをつなぎ合わせて考察した。
75　the criticisms of Amnesty International, 'Background paper on the Democratic People's Republic of Laos describing current Amnesty International Concerns', ASA 26/04/85 (April 1985), p. 13.

ル＝108キープという特別レートが個人取引用に設定された。違法ギャンブルが広がらないように、政府公認の国家開発宝くじが作られた。一方、政府は「資本主義的やり方」に戻ることを厳しく批判し、仏教の祝日であれ、私的パーティーであれ、大量に物を消費することを諫めた。ニュースや他の出版物の検閲が強化され、ビデオの輸入は禁止された。しかし、ラオス市民がノーンカーイ、ナコーンパノム、ウボンのような町から送られてくるタイのテレビ放送を受信できないようにすることはほとんど不可能であった。1983年12月、ラオス国営テレビは週に3回、夜だけ放送を開始した。しかしタイの番組にかなうはずもなかった。カイソーンが社会主義思想と資本主義思想の間で闘争が続いていることに警戒を呼びかけたのは当然であった。

　テレビはタイとの関係を複雑にする1つの要因にすぎなかった。タイとの関係においてもっと気がかりだったのは、タイがラオス解放民族統一戦線の傘下に集っていた様々な抵抗組織を支援していたことであった。ラオス南部での攻撃は、政府の施設や開発事業へも及んだ。乗っていた車が襲われ、世界銀行のデンマーク人職員が殺された。しかし、ゲリラ兵の数は北ラオスに約4000人（主にモン族）、南ラオスに5000人、合わせて9000人に達するという主張は明らかに誇張されたものであった。4万人に達するベトナム軍がラオスに駐留していたおかげで、抵抗勢力の政権に対する攻撃は限定的なものにしかならなかったが、防衛力を強化する必要はあった。

　第3回党大会でカイソーンがタイとの「良き隣国かつ友好関係」を求めたことは、当初、期待したような効果を生むように思われた。しかし、1984年、ラオス軍がサイニャブリー県の国境沿いの3ヵ村近辺でタイの道路建設を妨げた時、緊張が劇的に高まった。タイはラオス軍を追い払うことに失敗すると、総攻撃をしかけて、1500人のタイ軍がその村々を占領した。小さな国境紛争であったものが、こうして大きな外交問題へと発展した。攻撃は、タイ軍最高司令官が3月中旬に北京を訪問した後に始まったので、ラオス当局は当然のように、彼らが「タイ支配者集団の中の超右派反動主義分子」と呼ぶ人々と中国が共謀したのではないかと疑った。ラオス、タイの双方がその村の領有を主張した――ラオスはフランスが国境線を引いた1907年の地図を基に、一方タイは、正式な国境とされている分水嶺のタイ側にその村があることを示す、1978

年のアメリカの航空調査を基に。長期にわたる交渉によってもその問題を解決することはできなかったので、ラオスはそれを国連安全保障委員会に委ねた。その結果、タイ軍はその村から撤退したのであるが、ビエンチャンの主張したすべての領域から撤退したのではなく、また1800人の住民のほとんどを連れていった。[76]

　問題は依然として残っていた。「3ヵ村」問題とその他の両国の未解決問題を解決しようと、ラオス側は上のレベルによる交渉を要求したが、バンコクに拒絶された。ビエンチャンのメディアはタイ政府に批判の砲火を浴びせ、「タイ社会の暗部」を暴露した。タイの指導者たちは、膨張主義者で「中国というご主人さま」にぺこぺこしているとこきおろされた。[77] 1985年中頃になると、語気は和らいだが、関係は緊張したままであった。ラオスの苛立ちは、タイがいまだに輸出を拒否している、いわゆる273の「戦略物資」を勝手に定めたリストにも向けられた。

　もう1つの厄介な問題は難民問題であった。1984年、多くのラオス人が故郷から逃げ出した。その多くは若者であり、彼らは、第3国に再定住する資格を得るためには、その年の暮れまでにタイに行かなければならないという、しつこい噂に惑わされたのであった。同じ頃、国連難民高等弁務官が小規模の本国送還計画を開始した。1986年11月になってやっと、ラオス側の不満について、タイとの話し合いが持たれた（そして、戦略物資のリストは61に減らされた）。ラオス・タイ関係が好転するのは、ベトナム軍がカンボジアから撤退してからであった。

検討

　ラオス人民民主共和国にとって1985年は記念すべき年であり、[78] 国家の業績を評価し未来の方向を再検討する機会であった。3月22日、党はラオス革命を

76　Joseph J.Zasloff, 'The Three-Village Dispute between Laos and Thailand', *University Field Staff International Reports*, no. 23（1985）.
77　*Khaosān Pathēt Lao, News Bulletin*, 28 March 1985.
78　（訳註）ラオス人民民主共和国成立10周年、ラオス人民革命党設立30周年であった。

「正しく、創造力を持って」導いたこの30年間を祝福した。そして12月2日、政権は権力を握って10周年に達したことと第1次5ヵ年計画の達成を祝った。どちらも自分で自分を祝うというものではあったが、社会主義発展の10年間の成果を冷静に評価する機会でもあった。ラオス経済の社会主義への移行が成し遂げられたのか、あるいはマルクス・レーニン主義の理想と実践について叩き込まれ、ラオス社会主義に献身するようになった男女が出てきたのかと言えば、その変化は期待にははるかに及ばなかったと結論するよりほかなかった。ラオスは相変わらず外国の援助に頼り、十分に教育を受けていない労働力を抱えたひどく貧しい国のままで、しかも人口の大部分が自給自足の生活であった。政権は平然としていたが、事実を隠すことはできなかった。「政治的、イデオロギー的、組織的分野における労働者階級の独裁体制を強化し完成させることにおいて、できるだけ多くの成果を得るため」に計画された1年間に及ぶ「競争推進キャンペーン」でさえも、期待された「革命的熱狂の雰囲気」を形成するのには十分ではなかった。[79]

ラオス人民革命党の「高貴で荘厳な」30周年記念はまた、党の指導的役割を再強調する機会でもあった。少なくともそれに関して議論はなかった。党の「賢明な、洞察力のある指導」とその「正しく、創造性に富んだ方針」が、すべての勝利を導いたのであると述べられた。党員は4万3000人となり、第3回党大会からおよそ8000人増加した。[80] 党による権力の独占は完了した。しかし、このように党勢を誇示しながらも、党員になる人たちの動機、そして質について、不安を抱かせる兆しははっきり認められた。党の内部文書は、「党員の知的レベルと規律心がとても低い」と嘆いていた。[81] 社会主義の大義を遂行することが、欲と縁故の背後に退きはじめていたのである。党員になることは、利得や権力という個人的野心を達成するための手段と考えられるようになった。そこで、大衆と党員の政治意識を高めるために、2つの計画が立てられた。1つは、ソ連の教師を招聘し中級幹部にマルクス・レーニン主義を学習するコースを設けるというもので、もう1つは、ラオス人民軍と改称した軍隊を民衆の中で

79　FBIS, 11 February 1985.
80　Mikhéev, *Les débuts du socialisme au Laos*, p. 58.
81　*Le Monde*, 3 December 1985.

仕事をさせるために地方に送り出すというものであった。どちらとも長期的な効果はあまり期待できなかった。

　しかし、ラオス人民軍の政治的役割の高まりは、党内部における軍の影響力の増大、国の社会・経済生活における軍の重要性を反映していた。軍が割り当てられた任務を遂行することは「党や人民の前衛部隊」として行動することであるとされた。[82]軍の活動は「党の任務の遂行」や「生活水準の向上を保証する兵站・技術業務」に留まらず、国の経済発展においても重要な役割を与えられた。軍は、建設プロジェクトや軍営農場・工場の管理に加えて、重要な木材資源開発の権利を手にした。1985年の時点で、軍は外国の買い手と契約について自由に交渉でき、収益は設備や備品の購入と第2次5ヵ年計画のもとで軍に割り当てられた事業の発展のために充てることができた。こうして、地方行政と同じく、軍も自前でやっていける大きな経済単位となる手段を与えられた。それはまた、密輸や汚職の機会を新たに与えられたということであり、おそらくそれだからこそカイソーンは、木材特権の利用において、軍は「国家の規則と正式な手続きを遵守し、正しく実行」しなくてはならないと警告したのであろう。[83]

　1985年という記念すべき年の仕事の1つとして、政府は1953年の独立以来、初めて完全な国勢調査を行なった。全人口は358万4803人で、男女構成は男性49％、女性51％であった。人口調査は16の県（ボーケーオ、ボーリカムサイ、セーコーンの3県が新設された）単位と、行政面で独立していたビエンチャン首都区（ビエンチャン県から分割された7つの郡から成り、都市部と郊外の村を含んでいた）で行なわれた。最も人口の多い県はサワンナケートで、最も人口の少ない県はセーコーンであった。都市人口はわずか15％にすぎず、ビエンチャン首都区の人口は37万7409人であった。人口構成は、15歳以下の青年が47％、60歳以上は6％にすぎなかった。人口増加率は年2.9％であった。民族についての調査はしなかったが、ラオ・ルム（タイ系諸語を話すすべての人々）が人口の68％、ラオ・トゥンが22％、ラオ・スーン（モン・ミエン諸語とチベット・ビルマ諸語を話す人々）が10％であると推定された。[84]

82　FBIS, 14 January 1985.
83　FBIS, 29 January 1985.
84　State Statistical Centre, Ministry of Economy, Planning and Finance, *Population of the Lao PDR* (Viang Chan, 1992); UNICEF, *Children and Women in the Lao People's Democratic Republic* (Viang Chan, 1992), p. 9.

ラオス人民民主共和国建国10周年は、12月、盛大に祝われ、華やかな祝典が催された。軍の装備や各省庁からの山車によるパレードを一目見ようと、大勢の人々が夜明け前から集まった。パレードは1980年よりも大規模で華麗だった。この10年間、新政権がラオスの経済発展と社会改革を実施することによってもたらした経済的・社会的成果が華々しく公表されたが、そうした宣伝は同時に明らかな失点をも露わにしてしまった。カイソーンはGDP（国内総生産）が2倍以上、1人あたりの生産は60％の増加になったと述べたが、例によって根拠となる数値が挙げられることのない誤解を招くような発表であった。[85] おそらくその増加は、1975年または1976年――どちらの年も経済がひどく混乱し生産性の低い年であった――の数字を基に計算されたのであろう。国連開発計画（UNDP）の報告書の、より正確な推定によると、GDPは1984年にかなり回復するものの、1980年から1983年にかけてはほんのわずかしか増加しなかった、あるいは実質的な減少であった。平均年収は98ドルであり、ラオス人民民主共和国をいまだ世界で最も貧しい国の1つとしていた。[86]

肝心の農業部門において、米の自給は達成したものの、生産は不安定で天候に左右された。生産高は世界で最も低く、耕作地が増えたから生産も増えたが、耕作地の1.25％しか灌漑されていなかった。他の農産物も生産の増加を示していたが、カイソーンが商品作物について「着実に発展している」と言っただけで、何の数値も出さなかったのは事情をよく表していた。木材の生産も期待はずれであった。なぜなら、原木のまま密輸されるものがあったため、ラオスに50ヵ所ある製材工場と1ヵ所の合板工場はその分仕事にならなかったからである。

驚くべきことに、カイソーンは失敗した農業集団化計画が「農業の社会主義的移行」をもたらしたと信じており、全農家の50％以上が3000を超す活動中の「農業組合」に属していると主張した。[87] これは、第1次5ヵ年計画の全農家

---

85 Kaisôn Phomvihān, 'Speech at the Grand Rally in Celebration of the 10th anniversary of the Lao People's Democratic Republic' in *Khaosān Pathēt Lao, News Bulletin*, 3 December 1985, p. 4. 政府は国家計画委員会において独自の根拠を示した。State Statistical Centre, *10 Years of Socio-Economic Development in the Lao People's Democratic Republic* (Viang Chan, 1985). 統計は気をつけて扱わなくてはならない。
86 UNDP, 'Draft Report submitted to the government of the LPDR', August 1985.
87 Kaisôn, 'Speech at the Grand Rally', p. 4. より正確な数値は以下の文献にある。*Nouvelles du Laos*, December 1985. 全農業世帯の61.5％、全農業用地の58％に3184の組合が作られていた。

の60〜70％を1985年末までに農業組合に入れるという目標を下回っていたが、それでもなお誇大な数値であった。ほとんどの農業組合は机上のみの存在か、あるいは農民が要求した時には自分の土地や農場を私有に戻すことが許されるという、きわめて緩やかな形で組織されていた。実際、UNDPは、農業組合が存在しているはずなのに、ラオス人農民の90％が依然として自分自身の土地を平均1.5ヘクタール所有していると推測していた。[88]

　工業生産において、第1次5ヵ年計画の間に生産性を2倍にするという目標を達成したところはどこにもなかった。実際、1982年から83年にかけて生産高は減少し、1984年になっても農業と同じようには回復しなかった。工業はGDPの5％をわずかに超えるだけで、数値は「後発開発途上国」の平均にも及ばなかった。経営はどこも非効率的で、工業省の管轄下にある18ヵ所の大工場のほぼすべてが依然として生産能力以下でしか稼動していなかった。地方の道路や橋の建設によって道路網は発達したが、通信分野においても公共土木事業においても目標値に到達しなかった。

　カイソーンは10周年記念の演説で、社会面や文化面の発展が果たす主な役割について簡潔にまとめた。彼は、それについては「3つの革命」の3番目である「新しい、社会主義的な人間」をつくるための文化と教育制度を設立することである、と述べた。[89] この基準から判断すると、10年間の社会主義の結果は十分なものではなかった。政府は学校の数や学生数が実質的に増加したと主張したが、それが正確な統計であったとしても、そこにはより深刻な問題が潜んでいた。それは、教育水準の低さ、教科書不足、十分な給与をきちんと支払えないので良い教師が少ない、といったことであった。最も残念なのは、初等教育課程の生徒の80％が5年間の教育年限を終了することができないことと、都市と農村、低地ラオ人と少数民族の間に大きな不均衡が存在していることであった。識字率は、100％近くまで達したところはないと政府は言っていたが、著しく上昇した。しかし数年後には、使用機会がない年配の人々が学んだことを忘れてしまったことで、非識字率が再び上昇した。高等教育課程において、中等教育を終了したごく少数の生徒たちの理解力は、ビエンチャンにロシアが

88　UNDP, 'Draft Report', August 1985.
89　Kaisôn, 'Speech at the Grand Rally', p. 5.

設立した政治大学や海外留学先で授業についていけないほど低いものであった。共産圏から戻ってきた学生は、その国の言語を完全に習得してきたわけではなかったが、卒業証書を持ってはいた。しかし知識は不十分か、ないに等しかった。[90]

保健の分野でも同じようなことが言えた。政府の統計では医療に携わる職員や薬局は増加していたが、人材養成や業務の質は低下していた。ラオ・トゥンのほとんどの村では、応急処置ができる場所は書類上に存在するだけだった。あったとしても薬は欠乏し、保健衛生普及のサービスは絶望的に不足していた。都市の中心部でさえ、病床数は5ヵ年計画の目標の半数しか確保できなかった。政府の統計でさえも、1985年までにラオスの村のわずか18％が飲料水の供給を受けるようになったにすぎなかった。マラリア、腸障害、その他様々な風土病が健康問題に重くのしかかり、特に少数民族の食生活は時に栄養失調と言えるほど貧しいものであった。[91]

しかしながら、過去5年間に政治的緊張が緩んだこと、個人の自由が拡大したこと、仏教行事が復活したことなどを通して、生活様式にいくぶん変化が見られるようになった。ナイトクラブが1、2ヵ所オープンし、ラオスの官僚たちは以前より自由にビエンチャンの外国人と交流するようになった。キリスト教は再び「好ましい」宗教として公式に認められた。[92] より重要であったのは、党の指導者たちが伝統的ラオス文化と仏教の間の深い関係を認めるようになったことであった。主な仏教儀式に政治局員とその妻たちが参加し、党員は一定期間サンガに入ることも許されるようになった。公式発表によると、ラオスには2812の寺院があり、そのうち373寺院については1975年以降修復あるいは建立されたものであった。そこに、7000人の僧と9000人以上の見習い僧が住んでいた。この数はラオス王国時代よりは少ないが、1970年代末に弾圧された後、仏教が復興したことを示している。[93] しかし、教理に関しては、仏教はそ

90　著者はアジア開発銀行調査部の一員として、1990年11月から12月にかけてラオスの教育状況を調査したが、衝撃的に低い水準であることが明らかになった。
91　1985年8月14日にビエンチャンで行なわれたカムリアン・ポンセーナー保健大臣とのインタヴューによる。
92　Linda and Titus Peachey, 'Religion in Socialist Laos', *Southeast Asia Chronicle* 91 (1983), 18. 1975年の推定7万人からは減ったが、1988年、4万5000人のキリスト教徒（カトリック3万人、プロテスタント1万5000人）がラオスにいると報告された。FBIS, 12 July 1988.
93　1985年8月8日、ビエンチャンで行なわれたラオスサンガ長、トーンクン・アナンタスントーン氏とのインタヴューによる。

の「迷信的な」要素を取り除かれ、単純化、合理化された。新しい仏教は宗教実践に関して3つの単純な規則——罪を慎むこと、善行を重ねること、心を清めることを説いていた。僧も、政府の政策を理解するために必要であるとして、マルクス・レーニン主義を学ぶことが義務づけられた。[94]

　10周年に関する政府報告書のどれにも言及されなかったことはただ1つ、10年間公判が行なわれることもなく拘束されていた前政権の何千人にも及ぶ政治犯についてであった。アムネスティ・インターナショナルは1985年4月と1986年1月に、ラオス北部、南部それぞれにおける政治犯収容所の状況について報告書を出した。[95]それによると、1983年以降、多くの人が政治上の再教育を目的とした「警備の厳重な収容キャンプ」にではなく、道路建設のような肉体的な重労働を科せられる収容所に入れられるようになったが、報告書発表当時、まだ6000人から7000人ほどの政治犯が「拘束下」に置かれていた。さらに、政治犯の管轄が、国防省から内務省に移った。アムネスティ・インターナショナルは、ラオス国民、特に政治犯に対しての法的保護の欠如、医療設備を含む収容所の状況、さらに栄養失調や病気、逃亡のかどで多くの人が死に追いやられている状況に、強い懸念を示した。それから3年の間に、国際的圧力がかけ続けられたことで、やっと政治犯の大部分が解放された。

　それゆえ、要約すると、生産様式、科学と技術、文化とイデオロギーにおける「3つの革命」を前進させるという目的は、社会主義化から10年経って、宣伝活動によってであろうが再教育によってであろうが、ほとんど達成されなかった。集団化は不完全で部分的なものであり、農業面での社会主義化はほとんど実現しなかった。一方、主な工業は国営化されたが、その操業状態はひどいもので、わずか8000人ほどが労働力として雇われただけであった。教育程度があまりにも低いために、科学の発展や技術の応用も進まなかった。マルクス・レーニン主義思想の形成に貢献する新世代を生み出すということに関しては、国民の多くは、単に、新しいシステムと共に暮らし、個人的な縁故と有力

94　1985年7月、8月に実施したビエンチャンの僧侶たちとのインタヴューによる。政権は「迷信」的なピー信仰を止めさせようとしたが、成功しなかった。*Viang Chan Mai*, 14 May 1983を参照。
95　Amnesty International, 'Background paper on the Democratic People's Republic of Laos' (April 1985). 'Amnesty International "Re-education" in Attapeu province, the People's Democratic Republic of Laos', ASA 26/01/86, January 1986.

者の後ろ盾という、よく知られている手段を通して、そのシステムを自分の利益のために利用していくことを学んだだけであった。

社会主義の放棄

1985年1月、最高人民議会での演説で、カイソーン・ポムウィハーンは「社会主義と資本主義という我が国の2つの路線間で、誰が誰に勝利するのかという問題を解決するための闘争が、この1年の間に、厳しく妥協を知らないやりかたで新たな段階に発展した」と、曖昧な言い方で警告した。[96] 演説の中でカイソーンは、4度、「2路線間の闘争」というテーマを繰り返した。明らかに党内には政治的な闘争があったようだが、どの党派がどのような政策を追求しているのかははっきりしなかった。カイソーン自身は、第7決議による改革——議論の余地はあるが、社会主義を弱め、部分的に資本主義を再導入するという改革を推し進めていた。党の中で、カイソーンの路線に反対して、もっと議論を進めようと主張できる人がいたであろうか？　この時には、カイソーンの考えは妥当な結論であったように思われる。さらに、その後の出来事から、さらなる自由化を求め、続く5年の間に実質的に社会主義経済の放棄を進める政策を推し進めたのはカイソーンであったことがはっきりする。

振り返ってみると、1984年から1985年にかけての「2路線間の闘争」は社会主義と資本主義の間のことでもなければ、社会主義と実用主義(プラグマティズム)の間のことでもなかった。それは、経済をより効率良く、より生産的にするために経済改革を導入したいと思っていたカイソーンに同調する人々と、既存の制度から利益を得ていたヌーハックに同調する人々との間の闘争だった。なぜなら、既存の制度は、規制の免除や価格の設定、あるいは許可証の発行などを通して縁故の力を増大させていたからである。[97] カイソーン有利というバランスを崩したのは、軍の支援であると考えられる。カムタイ・シーパンドーンとシーサワート・ケーオブンパンはもうかることにはどんどん興味を示した。軍が自分たちの支援

96　ビエンチャンラジオ放送、訳はFBIS, 29 January 1985に掲載されている。
97　カイソーンが闘争の「前線」について最初に言及しているのは 'circulation and distribution and economic relations with foreign countries': FBIS, 29 January 1985を参照。

の見返りに木材の契約と貿易の権利を要求したのもうなずける。[98]

　イデオロギーが激しい「2路線間の闘争」の基礎にある問題ではなかったとしても、闘いはイデオロギーの土俵で行なわれた。カイソーンを支持する人々は、現在の経済発展状況からすればラオスが社会主義へ移行することは無理であると主張した。真の社会主義を建設するには、資本主義のやり方をある程度採り入れることで1歩後退し、その後に2歩前進することが必要だというのである。ヌーハックを支持する人々は、生産と配分に対して国家が支配を放棄することを嫌い、もしラオスが社会主義国家として存続するのなら国家による支配は不可欠だと主張した。1986年には、ラオスの経済と社会をどのように、どれくらいの速度で社会主義に移行するのかについての議論が激しくなり、第4回党大会を4月から11月に延期せざるをえなくなった。この問題を解決することは、党大会で党がまとまっているところを見せるために絶対必要だっただけではなく、1986年から1990年までの第2次5ヵ年計画の経済政策の指針を明確にするためにも必要だったからである。

　ある種の妥協が成り立ったのは、党大会を見れば明らかであった。党書記長としてカイソーンが長い政治報告を行なった一方で、1986～1990年の計画の方針、優先順位、目標を報告したのは計画大臣のサーリー・ウォンカムサオではなくヌーハックであった。しかし、カイソーンは実用主義と改革路線が勝ったことを明らかにした。たとえそれによって真の社会主義への移行が遅れたとしても、必要とされる社会主義イデオロギーの厳正さを犠牲にしても、経済発展重視の政策が追求されることになるだろう。カイソーンはまた、この機を逃さず敵対する人々を厳しく批判し、過去10年間の落胆すべき進歩のなさは彼らのせいであると非難した。彼が党大会で語った大きな失敗とは、

> 非社会主義経済部門を廃止したいと過剰に思い込み、先走り、事を急ぎすぎた（ことにある）。工業においては、国家がまだ十分な経営能力を欠いている時に、われわれは軽率に多くの工場を国有化し、生産の減少を招いた。

---

[98] これは当然のことながら推測である。ラオスの党や政府には行なわれていたに違いないこのような取引についての記録はない（もしあったとしても、手元においておかないであろう）。この権力闘争についての調査を手伝ってくれた匿名のラオスの情報源に感謝する。

貿易に関しては、地域間の自由な商品流通を妨げる場合が多く、そのため生産と人々の生活に悪い影響をもたらした。[99]

しかし、批判の激しさは、いまだ党内に残っている改革路線に対する反対の強さを示していた。カイソーンは「弱点」を認めることの重要性についてレーニンに言及することで、慎重に自分の批判を正当化した。翌月、ベトナム共産党第6回党大会で同様の決定がなされ、カイソーンはベトナムの支持を得ることになるが、改革を議題とすることについてはラオスの動きのほうが速かった。

第2次5ヵ年計画は、本質的には以前の計画の方針に従うものであることが、最終的に明らかになった。農業に重点が置かれ、1人あたりの米の量と全体的な食料生産の増産が要求されていた。しかし、最も増産が要求されていたのは換金作物であり、そのうちの何種類かはもっぱら共産圏からの輸入品に対する支払い用として輸出するために栽培することになっていた。こうした作物には、コーヒー、緑豆、大豆、ピーナッツ、タバコなどが含まれていた。5ヵ年計画の間、政府の全投資のうちまるまる10％は木材加工製品を生産する製材業と林業の開発のために充てられることになった。[100] 農業が（第1次5ヵ年計画と比較して、より現実的に、規模を縮小されたが）工業より優先された一方で、全投資の5分の1が主に道路建設などのインフラ整備に向けられた。教員養成改革と医療従事者数増加に重点を置いた、保健や教育分野への支出も増えた。

しかし、党大会の最も重要な決定は「新経済メカニズム[101]」と呼ばれるものを正式に承認したことであった。1986年初めに発表されたこの提案は、経営者により大きな裁量権を与える代わりに、より大きな責任を要求することで、経営効率を上げ、国営企業の生産性を高めるという趣旨であった。カイソーンが、その「官僚主義的中央集権主義」と国家助成金への依存を批判した古い制度は、企業が自らの利益で資金を調達する新しい制度に取って代わられるべきだとさ

---

99 Kaisôn Phomvihān, 'Political Report of the Central Committee of the Lao People's Revolutionary Party presented at its Fourth Party Congress', ロネオ複写された英語翻訳 p. 12.
100 'Guidelines and Tasks of the Second Five-Year Plan (1986-90) for Economic and Social Development of the Lao People's Democratic Republic', ロネオ複写された英語翻訳.
101 （訳註）ラオス語でコンカイ・セータキット・マイと呼ばれ、これを機に、ラオスは経済に資本主義的市場原理を導入した。M.Stuart-Fox. *Historical Dictionary of Laos,* Third Edition, The Scarecrow Press, Inc., 2008, p. 230.

れた。言い換えれば、新経済メカニズムの下では市場原理が働き、利益を生み出すことのできない国営企業は破産することが暗示されていたのである。

　ヌーハックがより正統的な社会主義的表現で新経済メカニズムを「地域と一般大衆が主導権を握り、創造性を高める手段」として正当化したことは驚くにはあたらない。しかし、彼にとっても、中央集権的官僚支配の緩和と市場原理の導入は根本的な社会主義からの別離であるという事実を隠すのは困難であった。1983年の初め、成功している（生産量が多く、利益率の高い）国営企業に対する統制が緩められ、利益の40％を再投資と労働者へのボーナスに当てることが許された。西側の援助国やアジア開発銀行、IMFなどの国際融資機関からだけではなく、同じような改革を実行中であるソ連やベトナムからも、変化への圧力が高まった。新経済メカニズムは、公にはされなかったが、官僚、特に経済関係の閣僚たちの移動を伴い、若くより教育を受けた職員が登用された。しかし、官僚システムに遍在する党の存在と「なかなか消え去らない不信と恐怖の空気」のために、経営の主導権を握れる人はほとんどいなかった。

　それゆえ、新しい経営システムの経済効果がはっきりと現れてくるのは遅かった。はっきりとした抵抗、官僚の怠慢、教育を受けた職員の不足、すべてが重なり合って、すぐには効果があがらなかった。政府は公的部門の雇用を削減し、調達価格を引き上げ、定着していた公務員のための食糧補助金の支給を取りやめた。その結果は散々なものだった。物価が上昇し、それに給料の上昇が追いつかなかった。公務員は、役所の仕事をあとまわしにしても、アルバイトをする必要があることを理解するようになった。非効率、現実を反映していない価格設定、貧弱な投資、国家への過度の依存というのが、国営企業が非中央集権的な市場経済に適合する際に遭遇した大きな問題であった。

　第4回党大会では予想通りに、指導者陣が承認された。カイソーンは書記長の地位を維持し、以前と同じ7名の政治局員が再び同じ地位に選出された。し

102　Kaisôn, 'Political Report to the Fourth Party Congress', p. 68.
103　Ng Shui Meng, 'Laos in 1986: Into the Second Decade of National Reconstruction', in *Southeast Asian Affairs 1987* (Singapore, 1987), pp. 186-7.
104　1986年10月（77歳で）、健康状態悪化のために国家主席を辞任するように迫られたスパーヌウォンでさえ、政治局員の地位は保持した。プーミー・ウォンウィチットが国家主席代理となった。1987年9月になると、プーミーがスパーヌウォンに代わってラオス建国戦線の議長代理になった。スパーヌウォンは正式には1988年10月に戦線の議長を辞任した。しかし、国家主席に関しては1991年3月

かし、政治局は拡大され、指導部の補助として4名の常任委員と2名の非常任委員が選ばれた。書記局は同じ規模を維持した。一方、中央委員会は5名（2名の常任委員と3名の非常任委員）増員され、第3回党大会の時とは対照的に、退任者の代わりに若い新人の常任委員が13名、非常任委員が9名加わって、その構成ははっきりと変わった。少数民族や性別の構成はほとんど変化なかった。

　第4回党大会には、ベトナムとカンボジアから上級代表団も訪れ、インドシナの連帯がいまだ強固であることを示した。その前にカイソーンは3国に共通の3つのテーマを唱えていた。それは、3つの国すべての革命の基礎を作ったのはホー・チ・ミンとインドシナ共産党であることを認めること、ベトナムは3国家間の「強固な軍事的連帯を支える、堅固で、倒れることのない大黒柱」としての役割を継続すること、「3国家を飲み込もう」としている共通の敵「反動主義者中国の腹黒い計画」を打ち砕く必要があること、の3つであった。[105] ラオスとベトナムの間をお互いの代表団が何度も何度も行き来し、軍事協力が強化されたことは特に注目に値する。ソ連はミグ21ジェット戦闘機のような性能の良い装備を提供したが、ラオス人民軍の訓練や装備に重要な役割を果たし続けたのはベトナムであった。ラオスにベトナム軍がどのくらいいるのかについてはいろいろ推測されていたが、3万を下回ることはなかった。

　しかし、1985年には、ベトナムとの「特別な関係」は「チュオンソン山脈とメコン川」ほどしっかりと長く続かないかもしれないというかすかな兆候が現れていた。ラオスとベトナム間の国境線の再確定に関して、いくつかの相違点が生じていたのである。カイソーンは、ベトナムとの親密な関係は「ラオスの党、政府、人々の神聖な感情であり、光栄な義務である。…さらにすべての党員、幹部が革命的素養を身に着ける時の規準である」と繰り返し語ってハノイを安心させたが、「特別な関係」という言葉を持ち出すのはラオスよりベトナムの方が多かった。[106] 既にラオス政府は諸外国ともっと自由な関係を作ろうとしはじめていた。2月、アメリカとベトナムがまだ接近していない段階で、ラオスとアメリカが交渉した結果、第2次インドシナ戦争の時に行方不明になったア

までその地位に留まった。
105　FBIS, 24 February 1983.
106　FBIS, 27 March 1985.

メリカ人の消息を明らかにするため、墜落現場で第1次共同発掘を行なうことにした。ラオス・中国間国境の緊張緩和についてのビエンチャンの反応は、初めは慎重であったが、1986年末、中国とベトナムがまだ緊張関係にあった時、上級代表団を派遣しあえるほど中国との関係は改善した。タイとの緊張関係も1986年の中頃までには緩和した。

しかし、バンコクとビエンチャンの雪解けも長くは続かなかった。2度交渉が持たれたが、領土問題は言うまでもなく、貿易（特に電力の輸出）、難民、ラオスの反乱分子の支援に関する問題は何も解決しなかった。そして、1987年8月には、「3ヵ村」の南のサイニャブリー県国境で、明らかに違法なチーク材の伐採によって、新たな問題が起きた。11月、激しい戦闘が起こったが、タイ軍はまたもやラオス軍を撤退させることはできなかった。両軍の司令官の話し合いによって1988年2月19日に停戦が実現されるまでに、両国とも相当の死傷者が出た。その後、交渉はほとんど進まなかったが、タイ軍司令官チャワリット・ヨンチャイユットの招聘で、ラオス人民軍参謀長シーサワート・ケーオブンパンに率いられたラオス代表団がバンコクを訪問すると、チャートチャーイ・チュンハワン首相のラオス公式訪問につながり、2国間の関係は急速に改善した。両国はタイ・ラオス共同国境委員会の設立、メコン川に橋を架けること、貿易の促進について合意した。

1年のうちに激しい国境紛争から友好宣言へと両国の関係がガラリと変化したことは、一見驚くべきことであったが、その理由は国際的、地域的勢力図が変化したことに求められるはずである。チークの密輸をめぐって戦いがあったといっても、それはタイの領土に対するラオスのありもしない脅威などより、タイの国内政治や利権と関係があったのである。戦闘を始めてしまってからその無意味さに気づいたというよりは、タイ的なご都合主義のおかげで、その問題は友好的に解決された。中国とソ連の接近により、既にハノイは北京との関係を修復する必要性があると認識していた。ベトナムはカンボジアから全軍を撤退させると公表していた。同時に、ベトナム軍はラオス人民民主共和国からも静かに撤退し、ラオス当局が発表したように1988年末までに撤退は完了した。さらに、ラオスと中国は外交関係を完全に回復し、5月にはお互いに大使を派遣しあった。このように国際情勢が変化する中においては、軍事力の行使

より外交を通じて得るものの方が多いとバンコクが考えたのは当然であった。

1987年の急激な経済の落ち込みは旱魃と電力生産の減少が原因であったが、党内の経済改革を加速化したいと考える人々はその動きを強めた。長期的な収支赤字のため、通貨の切り下げが行なわれた。借金は増える一方であったが、主としてソ連からの減り続ける対外援助に依存するしかなかった。この状態の中、政府は国営部門の改革を行ない、経済を外国資本に開放するというIMFの助言を受け入れた。いまだ存在していた公定価格や補助金は廃止され、国営企業は製品の価格を自分で決められるようになった。同時に、貿易上の統制がさらに緩められ、地方はより自由に独自の貿易上の契約を結ぶことが許されるようになった。こうして、中央集権的な社会主義経済の主要な要素はだんだんなくなり、ソ連や東欧で共産主義が崩壊すると、それはいっそう速まった。

1988年11月、革命後の13年間で初めて、新しい選挙制度の下で郡、県、首都の代表を選ぶ選挙が行なわれた。続いて、1989年3月、1975年12月に任命されたままあまり活動もせず権力のなくなった組織[107]を変化させるため、最高人民議会選挙が行なわれた。新しい議会の役目は、党が概要を示したように、憲法の公布、法律の審議・承認、国家計画や予算の承認、首相の任命、政府の活動の調査であった。新しい議会は6月に招集され、ヌーハック・プームサワンが議長に選ばれた。経済改革の方針で意見が合わなかったため、以前のような経済を統轄する責任のある地位からは次第に遠ざけられていたが、ヌーハックはラオス政治において、小さくなったとはいえ影響力のある人物であった。彼の指示で、議会は憲法制定委員会を任命し、積極的な法律制定作業に乗りだした。11月には、刑法、刑事訴訟手続き、司法改革に関する法律が承認された。[108]

外国からの助言と援助によって、ラオスの共産主義政権はついに憲法と法律という近代国家の基礎を備えるところまで近づいたが、1989年から1990年にかけてはソ連や東欧での出来事に次第に関心が集中していった。ラオスが最も

---

107 （訳註）最高人民議会は、年に2回集まって党が決定した政策をただ承認する機関となっていた。M. Stuart-Fox. *Historical Dictionary of Laos*, Third Edition, The Scarecrow Press, Inc., 2008, p. 330.

108 反逆罪、抵抗運動の組織化、国家転覆罪などに関して刑法の適応範囲は広く、海外にいるラオス人や人権団体にも及ぶものであった。Amnesty International, 'Freedom of Expression Still Denied', ASA 26/03/93, July 1993. を参照。

懸念していたことは、いまだに外国からの全経済援助の半分以上を占めるソ連の援助削減と共産圏への負債の増加であった。カイソーンはモスクワで、ソ連はもはや削減した援助のレベルでさえ維持する余裕がなく、今後2国間の貿易は通貨で実勢価格に基づかざるをえないと言われた。そのため、ビエンチャンは共産圏の援助の減少を埋め合わせるために、日本やフランスなどの諸国に急いで援助を要請した。ラオスは世界銀行やアジア開発銀行からの借款も増やした。一方、暫定メコン委員会[109]に参加している国々はラオスの開発計画に2500万ドルを提供した。

共産圏に代わる援助提供源を探す必要性から、ラオスはより中立的な外交政策をとるようになった。日本、オーストラリアのような資本主義国との経済関係は2国間協定と外国投資法の早期承認によって促進され、一方、ベトナムとの密接な協力関係も(特にカンボジアを含む3者間協定という文脈の中で)継続していた。ASEAN諸国、特にマレーシアとタイとの関係はより深まった(1988年12月、バンコクは以前の輸出禁止品目を撤廃した)。アメリカとの関係では、行方不明軍人の問題についてと麻薬へのアメリカ人の関与について議論の余地があったが、ラオス当局はどちらの問題にも協力的であった。それ以外に引き続き懸案となっていたのは、ラオスの人権問題であった。ほとんどの政治犯は徐々に釈放されていき、アムネスティ・インターナショナルは、いまだに残っているのは37人であると報告した[110]。まだ憲法はできていなかったが、民法草案は少しずつ作られていった。

ラオスは外国からの援助を多様化させることに非常に成功した国と言ってよいであろう。オーストラリア、スウェーデン、日本、フランスとの間には引き続き友好関係が育まれたが、最も急速に関係が深まったのはかつての敵国だった。カイソーンは天安門での大虐殺に対する国際的抗議を批判しておいてから、1989年10月、中華人民共和国との関係を強化するためにラオスの上級代表団を率いて北京に赴いた。それに対する返礼として、1990年12月、中国の李鵬首相がビエンチャンを訪問した。1990年8月には、貿易と国境に関する協定が

---

109 (訳註) 1975年以降機能を果たせなくなったメコン委員会を改め、1978年1月にタイ、ベトナム、ラオスの3ヵ国で設立された。堀博『メコン河：開発と環境』古今書院、1996年、79頁。
110 Amnesty International, 'Laos', ASA 26/01 /89, March 1989.

2国間で結ばれた。ラオスとベトナムの間でも国境線の比較的小さな見直しについて長い間の交渉の末に協定が結ばれたが、この協定はそれに続くものだった。[111] 一方、タイとの関係は、シリントーン王妃がタイ王室の一員として初めてラオスを訪問したことで、新たな段階に入った。これはタイとラオス間で、犯罪、密輸、国境での反政府活動の防止、民間航空、メコン川開発事業といった問題について協議を重ねてきた末に実現したことであった。

 ソ連と東欧での共産主義の崩壊は、海外を拠点にラオス政府転覆を目的に活動していた抵抗運動に新たな希望を与えた。1987年8月、ラオス人民軍は、ラオス南部からベトナムに入ろうとした200人のベトナム人抵抗勢力を倒した。全員が捕らえられるか殺された。ベトナム人によるこの作戦の失敗は、明らかに彼らが頼りにしていたラオス抵抗勢力からの支援が弱かったことを表していた。1989年12月、アメリカとフランスにあるいくつかの抵抗組織が「暫定革命政府」を打ち立てた。どの外国政府もこの動きに関心を向けなかったが、バンパオと彼のラオス解放民族統一戦線に忠実なモン族ゲリラが活動していたラオス北部ではすぐに戦闘が開始された。「黄色い雨」に対する新たな非難が起こったが、ビエンチャンは猛烈にそれを否定した。にもかかわらず、反乱はラオス当局をいらだたせるほどに続き、ラオスは北タイにある2ヵ所のモン族難民センターの閉鎖をタイ当局に了解させた。国外に追放されたラオス人は、国連がカンボジア問題に介入したのを見て、ラオスに関しても同じことを要求できるのではないかと元気づけられた。しかし両国の違いは非常に顕著で、国連介入の期待は非現実的であった。

 党の機関紙『パサーソン』は新年の社説で1989年は社会主義にとって「悪夢のような年」であったことを認めた。どう見ても、深い憂鬱というのがラオス政府の反応であった。にもかかわらず、1990年には、党が感じていたかもしれない自身の崩壊という予感は拭い去られた。それは、ラオス経済発展の兆候や、共産圏に替わる援助源を確保することに成功したこと、中国とベトナムからの政治的支援など、どれも崩壊の兆しを示さず、また反政府勢力の力がまったく弱いということがわかったからである。それゆえ党は勢いを新たにして、法的政治的手段を尽くして批判を静め、権力の独占を強化しようと努めた。

111　B. Gay, *La nouvelle Frontière lao-vietnamienne: Les accords de 1977-1990.* (Paris, 1995).

党のがんばり

　ラオス人民民主共和国の新憲法草案は1990年4月に政治局に提出され、2ヵ月後、審議のために公表された。1990年末の共和国成立15周年記念の前に、全国的、大衆的な審議を行ない、必要な修正を施したいとの意図からであった。この日程通りに事が運ばなかったのは、党内の混乱を示していた。カイソーンが体調不良で、ベトナムでの治療により不在であったというやむをえない事情もあった。そしてまた、ヨーロッパでの共産主義崩壊によって勇気づけられて、ラオスにおける複数政党制導入を叫ぶ「社会民主主義者」の小団体が、公然と新憲法に反対したためでもあった。1990年10月、その運動の首謀者3名が逮捕され、外部との接触を断たれた。この時期には伝達手段や情報経路すべてにおいて厳しい統制が残っていた。警告は明らかであった。ラオス人民革命党に対するいかなる批判も、いかなる反対も許されなかった。

　憲法草案に対する批判は第1条に集中した。第1条は、ラオス人民民主共和国は「ラオス人民革命党指導下の人民民主主義国家である」と規定していた。最終草案は、党がラオスの政治体制において「指導の核」を構成するとなり、党が政治権力を独占することについてはほとんど修正されなかった。さらにそのことは、「民主的中央集権主義の原則」についての言及からも明らかであった。ラオスはマルクス主義に基づく「人民民主主義」であり、党は「多民族よりなるラオス人民」を「集団的指導」体制で導いていくために独裁を行なうとしていた（第5・7条）。憲法草案に変更が加えられたその他の点は、軍の役割の強化（第11条）と経済の規制の緩和であった。最終草案に加えられた小さいが非常に象徴的な変化は、国章の上部にある金の星が、タート・ルアン寺院のシルエットに代わったことであった。

　ラオス人民革命党は、1991年3月末に第5回党大会を開催した。以前の党大会では経済政策に議論が集中していたが、第5回党大会では政治への関心が支配的であった。党の役割、ラオスの政治組織の構造、そして憲法が、党大会に至る論議の中心であった。党員への演説の中で、カイソーンは党の団結を強く要請した。それは、少なくとも中央委員会の段階で深刻な分裂が存在しているということを明らかに示すものであった。彼はまた、「官僚主義、権力の濫用、

地域主義、血縁主義、そして横領・汚職・賄賂・責任感の欠如を含む不誠実で誤った行為をやめさせるため」、党によるより良い監視と統制を求めた。それは、党に付きまとう難儀と、経済の自由化以降明らかに社会主義的モラルが低下していることに対するのっぴきならない告発だったのである。

　党大会で決定された党規則の改正案では、「マルクス・レーニン主義の教義全般によって」、「徐々に社会主義へと前進し」、「国家全体」を統率することにおいて党が「指導的役割」を果たすことを強調していた。これは、当時の国際情勢においては勇敢な声明であったが、イデオロギー的に心酔している人以外は納得しそうになかった。党の組織、党員の補充、教義、に特に関心が払われた。とりわけ注目すべきことは、党規則に新たに2章が付け加えられたことであった。1章は党の地位と政治的役割を強調し、もう1章は軍に対する党の支配を強く主張していた。

　また、党大会で合意に至り、憲法に書き込まれた政治制度の転換も重要なことだった。憲法の最終草案では、最高人民議会（国民議会と改名された）、特に議会の議長が主催する常務委員会の持っていた力が弱められた。この変化は、おそらくヌーハックとカイソーンの権力闘争の結果を反映していた。ヌーハックの権力基盤は国民議会にあり、一方カイソーンは健康上の理由で辞任したスパーヌウォンのあとに国家主席、さらに党首に任命された。いずれにせよ、国家主席の力は、国民議会の常務委員会から移譲された権限によってだけではなく、憲法の最終草案に明記された特別の権力によっても非常に強化された。国家主席権限には、全軍の指揮権、県知事の任命権、「必要な時」に閣議を招集する権利が含まれていた。最終草案には副国家主席の任命についての規定もあったが、実際には誰も任命されず、地方行政レベルの民主化についての言及は削除された。

　第5回党大会では、党の組織自体と、政府の構造の両方に大きな変化があっ

112　Kaisôn Phomvihān, 'Political Report of the Executive Committee of the Central Committee of the Lao People's Revolutionary Party presented at the Vth Party Congress'. ロネオ複写による英語翻訳が大使館と外国の代表団に配られた（外国の代表団で参加していたのはソ連、中国、ベトナム、カンボジアのたった4国であった）。

113　'Report of the Executive Committee of the Party Central Committee on amendments to the Statute of the Lao People's Revolutionary Party at its Vth Congress' read by Udom khattinya, Chair of the Party's Propaganda and Training Committee. ロネオ複写による英語翻訳。

た。党書記局は廃止され、日々の党の舵取りは国家主席の手に委ねられることになった。カイソーンは党と国家、両方の元首として、強い力を持つことになった。政治局員に関しては、引退（スパーヌウォン、プーミー・ウォンウィチット、シーソムポーン・ローワンサイ）、死去（サーリー・ウォンカムサオ）、降格（シーサワート・ケーオブンパン）によってもたらされた5名の欠員を新顔が満たした。[114]最も大きな昇進は、国防相カムタイ・シーパンドーンが政治局序列第3位となり、カイソーンかヌーハックが引退した場合の後継者となったことであった。ラオス人民軍は、政治局に3つの地位と、党の中央委員会に14の地位（55名の常任委員と4名の非常任委員のうち）を獲得した。これは、党内部における軍の影響力の増大を示していた。

　8月、最高人民議会は、新しい国民議会のための選挙法とともに、憲法を正式に採択した。プーミー・ウォンウィチットは国家主席代行としての最後の任務として、引退を表明する前に、憲法を発布した。国民議会はその後、カイソーンを党の元首そしてラオス人民民主共和国の国家主席として満場一致で選んだ。予想通り、カムタイ・シーパンドーンが首相となった。こうして、移行は順調に、そして有効に行なわれた。1992年11月、カイソーンが亡くなった時、彼の2つの地位は、ヌーハックが国家主席を、カムタイが党首を引き継いだ。

　第5回党大会で採択され、正式に憲法に記された1991年の政治決定により、ラオス人民革命党は政権独裁を維持するという決定を明らかにした。この決意は、1992年10月、「社会民主化」運動の3人の指導者が長期の禁固刑を下された時に、より明確になった。ラオス国内におけるすべての政治的反政府勢力はつぶされ、政権は海外の亡命組織に対しては、政治的に穏健なものであってもまったく相手にしないということがはっきりした。海外のラオス人に対しては、政治は党に委ねるという条件で、押収した財産を返却するまでして、国家の経済発展に力を貸すよう帰国を奨励した。[115]中国とベトナムの指導により、党は、

114　ウドム・カッティニャ、チュームマリー・サイニャソーン、ソムコット・チャンタマート、カムブイ・ケーオブアラパー、トーンシン・タンマウォンが加わった。
115　不法出国した海外のラオス人はすべて、ラオスの市民権を放棄したと見なされた。再び、ラオスの市民権を獲得するには他の市民権を放棄し、政治信条をはっきりと記して申し込みをしなければならなかった。二重の市民権を禁止するという条項（第2条）以外は、市民法の中で詳しく説明されていることはなかった。ラオス国籍法は1990年11月29日、最高人民議会で採択された。

政治の自由化を伴わずに、自由市場経済を発展させようとしていた。党は、外国からの投資を含め、その対外政策と、政治的な頑強さを通じて、政治権力をしっかり手中に収める立場に立ったのである。党内の派閥主義、汚職、地域主義、民族紛争を押さえ込むことができれば、それは可能となるということをすべてが示していた。

地域統合へ向かって

1994年4月、タイとラオスの間にメコン川にかかる最初の橋が開通した。その象徴的意義は明白であった。それは、友好的なラオス・タイ関係という新時代の幕開けだけではなく、ラオスがますます地域統合へ引き入れられることでもあった。タイ資本によるラオスへの投資は、その時までにどこの国よりも大きくなっていたが、その経済的な影響はベトナムの政治的な影響に匹敵するほどであった。タイに対して国を開いたことは、強力な近隣諸国間の緩衝国というラオスの伝統的な役割に向けての動きを強めただけでなく、西側やASEAN諸国との間の貿易や観光の促進、新しい技術やラオスが受け入れがたい新しい思想の流入を約束するものであった。それゆえ、1990年代半ばになると、ラオスに対する強い国際的圧力とは、もはや国家間の紛争ではなく、経済近代化と地域統合の進行というかたちをとった。

ラオスの戦略的な地理上の位置は、この国を、中国雲南省と東南アジア大陸部の国々を統合する地域の中枢に押し上げた。というのも、雲南と北タイ、そして東北タイとベトナム中部の間の物と人の移動は、ラオスを通るルートを使うより他にないからである。これらのルートには、道路をさらに建設し、メコン川により多くの橋——少なくとも1本は北部のフアイサーイに、さらに1本をメコン川の中部、ターケークかサワンナケートに、そして3本目を南部のパークセーに、架けることが必要であった。1990年の全国輸送調査では、道路網は近隣諸国間の物資輸送のためだけではなく、国民統合のためにはもっと重要で、県都と地方都市の結合のためにも役立つことが予想された。[116]中国南部からルアンパバーンまでの河川交通網の改良、そしてバンコク・ノーンカーイ間

---

116 Ministry of Transport, PDR, 'National Transport Survey Plan to the Year 2000' (Viang Chan, 1990).

の鉄道をビエンチャンまで延長することが計画され、鉄道は2008年開通した。
　ラオスが、かつて陸路の貿易ルートの十字路であったように、この地域の陸上輸送の中心に位置するのだとすれば、潜在的にこの地域のエネルギー供給の中心となる立場にある。1990年代半ばには、いくつかの巨大な水力発電事業が進行中あるいは計画中であった。エネルギー開発計画では、2500メガワット以上の電力を供給するため、2000年までに30億ドル近い費用をかけて、8つの事業の完成をもくろんだ。[117]この野心的な計画が予定の期日までに達成できるかどうかということは、ラオス水系の生み出す巨大な発電能力が認識されたことに比べれば、大した問題ではなかった。ラオスにとって電力は、農業産品、木材、鉱物、織物のような手工芸品（ヨーロッパやアメリカ市場でクオータ制を利用することができた）[118]よりはるかに価値のある輸出品となった。
　次第に地域統合へ密接に組み入れられていくという予想は、国の経済発展に刺激を与える、と多くのラオス人が歓迎する一方、ラオスの環境や文化、生活様式に与える影響に不安を覚える人々もいた。こうした不安は、一方ではラオスの町々に観光客が殺到することの影響やエイズの拡大といったような問題に対する反応として納得がいくもので、また一方では、ラオスの国民としてのアイデンティティーはいまだ弱く、ラオスの文化は地域統合の過程に必然的に伴う社会的文化的圧力に耐えられるほど強靭ではないという懸念を反映したものであった。
　急速な経済発展が環境に与える影響もまた大きな心配事であった。森林破壊、土壌浸食、水質汚染、生態系の破壊、種の多様性喪失などの問題は既に明らかであった。水力発電ダムの建設は価値ある農地を水没させ、弱い立場にある少数民族のコミュニティーを移動させるだけではなく、水質や水量にも影響を与える恐れがあった。しかし、環境に対する最も大きな脅威は、木材伐採と焼畑耕作による森林破壊であった。山岳少数民族は移住に抵抗し続け、一方、原木に輸出割り当てを課すという政府の試みは、だいたい県当局がからんでいる不法伐採や密輸のため、うまくいかなかった。ラオスの全森林の約半分が事実上の利用禁止になったが、森林破壊は既に土壌浸食を引き起こし、壊れやすい熱

117　Ministry of Industry, PDR, 'Power Development Plan, 1991-2010' (Viang Chan, 1991).
118　（訳註）輸入割り当て制度。

帯の土壌を退化させていた。

　もう1つの心配事は、森林伐採の結果、そして動物産品の密貿易により生じる野生生物への脅威であった。以前の「百万頭の象の国」には数百頭の象が生息するだけとなり、さらにこれらは密猟の危機にさらされていた。1993年3月、政府は国家の希少野生生物の保護に乗り出した。すべての種は、3つのカテゴリー——禁猟対象種、保護対象種、そして危機的状況にない「一般種」に分類された。虎や犀、象といった最も貴重な禁猟対象種を殺した場合には最高1400ドルの罰金が課されることになった。猟の全面禁止は、多くの種の繁殖期と時期が重なる3ヵ月間の雨安居の時期(8月から10月)に行なわれるようになった。[119] しかし、汚職の程度や、金持ちの中国人の飽食した味覚を刺激したり減退した精力を回復したりするための肉やその他の動物産品の珍品への需要を考えると、この程度のことではとても効果があるようには思えなかった。

　ラオスの文化遺産や生活様式への脅威は、主にタイや旅行者からもたらされると考えられた。ラオスとタイの間の外交、経済関係が良好になるにつれ、タイの大衆文化の厚かましく下品な要素が徐々にラオスに浸透していった。もはや政治的な用心からタイのテレビやラジオの受信が制限されることはなかった。タイのビデオ、小説、そして新聞までもが、ラオスのメコン川沿いの町では簡単に手に入るようになった。これらのメディアはまた、贅沢なライフスタイルや消費文化を含むバンコクの豊かな暮らしのイメージをもたらした。ナイトクラブは再び繁盛し、豊かなラオスの若者は酒を飲み、タイや欧米の音楽——まさに伝統的なラオス(つまり仏教)の道徳規範を叩き込む必要があると主張する古参の革命家が嫌悪していたもの——に合わせて踊った。[120]

　観光は手工芸品の生産を刺激したが、観光事業の増加は国の文化遺産を脅かした。1993年にラオスを訪れた観光客は10万人以上で、その大半はタイ人であった。2000年までに5倍の50万人に増やすことが計画された。このような観光客の流入がルアンパバーン(1998年に世界遺産であることを発表した)やその他のラオス文化の中心地の繊細な美しさや数少ない施設にどのような影響を与え

119　*Khaosān Pathēt Lao, News Bulletin*, 29 March, 8 August 1993.
120　1993年12月8日、ビエンチャンで行なったブーミー・ウォンウィチット氏とのインタヴューによる。ブーミー氏は1994年1月7日、死去した。

るか、既に懸念が生じていた。主な文化的・歴史的遺跡は国家主席により保護されると発表され、政府は、1980年代に行なわれていた実質上の観光締め出しとタイ型のマスツーリズムの「中間の道」としてのラオス観光業を模索し始めた。[121] しかし、このような方法が効果的であるのかどうかは疑わしかった。タイの業者はホテルやリゾートに盛んに投資していた。その一方で、ツアーの手配をする人の数が増加しているだけのようにも見えた。

旅行者が増えすぎたことへの懸念は、さらに薬物中毒、売春、エイズという形での「文化汚染」への恐れにつながっていった。マリファナやアヘンを昔から作ってきたラオスでは、栽培者の再定住計画や代替作物栽培計画はあったが、依然その栽培は続いており、違法ではあったが薬物は簡単に手に入った。また売春に対する社会的な規制がゆるむにつれて、若いラオスの少女たちがタイの売春宿におびきよせられていった。彼女たちはラオスにエイズを持ち帰り、ラオス人男性もまたタイの売春婦のもとに通って同じようにエイズを持ち帰った。1995年には、エイズは既にラオスの保健当局にとって大きな問題となっており、何百万ドルという外国からの援助が全国的な啓発キャンペーンのために費やされた。

地域経済の統合によって不利益を被る可能性があるにもかかわらず、ラオスの指導者は将来に対してある程度の自信を持っていた。社会経済開発戦略とともに、2000年へ向けた公共投資事業計画が、1994年6月の第5回援助提供国円卓会議に提出された。すべては、政府が経済と法律の改革プログラムを継続していくことに委ねられた。[122] そして、外国人の投資と労働に関する法律が可決されると、投資環境と法的枠組みの整備のための条件が整ったので、外国投資は世紀末までに少なくとも年3億ドルにまで増えることが期待された。こうして、予算と歳出の不均衡の問題は続いていたが、経済の見通しは比較的明るいように思えた。

富の配分は次第に不平等になっていったが、こうして、1990年代末にアジ

---

121 Boun Nhang Sengchandavong, 'An Agenda for Promoting Tourism', *Dok Champa* 2/1 (January-March 1994), 22-5.
122 Lao People's Democratic Republic, 'Outline Public Investment Program 1994-2000'; 'Socio-Economic Development Strategies'. 両方とも1994年6月21日ジュネーブで開催された第5回円卓会議に提出された。

ア経済危機が起こるまでは、1990年代を通して生活水準は確実に上がった。経済自由化が始まって数年間は、その恩恵の大半はラオ・スーンやラオ・トゥンが住む高地ではなく、ラオ・ルムが支配的な低地、特にメコン河岸の町へと流れた。恩恵を得た人々のほとんどは、有力な政治指導者の家族や、まだ数は少ないが、新興の経営者や企業家という中間層であり、その多くは外国の資本家と結びついていた。

　早く経済的に豊かになりたいという思いは、資本主義的生産様式を推進していく力であるかもしれないが、そのことはラオス政権に汚職にどう対処するかという最も困難な問題を突きつけた。1993年3月、実務を担当するスタッフを揃え、首相への報告義務のある汚職撲滅委員会が設立された。その1年後、政権が権力を掌握してから3000万ドルもの国家資産が（明記はされなかったが）、大部分は党員によって着服され、調査した者が何とか取り戻せたのはその半分にすぎなかったということが発覚し、この問題がどれほど大きいかが明らかになった。[123] それと同じ時期、軍へ独占権を付与し、地方貿易に統制を加え、第3国に輸出される木材の割り当て量を決めることによって、木材の違法伐採と密輸を統制しようと多大な努力がなされた。[124] しかし、木材は麻薬とともに唯一利益の上がる密輸品であった。汚職の防止が困難なのはどこでも同じである。前政権においても、上級官僚を手本に汚職文化がはびこっていた。以前と同様、政治権力者は税を支払わず、事業に便宜を図ったり契約を許可したりしたことへの「手数料」を受け取り、家族や友人の手数料や税を減らして、謝礼を懐に入れていた。それより地位の低い人たちが自分たちの少ない給料を増やそうと、同じような機会を利用したとしても、驚くには当たらない。しかし、このようにして作られた汚職文化は、人々の間の信頼の度合いと政権の正当性を腐食する恐れがあった。脱税によって国の歳入は減少し、一方、官僚の汚職によって党に対する人々の支持は損なわれた。

　これらのことは、1996年3月の第6回党大会で党の指導者たちが直面した問題とその困難さの一部であった。その結果、近代化の速度とそれによる利益は

123　The Economist Intelligence Unit, *Country Report; Indochina* 2 (1994), p. 34.
124　*Khaosān Pathēt Lao, News Bulletin*, 27 May 1994. 第三国へ移送するだけの輸入木材は関税が非常に低いので、ラオス国内の木材を輸入木材と偽るのを防ぐために、移送木材に割り当て量を定めたが、結局無駄に終わった。

抑制されるべきであると考えた者たちが勝利した。副首相カムプイ・ケーオブアラパーを先頭に、より速い自由化を率先して提唱してきた人々は、中央委員会から除名された（カムプイは政治局からも中央委員会からも除名された）。それに代わって軍が党を支配するようになった。政治局員に選ばれた9名のうち6名が将軍、1名が前陸軍大佐で、全員パテート・ラオの革命エリートであり、軍を通して党が権力を独占するべきであると考えていた厳格な人々であった。すぐに、党の序列に変化があり、サマーン・ウィニャケートとチュームマリー・サイニャソーン両将軍がカムタイ・シーパンドーンの次に並んだ。ヌーハックは年齢を理由に政治局員の地位から退いたが、国家主席の地位は1998年までしっかり保持した。シーサワート・ケーオブンパン将軍の復活はやや意外だったが、ラオス人民民主共和国副国家主席に任命され、政治局員としての地歩を強めた。

　新しい政治家の構成を分析してみると、軍に政治権力が移っただけではなく、そのことを通じて少数民族とビエンチャン以外の地域へ政治権力が移ったことがわかる。新政治局員3名（うち2名は将軍）は少数民族の出身で、それはラオス人民民主共和国成立以来、少数民族が就いた最高の地位であった。一方、中央委員会の新委員のほとんどは地方の代表者であった。軍の意図は、経済的に貧しく不利な地域も国家発展の恩恵に与るべきであるという決意と読み取ることもできたが、他方、軍自らの経済的利益を確保するための動きとも考えられた。どちらにしろ、軍は保守的かつ独裁主義的ではあったが、経済発展それ自体に反対ではなかった。特に北部・中部・南部で展開していた彼ら自身の3つの大きな事業を通して、経済発展を思うようにコントロールしようとしていただけなのである。[125] どうなるかまだわからないのは、軍が党に規律と誠実さをもたらすことができるのか、あるいは軍人が汚職や腐敗の新たな機会を利用しようとするのかということであった。

　1997年7月、ラオスはASEAN加盟国となり、21世紀はすぐそこであったが、さらなる民主化と開放化実現の見通しははっきりしていなかった。ラオス人民

---

[125] 国防省が経営していた3つの巨大な会社のうち、最も大きく最も利益をあげていたのは中部ラオスの山岳部開発会社であり、木材やその他の利権を取り扱っていた。3つの会社（中部のほか北部に1社、南部にもう1社）は、原木輸出が禁止されてからも木材伐採を独占していた。2005年以降、政府からの莫大な借り入れの返済ができず、他の国営企業とともに財務省の管轄下に置かれた。

民主共和国は、依然として、権力者集団である党（と軍）の上層部を構成する少数の個人の手に権力が集中する一党独裁国家のままであるように見えた。権力文化の性格は、権力が育んだ汚職文化のように、この党のエリートたちの前例と活動がもたらしたものだった。前政権と同様、党、軍、官僚を問わず、官職の任命には、親族関係の縁故や一族間の関係が功績や能力よりも重視された。とはいえ、党員の権限による権力の行使ではなく、法令の順守によって権力を行使する必要があるとの認識も芽生えはじめていた。そして、成文法の枠組みが具体化し始めると、官僚は、報酬と引き換えに個人的便宜を図る機会が制限されるような制度的支配や法律的手続きに従うことを、党の「全面的な」指導に従って、嫌々ながらも承知するようになった。

　利益を追求するために権力を使うことに関しては、ラオスの指導的エリートはどこの国の政治的指導者とも変わるところはほとんどなかった。しかしラオスは、他の東南アジアの国と比べて、教育を受けた人の層が薄く、市民社会は発展しておらず、メディアは厳しく統制されていた。これは、勝手気ままな権力の行使を監督したり調査したりする機能がほとんど働かないことを意味している。汚職は、タイやインドネシアと比べるとそれほどひどくはなかった。しかし、公的な信用という面では政治的に、国家資源の略奪という面では経済的に、まだ脆弱なラオス国民の結束力やアイデンティティーを脅かすという点で、その潜在的な影響力は重大であった。

　ちょうどラオス王国体制下でもそうであったように、ラオス人民革命党は、国民が統合とアイデンティティーの意識を強く持つようになることを最優先にしていた。政治文化全体の発展に関していくらかの進歩は見られたが、少数民族の生活水準向上という約束を果たせなかったことと地域主義によって、せっかくの成果が損なわれる恐れがあった。政府が国民和解に立ち向かうことに気乗りしなかったのは、教育を受けたラオス人はラオスよりも海外に多く居住しているからで、一方、国のほうは、ある国への依存から他の国へ——アメリカからソ連、ベトナムへ、さらにタイ、中国、世界銀行へと依存先をそっと移していた。ASEANへの加盟は、ラオスに逃げ場と脅威の両方を提供した。逃げ場というのは、加盟国としてラオスに地域的な援助が与えられるという意味であり、脅威というのは、経済的な統合が加速化することでラオスの独自性が大

きなタイ文化に吸収されてしまうかもしれないという意味である。しかし、ヨーロッパ連合の中でルクセンブルクが他とは異なる存在として生き残っている以上、東南アジアの中でラオスもまた同じような意味で「生き残る」ことができるであろう。ラオスに準備ができていようといまいと、将来的に地域の他の国々とより密接に一体化していくことは避けられないであろう。

終章

　1990年代後半になると、ラオス人民革命党の指導者は自画自賛するに足る根拠を持ちえた。党は、ソ連や東欧で共産主義が崩壊した結果生じた支配の正当性の危機を乗り切り、傑出したラオス革命の設計者、カイソーン・ポムウィハーンの指導体制から、カリスマ性は劣るが軍人としての才能が抜きん出たカムタイ・シーパンドーンの指導体制へとうまく移行を果たした。さらに、党は新経済メカニズムによってラオス経済を活気づかせることに成功し、ラオスに外国からの援助や投資を呼び込むため、友好国の輪を広げた。[1] 1997年末、たとえ党が権力を独占することの根拠として必要だったにせよ、国民議会選挙が滞りなくとり行なわれた。党の指導者にとって確かに未来は明るかった。

　1990年代末のアジア経済危機はそのような状況を憂鬱なものに変えた。最初、アジア経済危機のラオスへの影響はごくわずかであった。しかし、1997年になるとインフレでキープの価値が下落し、輸入品の価格が上がり始めた。1997年中には、大部分がタイからであった外国投資がほとんどなくなった。[2] 歳入が減り、公共事業が滞り、ラオスは予算の赤字と必需品輸入の財源を補うために長期低利子借款の形で中国に援助を求めた。社会不安の可能性を恐れて、新政権の首相、シーサワート・ケーオブンパンは人々に、もっと働きもっと輸出するよう求めたが、公務員の受けた打撃を回復することはできず、彼らの大半はアルバイトをせざるをえなくなった。アジア経済危機以前、ラオ

---

[1] 日本は最も寛大で飛びぬけた援助供与国であり続け、オーストラリアとスウェーデンがそれに続いた。ヨーロッパ連合は援助を増やし、一方、インドや韓国のような国々は小規模援助の供与を開始した。

[2] 1997年の海外からの直接投資の認可は1995年の数値の10分の1にも満たなかった。一方、キープは1995年初頭に1ドルに対して700キープであったのが、1998年末には4230キープになった。1年後には100%を上回るインフレのせいで7600キープに達した。Andreas Schneider, "Laos: A million elephants, a million tourists?" in Daljit Singh and John Funston, eds. *Southeast Asian Affairs 1999*. Singapore: Institute of Southeast Asian Studies,1999, pp. 145-161; Yves Bourdet, "Laos: An Episode of Yo-Yo Economics" in Dalgit Singh, ed., *Southeast Asian Affairs 2000*. Singapore: Institute of Southeast Asian Studies, 2000, pp. 147-162.

スは2000年までに1人あたりの収入を500ドルにすることを目標にしていたが、明らかに非現実的な目標となった。海外に住んでいる家族からの送金だけが都市のラオス人にとっては救いであった。

　長期的には、政府は観光業の拡大 (1999年から2000年を「ラオス観光年」とすることを発表した)、水力資源の開発、鉱物やコーヒーなどの農産物の輸出に望みをかけていた。初めて民間投資が行なわれたナムトゥン・ヒンブン・ダムの水力開発事業が軌道に乗り、鉱物開発もいくらか期待できるような成果をあげたが、どちらの分野においても可能性が完全に開花するにはもう10年はかかると思われた。ラオスの指導者は建設事業を含む拡大メコン圏構想からも利益を得ることを期待したが、こちらも実現に至るまでには10年を必要とするようだった。[3]

　ラオスでは、地方は農業で生計を立てているためアジア経済危機の衝撃を被ることが少なく、他のASEAN諸国よりもこの危機をうまく切り抜けることができた。実際、タイに近いメコン河岸沿いの村々では、農産物需要の増加とキープ価の下落により、生活水準が上がった。そのほかの、人々がこれまでと変わらない暮らしを営んでいた地域では、貨幣経済の渦に巻き込まれることはほとんどなかった。アジア経済危機はラオス経済の構造的弱さをあぶりだし、特に税徴収と財源確保、金融と財務統制の分野においてさらなる改革が必要であることを示した。IMF (国際通貨基金) はより厳格な通貨政策と赤字予算の停止を勧告したが、それは中国の援助で切り抜けることができた。そのため、経済成長はタイが被ったほどには鈍化しなかった。

　しかし、危機に対して迅速に効率的に対処できなかった政府への批判が噴出した。1999年10月、さらなる民主化を要求して穏健的な学生がデモを行なったが、無情にも弾圧され、首謀者が逮捕された。これは、1992年の「社会民主化運動」以来、初めて政府のシステムに公然と不満を表明したものであった。国内の治安を脅かすいくつかの事件が新たな千年紀(ミレニアム)に続いて起こった。ラオス北部ではモン族の反乱軍と政府軍との間に散発的に衝突が起こり、小型爆弾に

3　(訳註) アジア開発銀行 (ADB) 主導の下に、東南アジア大陸部と中国雲南省を包括する地域の開発、経済協力を推進しようとする構想。1992年に最初の閣僚級会談がマニラで開催された。ADBとベトナム、ラオス、カンボジア、タイ、ミャンマー、中国の6ヵ国がメンバーで、オブザーバーとして日本、オーストラリアなどが参加している。白石昌也「ポスト冷戦期インドシナ圏の地域協力」磯部啓三編『ベトナムとタイ──経済開発と地域協力』大明堂、1998年、50-3頁。

よる同時テロがビエンチャンその他の町を何度か揺るがした。最初の爆弾では誰も死ななかったが、数名が負傷した。その後の爆弾では1人の犠牲者が出た。犯行を表明した組織はなかった。そして7月、30人ほどの反政府軍が、おそらく人々の不安につけこもうとして、ラオス南部のタイ国境にある税関を襲撃した。5人の反乱者が殺され、残りはタイへ逃げ帰った[4]。政府はすべての者を非難し、治安を強化した。

　国庫収入や財政上の決定に関する透明性に欠けることと、政府が憲法上の自由や人権を軽視していることの双方を国際的に批判され、ラオスは信頼している共産主義の友好国であり、政治的経済的支援を提供してくれているベトナムと中国に近づいた。国境貿易が活発になり、ラオスの商品、主に木材が消耗品や燃料と交換され、より多くの援助が用意された。中国はラオス人民民主共和国25周年を記念して720万ドルを供与し、ビエンチャン市内に国立文化センターを建設した。中国、ベトナムともに軍事支援も強化した。

　対照的にタイとの関係は国境での攻撃後、緊張状態にあった。ラオスはラオス国籍を持つ逃亡犯の引き渡しを要求したが、タイは国外逃亡犯引き渡し条約締結後にそれに応じるとの一点張りで、冗長な法的手続きが何年も続くことになった。タイにしてみれば、モン族の反乱鎮圧支援のためラオスにベトナムの軍事顧問が戻ってきたことが不快だった。タイが景気後退のために、計画していた電力の購入量を減らしたので、ナムトゥン第2ダム計画の実現が疑わしくなった[5]。他方、国境線確定や国境貿易規則をめぐって取るに足りない意見の相違が続いた。

　2001年3月、第7回党大会が開催された時には、最悪の経済的混乱は過ぎ去っていた。友好橋の近くで小型爆弾が破裂した後、治安は強化された。党大会では、いつものように、既に決定された事項が型通りに承認された。上層部の指導体制は維持されたが、政治局に3名の新顔が配属され、構成員は11名にな

4　反乱者は以前のラオス王国旗を掲げていたが、最後の皇太子の息子でラオス王位を主張しているフランスで教育を受けたスリウォン・サワン王子の支援を受けていたのかどうかは不明である。
5　（訳註）ビエンチャン南部を流れるメコン川の支流、ナムトゥン（トゥン川）に水力発電ダムを作る計画。1993年にダム建設が計画されたが、資金面の目処が立たなかったことや環境への配慮から実際に建設を開始したのは2005年であった。2009年末に試験運転を開始し、2010年3月から稼動している。発電量の95％はタイへ売却している。M. Stuart-Fox, *Historical Dictionary of Laos*, Third Edition, The Scarecrow Press, Inc., 2008, p. 223を参照してまとめた。

った。中央委員会も49名から53名に構成員が増え、そのうち12名は新人であった。アジア経済危機によって明らかになった弱点を克服するためにより急速な経済改革を求めていた人々や、おそらく政治的な統制の緩和を期待していた人々にとって、この結果は満足のいくものではなかった。その代わりに明らかになったのは、党の長老である保守的な軍事指導者たちがアジア経済危機から得た教訓であった。それは、資本主義への懐疑を持つことは正しく、さらなる経済改革は自分たちの権力基盤を弱めるかもしれないということであった。

　党大会に続いて内閣改造の承認のために国民議会が開催された時、より重要な変化が生じた。シーサワート・ケーオブンパンが首相から降格し、代わってその地位に就いたのはアジア経済危機においてラオス側の対応を統括したと思われていた前財務大臣、ブンニャン・ウォーラチットであった。国防大臣、チュームマリー・サイニャソーンが副国家主席の地位に昇格してカムタイの後継者となったことを含め、いくつかの重要な大臣職に移動があった。国防大臣にはドゥアンチャイ・ピチット陸軍中将が就任し、同時に党内部に軍の影響力を保持するため政治局入りも果たした。

　以前と同様、党大会では社会経済発展のための新5ヵ年計画のあらましが発表された。GDPの年平均成長率6〜7％、GDPの18％まで歳入を増加させる、財政赤字を5％以下に減少させるというのが、目標であった。これだけでもかなり野心的な目標であったが、さらに、2005年までに貧困層を半減させるという公約が掲げられた。これは、1人あたりの収入を1200ドルまで上昇させ、ラオスを屈辱的な後発開発途上国（LDC）の地位から解き放ち、貧困を撲滅するという2020年までの目標に向けての第1段階と位置づけられた。この目標を達成するには、年平均で少なくとも15億ドルの外国投資が必要であるだけではなく、外国援助は開発費用の70％をまかなうくらいは必要だった。世界銀行もアジア開発銀行も貧困削減計画にかなりの資金を注入していたが、人口増加率が年2％超というアジアでも最も高い国の1つであるラオスが2020年の開発目標を達成するのは無理なように思えた。

　外国投資家の信頼を回復するにあたって、オーストラリアの鉱物会社、オキシアナ社がラオス南部、セーポーン近郊で金鉱と銅鉱の開発を決定したことはよい兆しの1つとなった。2003年2月に生産を開始した時、鉱物はラオスにお

ける最も有望な外国投資事業となっており、ラオスで最も多くの雇用を抱えていた。オキシアナ社の成功は事実、鉱物資源ブームに火をつけ、いくつかの外国企業が鉱物探査に着手して、採掘権を取得した。タイ、ベトナム、中国の投資は、観光業、軽工業（主に食品加工と織物）、エネルギーなど、他の分野にも流れ始めた。

インフラの整備も新しい千年紀(ミレニアム)になって加速化した。2001年8月、メコン川に架かる2番目の橋が日本の資金で建設され、ラオス南部のパークセーに開通した。日本はラオス中部のサワンナケートにも橋を建設することに合意した（2007年1月に開通）。この橋はベトナムとビルマを結ぶ東西回廊の一部であり、拡大メコン圏構想の主要事業であった。ラオスは第3番目の橋によって生じたこの機会を利用して、2003年にサワンナケート県に最初の自由貿易「経済特区」を作った。一方、メコン川上流では、中国人技術者が岩石を爆破し、中国の河港、思芽(スーマオ)とルアンパバーンを結ぶ900キロに及ぶ航路を整備していた。そして、ラオス国内の主要幹線は、国際的な貸付機関からの援助や日本、中国、タイ、ベトナム、スウェーデン、オーストラリアなどとの2国間援助によって、改修、舗装された。

交通手段が改善されるとラオスにエイズ、麻薬中毒、売春などの社会悪が蔓延するという当初からの懸念は、ある程度現実となった。ラオス・タイ間の双方向の人の移動によって、HIV感染率は上昇、拡大を続けた。経済の停滞により、ラオスの若い男女がタイに働き口を求めざるをえなくなり、また、ラオスを通って中国、タイ、ベトナム間でトラック輸送が増大するとともに、麻薬や売春がもたらされるようになったのである。ラオスはSARSの流行による最悪の事態は免れたが、最終的にH1N5型鳥インフルエンザが数例報告された。

しかし、最も深刻な問題は麻薬であった。千年紀(ミレニアム)の変わり目に、ラオスのアヘン生産はアフガニスタンとビルマに次ぐまでに増大し、ラオスには6万3000人の中毒患者がいると推定された。[6] 代替作物栽培への資金提供に合意したアメリカは圧力をかけ、ラオス政府は2005年末までにアヘン栽培を撲滅す

6　2万6800ヘクタールの地で125トンから160トンの間の量が生産されていたと推定されている。その後、代替作物栽培計画が効果を上げるにつれ、この面積は順調に減少した。Bertil Lintner, "Laos: Mired in Economic Stagflation?" Daljit Singh and Chin Kin Wah, eds., *Southeast Asian Affairs 2003*. Singapore: Institute of Southeast Asian Studies, 2003, p. 137.

る計画に着手した。この目標は達成されなかったが、栽培面積は大幅に減少し、数百ヘクタールになった。しかし、アヘン生産と中毒患者は減少したが、錠剤のアンフェタミンがビルマから直接あるいは中国やタイ経由でラオスに流入し始めた。党指導者の子弟も例外ではなく、ラオス人の若者の間での使用が都市部で急速に広まった。それに対して政府は、麻薬の密輸を死刑とするように刑法を改正し、ラオスはASEAN諸国のほとんどの国と足並みを揃えた。

バーやナイトクラブが増えるにつれてラオスの若者の「社会的モラル」が衰退したことに党は頭を痛めた。革命後の世代にとって、もはやマルクス・レーニン主義はイデオロギー的魅力を失っていた。経済発展が進むにつれ、消費主義が広まった。次第にラオスの若者は、彼らの多くが見ているタイのテレビ番組に描かれたような良い生活を求めるようになった。マルクス・レーニン主義の教えはますます空虚に響き、党はその正当性を強化するために宗教や歴史を用いる方向に転換した。仏教は文化的にふさわしいと奨励され、王制でさえラオス・ナショナリズムの象徴として蘇った。ラーンサーン王国の創設者ファーグム、ビルマに挑んだセーターティラート、ラオス史上最も長く王位に就いていたスリニャウォンサー、ラオス独立のためシャムと戦ったビエンチャン王国最後の王アヌ（アヌウォン）の4王が選ばれた。セーターティラートの銅像は既に修復されてタート・ルアンの前に建っており、他の3王の像の建設が決定された。2003年1月、ラーンサーン王国建国650周年を記念して、派手な政治宣伝と宗教的なセレモニーとともに、ファーグム王像の除幕式がビエンチャンで行なわれた。スリニャウォンサーとチャオ・アヌは現在も神格化を待っている。

2003年5月、大幅に改正された憲法が公布された。改正憲法は国民議会の存在をもっとはっきりさせ、国家主席と政府の権限と責任をより明確に示した。さらに、宗教の自由を強調し、司法の独立をある程度確立し、所有権を保障し、経済における私的セクターの役割を認めた。個々人の権利と責任についても定義された。憲法に謳われないのは、民主改革を祭り上げることと党の立場を弱くすることであった。ラオス人民革命党は政治体制の「指導的核」なのであった（第3条）。地方行政に関する章では、県あるいは郡レベルでの選挙さえ認めてはいなかった。[7] 改正憲法は、保守的で軍人支配の政治局が慎重に考えたこと

---

[7] 地方行政に関する法律は2003年10月、国民議会を通過した。その法律では、地方自治体選挙の規

をまとめあげたもので、特に経済活動に関しては個人的自由をある程度認める一方で、政治権力においては党の独裁を強化するということであった。

しばらく平穏であったが、2003年に、反政府軍によるものか強盗の仕業がはっきりしていないが、重大なバス襲撃事件が2件発生した。どちらの襲撃も、国道13号線上のビエンチャンとルアンパバーンの途中、ワンビエン近郊であった。最初の襲撃では13名が殺された。その中にはスイス人観光客が2名含まれていたが、彼らはたまたま自転車で通りかかったのであった。2番目の襲撃では12名が殺された。政府はモン族の反政府軍を非難したが、略奪が動機を物語っており、またいかなる政治組織も関与を表明しなかったので、強盗の仕業であると思われる。いくつかの国がその地域の観光を避けるよう通達を出した。一方、当局は治安維持軍を増強した。それ以後襲撃は起こらなかったので、おそらく突発的な事件だったのであろう。2003年末に3件の爆弾事件があったが、負傷者は出ず、最小限の被害にとどまった。

2004年は外交関係が中心だった。アメリカとの関係改善により、アメリカ議会はついにラオスに通常の貿易関係の地位を与える法律を通過させた。アメリカのラオス人やモン族の社会と彼らの支持者による強力なロビー活動に直面した上での採決であり、時はちょうど11月末、ラオスがビエンチャンで第10回ASEAN首脳会議を主催する直前であった。招待された2000名を越す代表団と記者がラオスの運営能力と治安を実際にテストすることになった。中国が建設した新しい5つ星ホテルは完成したばかりであった。人々は外出しないよう命じられ、道路に車はなく、警察官だけが至る所にいた。会議は滞りなく終了し、ラオスは胸をなでおろした。10人の指導者は、後発開発途上国である4ヵ国（ビルマ、カンボジア、ラオス、ベトナム）の開発を加速化することを意図した行動綱領と、2020年までにASEAN自由貿易経済圏を設立することに合意した。まず11の優先的分野において関税の引き下げが行なわれたが、開発途上の国には猶予期間が与えられた。

その翌年、ラオスは10年ぶりに国勢調査を行なった。1995年の調査と比べ

定は4つの県都（ビエンチャンは含めないで）で審議されるとなっていたが、5年経っても何もなされてはいない。

8 （訳註）ラオス人民民主共和国成立以降、アメリカは対ラオス貿易と投資に関して制限を課していた。M. Stuart-Fox, *Historical Dictionary of Laos*, Third Edition, The Scarecrow Press, Inc., 2008, p. 358.

ると、人口は年2.1%増加し、562万2000人に達したという結果であった。その中で、54.6%が低地ラオ（ラオ・ルム）で、さらに他のタイ系民族が10.3%を占めていた。最大の少数民族はクム族（10.9%）とモン族（8%）で、チベット・ビルマ系の最大民族はアカ族（1.6%）であった。全部で49の異なる民族が記された。ラオス人民民主共和国では少数民族の状況はあまりよくなかった。保健や教育など約束された恩恵やサービスが実現されなかっただけでなく、政府は文化や生活様式に圧力をかけてきた。最も物議を醸した政策は、貴重な森林を保護するために焼畑農業をやめさせるというものであった。この政策は、人々を例によって強制的に海抜の低い地域、なるべくなら何らかの通信手段があるところへ移動させ、恒久的な農業を行なわせるというものであった。木を伐られ森に大きな損害を被った人もいたし、ゴムや木材のプランテーションにされてしまった土地もあった。この間、都市と地方の生活水準の格差は大きくなる一方で、（党や軍には少数民族出身の幹部がいるにもかかわらず）少数民族の政治的な影響力も衰えていった。その理由の1つは、相対的に少数民族の代表が多かったラオス建国戦線の政治的影響力が衰えたことにある[9]。

　ラオスの全少数民族の中で、モン族は最も世間の注目を集めた民族である。それは2つの関連した理由による。1975年に遡るモン族の反政府反乱がビエンチャン北東部の山岳地で続いているということと、そうしたラオスでのモン族の苦境がアメリカのモン族社会の政治活動によって国際的な関心を集めているということである。2003年、そして2004年に再度、西側のジャーナリストたちが遠くのジャングルで持ちこたえていた2つのモン族反乱グループに接触することができた。両グループのメンバー、特に子供は痛ましいほどの状態であったが、彼らは恐ろしくてラオス当局に投降することはできないと語った。その西側のジャーナリストたちは逮捕されて国外追放となり、彼らを助けたモン族は長期の禁錮刑を宣告された。

　しかしながら、モン族の状況は複雑である。ラオスのモン族は、海抜の低い地域への再定住を強いられた人もいるが、大多数は抑圧されていない。中央委員会も含めて、ラオス人民革命党にはモン族の党員がいる。政府にはモン族閣

9　Vatthana Pholsena, *Post-war Laos: The Political of Culture,* History and Identity, Singapore: Institute of Southeast Asian Studies, 2006 を参照。

僚もいるし、モン族の県知事もいる。モン族の反政府運動は許そうという政策もずっとあったが、地方当局は必ずしもこれを歓迎したわけではなかった。モン族の文化は繁栄しており、モン正月のような行事は広範に祝われている。だから、多くのモン族は降伏するよりもタイに逃げることを選び、そこでモン族反乱者と接触を保ち、海外のモン族からの支援のパイプ役を演じたのである。

2007年になるとラオスにおけるモン族の反乱は明らかに崩壊寸前になった。ごく僅かの残党がジャングルの隠れ家から出てくるのを拒んでいたにすぎなかった。反乱が壊滅状態になると、アメリカのモン族はラオス政府転覆のため、最後の絶望的な陰謀を企んだ。首謀者は、1975年以前のラオスでCIAが設立したモン族「秘密部隊」の指導者であったバンパオ将軍であった。彼を含む8人――7人のモン族と1人のアメリカ人は、軍事力で友好国を転覆しようとした陰謀により告発された。裁判は数年間だらだらと続いている。一方、ラオスとタイ当局がモン族の帰還と再定住計画で合意したにもかかわらず、モン族のタイへの流入は続いていた。

2006年3月、長老たちが引退し、若く高学歴の指導者に世代交代するという期待の高まりの中、ラオス人民革命党は第8回党大会を開催した。しかし、11名の新政治局員の顔ぶれが発表されてみると、カムタイ・シーパンドーン将軍が引退し、チュームマリー・サイニャソーン中将にラオス人民民主共和国国家主席と党首兼任への道を譲っただけであった。党の上位6人のうち5人が元軍人であった。その後には第7回党大会で昇格した3名が続き、彼らが政府の手綱を握った。2名の新構成員のうち、1名は長い間外相を務めていたソムサワート・レンサワットで、もう1名はモン族で、女性で初めて政治局員に昇格したパニー・ヤトトゥー女史であった。55名の中央委員会の構成員のうち、政治局員に次ぐ地位に就いた3名は次の党大会での昇進がちらついており、そのうちの1人、第13位はサイニャブリー県知事のモン族であった。3名ともチュームマリーが議長を務める新たな中央委員会の執行委員に任命された。それは、1991年に廃止された以前の名称では党書記局が完全に復活したものであった。中央委員会には19名の新構成員が加わった。

第8回党大会に続いて、5月、115議席に増やされた国民議会選挙が早めに

行なわれた。例によって全候補者が党の審査を受けた。一握りの候補者を除けばすべて党員だった。しかし、新議会においては初当選が62％を占め、女性が25％となった。国民議会議長はサマーン・ウィニャケート中将から、政治局での序列3位のトーンシン・タンマウォンに替わった。前国民議会は、短縮された4年の任期では、予算や、土地のコンセッション認可の不統一などについて十分に議論を尽くすことができなかった。憲法を改正したにもかかわらず、党は国民議会に独自の発言権を与えるつもりはないようであった。

　国民議会選挙を早めに実施した理由は、既に党の合意が得られている新政府を承認するためであった。新首相には、ラオス人民民主共和国の新副国家主席に任命されたブンニャン・ウォーラチットに替わって、ブアソーン・ブッパーワンが就任した。トーンルン・シースリット博士は外相兼4人の副首相の1人に任命され、ドゥアンチャイ・ピチット中将は国防相に留まった。トーンバン・センポーンは公安相に任命された。政府組織の唯一の変化は、新たにエネルギー・鉱業省が創設されたことで、ラオス経済における鉱物と水力の重要性が増したことを反映していた。2名の女性が大臣に昇格した。

　党の序列や内閣の変化を分析してみると、党大会前の政治的な駆け引きはほとんど、政策やイデオロギーについてではなく、有力利権集団の中での地位配分をめぐってであったことは明らかである。チュームマリーとブアソーンはラオス南部の出身で、何年にもわたってカムタイ・シーパンドーン将軍の子分であった。彼らが2つの権力の頂点の座を占めるのを保証することによって、カムタイは彼自身のコネのネットワークと南部における広大な経済的利権を守った。その他のラオス中部や北部の有力な指導者も彼ら自身の利権を守った。したがって、ブアソーンが政府の改革と「望ましくない現象」（特に汚職）の撲滅を行なうと約束しても、ラオス人民革命党の中で形成された権力構造に与えられた既得権益の前ではほとんど効果がないように思えた。チュームマリーが国家主席になり、政治局は依然として軍人が優勢だったので、確かに軍の利権は安泰だった。

　第8回党大会では、汚職が主要な問題となった。反汚職法があるにもかかわらず、中国やベトナムのように上級官僚が告発されたことはなかった。ラオスで目に余る汚職に対する処置として好まれたのは役職の降格であり、しばしば

その人物をビエンチャン以外の役職に任命するという方法が採られた。その最も良い例はシーサワート・ケーオブンパンで、彼は政治局員から外されたが、その次の党大会では復活した。カイソーンが存命中は、かつての革命的道徳心がまだある程度息づいていて、汚職を抑制していた。しかし、カムタイの下では、強力な政治局員を中心としたコネによる広いネットワークという形で、伝統的なラオスの政治文化がよみがえったのである。新しい世紀になってラオス経済が成長し、外国からの投資や援助が流れ込むと、国家から個人の懐に富を移すためのまたとない機会が生まれた。党の上級幹部はきわめて裕福になり、大きな家を建て、高級車に乗り、子弟を海外に留学させた。指導的な一族は結婚や共同事業によってより密接な関わりを持つようになったため、上級官僚を誰か汚職で告発すると、社会的にも政治的にも深刻な影響となってはねかえってくる恐れがあった。[10]

　何を決定するにしても透明性が欠けているために、汚職が増えた。政府も官僚も、党と同様、「民主的中央集権主義」の原則に従った階級組織である。情報は下から上にあげられる。しかし、すべての決定は一番上でなされ、下された決定は受け入れなければならない。上から降りてきた決定は、局長レベルであっても、議論の余地のない決定を除いて、一般的には不承不承受け入れることになる。こうしたことは、政府を非効率的にするだけでなく、業務に対する対価は必ず一番上の役人に行くので、その役人は自らのコネのネットワークが強固になるように配分を決めたのであった。国際機関や外国政府から政府の統治責任と透明性を改善するようにとの圧力を受けているが、それには応じず、助言を聞いたとしても、その結果は失望させられるようなものばかりであった。法律は成立しても、実施が不適切で、環境保護法は違法伐採から環境を守ることができなかった。制度は機能せず、国営企業や政治的なコネのある個人への貸付が返済されなかった時、銀行システムは資本再注入が必要となった。働きを全くあてにされていないところもあった。財務省の中の国家会計検査院は党から独立していないので、党に都合の悪い会計処理を暴くのは無理だった。

10　汚職については、M. Stuart-Fox, "The Political Culture of Corruption in Lao PDR" *Asian Studies Review* 30 (2006): 59-75 および M. Stuart-Fox, "Laos: Politics in a Single-party State" in Daljit Singh and Lorraine C. Salazar, eds, *Southeast Asian Affairs 2007*. Singapore: Institute of Southeast Asian Studies, 2007, pp. 161-80 を参照。

2000年代の半ばから外国投資のパターンが変化したことで、汚職もさらに容易になった。これまでの20年間、ラオスへの最大の投資国は、資本額においてもプロジェクト数においてもタイであった。そして、タイのビジネスマンは必要な許可を得るため恒常的にラオスの役人に賄賂を渡していた。しかし、2007年から2008年にかけて、初めて中国がタイを抜いた。中国企業は水力発電事業、鉱物採掘権、農林業プランテーション（トウモロコシ、大豆、ゴム、沈香を含む）、観光（ホテル、カジノ）、工業（セメント産業）や通信分野に多額の投資をした。中国、タイに続いてベトナムが第3番目の投資国になった。西側諸国やASEAN諸国からの投資事業は首相府内の国内外国投資局を通して行なわれたのに対して、共産主義諸国からの投資はそれとは別に党によって扱われた。さらに、200万ドル以上の事業が地方当局によって認可され、特にラオス北部では役人が共有地を没収して、中国のアグリビジネスにコンセッションを与えた──報酬さえもらえば。

　アジア経済危機から10年以上が過ぎた2008年、これまでラオスは対ベトナム、対中国関係のバランスを注意深く保ってきたが、中国のラオスに与える影響力は着実に増大し、ベトナムは幾分下がった。直接供与や無利子あるいは低利子借款の形での中国の援助は、これまでに5億ドルに達し、ベトナムが提供してきた額よりも多くなった。その間に、身分証だけ持った中国人が小商いの機会を求めてラオス北部に入り込んできた。ルアンナムターやウドムサイなど北部の町では中国人人口がかなり多くなった。ビエンチャンには中国人市場がオープンし、中国人商人が中国から輸入した品物を売るようになった。中国の会社が、広大な宅地開発のための土地を提供してもらう代わりに、ラオスが東南アジア競技大会[11]の開催国となる2009年までに新しい競技場を建設することに合意した。しかしながら、中国の存在感が大きくなるにつれて、ラオスでは、党の内部でさえも、中国に経済をコントロールされてしまうかもしれないという懸念の声があがりはじめた。

　とはいえ、ベトナムも政治的影響力の面では依然として、一角を占めている──少なくともラオス革命軍の「古参兵」が政治権力を保持している間は大丈夫であろう。ベトナムの投資はラオス西部と南部、特に水力発電とプランテー

11　（訳註）東南アジア諸国が参加して2年に1度開催されるスポーツ大会。

ション農業に集中している。ラオスにおける違法伐採（ほとんど軍による）の大半は、ベトナムで盛んになっている家具産業の需要に応えるためにベトナムに運ばれている。タイもまた改善されたラオスとの関係を享受している。双方向の貿易は増大し、タイはラオスの電力にとって最大の市場となっていて、ナムトゥン第2ダムが2010年にフル稼働を開始したらその電力の大半を購入することに合意している。タイは観光業へも多く投資しており、ラオスを訪れる観光客の約4分の3はタイ人である。

　2008年以降のことを見通してみると、ラオス政府はいくつかの大きな難問に直面している。経済の面では、外国投資が高いレベルで続くとすれば、経済活動も1人あたりのGDPも大幅に増え、2020年にはラオスは「後発開発途上国」から抜け出せるかもしれない。しかし、経済発展は非常に不平等で、都市と地方の間の収入や生活水準の格差を拡大させている。全国に散在する鉱物採掘地には雇用機会があるが、こうした不均衡を正すにはほとんど役に立たない。さらに、教育の軽視が何年にもわたって続いたため（ラオスは1人あたりの教育に投資する額がASEAN10ヵ国の中で最低である）、熟練労働者が不足している。そのため、外国企業は多くの場合、自前で労働力を調達している。この傾向は特に中国とベトナムの会社に強く、彼らは、道路工事や建築などの経験を必要としていない仕事においてさえ、言葉の問題を引き合いに出して、ラオス人をわざわざ雇うようなことはしない。

　多くのラオス人の若者がどんどん大きな町に移動し、そこで貧しい下層階級を形成することで、地方の貧困が都市化を促進している。都市に移動してくる少数民族はほとんどいないが、地方の貧困層の最も多くを占めているのは彼らである。既に、多くの地域で、基本的な行政サービスさえも提供できなかった政府に対する不満が高まっている。さらに、抑圧と腐敗の度を増した政府がしおれかけた正当性を支えるために、仏教と歴史を拠りどころとするラオ・ナショナリズムに頼ろうとしているので、精霊信仰の山岳民族は疎外感を感じている。党と軍はそれでも政治参加と雇用のための道を開いているが、民族的分裂に橋をかけるためのラオスの国民的アイデンティティーを創造するという難問がまだ残っている。

　行政の至る所で汚職が蔓延しているので政府予算が吸い上げられ、保健、教

育、社会サービスの分野は資金が欠乏している。NGOや2国間援助がその隙間を埋めているが、党のエリートがその問題に取り組もうとしないのを見て援助供与国ががっくりしてしまう恐れがある(2008年、スウェーデンはラオスに対する援助計画の終了を発表した)。もしも将来の経済発展の恩恵、特に期待の水力と鉱物からの歳入がより公平に配分されるべきであるとしたら、改革とそれをやりとげる指導体制が絶対的に必要である。しかし、ラオス人民革命党がその任務を成し遂げるために不可欠な政治的意思を持ちあわせているということを示す兆候はほとんどない。

訳者あとがき

　本書はMartin Stuart-Fox 著 A History of Laos (Cambridge University Press, 1997) に、著者スチュアート-フォックス氏が日本語版のために2008年までのラオスの動向を書き下ろした終章を加え訳出したものです。本書は、ラオス語以外で書かれた初の本格的なラオス通史であり、特に近現代のラオス史を理解する上での基本書と言えます。

　著者は、序章において、国民国家ラオスを支えるナショナルアイデンティティーの形成にとって歴史叙述がいかに必要とされているかを述べていますが、連続したナショナルヒストリーとしてラオス史を描いている本書は、その歴史叙述の構築に十分貢献していると言えるでしょう。そして、こうした国民国家を支える歴史叙述があってこそ、そこに収まりきらない多様なラオス史を描く可能性が開けるのであって、その意味でも本書の意義は大きいといえます。さらに、本書がこれからのラオス史研究に投げかけている課題は、通史の叙述によっていっそう明らかになった、ラオス史の細部の曖昧さを克服することではないでしょうか。今後、より像のはっきりとしたラオス史を描くために、空間的にも、時間的にも、地図や年表の隙間を埋めていくような地道な研究を積み重ねることが期待されていると痛切に感じます。

　著者スチュアート-フォックス氏は1960年代から、最初はジャーナリズムの世界で、その後は大学という研究の場で深くラオスと関わってきました。多数の著書、論文が物語っているように、研究の範囲はラオスの前近代史から現代史、政治、宗教の分野までと広く、現在まで精力的に研究を続けています。本書からは、長年ラオスを見つめ続けてきた著者のラオスを見る目の温かさと同時に、ラオスへの愛着ゆえの厳しさを窺い知ることができます。

　ラオスは、日本ではあまりなじみのない国であるかもしれませんが、本書を手にとって下さった読者の方々のラオス理解に、本書がいくらかでも貢献するのであれば、訳者としてそれほど嬉しいことはありません。

　人名や地名の日本語表記については、これまで「めこん」から出版されてい

る書籍と大きく異ならないように、現地語の綴りを参考に表記しました。タイに関しては、日本タイ学会編『タイ事典』（めこん、2009年）の表記に依拠し、ラオスに関しては基本的にラオス文化研究所編『ラオス概説』（めこん、2003年）の表記に依拠しました。ただし、日本で慣用的に使用されているものについてはそれを尊重したため、上記書籍と完全に一致しているわけではないことをお断りしておきます。

　本書のために急遽終章を書き下ろしてくださり、訳者の質問に快く答えてくださったスチュアート-フォックス氏をはじめ、様々な方に翻訳上の問題や日本語表記、原稿の入力までお世話になりました。ここに感謝申し上げます。

　また、本書は財団法人トヨタ財団「隣人をよく知ろう」プログラム翻訳出版促進助成のお世話になりました。篤くお礼申し上げます。

　最後に、訳者を叱咤激励して遅々として進まない翻訳作業を支えてくださった、ラオスを心より愛する「めこん」の桑原晨氏に心よりお礼申し上げます。

2010年9月
菊池陽子

参考文献

CONTENTS

Bibliographies
Government Documents
   Australia
   France
   Laos
     Royal Lao Government
     Pathēt Lao
     Lao People's Democratic Republic
   United Nations
   United Kingdom
   United States of America
   Vietnam
Books
Articles
Unpublished Theses
Journals and Newspapers

BIBLIOGRAPHIES

Cordell, H., *Laos*, World Bibliographic Series no. 133, Oxford, 1991.
Lafont, P.-B., *Bibliographie du Laos*, vols I and II, Paris, 1968, 1978.
Lafont, P.-B. (ed.), *Les Recherches en Sciences Humaines sur le Laos*, Paris, 1994.
Sage, W. W., and Henchy, J. A. N., *Laos: A Bibliography*, Singapore, 1986.

GOVERNMENT DOCUMENTS

Australia

Australian Foreign Affairs Record.
Department of External Affairs, *Laos*, Select Documents on International Affairs no. 16, Canberra, April 1970.

France

Archives de France, Section Outre-Mer, Aix-en-Provence.
Archives Nationales, Section Outre-Mer, Paris.
Conventions et Traités entre la France et le Siam rélatifs au Laos (1893–1947), *Péninsule* nos. 16–17 (1988).

La Documentation Française, *Journal Officiel de la République Française, Notes et Etudes Documentaires*.

Laos

Royal Lao Government
Accord sur la cessation de tous actes hostiles dans les provinces de Sam Neua et Phong Saly, Vientiane, 1955.
Agreement on Restoring Peace and Achieving National Concord in Laos, n.p., 1973.
Annuaire statistique du Laos, Vientiane, 1951–74.
Le Royaume du Laos: ses institutions et son organisation générale, Vientiane, 1950.
Livre blanc sur les violations des Accords de Genève de 1962 par le Gouvernement du Nord Vietnam, Vientiane, 1965.

Pathēt Lao
Crimes des aggresseurs américains au Laos, n.p., 1968.
Douze années d'intervention et d'aggression, n.p., 1966.
A Historic Victory of the Lao Patriotic Forces on Highway 9 – Southern Laos, n.p., n.d. [1972].
Nixon's Intensified Special War in Laos: A Criminal War Doomed to Fail, n.p., 1972.
Pages historiques de la lutte héroïque du peuple lao, Vientiane, 1980.
Phoukout Stronghold, n.p., 1967.
Program of Action of the Neo Lao Haksat, n.p., 1964.
A Quarter Century of Grim and Victorious Struggle, n.p., n.d. [1971].
Twelve Years of American Intervention and Aggression in Laos, n.p., 1966.
20 Years of the Lao People's Revolutionary Struggle, n.p., 1966.
Worthy Sons and Daughters of the Lao People, n.p., 1966.

Lao People's Democratic Republic
Basic Data About the Social and Economic Development of Lao People's Democratic Republic, Vientiane, 1990.
Documents of National Congress of the People's Representatives of Laos, Delhi, n.d. [1976].
Documents sur le 25e anniversaire de la fondation du Parti Populaire Révolutionnaire Lao, Vientiane, 1980.
Front Lao d'Edification Nationale (F.L.E.N.): Les principaux documents importants du Congrès du Front, Vientiane, 1990.
'Guidelines and Task of the Second Five-Year Plan (1986–1990) for Economic and Social Development of the Lao People's Democratic Republic', roneoed, Viang Chan, 1986.
Ministry of Foreign Affairs, *Report on the Economic and Social Situation Development Strategy and Assistance Requirements*, Vientiane, 1983.
Ministry of Industry, 'Power Development Plan, 1991–2010', roneoed, Viang Chan, 1991.
Ministry of Planning, 'Outline Public Investment Program, 1994–2000', roneoed,

Viang Chan, 1994.
Ministry of Transport, 'National Transport Survey Plan to the Year 2000', roneoed, Viang Chan, 1992.
National Statistical Centre, *Basic Statistics about the Socio-economic Development in the Lao P.D.R., 1992 and 1995*, Vientiane.
National Statistical Centre, *Lao Census 1995*, Preliminary Reports 1 and 2.
'Political Report of the Central Committee of the Lao People's Revolutionary Party at its Fourth Party Congress', roneoed, Viang Chan, November 1986.
'Political Report of the Executive Committee of the Party Central Committee of the Lao People's Revolutionary Party presented at the Vth Party Congress', roneoed, Viang Chan, March 1991.
Population Census of 1985, Vientiane, 1986.
Report on the Economic and Social Situation, Development Strategy, and Assistance Requirements, Geneva, 1983.
Socio-Economic Development Strategies, Report prepared for the fifth Round Table Meeting, Geneva, 21 June 1994.
10 Years of Socio-Economic Development of the Lao People's Democratic Republic, Viang Chan, 1985.
Third Congress of the Lao People's Revolutionary Party: Documents and Materials, April 27–30, 1982, Moscow, 1984.
White Book: The Truth about Thai–Lao Relations, Vientiane, 1984.

United Nations
UN Children's Fund, *Children and Women in the Lao People's Democratic Republic*, Vientiane, 1992.
UN Development Program, *Development Cooperation: Lao People's Democratic Republic, 1991 Report*, Vientiane, 1992.
UN High Commissioner for Refugees, 'Indo-Chinese Refugees and Asylum Seekers in Thailand: As of 31 May 1991', roneoed, Bangkok, 1991.

United Kingdom
British Information Services, *Laos*, R5498/70, London, 1970.
Declaration and Protocol on the Neutrality of Laos, July 23, 1962, Treaty Series no. 27, Cmnd 2025, 1962.
Documents Relating to Discussion of Korea and Indochina at the Geneva Conference, April 27–June 15, 1954, Miscellaneous no. 16, Cmd 9186, 1954.
First Interim Report of the International Commission for Supervision and Control in Laos, August 11–December 31, 1954, Cmd 9445, 1955.
Fourth Interim Report of the International Commission for Supervision and Control in Laos, May 17, 1957–May 31, 1958, Cmnd 541, 1958.
International Conference on the Settlement of the Laotian Question, May 12, 1961–July 23, 1962, Cmnd 1828, October 1962.
Laos: Political Developments 1958–1960, R-3706, London, February 1958.
Second Interim Report of the International Commission for Supervision and Control in Laos, January 1–June 30, 1955, Cmd 9360, 1955.
Third Interim Report of the International Commission for Supervision and Control in Laos, July 1, 1955–May 16, 1957, Cmnd 541, 1957.

United States of America

Department of Defense, *Laos: Country Study and Station Report*, Washington, DC, 1959.
Department of State, *The Situation in Laos*, Washington, DC, 1959.
Department of State, *Background Notes: Kingdom of Laos*, Washington, DC, 1970.
Embassy in Vientiane, *Facts on Foreign Aid to Laos*, Vientiane, August 1971.
Embassy in Vientiane, *US Economic Assistance to the Royal Lao Government 1962–1972*, Vientiane, December 1972.
Foreign Relations of the United States, 1955–1957, vol. XXIV: *East Asian Security; Cambodia; Laos*, ed. E. C. Keefer and D. W. Mabon, Washington, DC, 1990.
Foreign Relations of the United States, 1958–1960, vol. XVI: *East Asia–Pacific Region; Cambodia, Laos*, ed. by E. C. Keefer and D. W. Mabon, Washington, DC, 1992.
Foreign Relations of the United States, 1961–1963, vol. XXIV: *Laos Crisis*, ed. E. C. Keefer, Washington, DC, 1994.
House of Representatives, *United States Aid Operations in Laos: Seventh Report by the Committee on Government Operations*, Washington, DC, 1959.
Senate Committee on Foreign Relations, *United States Security Agreements and Commitments Abroad, Kingdom of Laos, Part 2*, 91st Congress, 1st session, 20–22 and 28 October 1969.
Senate Committee on Foreign Relations, *United States Security Agreements and Commitments Abroad, Kingdom of Laos*, 91st Congress, 2nd session, 20–22 and 28 October 1970.
Senate Committee on Foreign Relations, *Laos: April 1971 – A Staff Report*, 92nd Congress, 1st session, 3 August 1971.
Senate Committee on the Judiciary, *War-Related Civilian Problems in Indochina, Part I: Laos and Cambodia*, 92nd Congress, 1st session, 22 April 1971.
'US Involvement in Laos', *Congressional Record*, 92nd Congress, 1st session, 3 August 1971, vol. 117, no. 124, S12930–S12966.

Vietnam

The Anti-US Resistance War for National Salvation, 1954–1975: Military Events, Hanoi, 1980, trans. Joint Publications Research Service, 3 June 1982.
Cambodia and Laos Fight Hand in Hand with Vietnam for Freedom, n.p., April 1951.
In the Liberated Zone of Laos, Hanoi, 1968.
The Indochinese People Will Win, Hanoi, 1970.

BOOKS

Adams, N. S., and McCoy, A. W. (eds), *Laos: War and Revolution*, New York, 1970.
Anon. (ed.), *Autobiography of Prince Souphanouvong* Viang Chan, 1990.
Archaimbault, C., *Structures Religieuses Lao (Rites et Mythes)*, Vientiane, 1973.
Aymé, G., *Monographie du Territoire Militaire*, Hanoi, 1930.
Blaufarb, D. S., *The Counter-Insurgency Era: US Doctrine and Performance*, New York, 1977.
Branfman, F., *Voices from the Plain of Jars: Life Under an Air War*, New York, 1972.
Brocheux, P. (ed.), *Histoire de l'Asie du Sud-est: Révoltes, Réformes, Révolutions*, Lille, 1981.

Brown, McA., and Zasloff, J. J., *Apprentice Revolutionaries: The Communist Movement in Laos, 1930–1985*, Stanford, 1986.
Burchett, W. G., *Mekong Upstream*, East Berlin, 1959.
Burchett, W. G., *The Second Indochina War: Cambodia and Laos*, New York, 1970.
Cable, J., *The Geneva Conference of 1954 on Indochina*, New York, 1986.
Caply, M. [J. Deuve], *Guerilla au Laos*, Paris, 1966.
Castle, T. N., *At War in the Shadow of Vietnam: US Military Aid to the Royal Lao Government, 1955–1975*, New York, 1993.
Chandler, D. P., *A History of Cambodia*, 2nd edn, St Leonards, NSW, 1993.
Chazee, L., *Atlas des Ethnies et des Sous-Ethnies du Laos*, Bangkok, 1995.
Chen Yi et al., *Concerning the Situation in Laos*, Peking, 1959.
Chi Do Pham (ed.), *Economic Development in Lao P.D.R.: Horizon 2000*, Vientiane, 1994.
Chomsky, N., and Zinn, H. (eds), *The Pentagon Papers: Critical Essays*, vol. 5, Boston, 1972.
Chou Norindr, *Histoire Contemporaine du Laos, 1860–1975*, Bangkok, 1992.
Coedès, G., *The Indianized States of Southeast Asia*, trans. S. B. Cowing, Canberra, 1989.
Damrong Tayanin, *Being Kammu: My Village, My Life*, Ithaca, NY, 1992.
de Berval, R. (ed.), *Kingdom of Laos: The Land of the Million Elephants and the White Parasol*, Saigon, 1959.
de Crèvecœur, J., *La Libération du Laos, 1945–1946*, Chateau de Vincennes, 1985.
de Reinach, L., *Le Laos Français*, Paris, 1911.
Decoux, J., *A la Barre de l'Indochine: Histoire de mon Gouvernement Général, 1940–1945*, Paris, 1949.
Deschamps, J. M., *Tam-tam sur le Mékong*, Saigon, 1948.
Deuve, J., *Le Laos, 1945–1949: Contribution à l'histoire du mouvement Lao Issala*, Montpellier, n.d..
Deuve, J., *Le Royaume du Laos, 1949–1965: Histoire événementielle de l'indépendance à la guerre américaine*, Paris, 1985.
Deuve, J., *Un épisode oublié de l'histoire du Laos: Le complot de Chinaimo*, Paris, 1986.
Deuve, J., *La Guerre Secrète au Laos contre les Communistes, 1955–1964*, Paris, 1995.
Deydier, H., *Introduction à la Connaissance du Laos*, Saigon, 1952.
Deydier, H., *Lokapala: Génies, Totems et Sorciers du Nord Laos*, Paris, 1954.
Dommen, A. J., *Conflict in Laos: The Politics of Neutralization*, rev. edn, New York, 1971.
Dommen, A. J., *Laos: Keystone of Indochina*, Boulder, 1985.
Doré, A., *Le Partage du Mékong*, Paris, 1980.
Doré, A., *Aux Sources de la Civilisation Lao*, Metz, 1987.
Doumer, P., *Rapport sur la situation de l'Indochine, 1897–1901*, Hanoi, 1902.
Evans, G., *The Yellow Rainmakers: Are Chemical Weapons Being Used in Southeast Asia?*, London, 1983.
Evans, G., *Agrarian Change in Communist Laos*, Occasional Paper no. 85, Singapore, 1988.
Evans, G., *Lao Peasants under Socialism and Post-Socialism*, Chiang Mai, 1995.
Evans, G., and Rowley, K., *Red Brotherhood at War: Vietnam, Cambodia and Laos since 1975*, 2nd edn, London, 1990.

Fall, B. B., *Anatomy of a Crisis: The Laotian Crisis of 1960–1961*, New York, 1969.
Fforde, A., *From Plan to Market in Laos, 1975–95: A Study of Transition and its Aftermath*, Canberra, 1995.
Field, M., *The Prevailing Wind: Witness in Indo-China*, London, 1965.
Fredman, M. B., *Laos in Strategic Perspective*, Rand P-2330, Santa Monica, 7 June 1961.
Gay, B., *La Nouvelle Frontière Lao–Vietnamienne*, Paris, 1995.
Gentil, P., *Sursauts de l'Asie: Remous du Mékong*, Paris, 1950.
Ginsberg, N. S., *Area Handbook on Laos*, Chicago, 1955.
Goldstein, M. E., *American Policy Toward Laos*, Teaneck, NJ, 1973.
Goscha, C. E., *Vietnam or Indochina? Contesting Concepts of Space in Vietnamese Nationalism, 1887–1954*, NIAS Report no. 28, Copenhagen, 1995.
Gunn, G. C., *Political Struggles in Laos, 1930–1954*, Bangkok, 1988.
Gunn, G. C., *Rebellion in Laos: Peasant and Politics in a Colonial Backwater*, Boulder, 1990.
Halpern, J. M., *The Role of the Chinese in Lao Society*, Rand P-2161, Santa Monica, 1 March 1961.
Halpern, J. M., *Economy and Society of Laos: A Brief Survey*, New Haven, 1964.
Halpern, J. M., *Government, Politics and Social Structure in Laos: A Study of Tradition and Innovation*, New Haven, 1964.
Halpern, J. M., and Fredman, H. B., *Communist Strategy in Laos*, Rand RM-2561 Santa Monica, 14 June 1960.
Halpern, J. M., and Turley, W. S. (eds), *The Training of Vietnamese Communist Cadres in Laos*, Brussels, 1977.
Hamel, B., *Résistance en Indochine, 1975–1980*, Paris, 1980.
Hamilton-Merritt, J., *Tragic Mountains: The Hmong, the Americans, and the Secret Wars for Laos, 1942–1992*, Bloomington, Ind., 1993.
Hammer, E. J., *The Struggle for Indochina*, Stanford, 1954.
Hannah, N., *The Key to Failure: Laos and the Vietnam War*, Boston, 1987.
Hersh, S. M., *The Price of Power: Kissinger in the White House*, New York, 1983.
Hervey, H., *Travels in French Indochina*, London, 1928.
Higham, C., *The Archaeology of Mainland Southeast Asia*, Cambridge, 1989.
Hilsman, R., *To Move a Nation: The Politics of Foreign Policy in the Administration of John F. Kennedy*, Garden City, NY, 1967.
Hoshino, T., *Pour une Histoire Médiévale du Moyen Mékong*, Bangkok, 1986.
Iché, F., *Le Statut Politique et International du Laos Français: sa condition juridique dans la communauté du droit des gens*, Toulouse, 1935.
Ivarsson, S., Svensson, T., and Tønnesson, S., *The Quest for Balance in a Changing Laos: A Political Analysis*, NIAS Report no. 25, Copenhagen, 1995.
Izikowitz, K. W., *Lamet: Hill Peasants in French Indochina*, New York, 1979.
Kaisôn Phomvihān, *Lūk không paxāxon* [Son of the People], Viang Chan, 1991.
Kaisôn Phomvihān, see also Kaysone Phomvihane.
Katay Don Sasorith, *Le Laos: son évolution politique, sa place dans l'union française*, Paris, 1953.
Kaysone Phomvihan, *Selected Speeches and Articles*, New Delhi, 1978.
Kaysone Phomvihane, *La Révolution Lao*, Moscow, 1981.
Kemp, P., *Alms for Oblivion*, London, 1961.
Khan, A. R., and Lee, E., *Employment and Development in Laos: Some Problems and*

Policies, Bangkok, 1980.
Kunstadter, P. (ed.), *Southeast Asian Tribes, Minorities, and Nations*, 2 vols, Princeton, 1967.
Lafont, P.-B., and Lombard, D. (eds), *Littératures contemporaines de l'Asie du Sudest*, Paris, 1974.
Langer, P. F., *The Soviet Union, China and the Pathēt Lao*, Rand P-4765, Santa Monica, January 1972.
Langer, P. F., and Zasloff, J. J., *The North Vietnamese Military Adviser in Laos: A First Hand Account*, Rand RM-5388-ARPA, Santa Monica, July 1968.
Langer, P. F., and Zasloff, J. J., *North Vietnam and the Pathet Lao: Partners in the Struggle for Laos*, Cambridge, Mass., 1970.
Laos: An Outline of Ancient and Contemporary History, Hanoi, 1982.
Larteguy, J., and Dao, Y., *La Fabuleuse Aventure du Peuple de l'Opium*, Paris, 1979.
Le Boulanger, P., *Histoire du Laos Français: Essai d'une étude chronologique des principautés laotiennes*, Paris, 1931.
Le Josne, J.-C., *Gerritt van Wuysthoff et ses Assistants: Le Journal de Voyage au Laos (1641–42)*, Metz, 1986.
LeBar, F. M., Hickey, G. C., and Musgrave, J. K., *Ethnic Groups of Mainland Southeast Asia*, New Haven, 1964.
LeBar, F. M., and Suddard, A. (eds), *Laos: Its People, Its Society, Its Culture*, New Haven, 1960.
Lee, C.-J., *Communist China's Policy Toward Laos: A Case Study, 1954–1967*, Lawrence, Kans., 1970.
Lévy, P., *Histoire du Laos*, Paris, 1974.
Lévy, R., *Indochine et ses Traités*, Paris, 1947.
Lintingre, P., *Les Rois du Champassak*, Paksé, 1972.
Luther, H. V., *Socialism in a Subsistence Economy: The Laotian Way*, Bangkok, 1983.
Maneli, M., *War of the Vanquished*, New York, 1971.
Mangra Souvannaphouma, *L'Agonie du Laos*, Paris, 1976.
Mayoury Ngaosyvathn, *Lao Women Yesterday and Today*, Vientiane, 1993.
Mayoury Ngaosyvathn, *Remembrances of a Lao Woman Devoted to the National Liberation Struggle: Khampheng Boupha*, Viang Chan, 1993.
Mayoury and Pheuiphanh Ngaosyvathn, *Kith and Kin Politics: The Relationship between Laos and Thailand*, Manila, 1994.
McCoy, A. W., et al., *The Politics of Heroin in Southeast Asia*, New York, 1972.
McKeithen, E. T., *Life under the Pathet Lao in the Xieng Khuang ville Area*, Vientiane, 1969.
Meyer, R., *Le Laos*, Hanoi, 1930.
Mikhéev, Y., *Les Débuts du Socialisme au Laos*, Moscow, 1985.
Ng Shui Meng, *The Population of Indochina*, Singapore, 1974.
Nolan, K. W., *Into Laos: The Story of Dewey Canyon II/Lam Son 719; Vietnam 1971*, Novato, Calif., 1986.
Oudone Sananikone, *The Royal Lao Army and US Army Advice and Support*, Washington, DC, 1983.
Pavie, A., *Mission Pavie: Indochine, 1879–1895*, 10 vols, Paris, 1898–1919.
Pavie, A., *A la Conquête des Cœurs: Le pays des Millions d'Eléphants et du Parasol Blanc*, Paris, 1942.
Phoumi Vongvichit, *Laos and the Victorious Struggle of the Lao People against US*

Neo-Colonialism, n.p., 1969.
Phūmī Vongvichit, *Khuam Thongcham nai Xīvit Khong Thāphachau* (Memories of My Life), Viang Chan, 1987.
Quincey, K., *The Hmong: History of a People*, Cheney, Wash., 1987.
Ratnam, P., *Laos and the Superpowers*, New Delhi, 1980.
Robequain, C., *The Economic Development of French Indochina*, trans. I. A. Ward, London, 1944.
Rochet, C., *Pays Lao: Le Laos dans la tourmente*, Paris, 1946.
Savada, A. M. (ed.), *Laos: A Country Study*, 3rd edn, Washington, DC, 1995.
Schlesinger, A. M., *A Thousand Days: John F. Kennedy in the White House*, London, 1965.
Scott, J. C., *Indochina's Refugees: Oral Histories from Laos, Cambodia and Vietnam*, Jefferson, NC, 1989.
Shiraishi, M., and Furuta, M. (eds), *Indochina in the 1940s and 1950s*, Ithaca, NY, 1992.
Sila Viravong, *History of Laos*, trans. Joint Publications Research Service, New York, 1964.
Sisouk na Champassak, *Storm over Laos: A Contemporary History*, New York, 1961.
Sīxana Sīsān, ed., *Kaisôn Phomvihān: Lūk Không Paxāxon* (Son of the People), Viang Chan, 1991.
Smuckarn, S., and Breazeale, K., *A Culture in Search of Survival: The Phuan of Thailand and Laos*, New Haven, 1988.
Soutchay Vongsavanh, *RLG Military Operations and Activities in the Laotian Panhandle*, Washington, DC, 1981.
Stevenson, C. A., *The End of Nowhere: American Policy Towards Laos Since 1954*, Boston, 1972.
Stieglitz, P., *In a Little Kingdom*, Armonk, NY, 1990.
Strong, A. L., *Cash and Violence in Laos*, Peking, 1961.
Stuart-Fox, M. (ed.), *Contemporary Laos: Studies in the Politics and Society of the Lao People's Democratic Republic*, St Lucia, Qld, 1982.
Stuart-Fox, M., *Laos: Politics, Economics and Society*, London, 1986.
Stuart-Fox, M., *Vietnam in Laos: Hanoi's Model for Kampuchea*, Claremont, Calif., 1987.
Stuart-Fox, M., *Buddhist Kingdom, Marxist State: The Making of Modern Laos*, Bangkok, 1996.
Stuart-Fox, M., and Kooyman, M., *Historical Dictionary of Laos*, Metuchen, NJ, 1992.
Taboulet, G. (ed.), *La geste française en Indochine: Histoire par les textes de la France en Indochine*, 2 vols, Paris, 1955.
Taillard, C., *Le Laos: Stratégies d'un Etat-tampon*, Montpellier, 1989.
Taylor, M., *Swords and Plowshares*, New York, 1972.
Thee, M., *Notes of a Witness: Laos and the Second Indochina War*, New York, 1973.
Thompson, V., *French Indo-China*, London, 1973.
Thongsā Xainyvongkhamdī et al., *Pavatsāt Lao* (History of Laos), vol. III, Viang Chan, 1989.
Toye, C. H. M., *Laos: Buffer State or Battleground?*, London, 1968.
Uthin Bunyavong, ed., *Mahā Sīlā Viravong: Xīvit lae Phonngān* (Life and Work),

Uthin Bunyavong, ed., *Mahā Sīlā Viravong: Xīvit lae Phonngān* (Life and Work), Viang Chan, 1990.
Warner, R., *Back Fire: The CIA's Secret War in Laos and Its Link to the War in Vietnam*, New York, 1995.
Westermeyer, J., *Poppies, Pipes, and People: Opium and Its Use in Laos*, Berkeley, 1982.
Whitaker, D. P., et al., *Laos: A Country Study*, 2nd edn, Washington, DC, 1971.
Wolters, O. W., *History, Culture and Region in Southeast Asian Perspectives*, Singapore, 1982.
Wyatt, D. K., *Thailand: A Short History*, New Haven, 1984.
Wyatt, D. K. (ed.), *Lao Issara: The Memoirs of Oun Sananikone*, trans. J. B. Murdoch, Cornell Southeast Asia Program Data Paper no. 100, Ithaca, NY, 1975.
Wyatt, D. K. (ed.), *Iron Man Of Laos: Prince Phetsarath Ratanavongsa*, by '3349', trans. J. B. Murdoch and '3264', Cornell Southeast Asia Program Data Paper no. 110, Ithaca, NY, 1978.
Zago, M., *Rites et Ceremonies en Milieu Bouddhiste Lao*, Rome, 1972.
Zasloff, J. J., *The Pathet Lao: Leadership and Organization*, Lexington, Mass., 1973.
Zasloff, J. J. (ed.), *Postwar Indochina: Old Enemies and New Allies*, Washington, DC, 1988.
Zasloff, J. J., and Brown, McA. (eds), *Communism in Indochina: New Perspectives*, Lexington, Mass., 1975.
Zasloff, J. J., and Goodman, A. E. (eds), *Indochina in Conflict: A Political Assessment*, Lexington, Mass., 1972.
Zasloff, J. J., and Unger, L. (eds), *Laos: Beyond the Revolution*, London, 1991.

ARTICLES

Amnesty International, *Political Prisoners in the People's Democratic Republic of Laos*, ASA 26/02/80, London, March 1980.
Amnesty International, 'Background Paper on the Democratic People's Republic of Laos Describing Current Amnesty International Concerns', ASA 26/04/85, London, April 1985.
Amnesty International, 'Re-education in Attopeu Province, The People's Democratic Republic of Laos', ASA 26/01/86, London, January 1986.
Barbier, J. P., 'Dix-sept ans de l'aide économique au Laos: un pays malade de l'aide étrangère', *Asie du Sud-est et Monde Insulindien* 5/1 (1974), 202–5.
Barbier, J. P., 'Objectifs et résultats de l'aide économique au Laos: une évaluation difficile', *Tiers Monde* 16 (1975), 333–53.
Bourdet, Y., 'Reforming Laos' Economic System', *Economic Systems* 16 (1992), 63–88.
Branfman, F., 'No Place to Hide', *Bulletin of Concerned Asian Scholars* 2/4 (1970), 14–46.
Brown, McA., 'Anatomy of a Border Dispute: Laos and Thailand', *Pacific Focus* 11/2 (1987), 5–30.
Brown, McA., and Zasloff, J. J., 'Laos 1974: Coalition Government Shoots the Rapids', *Asian Survey* 15 (1975), 174–83.

Brown, McA., and Zasloff, J. J., 'Laos 1975: People's Democratic Revolution – Lao Style', *Asian Survey* 16 (1976), 193–9.

Caply, M. [J. Deuve], 'Le Japon et l'indépendance du Laos (1945)', *Revue d'Histoire de la Deuxième Guerre Mondiale* 86 (1972), 67–82.

Caply, M. [J. Deuve], 'L'action politico-militaire du Pathet Lao contre US poste isolé', *Revue Militaire Générale* 3 (1973), 393–411.

Chapelier, G., and van Malderghem, J., 'Plain of Jars, Social Changes under Five Years of Pathet-Lao Administration', *Asia Quarterly* 1 (1971), 61–89.

Christie, C. J., 'Marxism and the History of the Nationalist Movements in Laos', *Journal of Southeast Asian Studies* 10 (1979), 146–58.

Condominas, G., 'Notes sur le bouddhisme populaire en milieu rural lao' (parts I and II), *Archives de Sociologie des Réligions*, 25, 26 (1968), 81–110, 111–50.

Crozier, B., 'Peking and the Laotian Crisis: An Interim Appraisal', *China Quarterly* 7 (1961), 128–37.

Crozier, B., 'Peking and the Laotian Crisis: A Further Appraisal', *China Quarterly* 11 (1962), 116–23.

de Marini, G. F., 'Relation nouvelle et curieuse du Royaume de Lao', *Revue Indochinoise* 8 (1910), 151–81, 257–71, 358–65.

Delorme, P., 'Le destin tragique du dernier roi du Laos', *Historia* 497 (May 1988), 94–101.

Dommen, A., 'Laos: the Troubled "Neutral"', *Asian Survey* 7 (1967), 74–80.

Dommen, A., 'Communist Strategy in Laos', *Problems of Communism* 24/4 (1975), 53–66.

Evans, G., 'Rich Peasants and Cooperatives in Socialist Laos', *Journal of Anthropological Research* 44 (1988), 229–50.

Fall, B. B., 'The International Relations of Laos', *Pacific Affairs* 30 (1957), 22–34.

Fall, B. B., 'The Laos Tangle', *International Journal* 16/2 (1961), 138–57.

Fall, B., 'The Pathet Lao: A "Liberation" Party', in R. A. Scalapino (ed.), *The Communist Revolution in Asia: Tactics, Goals, and Achievements*, Englewood Cliffs, NJ, 1965, pp. 173–97.

Gay, B., 'La perception des mouvements millénaristes du Sud et Centre Laos (fin du XIXe siècle au XXe siècle) depuis la décolonisation', in R. V. Pogner and O. V. Rybina (eds), *Premier Symposium Franco-Soviétique sur l'Asie du Sud-Est*, Moscow, 1989, pp. 229–40.

Gilkey, R., 'Laos: Politics, Elections and Foreign Aid', *Far Eastern Survey* 27/6 (June 1958), 80–94.

Girling, J. L. S., 'Laos: Falling Domino', *Pacific Affairs* 43 (1970), 370–83.

Gunn, G. C., 'Resistance Coalitions in Laos', *Asian Survey* 23 (1983), 316–40.

Halpern, J. M., 'Observations on the Social Structure of the Lao Elite', *Asian Survey* 1/5 (1961), 25–32.

Halpern, J. M., 'The Role of the Chinese in Lao Society', *Journal of the Siam Society* 49/1 (1961), 21–46.

Hiebert, L., and Hiebert, M., 'Laos: A New Beginning', *Indochina Chronicle* 46 (1976), 1–19.

Hill, K. L., 'Laos: The Vientiane Agreement', *Journal of Southeast Asian Studies* 8 (1967), 257–67.

Ireson, C. J., and Ireson, W. R., 'Ethnicity and Development in Laos', *Asian Survey* 31 (1991), 920–37.

Ireson, W. R., and Ireson, C. J., 'Laos: Marxism in a Subsistence Rural Economy', *Bulletin of Concerned Asian Scholars* 21/2-4 (1989), 59–75.
Kerr, A. D., 'Municipal Government in Laos', *Asian Survey* 12 (1972), 510–17.
Ky Son, 'The Special Vietnam–Laos Relationship Under Various Monarchies and During the Anti-French Resistance', *Vietnam Courier* 16/7 (July 1980), 10.-13.
Lafont, P.-B., 'Images laotiennes', *Revue de Psychologie des Peuples* 21 (1966), 472–88; 22 (1967), 216–26.
Langer, P. F., 'The Soviet Union, China and the Revolutionary Movement in Laos', *Studies in Comparative Communism* (Spring–Summer 1973), 66–98.
Lejars, J., 'Situation industrielle du Laos et rôle des forces externes', *Tiers Monde* 13 (1972), 621–32.
Lintingre, P.,'Permanence d'une structure monarchique en Asia: Le Royaume de Champassak', *Revue Française d'Histoire d'Outre-Mer* 59 (1972), 411–31.
Luce, E. P., 'Les structure administratives locales du Laos', *Revue Juridique et Politique* 28 (1974), 463–94.
Mahajani, U., 'President Kennedy and the United States Policy in Laos, 1961–1963', *Journal of Southeast Asian Studies* 2 (1971), 87–99.
Mayoury and Pheuiphanh Ngaosyvathn, 'Lao Historiography and Historians: Case Study of the War Between Bangkok and the Lao in 1827', *Journal of Southeast Asian Studies* 20 (1989), 55–69.
Mirsky, J., and Stonefield, S. E., 'The United States in Laos, 1945–1962', in E. Friedman and M. Selden (eds), *America's Asia: Dissenting Essays on Asian–American Relations*, New York, 1971, pp. 253–323.
Modelski, G., 'The Viet Minh Complex', in C. E. Black and T. P. Thornton (eds), *Communism and Revolution: The Strategic Uses of Political Violence*, Princeton, NJ, 1964, pp. 185–214.
Mogenet, L., 'Les impôts coloniaux et les incidents du sud Laos en 1937', *Péninsule* 1 (1980), 73–93.
Mullin, C., 'The Secret Bombing of Laos: The Story Behind Nine Years of US Attacks', *Asia Magazine* 14/19 (12 May 1974), 3–8.
Murdoch, B., 'The 1901–1902 "Holy Man's" Rebellion', *Journal of the Siam Society* 62/1 (1974), 47–66.
Patrick, R., 'Presidential Leadership in Foreign Affairs Reexamined – Kennedy and Laos Without Radical Revisionism', *World Affairs* 140 (1978), 245–58.
Paul, R. A., 'Laos: Anatomy of an American Involvement', *Foreign Affairs* 49 (1971), 533–47.
Pheuiphanh Ngaosyvathn, 'Thai–Lao Relations: A Lao View', *Asian Survey* 25 (1985), 1242–59.
Pietrantoni, E., 'La population du Laos de 1912 à 1945', *BSEI* 28/1 (1953), 25–38.
Pietrantoni, E., 'La population du Laos en 1943 dans son milieu géographique', *BSEI* 32/3 (1957), 223–43.
Pietrantoni, E., 'Note sur les classes de revenue au Laos et au Tonkin avant 1945', *BSEI* 43/3 (1968), 179–96.
Randle, R., 'Peace in Vietnam and Laos: 1954, 1962, 1973', *Orbis* 18 (1974), 868–87.
Robinson, J., Guillemin, J., and Meselson, M., 'Yellow Rain: The Story Collapses', *Foreign Policy* 68 (1987), 100–17.

Scott, P. D., 'Laos: The Story Nixon Won't Tell', *New York Review of Books* 14/7 (9 April 1970), 35–41.
Sessar, S., 'A Reporter at Large; Forgotten Country', *The New Yorker,* 20 August 1990.
Shaplen, R., 'Letter from Laos', *New Yorker,* 20 October 1962, 197–212.
Shaplen, R., 'Letter from Laos', *New Yorker,* 4 May 1968, 136–62.
Shaplen, R., 'Our Involvement in Laos', *Foreign Affairs* 48/3 (1970), 478–93.
Shaplen, R., 'Letter from Laos', *New Yorker,* 2 August 1976, 64–76.
Simmonds, E. H. S., 'Independence and Political Rivalry in Laos, 1945–1961', in S. Rose (ed.), *Politics in Southern Asia,* London, 1963, pp. 164–99.
Simmonds, E. H. S., 'The Evolution of Foreign Policy in Laos since Independence', *Modern Asian Studies,* 2 (1968), 1–30.
Smith, R. M., 'Cambodia's Neutrality and the Laotian Crisis', *Asian Survey* 1/5 (1961), 17–24.
Smith, R. M., 'Laos', in G. McT. Kahin (ed.), *Government and Politics of Southeast Asia,* 2nd edn, Ithaca, NY, 1964, pp. 408–74.
Somlith Pathammavong, 'Compulsory Education in Laos', in *Compulsory Education in Cambodia, Laos, and Vietnam,* Paris, 1955, pp. 69–111.
Stanton, T. H., 'Conflict in Laos: The Village Point of View', *Asian Survey* 8 (1968), 887–900.
Stuart-Fox, M., 'The Lao Revolution: Leadership and Policy Differences', *Australian Outlook* 31 (1977), 279–88.
Stuart-Fox, M., 'The Lao Revolution: Errors and Achievements', *World Review* 16/2 (1977), 3–15.
Stuart-Fox, M., 'The Initial Failure of Agricultural Cooperativization in Laos', *Asia Quarterly* 4 (1980), 273–99.
Stuart-Fox, M., 'Socialist Construction and National Security in Laos', *Bulletin of Concerned Asian Scholars* 13/1 (1981), 61–71.
Stuart-Fox, M., 'Reflections of the Lao Revolution', *Contemporary Southeast Asia* 3 (1981), 42–57.
Stuart-Fox, M., 'Marxism and Theravada Buddhism: The Legitimation of Political Authority in Laos', *Pacific Affairs* 56 (1983), 428–54.
Stuart-Fox, M., 'The First Ten Years of Communist Rule in Laos: An Overview', *Asia Pacific Community* 31 (1986), 55–81.
Stuart-Fox, M., 'Politics and Patronage in Laos', *Indochina Issues* 70 (1986), 1–7.
Stuart-Fox, M., 'Lao Foreign Policy', in D. Wurfel and B. Burton (eds), *The Political Economy of Foreign Policy in Southeast Asia,* London, 1990, pp. 273–87.
Stuart-Fox, M., 'The Constitution of the Lao People's Democratic Republic', *Review of Socialist Law* 17 (1991), 299–317.
Stuart-Fox, M., 'On the Writing of Lao History: Continuities and Discontinuities', *Journal of Southeast Asian Studies* 24 (1993), 106–21.
Stuart-Fox, M., 'The French in Laos, 1887–1945', *Modern Asian Studies* 29 (1995), 111–39.
Stuart-Fox, M., and Bucknell, R. S., 'Politicization of the Buddhist Sangha in Laos', *Journal of Southeast Asian Studies* 13 (1982), 60–80.
Souvanna Phouma, 'Le Laos, avant-garde du monde libre', *France-Asie* 164 (November–December, 1960), 1427–34.

Souvanna Phouma, 'Le Laos: Le fond du problème', *France-Asie* 166 (March–April 1961), pp. 1824–26.
Taillard, C., 'Le village lao de la région de Vientiane: Un pouvoir local face au pouvoir étatique', *L'Homme* 17/2–3 (1977), 71–100.
Taillard, C., 'Le dualisme urbain-rural au Laos et la récupération de l'idéologie traditionnelle', *Asie du Sud-est et Monde Insulindien* 10/2–4 (1979), 91–108.
Taupin, J., 'Rapport à M. le Gouverneur-Général', *BSEI*, I/4 (1888), 23–82.
Taylor, S. C., 'Laos: Escalation of a Secret War', in E. J. Errington and B. J. C. McKercher (eds), *The Vietnam War as History*, New York, 1990, pp. 73–90.
Westermeyer, J. J., 'Traditional and Constitutional Law: A Study of Change in Laos', *Asian Survey* 11 (1971), 562–9.
Worner, W., 'Economic Reform and Structural Change in Laos', *Southeast Asian Affairs 1989*, Singapore, 1989, pp. 187–208.
Wyatt, D. K., 'Siam and Laos, 1767–1827', *Journal of Southeast Asian Studies* (1963), 13–32.
Young, K. R., 'The United States and Laos: The Kong Le Debacle', *Asian Forum* 4/1 (1972), 22–40.
Zasloff, J. J., 'Laos 1972: The War, Politics, and Peace Negotiations', *Asian Survey* 13 (1973), 60–75.
Zasloff, J. J., 'The Three-Village Dispute Between Laos and Thailand', *University Field Staff International Reports*, no. 23 (1985).

UNPUBLISHED THESES

Barber, M. J. P., 'Migrants and Modernization: A Study of Change in Lao Society', PhD thesis, University of Hull, 1979.
Brailey, N. J., 'The Origin of the Siamese Forward Movement in Western Laos, 1850–1892', PhD thesis, University of London, 1968.
Castle, T. N., 'Alliance in a Secret War: The United States and the Hmong in Northeastern Laos', MA thesis, San Diego State University, 1979.
Chittenden, G. M., 'Laos and the Powers, 1954–1962', PhD thesis, University of London, 1969.
Chou Norindr, 'Le Néolaohakxat ou le Front Patriotique Lao et la révolution laotienne', thesis, Doctorat en Etudes Orientales, University of Paris, 1980.
Gay, B., 'Les mouvements millénaristes du Centre et du Sud Laos et du Nord-Est du Siam, 1895–1910', thesis, Doctorat du 3e Cycle, University of Paris, 1987.
Houy Pholsena, 'L'Armée Nationale du Laos', thesis, Doctorat du 3e Cycle, University of Aix-Marseille, 1971.
Mongkhol Katay Sasorith, 'Les forces politiques et la vie politique au Laos', thesis, Doctorat du 3e Cycle, University of Paris, 1973.
Moppert, F., 'Les mouvements de résistance au pouvoir colonial français de la minorité protoindochinoise du plateau des Bolovens dans le sud Laos, 1901–1936', thesis, Doctorat du 3e Cycle, University of Paris, 1978.
Pornsak Phongphaew, 'The Political Culture and Personality of the Laotian Political-Bureaucratic Elite', PhD thesis, University of Oklahoma, 1976.

Pornsak Phongphaew, 'The Political Culture and Personality of the Laotian Political-Bureaucratic Elite', PhD thesis, University of Oklahoma, 1976.
Souneth Phothisane, 'The *Nidān Khun Bôrom*: Annotated Translation and Analysis', PhD thesis, University of Queensland, 1997.
Vistarini, W. J. E., 'Representations of Laos: Late Nineteenth Century French and Lao Constructs', PhD thesis, La Trobe University, Melbourne, 1994.

JOURNALS AND NEWSPAPERS

Asiaweek
Bangkok Post
Beijing Review
Bulletin des Nouvelles (Viang Chan)
Economist Intelligence Unit, *Country Report: Indochina: Vietnam, Laos, Cambodia*
Far Eastern Economic Review
FBIS, *Daily Report: East Asia*
Indochina Chronicle
Indochina Chronology
Indochina Issues
Khaosān Pathēt Lao, *Bulletin Quotidien*
Khaosān Pathēt Lao, *News Bulletin*
Lao Presse
Le Monde
New York Times
Southeast Asian Affairs
The Times (London)
Vietnam Courier
Washington Post

索引

ASEAN→東南アジア諸国連合
CIA→アメリカ中央情報局
ICSC→国際監視委員会
OSS→アメリカ戦略情報局
USAID→アメリカ国際開発庁

あ行

愛国的中立派 195, 197, 204, 211, 217, 222, 231
アイゼンハワー 139
アジア・アフリカ会議 145
アジア開発銀行 279, 292, 297, 301, 316, 318
アジア極東経済委員会 119, 150, 228
アジア経済危機 7, 309, 315, 316, 318, 326
アッタプー 52, 60, 72, 115, 157, 217, 219, 231
アヌ(アヌウォン、チャオ・アヌ) 4, 30, 31, 32, 113, 320
アヘン 33, 52, 55, 56, 57, 63, 64, 81, 89, 101, 187, 198, 203, 224, 225, 243, 309, 319, 320
アメリカ軍 142, 177, 181, 183, 186, 190, 192, 198, 215, 217, 218, 224, 225, 239, 241
アメリカ軍事使節団 142
アメリカ国際開発庁(USAID) 143, 156, 198, 199, 216, 235, 236, 246, 247, 265
アメリカ戦略情報局(OSS) 92, 97, 111
アメリカ大使館 143, 147, 149, 151, 156, 161, 163, 170, 178, 194, 208, 209, 211, 226, 236, 247

アメリカ中央情報局(CIA) 92, 97, 117, 140, 141, 142, 147, 159, 170, 172, 175, 178, 180, 183, 185, 198, 212, 213, 215, 216, 239, 267, 323
アメリカ帝国主義 146, 230, 249
アメリカ文化情報局 263
アユタヤ 22, 23, 26, 27, 29, 35
アラック族 58, 60
アルマン、ジュール 76
暗黙の了解 191, 192, 205, 209, 214, 217
イギリス 31, 40, 43, 44, 45, 46, 48, 49, 50, 75, 96, 97, 99, 103, 108, 119, 132, 134, 148, 149, 154, 164, 165, 168, 171, 175, 182, 183, 184, 196, 202, 211, 235
インドシナ援助部 85
インドシナ共産党 84, 85, 91, 92, 101, 112, 113, 114, 115, 123, 124, 126, 127, 145, 258, 281, 298
インドシナ公安庁 53
インドシナ総督 42, 87
インドシナ連邦 34, 52, 90, 105, 110
インドネシア 114, 122, 142, 145, 312
インフェルド、アン 97, 99, 103
インフレ 129, 141, 142, 155, 160, 199, 243, 247, 261, 270, 315
ウアン・ラーティクン 111, 176, 223, 224, 225, 245
ウィスン 23, 25
ヴィン 78, 79, 113
ウー川 40, 128, 131
ウォンサワン 250, 259, 268
ウトーン・スワンナウォン 107

ウドムサイ 270, 273, 326
ウドン 85, 188, 216
右派 5, 6, 15, 135, 138, 144, 153, 157, 158, 159, 160, 167, 170, 173, 174, 175, 176, 177, 178, 179, 180, 185, 186, 187, 188, 189, 190, 193, 194, 195, 196, 197, 198, 201, 202, 203, 204, 207, 223, 224, 226, 231, 232, 233, 239, 240, 241, 244, 246, 247, 252, 265, 268, 278, 286
ウパラート 30, 52, 98, 100, 117, 148, 150
ウボン 48, 59, 79, 245, 286
ウンカム 41
ウン・サナニコーン 92, 97, 101, 104, 111
ウンフアン 24
エア・アメリカ 175, 195, 199, 213, 216
HIV 319
エイズ 307, 309, 319
エリート 11, 12, 13, 15, 32, 35, 36, 38, 61, 66, 70, 74, 83, 84, 87, 95, 96, 97, 100, 105, 106, 108, 121, 124, 142, 143, 148, 150, 155, 158, 159, 173, 199, 237, 238, 251, 253, 284, 311, 312, 328
縁故 47, 97, 143, 150, 237, 284, 285, 288, 293, 294, 312
援助提供国円卓会議 49, 309
王制 20, 108, 230, 242, 250, 259, 264, 320
オー・アヌラック 113
オーストラリア 154, 202, 235, 270, 280, 301, 315, 316, 318, 319
オキシアナ社 318, 319
汚職 15, 53, 121, 141, 142, 143, 155, 156, 158, 159, 162, 171, 173, 181, 198, 223, 224, 227, 231, 232, 233, 237, 243, 247, 248, 251, 278, 281, 284, 285, 289, 304, 306, 308, 310, 311, 312, 324, 325, 326, 327

汚職撲滅委員会 310
オン・カム 63
オン・ケーオ 58, 59, 60, 61
穏健派 103, 111, 117, 119
オン・コムマダム 4, 59, 60, 61, 69, 82, 115
オン・マン 59

か行

カー 20, 24, 60, 108
カーシー 244
カールアン 33, 40
階級構造 150
外国援助 159, 228, 318
外国為替操作基金 199, 235, 242, 247, 269
外国投資 16, 301, 309, 315, 318, 319, 326, 327
カイソーン・ポムウィハーン 7, 101, 113, 114, 115, 123, 124, 126, 145, 146, 154, 157, 167, 171, 233, 244, 253, 256, 257, 258, 259, 260, 265, 271, 272, 274, 276, 277, 281, 282, 283, 286, 289, 290, 291, 294, 295, 296, 297, 298, 301, 303, 304, 305, 315, 325
解放区 129, 130, 267, 281
拡大メコン圏構想 316, 319
革命委員会 175, 202, 203, 246, 247, 248
革命運動 13, 67, 122, 123, 124, 127, 150, 167, 203, 250, 260
閣僚会議 258, 271
カターイ・ドーンサソーリット 87, 99, 101, 108, 110, 112, 113, 114, 115, 116, 117, 133, 134, 135, 136, 137, 138, 140, 144, 147, 149, 155, 157, 159, 162,
カディン川 176, 178

索引

カナダ 134
上メコン 52, 53, 81
カムウアン・ブッパー 176, 245
カムセーン 85
カムタイ・シーパンドーン 7, 110, 111, 112, 113, 115, 122, 124, 220, 222, 256, 258, 260, 280, 282, 292, 294, 295, 303, 305, 306, 309, 311, 313, 315, 316, 318, 321, 322, 323, 324, 325
カムパイ・アパイ 245
カムパン・パニャー 172
カムプイ・ケーオブアラパー 268, 305, 311
カムフム(デオ・ヴァン・チ) 40
カムペーン・ブッパー 100, 158, 283
カムマーオ・ウィライ 101, 112, 117, 119
カムムアン 22, 41, 43, 51, 176
カルダモン 33, 75, 81
ガルニエ、フランシス 33, 37, 38
カンカイ 182, 196, 204, 211, 214
観光 189, 306, 307, 308, 309, 316, 319, 321, 326, 327
カンボジア 6, 15, 21, 22, 23, 25, 27, 28, 29, 32, 39, 42, 46, 47, 48, 49, 52, 74, 78, 81, 84, 86, 90, 92, 122, 123, 125, 126, 127, 130, 132, 133, 134, 139, 161, 178, 190, 191, 207, 219, 228, 231, 235, 238, 243, 244, 246, 255, 270, 272, 273, 274, 275, 278, 279, 281, 287, 298, 299, 301, 302, 304, 316, 321
官僚 74, 141, 156, 170, 236, 237, 241, 246, 247, 248, 251, 253, 261, 265, 266, 269, 270, 274, 285, 292, 296, 297, 303, 310, 312, 324, 325
キープ 141, 142, 160, 162, 199, 235, 243, 247, 261, 276, 286, 315, 316

黄色い雨 279, 302
キッシンジャー、ヘンリー 233
キニム・ポンセーナー 5, 157, 174, 178, 182, 189, 193, 195,
義勇兵 115, 136, 185, 218, 221, 241
9号線 78, 220
教育 52, 62, 70, 71, 72, 83, 87, 89, 100, 101, 105, 106, 107, 109, 112, 118, 121, 123, 130, 144, 155, 158, 159, 171, 216, 228, 229, 235, 237, 247, 248, 253, 259, 260, 261, 262, 263, 265, 266, 269, 273, 274, 280, 282, 285, 288, 291, 292, 293, 296, 297, 312, 317, 322, 327, 328
共産主義 5, 85, 101, 102, 114, 117, 119, 120, 123, 125, 126, 139, 140, 144, 145, 147, 154, 162, 179, 181, 183, 185, 192, 194, 207, 208, 209, 211, 213, 214, 215, 216, 234, 244, 247, 249, 250, 251, 252, 253, 255, 256, 262, 264, 268, 300, 302, 303, 315, 317, 326
共同組合 272
挙国一致救国内閣 129, 259
キリスト教 28, 263, 292
キンダウォン 104, 106
ク・アパイ 106, 107
ク・ウォラウォン 107, 135, 136, 196
クーサート 127, 267, 268, 271, 275
クーデター 5, 14, 87, 114, 115, 135, 153, 162, 170, 173, 174, 175, 181, 193, 202, 203, 268
空爆 209, 211, 212, 213, 215, 216, 217, 218, 229, 268
グエン・アイ・コォック 84, 281
クパシット・アパイ 196, 202, 224, 240, 245
クム族 19, 22, 33, 63, 65, 197, 322

クメール 19, 21, 22, 23, 24, 73, 126, 132
クメール人民革命党 126
クメール・ルージュ 207, 238, 244, 270, 273, 278
クリエンサック・チャナマン 274
クロチェ 78
軍事警察 182, 198, 224
軍事顧問団 133, 140, 167
君主制 255
クンスワ 19
軍閥 223, 225
クンブロム 12, 19, 20, 21, 23, 25, 26, 30
クンロー 19, 20

経済改革 7, 276, 277, 278, 294, 300, 318
経済発展 70, 75, 76, 80, 121, 208, 228, 235, 236, 242, 271, 279, 282, 289, 290, 295, 302, 305, 307, 311, 318, 320, 327, 328
警察 53, 72, 84, 105, 109, 118, 120, 135, 136, 140, 163, 170, 182, 194, 196, 198, 202, 204, 224, 240, 241, 248, 264, 265, 266, 321
芸術 73, 88, 122, 149, 156, 200, 264
ケーマラート 46, 59, 78
ケッサナー・ウォンスワン 195, 196
ケネディー、ジョン・F. 5, 183, 184, 186, 187, 188, 192
検閲 242, 249, 286
原地人諮問議会 70
原地人保安隊 52, 53, 58, 59, 65, 72, 82, 90, 105
憲法 4, 7, 90, 100, 105, 106, 109, 111, 139, 148, 182, 225, 242, 256, 285, 300, 301, 303, 304, 305, 317, 320, 324
工業 75, 118, 155, 156, 236, 243, 256, 264, 271, 277, 280, 281, 291, 293, 295, 296, 319, 326
抗戦政府 122, 129, 132, 133
高等評議会 119
後発開発途上国 291, 318, 321, 327
公務員 164, 224, 228, 261, 262, 280, 297, 315
コーラート高原 18, 21, 25, 27, 30, 31, 32, 33, 34, 45, 46, 47, 48, 49, 57, 75, 78
コーン 44, 51, 52, 78, 88
ゴーン・サナニコーン 244
国益擁護委員会 5, 159, 162, 163, 166, 167, 169, 170, 171, 172, 173, 181
国際監視委員会（ICSC）134, 136, 137, 138, 149, 159, 164, 168, 182, 184, 185, 186, 189, 190, 196, 202, 209, 211
国際通貨基金 275, 297, 300, 316
国民議会 4, 6, 7, 51, 70, 100, 106, 107, 120, 121, 135, 148, 149, 150, 158, 190, 225, 226, 227, 239, 240, 242, 243, 249, 304, 305, 315, 318, 320, 323, 324
国民進歩党 119, 120, 138
国民統合 109, 119, 122, 124, 137, 190, 221, 255, 306
国民和解 119, 138, 150, 153, 159, 160, 163, 167, 171, 175, 221, 231, 234, 240, 248, 251, 253, 256, 261, 312
国立文書センター 162
国連 15, 110, 119, 134, 168, 198, 261, 270, 274, 287, 290, 302
国連安全保障委員会 287
国連開発計画 290
国連総会 119, 198
国連難民高等弁務官 287
国家政治諮問評議会 6, 52, 119, 239, 240, 241, 242, 250
国家建設 96, 108, 109, 119, 121, 138, 150, 151,

153, 275
国家刷新運動 87, 88, 93, 97, 101, 107
国家政治協議会 204
国家調整委員会 182, 194, 198, 201, 202, 203
国境 4, 6, 7, 13, 21, 26, 39, 40, 41, 42, 49, 62, 63, 65, 111, 112, 113, 114, 120, 127, 128, 131, 133, 136, 163, 171, 187, 188, 191, 197, 207, 214, 216, 219, 226, 258, 264, 268, 269, 270, 273, 274, 278, 279, 286, 298, 299, 301, 302, 317
国境紛争 4, 6, 270, 278, 286, 299
ゴッドレー、G.マクマトリー 217
ゴ・ディン・ジエム 186
コネ 109, 118, 121, 324, 325
米 36, 56, 81, 101, 199, 213, 216, 217, 229, 235, 261, 264, 266, 270, 273, 277, 290, 296
コレージュ・パヴィ 71, 83, 109
コンステレイション・ホテル 179
コンレー 5, 173, 174, 175, 176, 178, 179, 180, 181, 182, 193, 195, 196, 197, 203, 211, 218, 223, 225, 279

さ 行

サーイフォン 73
サートン師 129
サームセーンタイ 24
サーラワン 52, 58, 60, 61, 99, 217, 219, 231
サーリー・ウォンカムサオ 260, 282, 284, 295, 305
再教育 248, 253, 261, 265, 266, 273, 274, 293
最高人民議会 7, 115, 258, 259, 271, 285, 294, 300, 304, 305
サイニャブリー 17, 46, 47, 50, 86, 111, 112,

171, 215, 286, 299, 323
歳入 55, 72, 82, 109, 199, 227, 228, 243, 266, 280, 310, 315, 318, 328
サコンナコーン 111
左派 5, 15, 138, 153, 158, 159, 160, 167, 170, 172, 173, 178, 190, 193, 194, 198, 204, 219, 252
サマーン・ウィニャケート 311, 324
サムヌア 63, 78, 102, 113, 129, 130, 133, 137, 172, 176, 178, 197, 201, 214, 248, 249, 261
サムブラン 82
サリット・タナラット 186
サワンナケート 21, 52, 59, 78, 79, 82, 85, 91, 97, 99, 101, 104, 107, 109, 111, 112, 123, 131, 174, 175, 176, 177, 178, 184, 246, 258, 260, 278, 289, 306, 319
サワンワッタナー 5, 6, 90, 98, 110, 149, 151, 169, 187, 195, 250, 258
サンガ 25, 28, 29, 30, 71, 164, 166, 238, 262, 264, 292
3ヵ村 6, 286, 287, 299
30年に及ぶ闘争 100, 249, 255, 260, 262, 263, 264
山地タイ族 40, 47, 63, 64
暫定革命政府 302
暫定政府 4, 100, 101, 104, 148, 150, 170, 178, 195, 239, 240, 241, 242, 245, 250
暫定メコン委員会 301
シーサナ・シーサーン 127, 179
シーサワンウォン 51, 52, 95, 97, 104, 109, 131, 169, 173, 184
シーサワート・ケーオブンパン 294, 299, 305, 311, 315, 318, 325
シースック・ナチャムパーサック 231, 244

シーソムポーン・ローワンサイ 258, 305
シートン・コムマダム 113, 115, 123, 124, 125, 146, 157, 158, 168, 258, 260
シーホー・ランプータクン 182, 198, 202, 204, 224
シエンクワン 12, 20, 22, 26, 30, 47, 52, 72, 78, 81, 91, 102, 103, 113, 115, 129, 168, 177, 180, 194, 196, 197, 213, 214, 216
ジェンダー 11, 280
識字 229, 263, 291
自給経済 155
事業策定室 140, 167, 170
シップソーンチュタイ 26, 40, 41, 47, 64, 128
シップソーンパンナー 26, 42, 45, 62, 63
シハヌーク 122, 130, 161, 180, 182, 185, 191, 219, 231, 278
社会主義経済 259, 294, 295, 300
社会主義への移行 257, 267, 271, 288, 295
社会民主化 305, 316
社会民主党 172
シャム 4, 12, 17, 22, 28, 29, 30, 31, 32, 33, 34, 36, 37, 38, 39, 40, 41, 42, 43, 44, 45, 46, 47, 48, 49, 50, 51, 52, 54, 55, 56, 57, 59, 61, 74, 75, 79, 81, 84, 85, 86, 114, 213, 320
ジャール平原 5, 6, 19, 22, 26, 32, 76, 90, 129, 154, 166, 176, 179, 180, 182, 185, 189, 195, 196, 201, 204, 209, 211, 212, 213, 214, 216, 217, 218, 220, 221, 229, 230, 244
周恩来 133
13号線 78, 79, 178, 244, 268, 321
自由タイ(タイ・セーリー) 92, 111, 112
18項目 6, 242, 248, 251, 253, 264
自由フランス 90, 96

自由ラオス戦線 115, 146
粛清 164, 260, 274, 281
ジュネーブ会談 5, 132, 134, 135, 139, 149, 161, 171, 180, 182, 184, 185, 186, 211
ジュネーブ条約 5, 95, 126, 134, 135, 137, 138, 139, 140, 144, 146, 147, 153, 159, 164, 171, 181, 204, 207, 209, 220, 227, 231, 235
少数民族 13, 17, 20, 24, 33, 35, 37, 47, 53, 67, 97, 108, 121, 122, 123, 124, 125, 132, 141, 146, 155, 157, 168, 169, 208, 222, 230, 234, 250, 259, 260, 263, 264, 273, 281, 291, 292, 298, 307, 311, 312, 322, 327
植民地党 41
植民地博覧会 51
女性 69, 71, 88, 100, 122, 127, 146, 158, 169, 201, 213, 229, 238, 249, 257, 263, 264, 281, 282, 283, 289, 323, 324
シラー・ウィーラウォン 12, 74
シリブンニャサーン 29, 30
シリントーン王妃 302
シンカポ・シコートチュンラマニー 222
新経済メカニズム 296, 297, 315
人口 13, 14, 15, 21, 22, 24, 27, 30, 32, 34, 37, 45, 47, 49, 53, 54, 55, 56, 57, 62, 69, 71, 75, 76, 81, 82, 92, 99, 104, 108, 122, 142, 143, 156, 158, 171, 200, 208, 213, 218, 221, 231, 235, 237, 245, 250, 253, 256, 263, 268, 281, 283, 288, 289, 318, 322, 326
新聞 88, 141, 164, 216, 249, 308
人民委員会 100, 249
人民革命委員会 246, 247, 248
人民戦線 85

人民代表者大会 122, 124
人民法廷 247, 285
シン・ラタナサマイ 101, 102, 112
森林産物 25, 33, 56, 80, 101, 236
スカルノ 122
スコータイ 22
錫 37, 79, 80, 84, 85, 101, 236
スック・ウォンサック 123, 124, 259
ストゥントラエン 42, 47
スパーヌウォン 5, 100, 101, 102, 104, 112, 113, 114, 115, 116, 117, 122, 123, 124, 129, 133, 137, 145, 146, 148, 149, 153, 154, 156, 158, 164, 166, 167, 171, 172, 175, 178, 182, 184, 185, 189, 196, 198, 202, 219, 241, 242, 250, 253, 258, 259, 260, 270, 273, 285, 297, 304, 305
スリニャウォンサー 6, 27, 28, 29, 320
スワンナプーマー 5, 6, 15, 100, 101, 102, 112, 117, 119, 120, 135, 136, 137, 138, 140, 145, 146, 147, 148, 149, 151, 154, 157, 159, 160, 161, 169, 170, 173, 174, 175, 176, 177, 178, 179, 182, 184, 185, 186, 187, 188, 189, 190, 193, 194, 195, 196, 197, 198, 201, 202, 203, 204, 207, 208, 209, 211, 212, 220, 223, 224, 225, 226, 227, 230, 231, 232, 233, 239, 240, 241, 243, 245, 246, 249, 250, 259
スワンナラート 106
スントーン・パタンマウォン 120
税 24, 30, 33, 52, 53, 54, 55, 56, 57, 58, 60, 61, 62, 64, 65, 66, 72, 81, 82, 89, 105, 110, 120, 199, 216, 227, 229, 243, 266, 277, 285, 310, 316, 317, 321
政治危機 5, 160, 162, 181
政治局 115, 146, 161, 233, 257, 258, 281, 292, 297, 298, 303, 305, 311, 317, 318, 320, 323, 324, 325
政治犯収容所 293
政治文化 97, 108, 121, 161, 225, 227, 284, 312, 325
聖なる人の反乱 4, 57
セーコーン 59, 289
セーターティラート 4, 26, 27, 320
セーノー 131, 189, 197
セーポーン 59, 78, 113, 184, 220, 318
世界銀行 279, 286, 301, 312, 318
セミナー 130, 262
選挙 4, 5, 6, 7, 66, 100, 106, 120, 134, 137, 138, 144, 146, 148, 156, 157, 158, 159, 160, 161, 162, 164, 170, 171, 172, 174, 177, 181, 190, 193, 194, 225, 227, 230, 232, 233, 239, 240, 242, 249, 258, 300, 305, 315, 320, 323, 324
全国人民代表者会議 250, 255, 258, 259
想像の共同体 67, 97
ソムサニット・ウォンコートラタナ 101, 172, 174
ソムサワート・レンサワット 323
ソ連 15, 118, 119, 132, 133, 134, 149, 161, 162, 164, 171, 177, 178, 180, 182, 183, 184, 187, 188, 191, 195, 196, 197, 202, 211, 247, 256, 257, 261, 269, 270, 271, 272, 274, 275, 276, 278, 279, 281, 288, 297, 298, 299, 300, 301, 302, 304, 312, 315
村落委員会 199

た行

タークシン 29

ターケーク 18, 52, 78, 79, 80, 82, 84, 91, 97, 99, 102, 104, 112, 131, 192, 201, 224, 228, 234, 246, 258, 306
ターセーン 30, 53, 65, 249, 257
タート・ルアン 27, 73, 249, 303, 320
第1次インドシナ戦争 15, 95, 108, 113, 120, 125, 126, 130, 132, 219
第1次5ヵ年計画 8, 280, 288, 290, 291, 296
第5軍区 52, 63, 196, 224
大タイ 37, 86, 87, 88
第7決議 6, 276, 279, 284, 294
第2次インドシナ戦争 15, 125, 130, 151, 153, 186, 207, 209, 215, 219, 234, 251, 279, 298
第2次5ヵ年計画 6, 289, 295, 296
大ラオス 49, 50, 88, 92
タオ・マー 239, 240
ダナン 79, 278
ダレス、ジョン・フォスター 139, 140, 147, 159
地域主義 108, 110, 278, 304, 306, 312
チエンセーン 21
チナイモー 135, 224
チャオ・アヌ→アヌ
チャオ・クウェーン 53, 71, 89, 101
チャオ・ニュイ 51
チャオ・ブンコン 52
チャオ・ムアン 21, 24, 35, 39, 53, 60, 70, 71, 115
チャッカワット 35, 58
チャムパーサック(地名) 12, 17, 18, 19, 23, 27, 29, 30, 31, 33, 46, 50, 51, 52, 54, 73, 81, 86, 87, 97, 106, 110, 115, 150
チャムパーサック王国 34, 50, 51, 105
チャワリット・ヨンチャイユット 299
チャートチャーイ・チュンハワン 299

チャンニン 32
中央委員会 6, 123, 126, 171, 231, 233, 240, 257, 258, 260, 267, 281, 282, 283, 298, 303, 305, 311, 318, 322, 323
中華人民共和国(中国) 6, 7, 17, 18, 20, 21, 22, 24, 26, 29, 33, 37, 38, 40, 42, 45, 49, 55, 62, 63, 64, 69, 72, 73, 75, 76, 82, 90, 96, 99, 101, 102, 103, 104, 115, 118, 125, 126, 132, 133, 143, 144, 145, 147, 148, 149, 154, 157, 161, 162, 164, 174, 180, 182, 183, 184, 187, 188, 189, 192, 197, 200, 201, 202, 207, 211, 216, 218, 225, 227, 228, 238, 241, 245, 247, 256, 259, 262, 270, 272, 273, 274, 275, 278, 279, 281, 286, 287, 298, 299, 301, 302, 304, 305, 306, 308, 312, 315, 316, 317, 319, 320, 321, 324, 326, 327
中国国民党 99, 115, 197, 225
中部高原 47
チュームマリー・サイニャソーン 305, 311, 318, 323, 324
中立派 5, 145, 153, 174, 176, 177, 179, 180, 182, 183, 184, 185, 187, 188, 189, 190, 193, 194, 195, 196, 197, 198, 201, 202, 203, 204, 211, 217, 218, 222, 223, 225, 231, 240, 252
中立平和党 157, 160, 170, 171, 174, 193
チュオンソン山脈 21, 41, 76, 298
チュラーロンコーン 33, 38
朝鮮戦争 126
通貨 120, 160, 199, 235, 242, 269, 275, 276, 285, 300, 301, 316
ディエンビエンフー 7, 21, 64, 78, 128, 131, 132, 188
抵抗委員会 113, 116, 124, 258

抵抗政府 5, 123
停戦 6, 86, 103, 112, 134, 135, 136, 148, 175, 183, 184, 185, 187, 188, 189, 209, 211, 212, 221, 233, 234, 239, 240, 241, 299
テイラー、マックスウェル 191
デモ 6, 7, 84, 97, 103, 135, 178, 243, 244, 246, 250, 316
テラー、クリスチャン 3, 199
ドアン 136, 145
ドゥアン・スンナラート 195, 196, 204
ドゥアンチャイ・ピチット 318, 324
ドゥーブ、ジャン 178, 194, 196
東京条約 86
党組織委員会 127, 145
道徳 25, 54, 71, 155, 158, 166, 171, 221, 223, 237, 262, 308, 325
東南アジア競技大会 326
東南アジア条約機構 139, 140, 186, 188, 189
東南アジア諸国連合(ASEAN) 9, 15, 274, 275, 278, 301, 306, 311, 312, 316, 320, 321, 326, 327
東南アジア連盟 114
東部抵抗委員会 113, 124, 258
ドゥメ、ポール 52, 79
トーイ、ヒュー 165, 175, 176, 191
トーンウィン・ポムウィハーン 283
トーンシン・タンマウォン 305, 324
トーンバン・セーンポーン 324
トーンルン・シースリット 324
徳 12, 25, 29, 30, 35, 58, 263
ドクー、ジャン 87, 88, 90
特別な関係 268, 269, 281, 298
独立党 119, 120, 138, 157, 158
ド・ゴール、シャルル 90, 91, 96, 100
都市化 149, 251, 327

トビー・リーフォン 65, 66, 89, 113
ドプライ、J.-J 60
ド・ラグレ、ドゥダール 33, 37
ド・ラヌサン、ジャン 42, 44
トルーマン、ハリー 96, 120
奴隷 20, 24, 33, 41, 54, 56, 57, 60, 65, 66, 108
ド・レイナック、ルシアン 46, 75
トンキン 38, 40, 41, 47, 48, 52, 63, 76, 82
トンプソン、バージニア 68, 127

な行

ナーイ・コーン 53
ナーイ・バーン 53
ナーペー 41, 78, 79
ナーモン村 184, 185
内戦 141, 153, 161, 166, 171, 172, 173, 174, 175, 178, 180, 181, 198, 200, 207, 222, 245, 251
ナコーンパノム 18, 85, 286
ナショナリズム 12, 14, 15, 38, 67, 70, 74, 83, 84, 85, 88, 89, 92, 93, 95, 98, 100, 104, 108, 118, 121, 122, 125, 128, 150, 153, 169, 222, 230, 250, 320, 327
ナバール、アンリ 131
ナムグム・ダム 228, 236, 263, 274
ナムター 4, 5, 45, 52, 81, 111, 115, 171, 187, 188, 197, 201, 326
ナムトゥン第2ダム 317, 327
ナムトゥン・ヒンブン・ダム 316
ナンターセーン 30
難民 14, 15, 84, 197, 200, 207, 216, 218, 220, 221, 228, 229, 235, 237, 243, 245, 261, 265, 266, 267, 268, 274, 287, 299, 302

ニクソン、リチャード・M. 217, 230, 233
日本 4, 18, 19, 83, 86, 87, 89, 90, 91, 92, 93, 95, 96, 97, 98, 99, 100, 101, 112, 113, 139, 190, 235, 238, 259, 301, 315, 316, 319, 329, 330
ニャーフン族 59, 60
ニュイ・アパイ 87, 101, 227
ヌーハック・プームサワン 7, 101, 113, 114, 123, 124, 132, 146, 258, 260, 282, 284, 294, 295, 297, 300, 304, 305, 311
ネーオ・ラオ・イサラ 123
農業 6, 62, 70, 72, 80, 81, 89, 105, 118, 121, 127, 142, 156, 200, 216, 229, 235, 237, 243, 256, 266, 267, 269, 271, 276, 277, 280, 281, 290, 291, 293, 296, 307, 316, 322, 327
農業集団化 6, 266, 267, 290
農業生産 72
ノーンカーイ 43, 46, 79, 178, 187, 286, 306
ノーンヘート 65

は行

パークセー 51, 82, 97, 99, 109, 198, 234, 246, 306, 319
パークナーム 44
パークライ 40
パースック・ラーサパック 217, 223
パーソンズ、J.グラハム 147, 176, 177
パーチャイ 64, 65, 66
パードン 185
パーリ語 22, 71, 73, 74
売春 143, 198, 224, 238, 263, 309, 319
パヴィ、オーギュスト 4, 37, 39, 40, 41, 42, 43, 44, 47, 50, 68, 71, 73, 83

バオダイ 99
パガン 22
バク・ミー 58
パケーオ寺 27, 73
パサーソン 126, 127, 145, 283, 302
パテート・ラオ 5, 6, 13, 15, 67, 95, 100, 115, 122, 123, 124, 125, 126, 127, 128, 129, 130, 132, 133, 134, 135, 136, 137, 138, 140, 141, 144, 145, 146, 147, 148, 149, 153, 154, 156, 157, 159, 160, 161, 162, 163, 164, 165, 166, 167, 168, 169, 171, 172, 175, 176, 177, 178, 179, 180, 181, 182, 183, 184, 185, 186, 187, 188, 189, 190, 193, 194, 195, 196, 197, 199, 200, 201, 202, 203, 204, 207, 208, 209, 211, 212, 213, 214, 215, 216, 217, 218, 219, 220, 221, 222, 224, 226, 227, 228, 229, 230, 231, 232, 233, 235, 238, 239, 240, 241, 242, 244, 245, 246, 247, 248, 249, 250, 252, 253, 259, 260, 262, 263, 264, 265, 266, 267, 268, 311
パテート・ラオ軍 5, 115, 132, 133, 136, 137, 146, 154, 177, 179, 180, 183, 184, 185, 190, 211, 212, 217, 219, 222, 244, 245, 246, 264
パテート・ラオ支配区 216, 248
パニー・ヤトトゥー 323
パニャー 22, 52, 172
ハノイ 38, 48, 59, 67, 68, 71, 78, 85, 101, 112, 123, 144, 147, 161, 164, 168, 178, 180, 184, 191, 192, 201, 204, 211, 213, 233, 255, 270, 273, 298, 299
派閥 108, 163, 173, 279, 284, 306
ハリーマン、W.アヴェレル 186, 187
バンディー、マクジョージ 192

索引

バンパオ 180, 185, 197, 201, 214, 218, 223, 244, 245, 302, 323
反乱 4, 6, 29, 32, 37, 46, 57, 58, 59, 60, 61, 62, 63, 64, 65, 66, 67, 82, 84, 117, 125, 135, 161, 166, 168, 175, 179, 182, 192, 224, 230, 243, 264, 268, 273, 275, 279, 299, 302, 316, 317, 322, 323
ビエンサイ 6, 166, 216, 233, 249, 250, 261, 266, 268, 273
ビエンチャン 4, 5, 6, 12, 18, 19, 21, 25, 27, 28, 29, 31, 52, 59, 66, 71, 72, 73, 78, 79, 82, 84, 85, 87, 88, 90, 91, 92, 95, 97, 99, 100, 101, 102, 104, 106, 107, 110, 111, 115, 119, 121, 122, 127, 129, 131, 135, 138, 140, 143, 144, 146, 150, 151, 153, 155, 157, 158, 159, 167, 168, 169, 173, 174, 175, 176, 177, 178, 179, 180, 181, 182, 183, 187, 188, 192, 193, 194, 196, 198, 200, 202, 203, 204, 208, 212, 217, 218, 224, 225, 228, 229, 233, 234, 237, 238, 239, 240, 241, 244, 245, 246, 248, 249, 250, 255, 258, 262, 263, 265, 266, 268, 269, 270, 271, 274, 278, 279, 280, 284, 287, 289, 291, 292, 293, 294, 299, 301, 302, 307, 308, 311, 317, 321, 322, 325, 326
ビエンチャン王国 30, 32, 34, 47, 320
ビエンチャン協定 149, 164, 165, 166, 171, 264
ビエンチャンの戦い 5
ピブーンソンクラーム 86, 114
非武装地帯 44, 46, 59, 133, 162, 163
秘密警察 53, 84, 118
秘密戦争 181, 197, 209, 212, 214, 217
秘密部隊 8, 180, 185, 212, 214, 217, 218, 220, 221, 223, 234, 243, 267, 323
ビルマ 4, 19, 20, 22, 26, 27, 28, 29, 31, 33, 43, 45, 48, 49, 70, 108, 114, 115, 225, 289, 319, 320, 321, 322
ファーグム 4, 22, 23, 24, 25, 34, 235, 320
ファーグム技術学校 235
フアイサーイ 112, 188, 197, 225, 234, 243, 306
ファイダーン・ロープリヤオ 65, 66, 113, 115, 123, 124, 125, 146, 157, 168, 258, 260
ブアソーン・ブッパーワン 324
フアパン 47, 52, 57, 115, 123, 128, 133, 134, 136, 137, 147, 149, 153, 167, 168, 176, 177, 180, 194, 214, 216, 261
ファム・バン・ドン 132, 219
ファン・ウストフ、ゲルリット 28
プイ・サナニコーン 5, 107, 119, 120, 132, 133, 134, 135, 157, 159, 160, 162, 163, 164, 166, 181
プー・パー・ティー 215, 216, 217
プー・バーン 53
プーミー・ウォンウィチット 111, 112, 115, 123, 124, 149, 153, 156, 158, 189, 196, 198, 241, 242, 258, 259, 282, 297, 305, 308
プーミー・ノーサワン 101, 107, 163, 165, 167, 169, 170, 172, 174, 175, 176, 177, 178, 179, 182, 186, 187, 188, 194, 196, 198, 201, 202, 203, 223, 224
プー・ミー・ブン 58, 59, 60, 61, 66
プーン・シーパスート 112, 124, 258, 260, 282
フエ 32, 33, 38, 39, 50
賦役 54, 55, 56, 57, 58, 61, 62, 72, 79, 81, 82, 123, 216
物価 81, 129, 199, 247, 261, 297
仏教 12, 18, 19, 22, 23, 24, 25, 26, 27, 28, 30,

355

35, 36, 58, 71, 73, 74, 88, 121, 122, 123,
146, 154, 158, 164, 166, 230, 238, 247,
250, 251, 262, 264, 286, 292, 293, 308,
320, 327
ブラウン、ウィンスロップ・G. 127, 175, 177,
247
フランス極東学院 73
フランス軍事使節 140
フランス・シャム条約 4, 50
フランス植民地 17, 50, 66, 67, 80, 86, 89, 90,
100, 115, 119, 123, 125, 230, 238, 257
フランス人長官 87, 105, 131
フランス・ラオス一般協定(1949) 110, 111
フランス・ラオス暫定協定(1946) 40, 51, 105,
107, 108, 111
フランス連合 5, 90, 95, 105, 106, 110, 118,
119, 120, 128, 131, 133, 137
プリーディー・パノムヨン 111
フルシチョフ、ニキータ 183, 184
ブンウム・ナチャムパーサック 97, 98, 105,
110, 119, 157, 170, 175, 178, 179, 182,
184, 185, 189, 198, 223, 231, 244
文化 11, 16, 18, 19, 25, 32, 35, 36, 73, 74, 84,
86, 87, 88, 93, 97, 108, 121, 122, 125,
128, 143, 161, 166, 223, 225, 227, 232,
236, 237, 238, 242, 250, 256, 257, 263,
264, 269, 273, 282, 284, 291, 292, 293,
307, 308, 309, 310, 312, 313, 317, 320,
322, 323, 325, 330
文学 73, 74, 87, 122, 229, 263
ブンコン 52, 73
ブンニャン・ウォーラチット 9, 318, 324
ペーン・ポーンサワン 189, 193
ペッサラート・ラタナウォン 6, 12, 14, 73, 74,
83, 87, 88, 91, 93, 97, 98, 99, 100, 101,

102, 103, 104, 106, 112, 116, 117, 122,
135, 145, 148, 149, 150, 169
ベトナム共産党 126, 276, 296
ベトナム共和国(南ベトナム) 6, 47, 82, 139,
142, 161, 162, 167, 168, 175, 186, 191,
192, 197, 201, 205, 207, 213, 214, 219,
220, 222, 224, 225, 227, 228, 230, 232,
235, 243, 244
ベトナム軍 6, 7, 50, 163, 168, 186, 197, 201,
204, 208, 209, 213, 214, 215, 217, 218,
219, 220, 222, 224, 230, 231, 239, 241,
255, 268, 269, 270, 273, 274, 275, 278,
286, 287, 298, 299
ベトナム人民軍 95, 244
ベトナム戦争 164, 215, 222, 230
ベトナム・フランス暫定協定 103
ベトナム民主共和国(北ベトナム) 6, 21, 38,
64, 90, 95, 99, 118, 130, 132, 141, 144,
145, 147, 148, 149, 153, 154, 159, 161,
162, 163, 164, 167, 168, 180, 184, 185,
187, 189, 191, 192, 193, 196, 197, 201,
204, 205, 207, 208, 209, 211, 212, 213,
214, 215, 216, 217, 218, 219, 220, 227,
230, 231, 233, 234, 241, 264, 273
ベトナム労働党 126, 127, 161, 167
ベトミン 5, 91, 92, 103, 108, 110, 111, 112, 113,
114, 115, 116, 117, 118, 119, 122, 123,
124, 125, 126, 127, 128, 129, 131, 132,
133, 137, 161, 258
ヘロイン 224, 225, 238
弁務官 33, 40, 41, 52, 54, 58, 60, 62, 97, 99,
131, 287
弁務長官 50
貿易 7, 14, 18, 40, 42, 43, 54, 57, 61, 199, 224,
225, 264, 269, 274, 276, 277, 278, 285,

295, 296, 299, 300, 301, 306, 307, 308, 310, 317, 319, 321, 327
貿易取扱所　42, 43
法制度　70, 120, 155, 285
法律行政学校　70, 89
ポー・カドゥアト　59
ポー協定　120
ボー・グエン・ザップ　128, 131
ボーケーオ　289
ホー族　4, 38, 40, 63
ホー・チ・ミン　84, 99, 101, 103, 112, 118, 132, 298
ホーチミン・ルート　6, 192, 197, 207, 212, 213, 214, 216, 217, 219, 220, 221, 227, 230, 231, 241
ポーティサララート　26
ボーラウェーン高原　22, 56, 57, 60, 61, 76, 81, 82, 111, 213, 221
ポーランド　134, 159, 196, 211, 253
ボーリカムサイ　258, 289
保健　62, 70, 105, 107, 109, 118, 119, 121, 130, 155, 171, 194, 228, 229, 235, 292, 296, 309, 322, 327
ボス、ジュール　61, 70, 224
ポル・ポト　238, 273
ポンサーリー　45, 52, 62, 63, 72, 78, 113, 128, 130, 132, 133, 134, 136, 137, 147, 149, 153, 163, 168, 176, 273
ボン・スワンナウォン　107, 135, 136, 157

ま行

マキ　90, 169, 224
マッコイ、アル　225

麻薬　200, 224, 238, 263, 301, 310, 319, 320
マルクス主義　13, 58, 85, 92, 127, 154, 193, 252, 253, 256, 274, 303
マルクス・レーニン主義　281, 283, 288, 293, 304, 320
マンダラ　18, 19, 21, 22, 23, 24, 25, 26, 27, 28, 29, 30, 31, 32, 34, 35, 39
ミエン　32, 197, 213, 289
3つの革命　122, 256, 275, 283, 291, 293
密輸　64, 81, 89, 203, 224, 277, 285, 289, 290, 299, 302, 307, 310, 320
民主党　138, 157, 159, 161, 172
ムアンクーア　128
ムアンシン　45, 46, 62, 63
ムアンテーン　21, 131
ムアンプアン　26, 30, 32, 33
ムアンラオ　23
ムーザー峠　78, 79
ムオ、アンリ　4, 33
ムックダーハーン　46, 111
明号作戦　89, 90
メコン委員会　228, 301
メコン川　4, 7, 17, 18, 20, 21, 22, 23, 25, 27, 29, 32, 33, 34, 37, 41, 42, 43, 44, 45, 46, 47, 48, 49, 50, 57, 58, 59, 72, 75, 76, 78, 79, 80, 84, 86, 87, 104, 111, 113, 135, 136, 150, 186, 188, 192, 200, 207, 238, 245, 271, 274, 275, 298, 299, 302, 306, 308, 317, 319
毛沢東　118
木材　224, 236, 280, 289, 290, 295, 296, 307, 310, 311, 317, 322
モンゴル　22, 24
モン族　4, 6, 19, 32, 63, 64, 65, 66, 89, 103, 108, 113, 115, 124, 137, 168, 180, 181, 183,

184, 185, 190, 194, 196, 197, 201, 213, 214, 215, 216, 217, 218, 220, 221, 223, 234, 245, 260, 267, 268, 271, 279, 286, 302, 316, 317, 321, 322, 323

や行

友愛党 193
友好協力条約(ラオス-ベトナム) 6, 268, 273
友好連合条約(ラオス-フランス) 131
輸送 78, 79, 80, 81, 171, 183, 191, 195, 197, 219, 235, 264, 269, 277, 278, 306, 307, 319
予算 52, 55, 71, 81, 82, 89, 108, 109, 120, 149, 227, 228, 235, 280, 300, 309, 315, 316, 324, 327

ら行

ラーサウォン隊 114
ラーマ1世 30
ラーマ2世 31
ラーマ3世 31
ラーマ4世 166
ラーンサーン 4, 12, 13, 14, 17, 22, 23, 24, 25, 26, 27, 26, 27, 28, 29, 30, 31, 32, 34, 35, 41, 43, 48, 70, 74, 122, 125, 200, 320
ラーンナー 4, 22, 23, 26, 27, 29, 35
ラウェーン族 60
ラオ・イサラ(自由ラオス) 4, 5, 51, 67, 92, 95, 96, 97, 98, 99, 100, 101, 102, 103, 104, 105, 107, 108, 110, 111, 112, 113, 115, 116, 117, 118, 119, 122, 123, 137, 141, 146, 170, 249, 258, 259

ラオ・イサラ暫定政府 4, 101
ラオ・イサラ亡命政府 5, 112
ラオス愛国戦線 5, 6, 115, 146, 147, 148, 156, 157, 158, 159, 160, 163, 164, 165, 166, 170, 171, 172, 193, 199, 203, 204, 223, 227, 229, 230, 231, 233, 249, 257, 258, 260, 275
ラオ・スーン 33, 35, 53, 54, 55, 56, 62, 67, 81, 83, 125, 168, 180, 213, 234, 258, 260, 289, 310
ラオス王国軍 128, 132, 133, 140, 141, 142, 143, 144, 146, 149, 153, 154, 155, 158, 162, 165, 166, 167, 168, 171, 174, 183, 198, 203, 213, 214, 218, 220, 222, 223, 224, 225, 231, 234, 239, 245, 246, 249, 253, 264
ラオス王国政府 13, 17, 95, 106, 118, 120, 124, 125, 130, 131, 132, 133, 134, 135, 137, 140, 141, 146, 153, 159, 163, 164, 168, 173, 180, 192, 207, 208, 213, 220, 222, 223, 228, 250, 257, 259, 261
ラオス解放防衛軍 102
ラオス解放民族統一戦線 286, 302
ラオス学生同盟 243
ラオス空軍 180, 211, 225
ラオス芸術学校 88
ラオス建国戦線 6, 257, 275, 298, 322
ラオス国民連合 107, 135, 138
ラオス国家防衛軍 105
ラオス社会党 274, 279
ラオス女性同盟 257, 283
ラオス人民解放軍 5, 6, 114, 127, 222, 223, 229, 260
ラオス人民革命青年同盟 257, 283
ラオス人民革命党 6, 7, 17, 114, 115, 126, 179,

233, 244, 247, 249, 252, 253, 255, 256,
257, 258, 264, 272, 274, 279, 280, 287,
288, 303, 305, 312, 315, 320, 322, 323,
324, 328
ラオス人民民主共和国 6, 10, 13, 14, 15, 49,
100, 115, 118, 250, 255, 257, 258, 269,
124, 271, 279, 287, 290, 299, 303, 305,
311, 317, 321, 322, 323, 324
ラオス人民連合 158, 159, 162, 163, 170, 172,
173
ラオス中立党 193
ラオス独立委員会 102
ラオス仏教協会 73
ラオス民族革命戦線21/18 264
ラオス労働者組合連合 243
ラオ・セーリー 92, 98, 101, 141
ラオ・トゥン 20, 24, 35, 53, 54, 55, 56, 58, 59,
60, 61, 62, 65, 66, 67, 81, 82, 83, 108,
124, 125, 158, 168, 173, 213, 234, 258,
260, 289, 292, 310
ラオ・ペン・ラオ 92
ラオ・マイ 107
ラオ・ルム 20, 35, 54, 55, 58, 59, 60, 61, 62, 66,
81, 97, 108, 122, 168, 173, 207, 223, 234,
258, 260, 281, 289, 310, 322
ラスク、ディーン 183, 186, 209
ラムソン719作戦 6, 220, 222, 231
ラメット族 53
リーフォン 65, 66, 89, 113
理事官 38, 41, 52, 53
理事長官 4, 52, 61, 70, 73, 85, 97, 105
リセー 109
李鵬 9, 301
ルアム・インシシエンマイ 107, 157
ルアン山脈 21, 41, 76, 78

ルアンナムター 6, 45, 52, 81, 111, 115, 171,
187, 326
ルアンパバーン 4, 12, 19, 20, 21, 22, 23, 25,
27, 29, 30, 31, 33, 39, 41, 42, 43, 45, 71,
78, 82, 83, 90, 97, 99, 100, 102, 103, 104,
106, 107, 109, 110, 111, 128, 129, 131,
132, 135, 150, 154, 157, 158, 166, 168,
170, 173, 177, 198, 201, 202, 214, 228,
234, 240, 241, 246, 248, 250, 268, 306,
308, 319, 321
ルアンパバーン王家 123, 259
ルアンパバーン王国 34, 40, 50, 51, 52, 87, 91,
98, 105
ルー族 4, 26, 35, 53, 62, 63, 281
冷戦 107, 114, 117, 120, 147, 149, 151, 154,
185, 186, 190, 191, 192, 228, 316
レーニン、V. I. 276, 277, 281, 283, 288, 293,
296, 304, 320
歴史 11, 12, 13, 14, 16, 17, 18, 20, 22, 23, 24,
29, 32, 34, 35, 41, 47, 48, 50, 59, 60, 66,
67, 73, 74, 78, 88, 89, 90, 114, 119, 121,
122, 125, 145, 154, 179, 193, 208, 212,
229, 230, 234, 248, 255, 257, 309, 320,
327, 329
レ・ドク・ト 233, 234
レリア、ジョバンニ・マリア 28
連合政府 5, 6, 96, 115, 123, 146, 147, 148, 149,
151, 153, 154, 160, 161, 167, 176, 178,
181, 185, 187, 188, 189, 190, 196, 201,
202, 203, 204, 208, 230, 231, 239, 241,
243, 251, 252, 253, 257, 264
連合政府(第1次) 5, 96, 151, 153, 160, 161,
176
連合政府(第2次) 5, 153, 181, 187, 252
連合政府(第3次) 6, 115, 208, 241, 243, 253,

　　　　257, 264
労働者　80, 83, 85, 146, 154, 164, 200, 237, 238,
　　　　243, 244, 249, 255, 257, 267, 280, 288,
　　　　297, 327
ローンチェン　197, 218, 220, 244, 245
ロシェ、シャルル　87, 88

わ行

ワイウォラナート　40
ワット・プー　18, 73
ワンナブーム　62
ワンビエン　184, 203, 268, 321

菊池陽子 (きくち ようこ)
東京外国語大学大学院総合国際学研究院准教授
ラオス近現代史専攻
共著『もっと知りたいラオス』(弘文堂、1996 年)、『ラオス概説』(めこん、2003 年)。
論文「「ラオス」の形成─『ラーオ・ニャイ』新聞の分析を通して─」(『早稲田大学大学院文学研究科紀要』第 42 輯、1996 年)、「ラオスの国民国家形成」(後藤乾一編『岩波講座 東南アジア史 8 国民国家形成の時代』岩波書店、2002 年)など。

ラオス史

初版第 1 刷発行　2010 年 11 月 10 日
定価 3500 円＋税
著者　マーチン・スチュアート-フォックス
訳者　菊池陽子
装丁　水戸部功
発行者　桑原晨
発行　株式会社めこん
〒113-0033 東京都文京区本郷 3-7-1
電話 03-3815-1688　FAX 03-3815-1810
URL: http://www.mekong-publishing.com
組版　伊藤理奈子・面川ユカ
印刷　太平印刷社
製本　三水舎
ISBN978-4-8396-0239-0　C1022　￥3500E
1022-1008239-8347

JPCA 日本出版著作権協会
http://www.e-jpca.com/

本書は日本出版著作権協会 (JPCA) が委託管理する著作物です。本書の無断複写などは著作権法上での例外を除き禁じられています。複写 (コピー)・複製、その他著作物の利用については事前に日本出版著作権協会 (電話 03-3812-9424　e-mail:info@e-jpca.com) の許諾を得てください。

激動のラオス現代史を生きて ──回想のわが生涯 プーミー・ヴォンヴィチット　平田豊訳 定価4000円+税	シエンクアンの少年時代、最年少知事の時代、共産側に身を投じてアメリカと戦った時代、そして連合政府の樹立。ラオス人の苦しみと喜びが滲み出るようなラオス現代史です。
現代ラオスの政治と経済 1995-2006 カム・ヴォーラペット　藤村和広・石川真唯子訳 定価4000円+税	1975年の解放後、試練の時を経て、新たな発展の道を歩みだそうとしているラオス。豊富な資料に基づき、この10年間の政治と経済の動向を分析し、未来を予測します。
ラオスは戦場だった 竹内正右 定価2500円+税	1973年から82年のラオス新政権誕生前後の激動期にただひとりヴィエンチャンに踏みとどまった著者の「写真で見るラオス現代史」。その貴重な映像は世界的に評価されています。
ラオス農山村地域研究 横山智・落合雪野編 定価3500円+税	社会、森林、水田、生業という切り口で15名の研究者がラオスの農山村の実態を探った初めての本格的な研究書。ラオスに興味を持つ人にとっては必読の書です。
ヴィエンチャン平野の暮らし ──天水田村の多様な環境利用 野中健一編 定価3500円+税	不安定で貧しそうに見えるラオス農村には実は巧みな環境利用のノウハウがあったのです。ヴィエンチャン近郊の一農村で長期にわたって続けられた観察研究の集大成。
ラオス概説 ラオス文化研究所編 定価5400円+税	ラオス・日本両国の専門家が総力を結集した初めての概説書。歴史、政治、文化、民族、言語、宗教、経済、運輸、東北タイとの関係など、ラオスのすべてに言及。
夫婦で暮らしたラオス ──スローライフの2年間 菊地良一・菊地晶子 定価1500円+税	テレビ番組制作指導の専門家としてラオスに派遣された熟年夫婦の滞在記。ヴィエンチャンの庶民生活が事細かに描かれ、ラオス入門として最適の読み物です。
緑色の野帖 ──東南アジアの歴史を歩く 桜井由躬雄 定価2800円+税	ドンソン文化、インド化、港市国家、イスラムの到来、商業の時代、高度成長、ドイ・モイ。各地を歩きながら3000年の歴史を学んでしまうという仕掛け。
ブラザー・エネミー ──サイゴン陥落後のインドシナ ナヤン・チャンダ　友田錫・滝上広水訳 定価4500円+税	ベトナムはなぜカンボジアに侵攻したのか。中国はなぜポル・ポトを支援したのか。綿密な取材と卓越した構成力。世界のマスコミから絶賛を浴びた大著。